耕 海 集

李玉昆　著

中国海外交通史研究会
福建省泉州海外交通史博物馆　编

海洋出版社

2019年·北京

图书在版编目（CIP）数据

耕海集/李玉昆著．—北京：海洋出版社，2019.11
ISBN 978-7-5210-0468-7

Ⅰ.①耕…　Ⅱ.①李…　Ⅲ.①海上运输-交通运输史-泉州-古代-文集
Ⅳ.①F552.9-53

中国版本图书馆 CIP 数据核字（2019）第 242678 号

GENG HAI JI
责任编辑：张　荣
责任印制：赵麟苏
海洋出版社　**出版发行**
http://www.oceanpress.com.cn
北京市海淀区大慧寺路 8 号　邮编：100081
北京朝阳印刷厂有限责任公司印刷　　新华书店北京发行所经销
2019 年 11 月第 1 版　2019 年 11 月第 1 次印刷
开本：787 mm×1092 mm　1/16　印张：32.5
字数：480 千字　定价：198.00 元
发行部：62132549　邮购部：68038093　总编室：62114335

前　言

我出生于南安农村，是一个农民的儿子。在农村读的小学，初中就读于泉州二中（今培元中学），在泉州高级中学（今泉州五中）读高中。1961年考入北京大学历史系，1966年毕业。因“文化大革命”，至1968年才分配到河南省洛阳龙门文物保护所。在龙门工作达12年之久，1980年调到泉州海外交通史博物馆。

我刚调回泉州时，一方面要学习泉州历史，特别是泉州海外交通史，另一方面，我在龙门石窟搜集的龙门石窟造像题记还没有深入研究，于心不甘。当时我的家属还在农村，我一个人住在开元寺宿舍，便把所有时间都用在工作和学习上。我写的龙门石窟的研究文章，大部分是调回泉州的1980—1985年间写的。

当时林文明馆长很重视泉州海外交通史迹的调查，先后组织惠安白奇、泉州东海、南安丰州、泉州外销丝绸史、泉州华侨史、蒲寿庚家族等调查，并出版《泉州海外交通史迹调查资料》（内部刊物）。我参加了大部分调查，为研究海外交通史积累了第一手资料。

在馆领导和各界朋友的帮助下，我先后出版了几部与海外交通史有关的书籍。

林文明馆长生前计划组织全国天妃史迹调查，却突然不幸于1985年去世，由庄炳章代馆长主持此项工作。我参加了此项调查，开始进行妈祖研究，发表了《妈祖信仰的形成和发展》《略论妈祖文化的形成及其特点》《略论妈祖文物的价值及其保护》

《海峡两岸妈祖信仰习俗》等文章。1999年开始撰写《妈祖史迹研究》，至2008年经台湾南方俗民物质文化资料馆筹备处徐瀛洲主任的推荐，日本道观早岛妙聴道长资助出版经费，于2009年出版。

1992年，王今生老市长领导的泉州历史文化中心编辑出版《泉州历史文化丛书》，在王连茂馆长的关心和帮助下，《泉州海外交通史略》作为丛书之一出版。该书原拟由我们两人编撰，我们共同拟出全书纲目，详细讨论全书的内容、编写体例。由于王馆长工作繁忙，就由我按照共同讨论的纲目搜集资料和撰写。初稿完成后，他认真审阅，提出很好的修改意见。厦门大学人类学研究所蒋炳钊教授在审阅书稿时给予鼓励，提出补充和修改意见，使本书减少了许多错误。经过多年对大量历史文献、海外交通史迹和考古资料的搜集研究，按照编年史的体例，撰写《泉州古代海外交通史》，泉州学研究所林少川所长、张明副所长将本书列入《泉州学丛书》出版，并给予经费资助。

我在学习泉州海外交通史时，将外国人在泉州和泉州人在海外作为一个专题，进行搜集资料和研究。泉州市地方志编纂委员会邱哲宏主任在编辑出版《泉州地情丛书》时，将它列入其中，2007年由海风出版社出版。

对以上帮助过我的所有人在此一并表示衷心感谢！

多年来，我撰写论文参加中国宗教学学术讨论会（北京）、中国太平洋暨海外交通史学术研讨会（山东长岛）、中国与海上丝绸之路国际学术讨论会（泉州）、宋元时期泉州海外贸易学术讨论会（荷兰莱顿大学）、海上丝绸之路与南方港学术讨论会（广东湛江）、泉州港与海上丝绸之路学术讨论会（泉州）、中华文化与域外文化互动暨海上丝绸之路学术讨论会（泉州）、福建省纪念郑和下西洋600周年学术研讨会（福州）、第二届海峡两岸海洋文化学术讨论会（福州）、福建与海上丝绸之路研讨会等。在会议期间，与学术界同仁交流学术观点，是难得的学习机会，受益匪浅。

余一生躬耕于书海。本书是我四十年来耕耘海外交通史的论文集，故名《耕海集》。主要内容包括：航海贸易与中外关系、海商研究与人物考证、宗教信仰与多元文化、综述与评说四个部分。

泉州海外交通史博物馆为退休研究员出版论文集，我有幸名列其中。感谢丁毓玲馆长和王连茂老馆长的关心和支持，还要感谢陈丽华、李静蓉、王丽明、林仪、肖彩雅、陈少丰、陈颖艳等同事，帮忙校对书稿。他们几乎逐条校对引文，纠正许多错误，付出了极大的精力，这种认真治学的精神值得我学习，在此表示衷心感谢。

李玉昆

2019 年 6 月

目　录

航海贸易与中外关系

海商研究与人物考证

宗教信仰与多元文化

综述与评说

航海贸易与中外关系

闽越人的造船业与水上交通

闽越族是我国古代东南百越地区族群的一支，其聚居地以福建为主，兼有浙南、赣东、台湾等地。闽越“处溪谷之间，篁竹之中，习于水斗，便于用船”，他们“以船为车，以楫为马，往若飘风，去则难从”。本文拟就闽越人的造船业与水上交通，略述管见，敬请方家指正。

一

闽越人是一支善于造船和水上交通的民族，《汉书》载：“越人欲为变，必先田余干界中，积粮食，乃入山伐材治船。”从武夷山城村古城遗址中出土的大批斧、凿、锤、刀、削、钉等铁器，证明闽越人使用这些优良的铁器进行“伐材造船”。闽越人所造和使用的船主要有独木舟、舡䑠船、方舟、戈舟、楼船、舲等，现略作介绍。

独木舟。1973 年在连江县发掘一艘独木舟，系一根大樟木刨空而成。舟体长 7.1 米，前宽 1.2 米，后宽 1.6 米，残高 0.83 米，船舱中间有一座凸起的方形座。据 C14 测定，为距今 2170±95 年前的遗物，其年代大约为西汉早期。[①] 这是闽越人造船技术的实物证据。

舡䑠船。《越绝书》云：“越人呼船为须虑长，即舡䑠。”《正字通》云：“船小而长者曰䑠舡。”据《太平寰宇记》载：“船头尾尖高，当中平阔，冲波逆浪，都无畏惧，名曰舡䑠船。”

① 卢茂村：《福建连江发掘西汉独木舟》，载《文物》，1979 年第 2 期。

舠鹢船外形酷似鸟，一方面因古越人对鸟的崇拜，另一方面是古越人观察水鸟在水面浮游的形态，参拟造船。船体如鸟，头狭尾宽，桨橹在后部推进。从錞于、铜提筒和铜鼓等青铜器上的船纹看，船头画有鸟的眼睛，有羽人操船和作战，船上有鸟的纹饰，这些都可以看到舠鹢船的踪迹。①

舠鹢船适航于我国南方，后代仍延续使用。《梁书》载："及王师次于南洲，贼帅侯子鉴等率步骑万余人于岸挑战，又以鹢舠千艘并载士，两边悉八十棹，棹手皆越人，去来辄袭，捷过风电。"直到宋代福建泉州沿海仍使用舠鹢船。后来的福船和广船的尖底船便于在海上航行，应是受舠鹢船的影响。

戈船。据《汉书》武帝纪张晏注云："越人于水中负人船，又有蛟龙之害，故置戈于船下，因以为名。"《越绝书》载：勾践伐吴，从琅琊起观台，以望东海，"死士八千人，戈船三百艘"。汉武帝曾封闽越人归义越侯为戈船将军。戈船可能是舟船与水战相结合的武装船。

楼船。百越人很早就能造楼船，《越绝书》载越王勾践云："念楼船之苦，涕泣不可止。"越国迁都，发动"楼船卒二千八百人，伐松柏以为桴"。汉武帝时，为征讨南粤，在长安西南挖方圆四十里的昆明池，打造楼船，训练水师。汉武帝也在豫章打造楼船。《汉书》载：汉武帝建元三年（前138）闽越叛汉，"阴计奇策，入燔寻阳楼船"。元鼎五年（前112）吴越相吕嘉不愿附汉，起兵杀南越王、王太后及汉使者终军等。汉武帝"令罪人及江淮以南楼船十万师往讨之"。封水军统将杨仆为楼船将军。这些楼船士兵大多系越人，还启用越人归义越侯严为戈船将军，甲为下濑将军，驰义侯遣等。

据《武经总要》载："楼船者，船上建楼三重，列女墙战格，树幡帜，开弩窗，矛穴外氈御火置砲车擂石铁针，状如小垒，其长百步，可以奔车驰马，若遇暴风，则人力不能制，不甚便于用，若施之水军，不可以不设足张形势也。"这是宋代的楼船。

① 陈延杭：《古越族的舟船文化与中华木帆船的形成》，载《海交史研究》，1991年第2期。

目前见到汉代楼船图像只有两种。一种是汉楼船纹铜镜的背饰船图，船体并列成双，船后部有双檐高层楼阁。另一种刻在汉代广州城砖上的楼船图，有重檐楼阁，而且有帽形帆。①

方舟即舫，就是两船并在一起，《说文解字》称："舫，并舟也。"舫的阔度是船的一倍以上，船宽稳性好，载重量大，可以用它来运送军队和粮食。《史记·张仪传》称："舫船载卒，一舫载五十人与三月之食，下水而浮，一日行三百余里。"这种船可来往于大江，也可航行近海。《越绝书·吴内传》云，越王欲伐吴，乃治甲系断，制舟舰，"方舟航买仪尘者，越人往如江也"。可见越人善操方舟。

舲是一种很小的船，乘者较危险。刘安《淮南子·主术训》云："汤武，圣主也，而不能与越人乘舲舟而浮于江湖。"可见越人善乘舲。

闽越人的造船技术为后代所继承，三国吴建衡元年（269）在建安郡所属侯官县附近，置"典船校尉"，主谪徒（罪人）造船于此。武夷山船棺葬的船，其影响至深，现在闽江上行驶的乌篷船的形制类似船棺葬的船。东汉时在从闽江口以北至浙江瓯江流域一带沿海地区，设立"温麻船屯"，建立造船基地。

二

（一）船棺葬

许多民族认为，人类和死亡世界之间有着一条无法渡越的冥河，只有特殊的物质，如舟船、桥、鸟、鸭子等才能通过。临水的民族认为，舟船是灵魂的使用，是沟通人间和阴间的信使，具有迎神的使者，而且可以将人类的亡灵招回，又可以利用它禳灾。中国云南崩龙族丧俗，在死者嘴里放些碎银，认为这是给死者到祖先发源地的渡河船钱。丽江纳西族在人将

① 王冠倬：《中国古船图谱》，生活·读书·新知三联出版社，2000年，第66页。

断气时，由孝子往死者嘴里放含口，为小红纸包，内放大米 9 粒、碎茶叶和银屑，分为三小包：第一包做渡船的费用，第二包送给守卫阎王殿的两个大将，第三包带给死者的历代祖先。中国南方有死后烧纸船、划龙船招魂的习俗。临水的民族曾经盛行船棺葬。①

武夷山的船棺属青铜时代文化遗存，应是闽越人仿照生前使用的舟船，此葬俗是他们“水行山处”“以船为家”文化特点的反映。他们认为通过舟船，死者可以顺利到达冥界，又可以将亡灵招回。江西贵溪的悬棺葬，多发现筒形棺和长方形棺，其制作方法与船形棺一致，应系闽越人使用的另一类型的舟船，其用途与武夷山的船棺葬一样。

（二）蛇图腾

闽越人崇拜蛇图腾。许慎《说文解字》云：闽，蛇种也。说明东南越族信奉蛇为图腾。《淮南子 · 原道训》云：“九嶷之南陆事寡而水事众，于是民人被发文身，以像鳞虫。”高诱注曰：“文身，刻画其体，内墨其中，为蛇龙之状，以入水避蛟龙之害也，故曰以像鳞虫。”

闽越人以蛇文身，以蛇画船，祈求蛇神保护行舟平安，倘若翻船落水，则藉蛇神抵御蛟龙之害。

居住在闽江、九龙江、珠江口的水上居民古疍民，史家多以为是闽越遗民，他们以“舟楫为家”，并崇拜蛇图腾。

福建沿海民间传说，每条海船都有一条“木龙”，当无事故时隐而不见，当“木龙”出现，船必有故，预示航海者赶快靠岸祭祀妈祖。在妈祖庙的陪神中，有一位头上盘白蛇者，称林巡检，是专司“木龙”的神祇。②这应是闽越族蛇图腾崇拜的遗风。

① 郭振华：《传统信仰中的灵魂载体》，载《世界宗教研究》，1996 年第 2 期。

② 肖一平：《有关妈祖问题的五十个为什么》，见《妈祖研究资料汇编》，福建人民出版社，1987 年，第 189-190 页。

（三）文身

文身，是用锐石、动植物的刺以及刀、针等，在身体不同部位刻画出花纹或符号，再渗入颜色，以便终身保存的一种身体装饰。文身曾盛行于世界许多原始民族中，中国人也曾有文身风俗。

文身起源很早，在原始社会就广为流行，与图腾崇拜一样，都是部落的标记。断发文身是闽越族的习俗之一。《汉书·严助传》云：“越，方外之地，劗发文身之民也。”《战国策》载：“披发文身，错臂左衽，瓯越之民也，黑齿雕题，鳀冠秫缝，大吴之国也；礼服不同，其便一也。”关于文身，在考古中也有发现，浙江湖州埭溪出土的一件战国早期的青铜虺纹人形樽，樽末有一跪坐人形，全身除面部、双面以下部分空白外，几乎满身纹饰，如着紧身衣裤。

在埃及，远古时代就开始文身。最早文身线条或图像，是古埃及人从自然界得到灵感的结果。从古沿用至今的文身图像有枣椰树、鱼和绿鸟。枣椰树是古埃及的象征，取肥沃丰产之意；鱼是子孙满堂的象征；绿鸟出自埃及古代神话，是生命与幸福的象征。

古代越人及其后裔，其文身的人大多为居处海滨水际和操舟弄水之人，这与中国古籍“断发文身，以避蛟龙之害”的说法有关。

宋元时期，泉州的文身技师技艺出众，许多外国人前来文身。马可波罗说，有许多印度内地的富人到刺桐城，其目的是为了文身。元朝汪大渊《岛夷志略》“三岛”条云：“男子尝附舶至泉州经纪，罄其资囊，以文其身。既归其国，则国人以尊长之礼待之。延之上坐，虽父老亦不得与争焉。”

（四）鸡卜

鸡卜是闽越人求助神灵预示凶吉的一种宗教手段。

鸡卜的方法，《史记·孝武本纪·正义》张守节注云：“鸡卜，用鸡

一、狗一，生，祝愿讫，即杀鸡狗煮熟。又祭，独取鸡两眼骨，上有孔裂，似人物形则吉，不似则凶。今岭南犹存此法也。”

唐段公路《北户录》云：“南方逐除夜及将发船，皆杀鸡择骨为卜，传古法也。”可见古越人将发船之际，为求平安，采用鸡卜决定船航行与否。

三

福建新石器时代遗址，发现许多先人吃后的贝壳堆积起来的贝丘和石、陶网坠、网绳纹等，说明闽越人能利用丰富的木、竹制造舟筏，结绳织网从事捕捞的原始水上活动。

闽越族能制造海船，并能海上航行。如《史记·东越列传》载：“元鼎五年，南越反，东越王余善上书，请以卒八千人从楼船将军击吕嘉等。兵至揭阳，以海风波为解，不行，持两端，阴使南越。及汉破番禺，不至。”说明当时闽越国已有相当航海能力。

闽越人已能与东亚地区进行海上贸易活动，在武夷山闽越国故城遗址及省内其他墓葬中，先后出土过不少陶香熏。在广州南越王墓中也出土不少，这种香熏是一种专用于燃熏香料木的室内生活用品。当时的香料木主要产于东南亚和南亚诸国。闽越国与南越王使用的香料木均系从海外输入。

又据《汉书·景十二王传》载，江都王刘建恐日后为淮南、衡山等国吞并，为了取得闽越国的支持，“遗以锦帛奇珍。繇王闽侯亦遗建：荃、葛、珠玑、犀甲、翠羽、蝯熊奇兽”。闽越国回赠的犀甲，据研究当时犀甲产于东南亚、印度和非洲，这表明闽越国所赠的犀甲系经海路由东南亚等地输入。

中国的锻銎铁器出现于战国晚期，秦汉以后广泛流行，在辽宁、河北、河南、广东、广西、福建、四川、云南、贵州等省均有文物出土。日本的铜器和铁器是在弥生时代（前 3 世纪至 3 世纪）大体同期从中国传入。中国的锻銎铁器及其技法首先传入日本北九州地区，首先出现的是斧凿，其形态与武夷山闽越国故城出土的锻銎铁器极为类似。

日本北九州与古代福建海上往来关系密切。古越族善于造船和航海，而且有一定的航海活动。另据研究，中国稻米早在公元前10世纪就传入日本，其中有一条路线是由中国东南沿海地区传入的。因此，闽越国的锻鋈铁器及其技术传入日本是可能的。[①]

原载《闽越文化研究》，海峡文艺出版社，2002年。

① 杨琮：《闽越国文化》，福建人民出版社，1998年。

海上丝绸之路与泉州的造船业

古代中国通过海上丝绸之路与世界各国进行经济文化交流，对人类进步和世界文明做出了伟大的贡献。泉州是海上丝绸之路的重要港口，早在公元6世纪的南朝就有与海外交通往来的历史记载。唐末，泉州成为我国对外通商贸易四大海港之一。两宋时期，泉州海外交通更加发达，在不到300年内，赶上并超过明州（今浙江鄞县东）、广州，成为全国最大港口。元代，泉州港发展为世界最大贸易港之一。明清时期，泉州港逐步从官方贸易港变成私商贸易港。

泉州港所以成为丝绸之路的重要港口，其原因之一，是因为泉州有发达的造船业和先进的造船技术。

泉州造船历史悠久。早在春秋战国时期，福建的先民就“以船为车，以楫为马”。隋唐时期，泉州是当时全国的造船基地之一。

唐代，我国海船具有船身巨大，结构坚固，载重量大，抗风力强的特点。当时的泉郎“居止常在船上。兼结庐海畔，随时移徙，不常厥所。船头尾尖高，当中平阔，冲波逆浪都无畏惧，名曰舠䑠船。”① 说明当时泉州造船业相当发达。

宋元时期，泉州造船业兴盛发达。宋人谢履《泉南歌》云：“州南有海浩无穷，每岁造船通异域。”②《太平寰宇记》将“海舶”列为泉州土产。

① （宋）乐史：《太平寰宇记》卷102。

② （宋）王象之：《舆地纪胜》卷134。

泉州是宋元时期重要的造船基地之一。《文献通考》记载宋代主要的造船地点有虔、吉、明、婺、泉等10多处。

福建泉州所造海船的质量居全国之首。宋人吕颐浩云："南方木性与水相宜，故海舟以福建船为上，广东、西船次之，温、明船又次之。"① 北方金朝人也来请福建人打造战船。"金人所造战船，系是福建人，北人谓之倪蛮子等二人指数打造。"② 宋朝遣使海外用的船和舟师，很多都到福建招募。宣和年间奉使高丽的徐兢记载："旧例，每因朝廷遣使，先期委福建两浙监司，顾募客舟，复令明州装饰，略如神舟，具体而微，其长十余丈，深三丈，阔二丈五尺，可载二千斛粟，其制皆以全木巨舫，搀叠而成。上平如衡，下侧如刃。贵其可以破浪而行也。"③ 建炎三年（1120），监察御史林之平奉命至泉州招募海船，当年十月即有大舟自闽中至（明州海域）者200余艘。④

宋代泉州还造了许多战船，又快又省费。绍兴年间（1131—1162）黄彦辉权知晋江县，"会朝命滨海诸县造船……县例造九船，其成独先。"绍兴中傅伫知晋江县，"令治战船，伫躬督其役，劳费半他邑，而事独先办。"淳熙中（1174—1189），林湜以功治晋江县，"时大造战舰，当科民，湜不忍，欲投檄去。诸番寓居者义之，咸助其役，舰就而民不知。"⑤

泉州除官营造船外，民间营造船业也很发达，"漳、泉、福、兴化，凡滨海之民所造舟船，乃自备财力，兴贩牟利而已。"⑥ 绍兴初年，连南夫知泉州，"朝廷下福建造舟。"他建议以度牒买商船200艘，可节省"缗钱二十万。"⑦ 可见当时民间造船很多，价格低廉。

宋代泉州所造海船，无论从坚固性、平稳性、适航性，特别是水密隔舱，可增强海船的抗沉性能，加强船体的坚固性，在当时世界造船业中，

① （宋）吕颐浩：《忠穆集》卷2，《论舟楫之利》。
② （宋）《三朝北盟会编》卷230。
③ （宋）徐兢：《宣和奉使高丽图经》卷34，《客舟》。
④ （宋）李心传：《建炎以来系年要录》卷30。
⑤ 乾隆《泉州府志》卷29，《名宦》。
⑥ 《宋会要辑稿》刑法二之一三七。
⑦ （宋）韩元吉：《南涧甲乙稿》卷19。

都是先进的技术。

1974年，泉州湾后渚宋代海船的发现与发掘，为研究当时先进的造船技术提供了宝贵的实物资料。下面以该船为例，略述宋代泉州先进的造船技术。

泉州湾宋代海船残长24.2米，宽9.15米，复原长度可达34米，宽11米，载重量200吨。船底结构为尖底造型，呈"V"字形，共有13个隔舱，舷侧板为三重木板结构，船底板为二重木板结构。

泉州湾宋代海船的船型特点是底尖，船身扁阔，长宽的比例小，平面近椭圆形，正如徐兢在《宣和奉使高丽图经》所称"上平如衡，下侧如刃"。这种船型的设计，是综合考虑了稳定性、快速性、耐波性和加工工艺等多种性能要求的。

泉州宋船船板上下左右之间都用榫接，并用铁钉加固，缝隙间堵塞麻丝、竹茹和桐油灰捣成的艌料。这种先进的工艺保证了船体的坚固性与水密性。其船壳板的拼接，采用平接与搭接结合使用。由于船壳弯曲弧度大，采用多重板建造，使船壳坚固耐波，经得起风浪，可用于远洋航行。

泉州宋船由12道舱壁将全船分成13舱，除舱壁近龙骨处留有"水眼"外，所有的舱壁钩联十分严密，密封程度很高。水密舱的制造是我国造船技术史上的一项重大成就。水密舱可增加海船的抗沉性和船体的坚固性，而且便于货物的装卸，当船体部分受损时，不致影响其他部分。

泉州宋船用材是很科学的，凡是经受强大压力的构件和部位，都采用坚硬的木材。龙骨是由两段松木接合而成，连接龙骨的艏柱采用整根樟木制成。在隔舱板与船壳板交接处，贴着用樟木制成的肋骨，其他部分多用杉木。这些木材为福建盛产，就地取材，十分方便。

宋船的技术设备齐全先进，舵可以局部推动全局，"如以一丝引千钧于山岳震颓之地，真凌波之至宝也。"宋代已应用升降舵，根据不同水域和航行的要求，根据水的深浅，调节舵的高低。泉州宋船遗留有带舵轴孔口的舵承座，尾部发现绞关残断，应有舟降舵设备。

宋代航海十分重视指南针的应用。南宋赵汝适《诸蕃志》描述从泉州到海南岛的航行，"渺茫无际，天水一色，舟舶往来，惟以指南针为则，昼夜守视唯谨，毫厘之差，生死系焉”。宋代中国与阿拉伯国家之间海路通畅，许多阿拉伯人到广州、泉州等地贸易。火药和指南针就是通过海路传到阿拉伯，然后再传到欧洲的。

元朝时朝廷多次命泉州等地造船，据《元史》世祖本纪载：

世祖至元十六年（1279），以征日本，敕扬州、湖南、赣州、泉州4省造船600艘。

至元十七年（1280），福建行省移泉州，造船3 000艘，敕耽罗发材木给之。

至元十八年（1281），福建左丞蒲寿庚上疏：“诏造海船200艘，今成50，民实艰苦”，诏止。

至元十九年（1282），敕平滦、高丽、耽罗及扬州、隆兴、泉州兴造大小战舰3 000艘。

至元二十八年（1291），意大利旅行家马可波罗奉忽必烈之命，护送阔阔真公主出嫁波斯。忽必烈下令“命备船十三艘，每艘具四桅，可张十二帆”，从泉州扬帆启航。这些四桅船是在泉州建造的。① 摩洛哥旅行家伊本白图泰在《游记》中记载：大船三桅至十二桅，可载千人，“皆造于刺桐（泉州）及兴兰（广州）二埠”。

宋元时期，泉州有许多造船场和修理船舶的船坞，主要分布在泉州滨海地区，从后渚至泉州城南晋江下游沿岸。

明代郑和下西洋的船有的是福建制造的。据《明实录》载，永乐元年五月辛巳，“命福建都司造海船137艘”。永乐二年正月癸亥，“将遣使西洋诸国，命福建造船500艘”②。根据泉州海外交通发达、造船历史悠久且技术先进的情况推测，郑和宝船有些应是在泉州制造的。

明代册封琉球的封舟是福船型，建造十分考究，具备抗沉性、快速性、操纵性、稳定性等性能，载重量为500吨。制造封舟的船场，明成化前在泉州，成化后在福州。

---

① 彭德清、杨槱：《中国航海史》，人民交通出版社，1988年，第224页。

② 《明实录》卷18、卷27。

明末清初，活跃于福建沿海的郑芝龙、郑成功的舰队，以及一时称雄海上的林道乾、蔡牵等海上势力的船舰，也大部分造于福建民间，其中不少是在泉州地区制造的。

原载《福建文史》，总第7期，1994年。

宋元时期泉州的香料贸易

一、泉州的香料贸易

宋元时期，泉州进口的香料品种多、数量大、用途广。

宋代进口的香料，主要来自大食、渤泥、三佛齐、阇婆、真腊、占城等国家或地区。据赵汝适《诸蕃志》卷下志物载：占城出沉香、速暂香、生香、麝香木、象牙；真腊出沉香、速暂香、生香、麝香木、象牙、金颜香、笃耨香、黄熟香、苏木、白豆蔻；阇婆出沉香、檀香、丁香、降真香、白豆蔻、胡椒；渤泥出降真香、玳瑁；三佛齐出安息香、沉香、檀香、降真香；大食出乳香、没药、血竭、苏合香油、丁香、木香、真珠、象牙、龙涎等。宋朝初年，泉州进口的香药有：木香、槟榔、石脂、硫黄、大腹、龙脑、沉香、檀香、丁香、皮桂、胡椒、阿魏、莳萝、荜澄茄、诃子、破故纸、豆蔻花、硼砂、紫矿、胡芦芭、芦荟、荜拨、益智子、海桐皮、缩砂、高良姜、草豆蔻、桂心苗、没药、煎香、黄熟香、乌構木、降真香、琥珀。加上禁榷蕃货 8 种：玳瑁、象牙、犀角、镔铁、鼊皮、珊瑚、玛瑙、乳香，进口蕃货达 44 种以上。[①] 南宋绍兴三年（1133）进口香药约 200 种。[②]

宋元时期，泉州进口香料数量大。早在唐五代时，泉州已大量进口香

① 《宋会要辑稿》职官四四之一，中华书局，1957 年影印本，第 3364 页。
② 傅宗文：《刺桐港史初探》，载《海交史研究》，1991 年第 2 期。

料，割据福建的王审知、留从效和陈洪进向后梁、后周、北宋朝贡品中以香料为大宗。后梁开平二年（908）王审知向后梁王朝进贡“玳瑁琉璃犀象器，并珍玩、香药、奇品、海味，色类良多，价累千万”①。王延彬任泉州刺史“凡三十年，仍岁丰稔，每发蛮舶，无失坠者，人因谓之招宝侍郎”，永隆四年（942）闽向后晋进贡“胡椒六百斤，肉豆蔻三百斤”②，王继鹏一次向后晋进献贡品中有真珠20斤、犀角30株、牙20株、香药104斤。③ 王延羲时，贡肉豆蔻300斤、胡椒600斤、饼香、沉香、煎香600斤。④ 留从效“遣衙将蔡仲赟等为商人，以帛书表置革带中，自鄂路送款内附。又遣别驾黄禹锡间道奉表、以獬豸通犀带，龙脑香数十斤为贡”⑤。建隆四年（963）陈洪进向北宋朝贡，“是冬，又贡白金万两，乳香，茶药万斤”，宋太祖平定江南时，“洪进不自安，遣其子文顥入贡乳香万斤，象牙三千斤，龙脑香五斤”⑥。

宋代，泉州进口的香料数量更大，建炎四年（1130），泉州抽买乳香13等，86 780多斤。⑦ 绍兴二十五年（1155），占城进奉到泉州香料有沉香390斤，附子沉香150斤，上笺香3 690斤，中笺香120斤，笺香头块480斤，笺香头239斤，上速香3 450斤，中速香1 440斤，象牙168株，澳香300斤，犀角20株，玳瑁60斤，暂香120斤，细割香180斤，乌里香55 020斤。⑧

元代运抵泉州的胡椒“数量非常可观，但运往亚历山大供应西方世界各地需要的胡椒，就相形见绌，恐怕不过它的百分之一吧”⑨。1974年泉州湾出土宋代海船遗物中，香料药物有降真香、沉香、檀香、乳香、龙涎香、玳瑁、胡椒、槟榔等，占出土遗物总数的绝大多数，未经脱水时其重

---

① 《旧五代史》卷4，《梁书·太祖本纪》，第4册，中华书局，1976年，第65页。
② （清）吴任臣：《十国春秋》卷92，《闽三·景宗本纪》。
③ （清）吴任臣：《十国春秋》卷91。
④ 吴仕臣：《十国春秋》卷92。
⑤ （元）脱脱等：《宋史》卷483，《留从效传》，中华书局，1957年，第13958页。
⑥ 《宋史》卷483，《陈洪进传》，第13961页。
⑦ 《宋史》卷185，《食货志》，第4537页。
⑧ 《宋会要辑稿》蕃夷四之七五，第7751页。
⑨ 陈开俊等译：《马可波罗游记》第82章，福建科技出版社，1981年，第192页。

量达 4 700 多市斤。[①]

进口香料是贵族、官僚祛除秽气，净化环境和宗教与祭祀仪式中使用，也作饮食佐料，医药用品和工业原料。

统治阶级为满足奢侈生活，消耗大量香料，他们焚薰上等名香以祛除秽气、净化环境，如“梅学士询在真宗时已为名臣，至庆历中为翰林侍读以卒，性喜焚香，其在官舍，每晨起将视事，必焚香两炉以公服罩之，撮其袖以出，坐定撒开两袖，郁然满室浓香。”[②] 又“赵清献公好焚香，尤喜薰衣。所居既去，辄数月香不灭。衣未尝置于笼，为一大焙，方五六尺，设薰炉其下，常不绝烟，每解衣投其间。”[③] 此风也影响到一般平民，如泉州人每岁除夕，家无贫富，燃降真香“如燔柴”[④]。

宗教仪式和祭祀仪式中使用香料，数量很大。宋徽宗崇尚道教，崇宁间（1102—1106）“神霄宫事起，土木之工尤盛。群道士无赖，官吏无敢少忤其意。月给币帛、硃砂、纸笔、沉香、乳香之类，不可数计，随欲随给”[⑤]。朝廷还经常颁赐御香，宋宣和二年（1120）张佑任泉州市舶提举，朝廷颁御香，至泉州诣通远王庙殿焚之。当时流行于浙江、福建一带的明教（摩尼教）“烧必乳香，食必红簟，故二物皆翔贵。”[⑥]

饮食品中加入适量香药，可使饮料和食品气味芬芳，可刺激食欲，还可起防腐作用。

宋代公私宴中还有香宴。戴植《鼠璞香药草》载：“坡公与章质夫帖云：公会用香药，皆珍物，极为番商坐贾之苦。盖近造此例，若奏罢之，于阴德非小补。予考坡仙以绍圣元年抵五羊，粢为帅。广通舶，出香药，时好事者创此，他处未必然也。今公宴，香药别卓为盛礼，私家亦用之，

① 福建省泉州海外交通史博物馆编：《泉州湾宋代海船发掘与研究》，海洋出版社，1987年，第26页。

② （宋）欧阳修：《归田录》卷2。转引自关履权：《宋代广州香药贸易史述》，载《宋史研究论文集》，上海古籍出版社，1982年，第296页。

③ （宋）叶梦得：《避暑录话》卷上。转引自关履权：《宋代广州香药贸易史述》，第296页。

④ （宋）赵汝适：《诸蕃志》卷下，中华书局，1996年，第183页。

⑤ （宋）陆游：《老学庵笔记》卷2，中华书局，1979年，第27页。

⑥ （宋）陆游：《老学庵笔记》卷10，中华书局，1979年，第125页。

作俑不可不谨。”绍兴二十一年（1151）十月，高宗幸清河郡王张俊王府，张俊供奉御筵物品中有“缕金香药一行”及“砌香咸酸一行”，这些都是宴会时陈设的名贵香药或香剂食品。①

进口的香料，其中一部分是我国宋代医方中常见的药物，如乳香、降真香、木香、安息香、没药、肉豆蔻、苏合油等。他们的药性是：乳香为活血祛淤、定痛的要药，在治疗外科疾病方面，具有止痛、生肌的作用；降真香，理气，止血、行瘀、定痛、利水通；檀香，理气、和胃；胡椒，温中、下气、清痰、解毒；槟榔，杀虫、破积、下气、行水；玳瑁，清痰、解毒、镇惊；沉香，降气温中，暖肾纳气。宋代进口的大量药物，被临床广泛应用，出现许多进口药组成的医方，如乳香没药丸、玳瑁丸、槟榔丸、檀香汤、胡椒汤等。② 有的直接用进口药物治病，如苏合香油，“出大食国，气味大抵类笃耨，以浓而无滓为上，番人多用以涂身。闽人患大风者亦仿之。”③ 乳香也可以治病，《宋史》王克明传说：“胡秉妻病，内秘腹胀，号呼逾旬，克明视之。时秉家方会食，克明谓秉曰：‘吾愈恭人病，使预会可乎？’以半硫圆碾生姜调乳香下之，俄起对食如平常。”④

从事香料贸易的既有外国人，也有本地人。外国人中有番商、贡使、将军等。

宋代许多外国人到泉州从事香料贸易。北宋哲宗绍圣二年（1095）永春知县江公望对刺桐港的繁盛，进口大量香料作了生动的描述：“海船通他国，风顺，便食息行数百里，珍珠、玳瑁、犀象、齿角、丹砂、水银、沉檀等香，稀奇难得之宝，其至如委。巨商大贾，摩肩接足，相刃于道。”⑤ 来泉州的外国人居住区称“蕃人巷”。祝穆云，泉州：“土产蕃货，诸蕃有黑白二种，皆居泉州，号‘蕃人巷’。每岁以大舶浮海往来，致象

① 关履权：《宋代广州香药贸易史述》，载《宋史研究论文集》，上海古籍出版社，1982 年，第 297 页。

② 王慧芳：《泉州湾出土宋代海船进口药物在中国医药史的价值》，载《海交史研究》第 4 期，1982 年。

③ （宋）赵汝适：《诸蕃志》卷下，第 169 页。

④ 《宋史》卷 462，《方技下·王克明传》，中华书局，1976 年，第 13531 页。

⑤ （明）何乔远：《闽书》卷 55，《文莅志·江公望》，福建人民出版社，1994 年，第 1489 页。

犀、玳瑁、珠玑、玻璃、玛瑙、异香、胡椒之属。”①

元朝人张翥《怀清源洞游》诗：“漫漫涨海际无涯，万里来乘使者槎。紫泽重寻仙客洞，碧山常醉故侯家。人多熟酒烧藤叶，市有生蛮卖象牙。安得梦中时化蝶，翩然飞向刺桐花。”②

外国商人参与舶货的收购批发。南宋广西提点刑狱林光朝《直宝谟阁论对札子》云：“东南有海道，所以扞隔诸蕃，如三佛齐、大食、占城、阇婆等数国，每听其往来，相为互市。遂于岭南之广州、福建之泉州，各置市舶一司。诸蕃通货举积于此，荆、淮、湖，外及四川之远，商贾络绎，非泉即广，百货所出，有无相易，此亦生人之大利也。臣昨在岭外，见诸蕃之货，近年以来多是蕃人以厚赀停塌，而贵商贾以数倍之息。所以如是者，谓其自有货卖之处。近闻蕃客十十五五，尝在都下自卖蕃物，而以金银为回货。今又闻转之他。”③ 宋元时期来泉州从事海外贸易的著名外商，如大食蕃客蒲啰辛，“造船一只，载般乳香投泉州，市舶计抽解钱三十万贯，委是勤劳，理当优异，诏蒲啰辛特补承信郎。”④ 宋末元初阿拉伯著名海商佛莲，波斯湾巴林人，蒲寿庚之婿，侨居泉州，“其家富甚，凡发海舶八十艘。癸巳岁殂，女少无子，官没其家赀，见在珍珠一百三十石，他物称是”⑤。

香料作为外国进贡的商品，如熙宁四年（1071）层檀国“遣使加尼防援那萨表贡真珠、龙脑、乳香、琉璃器、白龙黑龙涎香、猛火油、药物”⑥。有的贡使私觌香料，从中谋利，建炎三年（1129），“三佛齐使私觌珠贝、异香、文犀等，直数十万”⑦。

在从事香料贸易的外国人中还有将军。南唐保大十六年（958）三佛齐镇国将军，以贩卖香药到福建漳州，建一座普贤院，落成以后，在法堂

---

① （宋）祝穆：《方舆胜览》卷12，《福建路·泉州》，上海古籍出版社，1991年，第141页。

② 清源山风景名胜管理处编：《清源山古诗集》，鹭江出版社，1995年，第7页。

③ （明）杨士奇：《历代名臣奏议》卷349，《夷狄》。

④ 《宋会要辑稿》蕃夷四之九四，第7760页。

⑤ （宋）周密：《癸辛杂识·续集》卷下。

⑥ 《宋会要辑稿》蕃夷七之三二，第7855页。

⑦ （宋）李心传：《建炎以来系年要录》卷17。

上亲笔以番书题名。①

泉州海商从事香料贸易。泉州杨客，为海贾十余年，致赀二万万。绍兴十年（1140）运抵杭州的沉香、龙脑、珠琲珍异，纳于土库中，他香布、苏木不减十余万缗，皆委之库外。② 泉州海商陈应、吴兵等到占城贩运货物，载乳香及使人入贡。王元懋，淳熙十五年（1188）从占城归帆，所载“货物、沉香、真珠、脑麝价值数十万缗”③。

关于香药的价格：北宋真宗“景德三年五月，香药榷易院言，所卖第一等香，每斤元估钱四贯文，如入交引，即五千，今又令每斤增价百钱，所虑市易者少，有亏课额，帝谓……可令依旧，勿复增价”④。仁宗时，香药一度跌价，“皇祐三年二月初，知定州韩琦及河北转运司皆言……香一斤卖三千八百者。今止五六百”⑤。南宋时香药价格大增，南宋数学家秦九韶（1202—1261）所著《数书九章》（1247）“市物类”有记载：“推求物价：问推物货三次，支物准钱各一百四十七贯文。先拨沉香三千五百裹，玳瑁二千二百斤，乳香三百七十五套；次拨沉香二千九百七十裹，玳瑁二千一百三十斤，乳香三千五十六套四分套之一；后拨沉香三千二百裹，玳瑁一千五百斤，乳香三千七百五十套。欲求沉、乳、玳瑁裹、斤、套各价几何?”这问题相当于求解联立一次方程：

$$3500x+2200y+375z=1470000$$

$$2970x+2130y+3056\frac{1}{4}z=1470000$$

$$3200x+1500y+3750z=1470000$$

解之求得沉香每裹 300 贯文，乳香每套 64 贯文，玳瑁每斤 180 贯文。⑥其中龙涎最为昂贵，“每两与金等，舟人得之则巨富矣”⑦。张知甫说：“仆

① （清）吴任臣：《十国春秋》卷 90。
② （宋）洪迈：《夷坚丁志》卷 6，《泉州杨客》，中华书局，1981 年，第 589 页。
③ （宋）洪迈：《夷坚三志》已卷，《王元懋巨恶》，第 1345 页。
④ 《宋会要辑稿》，《食货三六之八》，第 5435 页。
⑤ 《宋会要辑稿》，《食货三六之二九至三〇》，第 5446 页。
⑥ 杜石然：《宋元算书中的市舶贸易算题》，载《海交史研究》，1988 年第 1 期。
⑦ （宋）陈敬：《新纂香语》卷 1。

见一海贾鬻真龙涎香二钱，云三十万缗可售鬻。时明节皇后许酬以二十万缗，不售。遂命开封府验其真赝，吏问：‘何以为别？’贾曰：‘浮于水则鱼集，薰衣则香不竭。’果如所言。”① 二钱龙涎香达二三十万缗。

二、泉州市舶司与香料贸易

北宋建立，结束了五代分裂割据的局面，泉州海外贸易迅速发展，元祐二年（1087）泉州正式设置市舶司。

泉州是我国著名的海港城市，从南朝开始与外国海上往来，唐代许多外国人来泉州经商，出现了“船到城添外国人”的景象。唐朝在泉州“设参军事四，掌出使导赞”，加强对海外贸易的管理。

五代时，由于割据福建的王审知等重视海外贸易，竭力“招来海中蛮夷商贾”，并委派海路都指挥使，设置榷利院以管理海外贸易。

北宋的建立，结束了五代分裂割据的局面，泉州的社会经济进一步发展，为海外贸易提供了丰富的商品，泉州港的海外交通更加繁荣。但北宋初年，只在广州、杭州、明州设市舶司。泉州商人到海外贸易者到广州或两浙市舶司“请给官券”，给泉州商人带来诸多不便，正如陈偁所指出“自泉之海外，率岁一往复，令远诣广，必两驻冬，阅三年而后返。又道有礁石浅沙之险，费重利薄，舟之南日少，而广之课岁亏。”② 到北宋中期，广州连续八年出现“蕃舶罕至”，后来又发生侬智高入侵两广事件，广州的海外贸易中衰。而泉州的海外贸易迅速发展，因此，在泉州设置市舶司就提到朝廷的议事日程上来。

宋神宗熙宁五年（1072），有臣僚请于泉州置市舶司。神宗诏发运使薛向“创法讲求之”，由于以吕嘉问为首的市易司的反对而作罢。到元丰三年（1080）再知泉州的陈偁又上疏指出，泉州不设市舶司，对泉州海商不利，也影响朝廷的财政收入，请准在泉州设置市舶司，结果仍没有获

① （宋）张知甫：《张氏可书》，转引自关履权：《宋代广州香药贸易史述》，载《宋史研究论文集》，上海古籍出版社，1982 年，第 298 页。

② 《永乐大典》卷 3141，“陈偁”条引，中华书局，1986 年影印本，第 1836 页。

准。哲宗元祐二年（1087）在户部尚书李常的建议下，泉州才正式设置市舶司。

宋元时期，市舶司的主要职责是“掌蕃货、海舶、征榷、贸易之事，以徕远人，通远物”。市舶司的主要职责是：登记和管理船舶，发给有关凭证，抽税、收买和运销舶来货物，招待和保护外商。

宋代市舶官员记录香药情况。绍兴二十一年（1151），叶廷珪任泉州军州事兼泉州市舶司提举，著《香谱》。《适园丛书》中的《新纂香谱》有叶廷珪所作序。其序云：“余于泉州职事实兼舶司，因蕃商之至，询究本末，录之以广异闻，亦君子耻一物不知之意。”赵汝适宝庆元年（1225）以朝散大夫提举福建路市舶，“暇日阅诸蕃图，有所谓石床、长沙之险，交洋、竺屿之限，问其志则无有焉。乃询诸贾胡，俾列其国名，道其风土，与夫道里之联属，山泽之蓄产，译以华言，删其秽渫，存其事实，名曰《诸蕃志》。海外环水而国者以万数，南金象犀珠香玳瑁珍异之产，市于中国者，大略见于此矣”①。

当船舶抵达口岸时，要先把香药、珍珠等货物送交市舶司，称“呈样”。呈样以后，市舶司实行抽税，征收实物税，各个时期抽解数量不同：淳化二年（991）“始立抽解二分”之制，到宋仁宗时“海外舶舸岁至，犀珠、玳瑁诸香奇物，官取十一”。宋神宗熙宁初（1068）抽十五取之。徽宗崇宁（1102—1106）以后，恢复熙宁以前十取其一之制。南宋绍兴十四年（1144）“一时措置抽解四分”，以市舶司言，蕃商陈诉抽解太重，绍兴十七年（1147）十一月四日诏：“三路市舶司今后蕃商贩到龙脑、沉香、丁香、白豆蔻四色，并依旧抽解一分，余数依旧法施行。”② 后又实行犀角、象齿十分抽二，珠十分抽一，船户惧抽买数多，止贩粗色货，所以隆兴二年（1164）又恢复十分抽一之制。

元朝对土货和蕃货分别实行单抽和双抽。元初“客舡自泉、福贩土产之物者，其所征亦与番货等，上海市舶司提控王楠以为言，于是定双抽、

---

① 《诸蕃志校释》，中华书局，1996 年，第 1 页。

② 《宋会要辑稿》，职官四四之二五，第 3376 页。

单抽之制。双抽者番货也，单抽者土货也。”[①] 至元二十年（1283）六月，定市舶抽分例，舶货精者取十之一，粗者十之五。至元二十年五分之中取一，粗色三十分之中取一，免其输税，其就市舶司买者，止于卖处收税，而不再抽。[②] 至元三十年（1293）规定，泉州物货三十取一，余皆十五抽一，以泉州为定制。到延祐元年（1314）规定“回帆之日，细物十分抽二，粗物十五分抽二”。

元朝抽解货物的方法是，“每年办到舶货除合起解贵细之物外，据其余物色必须变卖者，附近杭州各司舶货每年不过当年十二月终起解赴杭州行泉府司官库交割。舶司画时开数，具呈行省，令有司随即估体时价”，然后差官变卖。泉州和广州市舶司离杭州较远，“依上差官就彼一体发卖”[③]。

香料禁榷，是由国家垄断，专买专卖。舶货禁榷制度是太平兴国元年（976）京师设立榷易院建立起来的。“太平兴国初，京师置榷易院，乃诏诸蕃国香药宝货，至广州、交趾、泉州、两浙，非出于官库者，不得私相市易。”[④] 当时所有舶货都属禁榷之列，不准自由买卖。后来，政府的政策有所放宽，太平兴国七年（982）规定，除玳瑁、象牙、犀角、镔铁、鼊皮、珊瑚、玛瑙、乳香 8 种为禁榷物，放通行药物 37 种。以后又增加工业原料紫矿和鍮石共 10 种为禁榷物。元朝取消进口商品禁榷制度，推行开放政策，鼓励外商来华贸易。

宋朝香药等货物实行博买，又叫和买、官市。除禁榷物品外，对一些获利大的物品，由政府收购，然后才准许舶商买卖。北宋初年，从海外贩来的商品，不论精细，均由市舶司全部征购，不准海商私自出售。淳化二年（991）规定“除禁榷货外，他货择良者，上市其半，如时价给之，粗恶者恣其卖，勿禁”[⑤]。建炎元年十月二十三日，承议郎李则言：“闽广市

---

① 《元史》卷 94，《食货志・市舶》，中华书局标点本，第 2401 页。
② 《元史》卷 94，《食货志・市舶》，中华书局标点本，第 2402 页。
③ 《元史》卷 94，《食货志・市舶》，中华书局标点本，第 2403 页。
④ 《宋会要辑稿》职官四四之一，第 3364 页。
⑤ 《宋会要辑稿》职官四四之二，第 3364 页。

舶旧法置场抽解，分粗细二色，搬运入京，其余粗重难起之物，本州打套出卖。自大观以来，乃置库收受，务广帑藏，张大数目，其弊非一。旧系细色纲只是真珠、龙脑之类，每一纲五千两，其余如犀牙、紫矿、乳香、檀香之类，尽系粗色纲。每纲一万斤，凡起一纲差衙前一名管押，支脚乘赡家钱约计一百余贯。大观已后，犀牙、紫矿之类，皆变作细色，则是旧日一纲分为十二纲，多费官中脚乘赡家钱三千余贯。乞将前项抽解粗色并令本州依时价打套出卖，尽作见钱椿管，许诸客人就行在中纳现钱赍执兑便关子前来本州支请，诏依旧，余依所乞。”① 仁宗时，征榷十分之三，但因市舶官员压低价格“凡官市价微，又准他货与之，多折阅，故商人病之”。商人也采取逃避官市的办法，“象牙稍大者，必截为三十斤以下，规免官市”②。元朝取消和买制度，货物经抽解后，允许自由交易。

宋朝重视海外贸易，鼓励外商来华，指派市舶司使臣到海外“诏诱”蕃商。宋太宗雍熙四年（987）五月“遣内侍八人，赍敕书金帛，分四纲，各往海南诸蕃国勾招进奉，博买香药、犀牙、真珠、龙脑。每纲赍空名诏书三道，于所至处赐之。”③

市舶司负责接待贡使，由市舶司收受表文，接待至来远驿安置。政和五年（1115）在泉州设置来远驿。蕃舶来港后，有阅货之宴，临行前有犒设之宴。绍兴十四年（1144）泉州市舶司依照广州市舶司体例，每年于遣发蕃商之际，“支破官钱三百贯文，排办筵宴”，体现朝廷对海外贸易的重视。

宋朝积极参加“招诱”的商人和成绩卓著的市舶司官员可补官。绍兴六年（1136）知泉州连南夫奏请，诸市舶纲首能招诱舶舟、抽解物货，累价及五万贯、十万贯者，补官有差。泉州蕃舶纲首蔡景芳，“招诱舶货，收息钱九十八万缗，各补承信郎。”大食蕃商蒲啰辛，般载乳香投泉州，市舶计抽解钱三十万贯，特补承信郎。闽广市舶司官员，“抽买乳香每及

① 《宋会要辑稿》职官四四之一二，第3369页。

② （宋）朱彧：《萍洲可谈》卷2。

③ 《宋会要辑稿》职官四四之二，第3364页。

一百万两，转一官；又招商入蕃兴贩，舟还在罢任后，亦依此推赏”[①]。崇宁二年（1103）八月十三日诏提举福建路市舶施述与转一官，“以诏诱抽买宝货增羡也”[②]。宣和元年（1119）十二月十四日诏福建提举市舶蔡柏职事修举可特转一官，勾当公事赵实转一官，令再任。

宋代泉州市舶官员挟权营私，建炎年间（1127—1130）胡大正签判泉州，“郡为蕃商之会，每海舶至，检视者得利不赀”[③]。杜纯为泉州司法参军，“泉有蕃舶之饶，杂货山积，时官于州者私与为市，价十不偿一”[④]。嘉定年间（1208—1224），赵崇度提举福建市舶“先是浮海之商以死易货，至则使者郡太守而下，惟何欲括取之，命曰和买，实不给一钱。宾珠象齿通犀羽沈脑熏陆诸珍怪物，大半落官吏手，媚权近，饰妻妾，视以为常。而贾胡衔冤茹苦，抚膺啜泣者弗恤也。以故舶之至者滋少，供贡阙绝”。[⑤]对挟权营私，勒索蕃商的市舶官员，或处之“放罢”，或降官。绍兴年间任泉州市舶司提举的郑震“私买市舶货物，论附贪昌，放罢。”淳熙十三年（1186），潘冠英“以发纲犀角，象牙多短小不堪应用，诏降一官。”嘉泰三年（1203），福建市舶提举曹格“移易乳香”被放罢。嘉定六年（1213）泉州市舶司提举赵不熄“多抽蕃舶，抄籍诬告”，降两级放罢。

三、香料贸易对社会的影响

宋元时期进口香料主要是满足统治阶级奢侈生活的需要，香料的进口对社会产生深刻的影响。

香料的大量进口，使铜钱不断流向海外造成钱荒。外国人喜爱中国铜钱，“得中国钱，分库藏贮，以为镇国之宝。故入蕃者非铜钱不往，而蕃货亦非铜钱不售”[⑥]。宋朝严禁铜钱出口，规定“钱出中国界及一贯文，罪

① 《宋史》卷185，《食货志下七》，第4537-4538页。
② 《宋会要辑稿》，职官四四之九，第3368页。
③ 乾隆《泉州府志》卷10。
④ 《宋史》卷330，《杜纯传》，第10632页。
⑤ （宋）真德秀：《真文忠公文集》卷43，《提举吏部赵公墓志》。
⑥ 《宋会要辑稿》，刑法二之四四，第6567页。

处死”，还“重立赏格，使人告捕”①。但还是走私泄漏到日本、南洋乃至非洲，“福建之钱聚而泄于泉之蕃舶，广东之钱聚而泄于广之蕃舶”，参加走私的有“沿海郡县寄居，不论大小，凡有势力者皆为之”。宋朝人王居安说：“蕃舶多得香犀象翠，崇侈俗，泄铜镪，有损无益，宜遏绝禁止。”②清朝人顾炎武指出：“南渡后，经费困乏，一切倚办海舶，岁入固不少。然金银铜锡钱币，亦由是漏泄外境，而钱之泄尤甚。法禁虽严，而奸巧愈密，其弊卒不可言。”③ 北宋因铜钱外流，钱币流通量少，造成钱荒，因而物价低贱。南宋铜钱大量外流，影响纸币的信用，价值低跌，物价上涨，对人民的经济生活产生不良的影响，加深了社会矛盾的激化。

进口香料，对泉州社会产生深远的影响。宋朝时，统治阶级大量消耗香料，老百姓也消费香料。在泉州过春节时，燃降真香“如燔柴”。有的以麝香木为器用，以檀香木雕刻佛像，甚至用檀香木像葬于山谷。如惠安人吴德彰“乾道间兵荒，父母俱殁于外。时德彰年幼，不能收骸骨以葬。既长，访求不可得，乃以檀木刻像以葬于谷山。自后山下有香气袭人，经久乃息。人因号其山曰香山。”④

元朝时，香料风靡泉州城。释宗泐诗云：“泉南佛国天下少，满城香气楠檀绕。缠头赤脚半蕃商，大舶高樯多海宝。”⑤

泉州阿拉伯人的后裔至今仍从事制作香料和经营香料业，而且保留用香料、香花敬奉祖先的习俗。

阿拉伯蕃商蒲寿庚家族，世代以经营香料为业。蒲寿庚善于经营海外贸易，“擅蕃舶利三十年”，掌握海外贸易大权，拥有大量海舶和船户。南宋景炎元年（1276）升蒲寿庚为福建广东招抚使兼福建市舶司提举。蒲寿庚降元后，升为福建行省左丞，其子蒲师文为福建市舶司提举，蒲寿庚谢世后，蒲氏海商集团仍然从事以香料为主的海外贸易。蒲氏海商集团的重

① （宋）张方平：《乐全集》卷 26，《论钱禁铜法事》。
② 《宋史》卷 405，《王居安传》，第 12250 页。
③ （清）顾炎武：《天下郡国利病书》卷 120，《海外诸蕃入贡互市》。
④ （明）黄仲昭：《八闽通志》卷 67，《人物》，第 597 页。
⑤ （宋）宗泐：《清源洞图为洁上人作》，见《全室外集》卷 4。

要成员，“回回佛莲者，乃蒲（寿庚）氏之婿也，其家富甚，凡发海舶八十艘。癸巳岁殂，……见在珍珠一百三十石，他物称是。”① 明初统治阶级歧视异族，蒲家遭到迫害，他们不得不迁出泉州，有的甚至改姓，逃难避居永春、德化、漳浦、诏安等地。他们从事制作和经营香料一直世袭至今。永春五里街“蒲庆兰香室”，是有名的制香手工业和店铺，是蒲氏十三世世茂从泉州迁永春时开始经营的，至今已八九世。德化城关蒲姓“玉兰堂香室”，也是世袭至今。泉州法石是蒲寿庚的家乡，此地以种花为业，种植从阿拉伯引进的茉莉花和素馨花。他们还保留特殊风俗习惯，用香料和香花敬奉祖先。②

香料进口也影响泉州的民俗，槟榔成为泉州重要的礼俗，“里间朋友，吉凶庆吊，皆以槟榔为礼”，以槟榔作礼物互相馈赠，“东家送槟榔，西家送槟榔。”宋林夙咏泉州诗云“玉腕雕弓弹吉贝，石灰荖叶送槟榔”，以槟榔代茶招待客人，宋时“自福建下四川与广东西路皆食槟榔者。客至不设茶，唯以槟榔为礼。”③ 还盛行喝槟榔酒，酒税成为宋时财政的重要收入。宋时“三佛齐取其（槟榔）汁为酒，商舶兴贩，泉广税务岁收数万缗”④。直至清朝，泉州食槟榔的习俗还很普遍，在泉州车桥两旁排摊贩卖，影响交通，乾隆五十六年（1791）重修车桥后，在《重修车桥碑记》中示禁“修竣之后，桥上两旁，毋许排卖槟榔冷水、时果等”。

本文曾在1997年9月荷兰莱顿大学亚洲研究中心举办的“宋元时期泉州海外贸易”国际学术讨论会上宣读。

载《海交史研究》，1998年第1期。

① （宋）周密：《癸辛杂识》续集卷下，《佛莲家赀》。

② 庄为玑：《泉州宋船香料与蒲家香业》，见《海上集》，厦门大学出版社，1996年，第257-258页。

③ （宋）周去非：《岭外代答》卷6，《食槟榔》，上海运东出版社，1996年，第135页。

④ 《诸蕃志校释》卷下，中华书局，第186页。

宋元时期泉州的珠宝贸易

珠宝属于奢侈品，随着经济的发展，皇室、达官贵人和商贾对奢侈品，特别是珠宝的需求量愈来愈大。珠宝的来源主要从国外进口，宋元时期的泉州港是进口珠宝的重要港口。本文拟就泉州的珠宝贸易及其影响略述管见，敬请方家指正。

一、泉州的珠宝贸易

宋元时期，泉州进口的珠宝，主要来自锡兰、三佛齐、南毗、麻逸、苏禄等国家或地区。据赵汝适《诸蕃志》载：麻逸国产真珠；瓮蛮国出真珠；三佛齐产真珠、猫儿眼、琥珀；细兰国产猫儿眼、青红宝珠；南毗国土产真珠；大食国出真珠、猫儿眼；监篦国产真珠；大秦国土产红玛瑙、真珠。元朝汪大渊《岛夷志略》载：明家罗产红石；苏禄产珍珠；僧加剌产红石；班达里产甸子、鸦忽石；高郎步产红石头；波斯离产琥珀；大乌爹产猫儿眼、鸦鹘石；第三港产蚌珠。

元朝珠宝通称回回石头，其种类很多，有红石头（剌、避者达、昔剌泥、苦木兰），绿石头（助把避、助木剌、撒卜泥），鸦鹘（红亚姑、马思艮底、青亚姑、你蓝、屋朴你兰、黄亚姑、白亚姑），猫睛（走水石、甸子、你据卜的、乞里马泥）等。[①] 这些珠宝的质量，剌，为波斯语红宝石，是品质低于刚玉的红尖晶石；避者达，即红石榴子石；昔剌泥，即锡兰产

① （元明）陶宗仪：《辍耕录》卷 7，《回回石头》。

的黑红色的石榴子石；苦木兰即克什米尔红宝石；助把避，即上等祖母绿宝石；助木刺，即罗勒色或甜菜色祖母绿宝石；撒卜泥，为下等祖母绿宝石；鸦鹘，红、青、黄、白亚姑，即刚玉宝石；马思艮底，阿拉伯语为优质金刚石；你兰即尼罗河色、淡蓝色的刚玉宝石；屋朴你兰，浑青色下等蓝宝石；猫睛，走水石，你据卜的，即伊朗的绿松石；乞里马泥，即伊朗克尔曼的绿松石。①

宋元时期，珠宝的来源主要是朝廷遣使博买，中外商人进口和外国使者进奉。

朝廷遣使博买，如北宋雍熙四年（987）五月，宋太宗“遣内侍八人赍敕书、金帛，分四纲，各往海南诸蕃国，勾招进奉，博买香药、犀牙、真珠、龙脑。每纲赍空名诏书三道，于所至处赐之”②。元朝初年，在泉州、庆元、上海、澉浦立市舶司，“每岁招集舶商，于番邦博易珠翠香货等物”③。

使者进奉，如咸平六年（1003）大食遣使婆罗钦三摩尼等来贡方物，“摩尼等对于崇政殿，持真珠以进”。建炎三年（1129），“遣使奉宝玉珠贝入贡”④。大中祥符八年（1015）九月，注辇国国王罗荼罗乍遣使侍郎娑里三文、副使蒲恕、判官翁勿防、援官亚勒加等奉表来贡，“凡真珠衫帽各一，真珠二万一千一百两，象牙六十株，乳香六十斤。三文等又献珠六千六百两，香药三千三百斤。”⑤

各省官员向朝廷进贡宝石。据《马可波罗游记》载：“在元旦这天，大汗治下的各省和各王国中拥有封土或掌有大权的官员，都纷纷向大汗进贡金银、宝石等珍贵礼物，并且配上白布，意思是祝大汗万寿无疆，并且拥有更多的财富。”⑥

宋元时期的泉州港是进口珠宝的重要港口。北宋哲宗绍圣二年

① 宋岘：《“回回石头”与阿拉伯宝石学的东传》，载《回族研究》，1998年第3期。
② 《宋会要辑稿》，职官四十四之一。
③ 《元史》卷94，《食货志二・市舶》。
④ 《宋史》卷490，《大食》。
⑤ 《宋史》卷489，《注辇国》。
⑥ 梁生智译：《马可波罗游记》，中国文史出版社，1998年，第123页。

(1095) 永春知县江公望在《多暇亭记》中描述刺桐港进口的珍珠、香料的盛况云："海船通他国，风顺，便食息行数百里。珍珠、玳瑁、犀象、齿角、丹砂、水银、沉檀等香，稀奇难得之宝，其至如委。巨商大贾，摩肩接足，相刃于道。"① 元朝的泉州为"七闽之都会也。番货远物，异宝奇玩之所渊数；殊方别域富商巨贾之所窟宅，号为天下最"②。马可波罗惊叹泉州港宝石珍珠输入之多不可思议，他说："应知刺桐港（即泉州）即在此城，印度一切船舶运载香料及其他一切贵重货物咸莅此港。是亦为一切蛮子商人常至之港，由是商货宝石珍珠输入之多竟至不可思议，然后由此港转贩蛮子境内。"③ 元朝后期，由于政府全面开放私人海外贸易，舶货进口剧增，于是东南沿海地区出现了"薰陆胡椒腽肭脐，明珠象齿骇鸡犀；世间莫作珍奇看，解使英雄价尽低"④ 的舶货充溢的现象。

南宋时，杭州有珠子市，"自融和坊北至市南坊，谓之珠子市，如遇买卖，动以万数。间有府第富室质库数十处，皆不以贯万收质"⑤。宋元时期，泉州虽没有像杭州那样留下珠子市的记载，但在泉州市的街道地名中的聚宝街，据传说就是宋元时期珠宝交易场所。

从事珠宝贸易的有本地商人、外国商人、官僚权贵，海外贡使也私自买卖珠宝。

本地海商如王元懋、杨客从事珠宝贸易。王元懋，在寺院里长大，从师僧人，学习外语和外国知识。后随商船到占城，因他精通蕃汉文字，深得占城王的宠爱，嫁以王女，在占城10年，后归泉州，成为大海商。淳熙十五年（1188），他从占城归帆，所载"货物、沉香、真珠、脑麝价值数十万缗"⑥。泉州海商将进口的珠宝贩到外地销售，泉州杨客为海贾十余年，致赀二万万。绍兴十年（1140）七月，他到临安钱塘江下，"举所赍

① （明）何乔远：《闽书》卷55，《文莅志》，福建人民出版社，1994年，第1489页。

② （元）吴澄：《吴文正集》卷28，《送姜曼卿赴泉州路录事序》。

③ 《马可波罗行纪》第2卷第156章，转引自邱树森：《中国回族史》，宁夏人民出版社，1996年，第243页。

④ （元）宋本：《舶上谣送伯庸以番货事奉使闽浙十首》，见《元诗选》二集卷21。

⑤ （宋）耐得翁：《都城纪胜》，《铺席》。

⑥ （宋）洪迈：《夷坚三志》己卷，《王元懋巨恶》。

沉香、龙脑、珠琲珍异，纳于土库外”①。有的泉州商人将珍宝进奉朝廷，元至大元年（1308）九月，泉州大商马合马丹进“珍异及宝带，西域马”②。

广州从事珠宝贸易的海商，有向崇福夫人庙献珠宝和借贷的记载：“广州城南有崇福夫人庙，南船往来，无不乞灵于此。（庙中）珠玉异宝，皆海商所献. 各有库藏收掌，凡贩海之人，能就庙中祈签，许以钱本借贷者，纵遇风涛而不害，获利亦不赀。庙中出纳三库掌之。”③ 泉州海商是否有向寺庙借贷，尚未见记载。

从事珠宝贸易的海商，他们以死易来诸珍珠，大半落入官吏之手，媚权贵，饰妻妾。两知泉州的真德秀云：“先是浮海之商以死易货，至则使者郡太守而下，惟所欲刮取之，名曰和买，实不给一钱。宝珠象齿通犀翠羽沉脑薰陆诸珍物，大半落官吏之手，媚权贵，饰妻妾，视以为常。而贾胡之衔冤茹苦，抚膺啜泣者弗恤也。以故舶之至者滋少，供贡阙绝。”④ 真德秀和泉州市舶司提举赵崇度革前弊，罢和买，禁重征，税例定制，深得商人欢心。在他们的努力下，经过一年整顿，第一年海舶至者18艘，第二年24艘，第三年增至36艘，泉州海外贸易得到发展。也有的官僚强夺宝石，如北宋宣和年间，广南转运使郑良强夺番舶曾讷玛瑙盆。王明清《挥尘后录》卷8载：

> 宣和中有郑良者，本茶商，交结阉寺，以进至秘阁修撰、广南转运使，恃恩自恣。部内有巨室，蓄一玛瑙盆，每盛水则有二鱼跃其中。良闻之，厚酬其价，不售，乃为一番舶曾讷者所得。良遣人经营，云已进御矣。初未尝也。良即奏以谓讷厚藏宝货服用，僭拟乘舆。得旨令究实。良即以兵围其家，捕其妻孥，械系而搜索之。讷之弟谊方醉卧，初不知其由，仗剑而出，遂至纷

① （宋）洪迈：《夷坚丁志》卷6，《泉州杨客》。
② 《元史》卷22，《武宗纪一》。
③ （元）无名氏：《湖海新闻夷坚续志》后集卷3，《神明门・崇福夫人庙》。
④ （宋）真德秀：《西山文集》卷43，《提举吏部赵公墓志铭》。

敌。良即以拒命杀人闻奏。奏下，谊伏诛，讷配沙门岛。靖康初元，讷以赦得自便至京师，知时事之变，击鼓讼冤。

官僚权贵也经营海外贸易，他们的目的是搜罗奇珍异宝、香料药材等，以满足奢侈生活的需要，同时转卖舶来品，以牟取暴利。他们“发舶舟，招蕃贾，贸易宝货，靡费金钱。……犯法冒禁，专利无厌”[①]。如南宋将领张俊将50万贯钱交给一个部下作本钱，制造巨舰，招募水手，购买绫锦、奇玩、瓷器，到海外经商，“逾岁而归，珠犀香药之外，且得骏马，获利几十倍”[②]。居住在泉州的南外宗子，大量从事商业活动，有的宗子借手中之权，对蕃商巧取豪夺，如宗官赵士㔁“至夺贾胡浮海巨舰”，所以绍兴末有“两宗司（西、南）今后兴贩蕃船，并有断罪之文”。[③] 但是，禁而不止，他们仍然从事经商，嘉定间“南内宗子，商于泉者多横”[④]。

外商从事珠宝贸易的很多，如阿拉伯海商佛莲，波斯湾巴林人，蒲寿庚之婿，侨居泉州，从事珍宝、香料贸易，在泉州拥有庞大的船队，“发海舶八十艘”，死后家中有“珠珍一百三十石，他物称是”[⑤]。

宋朝朝贡贸易中，贡使除与官方进行交换外，还携带大量私货进行“私觌”，这是作为朝贡贸易的一种补充。宋代海外朝贡使团十分庞大，动辄数十人，以至上百人，其中很重要的原因是趁入贡之机，大量贩运私货，其中包括私自买卖珠宝。建炎三年（1129），“三佛齐使私觌珠贝、异香之属，直数十万”[⑥]。宋元时期，在泉州的外商拥有许多珍宝，如雍熙间（984—987）印度僧人啰护那航海到泉州，“番商以其胡僧，竞持金缯珍宝以施”，啰护那用这些珍宝买隙地在泉州城南建宝林院。[⑦] 也有的欧洲商人从中国带珠宝回去，《马可波罗游记》云：“我们的威尼斯人旅居帝国多

---

① 《宋史》卷388，《陈良祐》。

② （宋）罗大经：《鹤林玉露》丙编卷2，《老卒回易》。

③ 《宋会要辑稿》，帝系二〇之三〇。

④ （明）何乔远：《闽书》卷116，《英旧志·缙绅·泰宁县·邹应隆》，第3501页。

⑤ （宋）周密：《癸辛杂识续集》卷下，《佛莲家赀》。

⑥ （宋）李心传：《建炎以来系年要录》卷17，建炎二年八月戊午。

⑦ （宋）赵汝适：《诸蕃志》卷上，《天竺国》。

年，已经积攒大量价值连城的珠宝和黄金，因此很想衣锦回乡。”①

关于宋元时期宝石的价格，种类不一，其价不同。如锡兰君王“拥有世上所罕见的一块最华美的红宝石，有一指距长，一手臂厚。灿烂无比，并且没有丝毫瑕疵。此宝石拥有火红的颜色，实属无价之宝。忽必烈大汗曾派遣使臣到该国来，要以一个城市换取这块宝石。而君王的答复是：即使将世界上的一切财宝都送给他，他也不会出让此宝；无论如何他都不会让红宝石离开他的国土，因为这是他先人留下来的镇国之宝，所以不能让给大汗”②。这是无价之宝。大德年间（1297—1307）本土巨商中卖红剌一块于宫，重一两二钱，估值中统钞一十四万锭，用嵌帽顶上，自后累朝皇帝相承宝重，凡正旦及天寿节大朝贺时则服用之。③ 又如“西域贾人奉珍宝进售者，其价六十万锭。”省臣平章顾谓（尚）文曰：“此所谓押忽大珠也，六十万酬之不为过矣，一坐传玩。”④ 有的回回商人向朝廷献大珠索要高价，至元三十年（1293）回回人孛可马合谋献大珠，要价数万锭。帝曰：“珠何为，当留是钱以赒贫者。”⑤

一般珍珠的价格，据成书于大德三年（1299）宋世杰的《算学启蒙》列举的数道市舶抽分应用题，其中有关珍珠的题如：

> 今有客持珍珠三千七百六十颗，舶司税之，四十取三，今税三百颗，贴与额钱一十贯二百五十文。欲买一百五十颗，问与钱几何？
>
> 解：设 X 为税额，Y 为珠价，Z 为 150 颗珍珠价钱，则

$$X=3760\times\frac{3}{40}$$

$$Y=10250\div(300-X)$$

$$Z=150\times Y$$

① 梁生智译：《马可波罗游记》，第 14 页。

② 梁生智译：《马可波罗游记》，第 242-243 页。

③ （元）陶宗仪：《南村辍耕录》卷 7，《回回石头》。

④ 《元史》卷 170，“尚文”传，中华书局，第 3988 页。

⑤ 《元史》卷 17，《世祖纪十四》。

$Y = 570$ 文

$X = 282$ 颗

$Z = 855500$ 文。[①]

宋元时期进口珠宝的税收，淳化二年（991）“始立抽解二分”之制。到宋仁宗时，“海外舶舸岁至，犀珠、玳瑁诸香奇物，官取十一”[②]。宋神宗熙宁初（1068），抽取十五取一。宋徽宗崇宁（1102—1106）以后，恢复熙宁以前十取其一之制。后又实行犀角、象齿十分抽二，珠十分抽一。

元朝对土货和蕃货实行单抽和双抽。至元二十年（1283）六月，定市舶抽分例，舶货精者，取十之一，粗者十之五。至元三十年（1293）规定，泉州物货三十取一，余皆十五取一，以泉州为定制。到延祐元年（1314）规定，“回帆之日，细物十分抽二，粗物十五抽二”[③]。

南宋咸淳七年（1271），意大利犹太商人雅各在泉州逗留半年，他在《光明之城》中这样记载当时的宝石说：以前从印度来的商人，宝石要缴纳50%的税，香料10%－20%，布料15%，现在已经取消不要纳税了。[④]《马可波罗游记》中也说“凡输入之商货，包括宝石、珍珠及细货在内，大汗课额十分取一。”[⑤]

有的外商为规免抽税，珍珠、宝石“多置夹襦及伞柄中”。[⑥]

二、珠宝贸易的影响

宋元时期进口珠宝，有的是朝廷作为馈赠外国使节和臣下的礼品，有

① 喻常森：《元代海外贸易》，西北大学出版社，1994年，第54页。

② （宋）蔡襄：《端明集》卷39，《光禄卿致仕张公墓志铭》。

③ 《元史》卷94，《市舶》。

④ ［意大利］雅各·德安科纳原著：《光明之城》（中译本），上海人民出版社，1999年，第153页。

⑤ 《马可波罗行纪》第2卷第156章，转引自邱树森：《中国回族史》，宁夏人民出版社，1996年，第243页。

⑥ 杨博文：《诸蕃志校释》卷下，《志物》，中华书局，1996年，第204页。

的作为统治阶级的奢侈品，有的作为宗教活动的用品，也有一部分作为药用品。

朝廷用宝石作为馈赠外国使臣的礼品，当马可波罗和护送阔阔真公主的三男爵辞别大汗时，“大汗赐给他们许多红宝石和其他价值不菲的美丽珠宝”。元朝皇帝也把珠宝赏赐臣下，“大汗曾选出一万二千名男爵，赏赐他们每个十三套衣服，每套都不相同。……这些衣服上镶有珍珠、宝石和其他宝物，十分富丽名贵”①。

外国宫殿及贵族以珍珠装饰为华贵，如大食“王头缠织锦番布，朔望则戴八面纯金平顶冠，极天下珍宝，皆施其上。衣锦衣，系玉带，蹑间金履。其居以玛瑙为柱，以绿甘为壁，以水晶为瓦，以绿石为砖，以活石为灰。帷幕之属，悉用百花锦。其锦以真金线夹五色丝织成。台榻饰以珠宝，阶砌包以纯金。器皿鼎灶杂用金银。结真珠为帘”②。在中国的波斯、大食商人亦过着豪华生活，如广州蕃商蒲姓赴知州之招宴，“其挥金如粪土，舆皁无遗，珠玑香贝，狼藉坐上，以示侈，帷人曰：此其常也”③。宋时番商钜贾，“服饰皆金珠罗绮，器用皆金银器皿”④。广州的波斯妇“绕耳皆穿穴带环，有二十余枚者”⑤。元朝泉州阿拉伯海商蒲寿庚之子蒲师文死后，其墓志“铋以玛瑙石为之”⑥。

当时有的人以珠宝夸富，如吴兴沈君与，家饶于财。他到京师时为了访名妓蔡奴，“乃呼一卖珠人于其门首茶肆中，议价再三不售，撒其珠于屋上，卖珠者窘甚。君与笑曰：‘第随我来，依汝所索还钱。’蔡于帘中窥见，令取视之，珠也。大惊，惟恐其不来。后数日乃诣之，其家喜相报曰：前日撒珠郎至矣，接之甚至，自是常往来”⑦。宋代杭州有“斗宝会”。《梦粱录》载：“又有善女人，皆府室宅舍内司之府第娘子夫人等，建庚申

① 梁生智译：《马可波罗游记》，第17，125页。

② （宋）赵汝适：《诸蕃志》卷上，《大食国》，杨博文校释，中华书局，第89页。

③ （宋）岳珂：《桯史》卷11，《番禺海獠》。

④ （明）顾炎武：《天下郡国利病书》卷104。

⑤ （宋）庄绰：《鸡肋编》卷中。

⑥ 张玉光、金德宝：《报告发现蒲寿庚家谱经过》，载《泉州伊斯兰教研究论文选》，福建人民出版社，1983年，第224页。

⑦ （宋）周密：《齐东野语》卷11，《沈君与》。

会，诵《圆觉经》，俱戴珠翠珍宝首饰赴会，人呼曰‘斗宝会’。”①

宋代泉州富商夫人以戴珠宝为尊贵，雅各说：“这些富商们每次设宴招待客人，夫人们都装扮得特别漂亮，头上戴的冠有许多的珠宝，让人觉得他们是贵族，而不是新近才富起来的暴发户。”② 元朝诗人贡师泰描述当时的泉州是“满市珠玑醉歌舞，几人为尔竟沉酣”③。

宋元时期，外国伊斯兰教徒有撒殿的习俗。“明道二年（1033）十月，注辇国王尸离啰茶印侂啰注啰遣使蒲押陁离等以泥金表进真珠衫帽及真珠一百五两，象牙百株进贡。蒲押陁离自言数朝贡，而海风破船不达，愿将上等珠就龙床脚撒殿，顶戴瞻礼，以申向慕之心。乃奉银盘升殿，跪撒珠于御榻下而退。”“熙宁十年（1077），国王地华加罗遣使奇啰啰、副使南卑琶打，判官麻图华罗等二十七人来献，副使以真珠、龙脑登陛，跪而散之，谓之撒殿。”④ 关于熙宁十年撒殿，宋朝人沈括所著《梦溪笔谈》有详细记载：“使人以金盘贮珠，跪捧于殿槛之间，以金莲花酌珠向御座撒之，谓之撒殿。乃其国至敬之礼也。朝退，有司扫彻，得珠十余两，分赐是日侍殿阁门使副内臣。”⑤ 元丰年间（1078—1085），三佛齐、注辇国入贡，请以所贡金莲花、真珠、龙脑，依其国中法，亲撒于御座，谓之撒殿。诏特许之。⑥ 可见外国贡使经常举行撒殿。

泉州的伊斯兰教徒在举行婚礼时，有“撒金豆”仪式，并延续至今。在《清源金氏族谱》附录的《丽史》中有关于“撒金豆”的记载：那兀呐“选民间女充其室，为金豆撒楼下，命女子撰（攫）取以为戏笑”。这当系那兀呐娶泉州民间女子为妻举行婚礼的仪式，是遵循阿拉伯穆斯林的风俗撒金豆。此风俗源于阿拉伯，“哈里发蒙和他的宰相哈桑·伊本·赛海勒的18岁的女儿布兰，于825年举行婚礼的时候，把一千颗极大的珍

① （宋）吴自牧：《梦粱录》卷19，《社会》。

② 转引自王连茂、丁毓玲：《一个犹太人在刺桐的见闻录》（一），《泉州晚报·海外版》1998年5月6日。

③ （元）贡师泰：《玩斋集》，《拾遗·泉州道中》。

④ 《宋史》卷489，《注辇国》，第14098-14099页。

⑤ （宋）沈括：《梦溪笔谈》卷24，《杂志一》。

⑥ （宋）叶梦得：《石林燕语》卷2。

珠，从一个金托盘里撒在那对新人身上”。在泉州的穆斯林把撒珍珠变成撒金豆（金币），今天泉州的穆斯林沿用此仪，只是用红枣、桂元干、花生、白果（或糖果）以代“金豆”，撒于新娘新郎身上，让围观者捡取，意为撒喜“扎卡特”（喜庆的施舍）。[①] 这应当是撒珍珠风俗的演变。

进口的珍珠中也有的作为药用。福州人杨士瀛在宋景定五年（1264）著成的《仁斋直指》26 卷，书中药方有采用舶上香药，有的方剂以舶上香药命名和配制，如琥珀膏、琥珀散、琥珀饮等。[②]

宋朝统治阶级国库大量储存珠宝，宋真宗为内药库题额云：“每岁沉檀来远裔，累朝珠玉实皇居；今辰内府初开处，充牣尤宜史笔书。”[③] 可见当时的内药库亦储藏珠宝。有的将珠宝作为国防费用，如熙宁元年（1068），“以奉宸库珠子付河北缘边，于四榷场鬻钱银，准备买马，其数至于二千三百四十三万颗”[④]。宋元时期珍宝大量进口，为了鉴别宝石的真伪，翻译回回鉴别宝石的专著，如元朝人王士点、商企翁同编的《秘书监志》中的“者瓦希剌别认宝贝五部”。“者瓦希剌”乃阿拉伯语“宝石”的音译，即“宝石鉴别书五部”[⑤]。

明代还有关于波斯胡商识宝重价购买珠宝和鉴别宝石的记载。《今古奇观》第九回“转运巧遇洞庭红”载，明成化间（1465—1487），苏州文实字若虚者，做海外生意，遇风漂至荒岛，得大龟壳，携归船上，乃到福建，有波斯人玛哈宝者，以五万两购去。波斯谓是龙壳，壳内有珠二十四颗，每颗在波斯即值五万两云云。又据《闽都别记》第 55 回载，闽王王审知的墓在明朝宣德年间（1426—1435）被盗，后官府追回一些被盗的殉葬品，其中有水碗，莹如金色，不知何宝，召回回辨之，才知是玻璃碗也。

原载陈世兴主编：《泉州学研究》，福建教育出版社，2002 年。

---

① 努尔：《那兀纳与番佛寺》，载《泉州伊斯兰教研究论文选》，福建人民出版社，1983 年，第 123 页。

② （宋）杨士瀛：《仁斋直指》卷 26。

③ （宋）叶梦得：《石林燕话》卷 2。

④ （宋）洪迈：《容斋三笔》卷 13，《元丰库》。

⑤ 转引宋岘：《“回回石头”与阿拉伯宝石学的东传》，载《回族研究》，1998 年第 3 期。

古代泉州丝织业初探

一

泉州地处东南沿海，很早以前就有人类生息繁衍。在新石器时代遗址中，经常出土陶纺轮，说明原始社会晚期，居住在泉州地区的先民已开始从事纺织业的生产活动。晋人南渡，沿江而居，他们带来了北方先进的生产工具和技术，加快了泉州经济的开发，纺织业也进一步发展。南朝梁时，到溉任建安太守，其好友任昉求二衫段。溉答诗云："余衣本百结，闽中徒八蚕。假令金如粟，讵使廉夫贪。"① 八蚕，即一岁中蚕丝得八收，闽中蚕丝生产可与永嘉相匹。

唐朝，泉州大量种植桑麻和养蚕，为丝织业的发展，提供充足的原料。如晋江黄氏族谱记载："置西洞州桑园七里，田三百六十庄。"② 垂拱二年（686），黄守恭将此桑园施舍建造开元寺，至今寺内西侧尚有一株老干龙蟠的桑树，传说就是唐代的桑树。可见当时植桑养蚕之盛。

唐代泉州丝织业迅速发展，其产品部分上供。《唐六典》将福建泉、建、闽出产的绢纳入八等之列。③ 泉州清源郡"土贡绵、丝、蕉、葛"④，其中"贡丝二百两"，说明当时泉州丝织业的发展已具有一定的规模。

---

① 《南史》卷25，"到溉"传。

② 《紫云黄东石乡金乾户长房贰家谱》。

③ 《唐六典》卷20。

④ 《新唐书》卷41，《地理志》。

五代时期，王审知父子割据福建，实行“劝课农桑”，“轻徭薄敛，与民休息”的政策。王审知的侄儿王延彬任泉州刺史“凡三十年，仍岁丰稔，每发蛮舶，无失坠者，人因谓招宝侍郎”①。泉州的海外交通和贸易继续发展，促进养蚕业的进一步发展，就连边远山区的安溪县，也以“农耕和养蚕并行”，“土之所宜者桑麻谷粟”，故“民乐耕蚕”②。养蚕业成为当时农村中重要的农业经济之一，为丝织业发展提供了丰富的原材料。

五代时泉州丝织业较唐代有所发展，呈现了“妇营蚕织，绔繻之颂兴”③，“积篱茅屋共桑麻”④ 的繁荣景象。泉州城内更是“千家罗绮管弦鸣”⑤ 的热闹情景。“泉绢”是当时远销国外的著名产品，葛布也很有名。王审知于后梁乾化元年（911）以葛布三万五千匹作为对后梁王朝的贡品。⑥ 陈洪进居漳泉，于宋太平兴国二年（977）贡泉州土产葛多达两万匹。⑦ 泉州丝织业的发展为海外贸易提供了物质基础。

二

宋代种桑养蚕受到政府的重视和鼓励，“宋时令长吏劝农广植农桑，有伐以为薪者，罪之”⑧。北宋王十朋知泉州时，提出“依山者，以桑麻为业”⑨，南宋两知泉州的太守真德秀在《劝农文》中强调“有妇女当课之以蚕织”⑩。绍兴二十一年（1151），黄朴知安溪县时，“崇学校，课农桑，务尽教养之法”⑪。政府和地方官吏重视和提倡植桑养蚕，促进丝织业的发展。宋时，泉州丝织业已达到与盛产丝绸的四川、江浙齐名，正如苏颂咏

① 乾隆《泉州府志》卷46，“王延彬”传。
② 乾隆《安溪县志》卷11，《艺文》，詹敦仁《五代初建安溪县记》。
③ 《永春县志》卷12，《艺文》。
④ （唐）韦偓：《南安寓居》，见《南安县志》卷48。
⑤ 《安溪县志》卷12，《艺文》，詹敦仁《迁泉城留侯招游郡圃作》。
⑥ 《旧五代史·梁书》卷6，《太祖纪》。
⑦ 《宋会要辑稿》，蕃夷七。
⑧ 《泉州府志》卷21，《田赋·农桑绢课》。
⑨ 《泉州府志》卷20，《风俗》。
⑩ （宋）真德秀：《西山文集》卷40。
⑪ 嘉靖《安溪县志》卷5，《宦绩》。

泉州诗中所云“绮罗不减蜀吴春”[①]。

宋代泉州丝织业的发展，政府征税以充国用，熙宁八年（1075）建都税务，税之目有七，曰：门税、市税、船货税、綵帛税等。[②]把丝织品税列入重要税收来源之一。

宋王朝向全国各地征收丝织品，以解决军需、国用，充实库藏及宫廷服用。元丰年间（1078—1085）泉州上供绵100两，蕉葛布50匹。[③]永春贡绵100两，蕉布、生纻各20匹，南安贡绵100两，蕉布、葛布各50匹。[④]

宋政府还在丝织业的重点地区加强收购。北宋天圣八年（1030），在“福州、泉州、漳州、兴化四处置场收买”。北宋徽宗时“尚书省言，大观库物帛不足，令两浙、京东、淮南、江东西、成都、梓州、福建路，市罗、绫、纱一千至三万匹各有差”[⑤]。

1975年，在福州北郊南宋黄昇墓出土三百余件服饰及布匹，品种有罗、绫、绮、绢、纱、绉、锦等，是研究宋代丝织工艺技术的珍贵资料。[⑥]黄昇墓随葬的两件绫织物有墨书题记：一作“宗正纺染金丝绢官记”，另一作“□□□司”。黄昇系黄朴之女，赵师恕孙赵与骏之妻。黄朴端平间（1234—1236）知泉州兼提举市舶司。赵师恕是宋宗室，淳祐间（1241—1252）知南外宗正事。他们执掌泉州海外贸易大权。黄昇墓出土的丝织品，既有江浙等地的产品，也有福建、泉州官私手工业作坊的产品。

南宋时泉州市舶使赵汝适在《诸蕃志》中，记述泉州丝织品已远销今日之日本、朝鲜、越南、柬埔寨、印度、斯里兰卡、菲律宾、印度尼西亚、马来西亚、坦桑尼亚等国。如，北宋崇宁四年（1105），泉州商人李充前往日本贸易，所带货物中就有三种精美的丝织品：象眼40匹、生绢10匹、白绫20匹。

---

① （宋）苏颂：《送黄从政宰晋江》，见《苏魏公文集》卷7。

② 《泉州府志》卷12，《公署》。

③ 《泉州府志》卷21，《田赋·农桑绢课》。

④ 《八闽通志》卷26，《食货·物产》。

⑤ 《宋史》卷175，《食货上三·布帛》。

⑥ 福建省博物馆：《福州南宋黄昇墓》，文物出版社，1982年。

三

元代的泉州港是世界最大的港口之一。意大利旅行家马可波罗在至元二十八年（1291）从泉州港启航，护送蒙古公主阔阔真到波斯。他在游记中这样描述泉州港："刺桐（泉州）是世界上最大港口之一，大批商人云集这里，货物堆积如山。""运到那里的胡椒，数量非常可观。但运往亚历山大供应西方世界各地需要的胡椒，就相形见绌，恐怕不过它的百分之一吧！"① 1345 年，来泉州的摩洛哥旅行家伊本白图泰也说："该城的港口是世界大港之一，甚至是最大的港口。我看到港内停有大艟克约百艘，小船多得无数。"②

元朝时泉州生产的丝绸不仅数量多，而且质地优良。伊本白图泰说"此地织造的锦缎和绸缎，也以刺桐命名"③。这些丝绸不仅是外销商品，而且是王室馈赠友好国家的珍贵礼品，如元朝皇帝赠送印度摩哈美德王"花缎五百匹，其中百匹系在刺桐（泉州）织造，百匹系在汉沙（杭州）织造"④。

元朝江西南昌人汪大渊于元顺帝至顺元年（1330）和至元三年（1337）两次由泉州浮海，周游列国，返国后于至正九年（1349）撰《岛夷志略》，记载当时中国出口的商品，其中丝织品有：白丝、南丝、南北丝、丝布、青丝布、白丝布、红丝布；锦缎、龙缎、草金缎、色缎、青缎、五色缎、五色绸缎、五色绢缎、苏杭色缎、苏杭五色缎；细绢、绸绢、土绸绢、色绢、红绢、小红绢、山红绢、赭色绢、五色绢、红绿绢、花宣绢、花色宣绢、狗迹绢；锦、建宁锦、丹山锦、青皮单锦；诸色绫罗、水绫；土印布、青白土印布、塘头市布、色布、绿布、青布、花布、印花布、小印花布、五色布、五彩红布、赭色布、綦子手巾等 30 多种。这

① 陈开俊等译：《马可波罗游记》，福建科技出版社，1981 年，第 192 页。
② 马金鹏译：《伊本白图泰游记》，宁夏人民出版社，1985 年，第 551 页。
③ 马金鹏译：《伊本白图泰游记》，第 456 页。
④ 马金鹏译：《伊本白图泰游记》，第 456 页。

些丝织品经由泉州等港，销往今天越南的占城、交趾，柬埔寨的真腊，泰国的罗斛，缅甸的八都马、乌爹，印度的天竺、马八儿，孟加拉的朋加刺，菲律宾的三岛、麻逸，印度尼西亚的渤泥、三佛齐、旧港，新加坡的龙牙门、遐来勿，马来西亚的丁加奴、彭坑，北非索马里的班达里，伊朗的甘埋里、达吉那，沙特阿拉伯的天堂（麦加），伊拉克的波斯离，埃及的特番里，坦桑尼亚的层摇罗等70多个国家和地区。这些丝织品有的来自江浙的传统产品，有的来自福建的手工业产品，也有一部分是当时泉州所生产的产品。

四

明清时期，泉州生产的丝织品种类繁多。丝绸有“丝经布纬”的丝布和用下等绢料“织而练成”的土绸。晋江土绸“土蚕茧薄，丝多类，但可为粗绸”①，惠安土绸“五月蚕熟，煮茧抽丝缫制成绸”②。

绢“用湖头蚕丝为上，蚕次之”③，品种有素织、花织、方织、金线织等。晋江、南安、同安三县出土绸，南安翁山有蚕，出茧丝，生丝作绢叫翁绢。

缎有“用湖丝织如江南法”④ 叫本机缎。倭缎“制起东夷，漳泉海滨效法为之”。缎罗“双棱织，一纻一棉，间织而成”⑤。

晋江所产罗有硬罗、软罗和织鹅绒者。南安罗布为纻经棉纬，叫合纻，诗山一带所出罗布甚佳。

纻布俗名纻麻，为夏布，用糯糊烈日中抽过织之叫糊布，夜露昼晒，其色白，叫白纱布。⑥ 安溪东溪纻布“效仿江西夏布的制法”，“质地精致

① 《晋江县志》卷73，《物产》。
② 《惠安县志》卷5，《物产》。
③ 民国《南安县志》卷10，《物产》。
④ 《泉州府志》卷19，《物产》。
⑤ 《天工开物》乃物篇。
⑥ 《泉州府志》卷19，《物产》。

轻松”，彭墟纻布“墟期棚肆极兴盛”[①]。永春“白纻之布比弱吴纨”[②]，惠安所出细白布“通商贾货之境外，几遍天下”。纻布原料多系本地种植，泉州“山薮居民，树艺葛纻，机杼所就”，德化“种麻纻，妇女专辟绩”，惠安“辟绰织纻，有葛屦蟋蟀之风焉”[③]。

葛布“野产取藤折而织之，七邑俱有”。安溪葛布以崇信、龙涓为多，以纺绫者为上，以大坪产者为佳。

蕉布“用山蕉包以灰埋之，织而成布，可以暑服，轻便也”[④]。

麻布有青、白、黄三种，山内有织，城中亦有。

北镇布出惠安北镇，沤白纻麻为之，成之甚艰。惠安北镇布行天下，每岁和买及横索无虑千百匹。

明清时期，泉州普遍种桑养蚕。泉州所养蚕种，有的本地产，亦有“自苏来者”。丝的原料有的使用江浙、四川等地进货，“闽人货湖丝者，往往染翠红而归织之”[⑤]。

泉州染料很丰富。明朝王世懋说“凡福之细丝，漳之纱绢，泉之蓝……无日不走分水岭及浦城小关，下吴越如流水。其航大海而去者，尤不可计”[⑥]。蓝青有两种“叶大高者谓槐蓝，小者谓马蓝”[⑦]，霜降后刈浸之，再越宿取出，其梗入灰疾搅之，即澄沉而为淀。[⑧] 薯榔“根如薯预，肉有红白二色，可以染皂”[⑨]。红花“冬种夏初收，捣其花为饼，可以染缯帛，凡染鲜明大红皆用此”[⑩]。槐“叶细而青绿，其花可染黄”[⑪]，乌柏“叶可染皂”，余甘“叶可染皂”[⑫]。

---

① 转引1972年《新加坡安溪会馆金禧纪念特刊》。
② （明）何乔远：《闽书》卷38，《风俗志》。
③ （明）何乔远：《闽书》卷38，《风俗志》。
④ 民国《南安县志》卷10，《物产》。
⑤ （明）王世懋：《闽部疏》。
⑥ （明）王世懋：《闽部疏》。
⑦ 民国《南安县志》卷10，《物产》。
⑧ 《惠安县志》卷5，《物产》。
⑨ 民国《南安县志》卷10，《物产》。
⑩ 《惠安县志》卷5，《物产》。
⑪ 民国《德化县志》卷4，《物产》。
⑫ 民国《德化县志》卷4，《物产》。

明清时期，泉州为福建的丝纺织造中心。明宣德三年（1428），泉州“因内使阮礼督造至郡，乃买民地于南俊巷设染局”①，故址在今东街门楼巷，至今还有“清白源”遗迹。正统时（1436—1449），在泉州“置泉州织造局”②，明代除两京设织染局外，其他如苏、杭等丝织中心设织染局，泉州设织染局说明丝织业发展，具有较大的规模和较高的生产水平。

明清时期，泉州纺织业有家庭手工业和专业生产的作坊——机房的设置，如晋江石崖许氏，在明末清初一百年里，从事丝织的贸易活动，并设有机房。他们“经营治丝工业”，“开鬻䌷缎，市情热闹，甲于同行”。他们之间有“专理丝房”、“协理丝条”、“学治丝工艺”③的分工。晋江安海有织染作坊和染房，当时民谣有“后库开布房，坑呷长粗桶，型厝傀儡笼，西宫牛磨房”，又有“曾咸，柯甜，倪药，林豆生，高杉行，洪染房，西河境鸭子仔房”④。何乔远《秋日安平杂咏》诗云：“灵岩山下万人家，古塔东西日影斜。巷女能成纻麻布，士商时贩木棉花。”晋江县绣花业出现了包买主，当地妇女尚女红，“下至老妪、随婢，饮食瀚衣之暇，亦必向市中各店取帽鞋取袜携之在家，相互卒业”⑤。这些刺绣女工和店主之间是雇佣关系。

明清时期，泉州商人组织各地生产的纺织品销往国内外，如安海游商“富家挟财本置绵葛等布，胡椒、木香牙、明珠、翡翠等货，以往两京、苏杭、临清、川陕、江广等处发卖”⑥。永春，德化苧布“富家收买千尺，北上临清贷买，名曰家机”⑦。安海商人，深入安溪、永春、德化、收换棉麻等布“贩高州、海南、交趾、吕宋”⑧等地出售。清前期从泉州向东南亚输出的生丝和丝织品数量相当多，如东印度公司“图拉索号”商船，从泉州（厦门）运出丝和丝织品共计 4 300 000 件，“拿骚号”商船 1697 年

① 《晋江县志》卷 2，《规制志·公署》。
② 《泉州府志》卷 12，《公署》。
③ 《晋江石崖许氏家谱》。
④ 《新编安海志》卷 12，《海港·商贾》。
⑤ 《晋江县志》卷 72，《风俗》。
⑥ 《新编安海志》卷 11，《物类编》。
⑦ 《新编安海志》卷 11，《物类编》。
⑧ 《新编安海志》卷 11，《物类编》。

由伦敦出发，从泉州（厦门）运出生丝 30 吨和丝织品 108 000 件。同年“屈南博尔号”商船从泉州运出丝织品共计 41 000 件。1698 年“佛里特号”从泉州（厦门）运出生丝 20 吨和丝织品 65 000 件①。明正德、嘉靖、隆庆、万历间，“漳泉商船，每年至少有三四十艘，停泊于马尼剌，运来各种生丝和丝织品”②。

清代中叶，泉州地方官提倡农桑，“命沿黄龙溪北岸丰州一带之旧岸皆植桑树为界，县城内家家养蚕”。但自民国以后“地方受南北军阀之蹂躏，而桑树亦遭砍伐至无存矣”，泉州丝织业一蹶不振。

原载《丝绸史研究》，1991 年第 4 期。

① 黄赞雄：《鸦片战争前后的中国丝绸业》，载《丝绸史研究》，1990 年第 3 期。
② 傅衣凌：《明清商人及商人资本》，人民出版社，1956 年。

《宣和奉使高丽图经》与宋代的海外交通

宋宣和五年（1123），奉议郎徐兢随给事中路允迪、中书舍人傅墨卿奉使高丽。归国后，徐兢撰《宣和奉使高丽图经》，记述朝鲜历史、山川、物产、典章制度、风土民情以及船舶制造、往来航路，是研究朝鲜历史文化以及宋代海外交通的珍贵资料。本文仅就《宣和奉使高丽图经》中有关中朝海上交通航线、造船技术、航海技术、海神妈祖信仰诸问题，略述管见，敬请方家赐教。

一、徐兢与《宣和奉使高丽图经》

徐兢，字明叔（一说叔明），建州瓯宁（今建瓯县）人，自祖父始徙居和州历阳县（今安徽和县）。生于宋元祐六年（1091）五月八日，自幼聪颖好学，政和四年（1114）以父荫补将仕郎，授通州司刑曹事。尚书郎徐禋措置东南九路铜事时，辟兢为干办公事，后移摄郑州原武县令，调济州司士曹事。丁内艰，服除监元丰库。宣和五年（1123）高丽入贡，遣给事中路允迪报聘，以兢为国信所提辖人船礼物官，归国后撰《宣和奉使高丽图经》。擢知大宗正丞，兼掌书学，迁尚书、刑部员外郎。坐亲嫌，谪池州永丰监。丁外艰，服除授松江制置司参谋官，句奉祠，主管南京鸿庆宫，三领台州崇道观。绍兴二十一年（1151）还历阳，绍兴二十三年（1153）五月二十日卒，享年六十三。

宋朝与高丽关系密切，经常有使节往来。宣和四年（1122）三月，给事中路允迪、中书舍人傅墨卿充国信使、副往高丽，秋九月，以国王俣薨，被旨兼祭奠吊慰，徐兢以奉议郎充奉使高丽信所提辖人船礼物随同前往。宣和五年（1123）五月十六日自明州启航，六月十三日到朝鲜开城。七月十三日返，七月廿七日到定海。宣和六年（1124）徐兢撰《宣和奉使高丽图经》。

关于《宣和奉使高丽图经》的撰写，徐兢序云："臣愚虽才不逮前人，然在高丽，才及月余，授馆之后，则守以兵卫，凡出馆不过五六，而驱驰车马之间，献酬尊俎之上，耳目所及，非若十三载之久，亦粗能得其建国立政之体，风俗事物之宜"，"谨因耳目所及，博采众说，简汰其同于中国者，而取其异焉。凡三百余条，厘为四十卷，物图其形，事为之说。"该书分建国、世次、城邑、门阙、宫殿、冠服、人物、仪物、仗卫、兵器、旗帜、车马、官府、祠宇、道教、释氏、民庶、妇人、皂隶、杂俗、节仗、受诏、燕礼、馆舍、供张、器皿、舟楫、海道、同文二十九门。其中舟楫一卷、海道六卷，记述了船舶制造、海洋地理和往来航路。

《宣和奉使高丽图经》原来既有航路图，又有文字记载。在靖康之变时，已亡其图。乾道三年（1167）徐兢从子始刻该书于澂江郡斋仁和赵氏小山堂，而且朝鲜也有刻本，但不知刻于何时。现有明末海盐郑休仲重刻本，鲍廷博知不足斋本、天禄琳琊丛书本、丛书集成本、王云五万有文库本等流传。

二、宋代与高丽的海上交通航线

宋代与高丽的海上交通航线主要有北方航线和南方航线。

北方航线分别可从山东登州和密州板桥镇启航。元丰六年（1083）冯景任赴高丽信使，"视近便海道，今至登州、密州，问知得二处海道并可发船至高丽，比明州实近便。"①

登州至朝鲜航线，从山东登州出发，至朝鲜西岸海州的瓮津登陆。淳

① 《续资治通鉴长编》卷341，"元丰六年"条。

化四年（993）二月，宋廷派遣秘书丞陈靖、刘武出使高丽，自东牟（登州，今山东蓬莱）趣八角海口（山东福山县八角镇）“即登舟芝冈岛（今山东烟台），顺风泛大海，再宿抵瓮津口（朝鲜黄海南道瓮津）登陆。行百六十里抵高丽之境曰海州（今朝鲜海州），又百里至阎州（朝鲜延安），又四十里至白州（朝鲜白川），又四十里至其国（朝鲜开城）”①。

密州至朝鲜航线，从密州板桥镇（今胶州）启航，出胶州湾，东渡黄海，直航朝鲜半岛西海岸。

宋代登州、密州至高丽航线比唐代渤海高丽道沿岸迂回航线便捷，但由于宋辽处于敌对状态，为避免辽军在海上骚扰，熙宁七年（1074）封闭登州港，改由南方航线，由明州港启航。

熙宁七年以后，宋与高丽交通主要走南方航线。宣和五年（1123）奉仪郎徐兢随给事中路允迪、中书舍人傅墨卿出使高丽即走这条航线。徐兢撰《宣和奉使高丽图经》详细记载这条航线，图虽已佚，仍为研究宋与高丽交通的珍贵资料。

徐兢等赴高丽航线如下②：

（1）宣和五年五月十六日，自明州出发，十九日达定海县（今浙江镇海）招宝山。廿四日，自招宝山启航，廿五日抵沈家门（今浙江舟山普陀沈家门），廿六日入梅岑（今普陀山）候风，廿八日过海驴礁、蓬莱山（今大衢山）、半洋礁（今黄龙山之半洋礁），廿九日过白水洋、黄水洋、黑水洋（今东海、黄海）。

（2）六月二日抵夹界山（今小黑山岛），三日过五屿（今大黑山岛西南五小岛）、排岛、白山（今荞麦岛）、黑山（济州岛西北之黑山岛）、月屿（今朝鲜全罗北道兴德里西之海中）、阑山岛、白衣岛、跪苫。

（3）六月四日过春草苫，经槟榔礁、菩萨屿，至竹岛（今朝鲜前、后曾岛），五日到苦苫苫（今扶安西南之猬岛），六日到群山岛（今群山群岛），七日到横屿。

---

① 《宋史》卷487，《高丽》。

② （宋）徐兢：《宣和奉使高丽图经》卷34；王文楚：《两宋和高丽海上航路初探》，载《文史》，第12辑。

（4）六月八日自横屿出发，过富用山（今元山岛），洪州山（今安眠岛上之承产里）、鸦子苫（今安兴西贾谊岛附近）、马岛（今泰安西之安兴）。

（5）六月九日，过九头山、唐人岛、双女礁（今安兴以北海域），午后过和尚岛（今大舞衣岛）、中心屿（今龙游岛）、聂公岛、小青屿（今永宗岛以南小岛）至紫燕岛（今仁川西之永宗岛）。

（6）六月十日，自紫燕岛起航，午后至急水门（今朝鲜黄河南道礼成江口），抵蛤窟（急水门锚地）抛泊。十一日，经分岭，至龙骨（礼成江口锚地）再抛泊。十二日，随潮至礼成港（今开城西礼成江畔），旋入碧澜亭。十三日，遵陆至于王城。

回程遵原航路，途中因风向不顺，屡遭风险，于七月十三日离高丽，至七月廿七日抵明州定海县。

三、从《宣和奉使高丽图经》看宋代的造船技术

宋代造船业十分发达，造船技术与工艺又有新的发展。《图经》对宋代造船技术与工艺有详细记载，为研究造船史提供珍贵的资料。

宋代出使海外使臣乘坐的大型船叫神舟，这种船是为出国使臣专造。徐兢宣和奉使高丽所乘神舟一曰凌虚致远安济、二曰灵飞顺济、三曰鼎新利涉怀远康济、四曰循流安逸通济。神舟“巍如山岳，浮动波上，锦帆鹢首，屈服蛟螭”。

使团随行人员座船叫客舟。客舟是在朝廷遣使时，先期委派福建、两浙监司在民间雇募的民船，“复令明州装饰，略如神舟”。徐兢所记宣和奉使高丽客舟长 10 余丈，深 3 丈，阔 2.5 丈，大桅高 10 丈，头桅高 8 丈，载重量 2 000 斛。据此推算客舟全长约 41.25 米，载重量 120 吨左右。

客舟“以全木巨舫，攙叠而成。上平如衡，下侧如刃，贵其可以破浪而行也”。

全船舱室分为三部分：前一部分在头桅与主桅之间，舱口不设艎板，底层为炊事房和安放水柜之处，余地为随行士兵的住舱。中间部分分作四

室，最后一部分叫庎屋，高丈余，建如房屋，四壁开窗，上面设栏楯，遍施彩绘，悬挂帘幕，装饰华丽，使团官员按官阶高低分住。

客舟“后有正舵，大小二等，随水浅深更易。当庎之后，从上插下二棹，谓之三副舵，唯入洋则用之。”舵是使船沿正确方向航行的设备，宋朝已能在不同水深的航区，选用大小二等的正舵，驶入大洋后，使用三副舵，同时还掌握平衡舵的操纵技术，就是把一部分舵面积分布在舵柱的前方，可以缩短舵压力中心对舵轴的距离，减少转舵力矩，操纵更加轻便。

《图经》对帆的使用有详细的记载。以“立竿鸟羽候风”测定风向，根据不同风，选用不同帆。如遇顺风，“张布帆五十幅”，广采风力以进；若“稍偏，则用利篷，左右翼张，以便风势”。遇正风少，所以常用利篷，并指出头当风不可行船。无风时用小帆十幅，叫野狐帆。徐兢等行至半洋礁时“是日午后，南风益急，加野狐帆。制帆之意以浪来迎舟，巩不能胜其势，故加小帆于大帆之上，使之提挈而行”。

船在海上航行，由于气候条件，船舶休整补给需要停泊，就要使用碇来固定船。关于碇石的使用方法，徐兢在《图经》中这样记载：“船首两颊柱中有车轮，上绾藤索，其大如椽，长五百尺，下垂碇石，石两旁夹以二木钩。船未入洋，近山抛泊，则放碇着水底，如维缆之属，舟乃不行，若风涛紧急，则加游碇，其用如大碇，而在其两旁。遇行则卷其轮而收之。”就是说船应选择“近山抛泊”，既可避风，以防风涛不测。若风涛紧急，则加游碇，这可镇浪，稳定船身。抛锚和起锚使用绞车。从徐兢《图经》中关于海船的记载和1974年泉州后渚港出土的宋代海船以及1979年宁波出土的宋代海船，可以看出宋代海船的特点是底尖，船身扁阔，长宽比小，平面近椭圆形。这种海船便于破浪前进，适于在风力强潮流急的海域航行。

四、从《宣和奉使高丽图经》看宋代的航海技术

宋代我国的航海技术具有先进水平。下面就《图经》对当时航海技术的记载略加论述。

（一）指南针的应用

火药、指南针、印刷术的发明是中国人民对世界文明的杰出贡献，正如伟大导师马克思所指出："火药、指南针、印刷术——这是预告资产阶级社会到来的三大发明。火药把骑士阶层炸得粉碎，指南针打开了世界市场并建立了殖民地，而印刷术则变成新教的工具，总的来说变成科学复兴的手段，变成对精神发展创造必要前提的最强大的杠杆。"①

北宋末期，已把指南针作为导航仪器，应用于航海事业中。朱彧《萍洲可谈》云："舟师识地理，夜则观星，昼则观日，阴晦观指南针。"这是朱追记其父丐服于北宋元符二年（1099）至崇宁元年（1102）知广州时的见闻，是中国航海者使用指南针的最早记录。徐兢在《图经》中也载："是夜，洋中不可住，惟视星斗前迈，若晦冥，则用指南浮针，以揆南北。"这里所说的指南浮针是指使用水浮法，也就是后来所称的水罗盘。

关于水浮法，沈括在《梦溪笔谈》中记载："水浮多荡摇，指爪及碗唇上皆可为之，运转尤速，但坚滑易坠，不若缕悬为最善。其法取新纩中独茧缕，以芥子许蜡缀于针腰，无风处悬之，则针常指南。"② 北宋晚期寇宗奭的《本草衍义》讲得更清楚。他说："以针横贯灯草心，浮水上，亦指南。"赵汝适撰的《诸蕃志》说："舟舶往来，惟以指南针为则，昼夜守唯谨，毫厘之差，生死系焉。"吴自牧《梦粱录》也说："风雨晦冥，时惟凭针盘而行，乃火长掌之，毫厘不敢差误，盖一舟人之命所系也。"

指南针在航海中的应用，是航海史上一件划时代的大事。指南针的使用，获得全天候航行的能力，指南针连同方位盘，使人们能够定量地测量船舶在海洋中的位置。

① 《马克思恩格斯全集》第47卷，第427页。
② （宋）沈括：《梦溪笔谈》卷24，《杂志一》。

（二）航海图的绘制

航海图是根据海上活动需要而绘制的专用地图。它能反映一定水域的地形地貌、水文要素、定位条件及其他与航行有关的资料和说明。我国至迟在宋代已有使用航海图的记载。北宋咸平六年（1003），广州地方官曾向朝廷进呈《海外诸蕃地里图》。[①] 徐兢《图经》云“今既论潮候之大概详于前，谨列夫神舟所经岛、洲、苫、屿而为之图。”说明当时绘过图，这些图在靖康之变时丢失。赵汝适在撰写《诸蕃志》时，“暇日阅诸蕃图”[②]。在元军南下攻宋时，著名学者金履祥曾“进牵列捣虚之策，请以重兵由海道直趋燕蓟，则襄樊之师不攻自解，且备叙海船所经，凡州县及海中岛屿，难易远近，历历可据以行，宋廷臣不能用。伯颜师入临安，得其书及图，乃命宋库藏及图籍仪器由海道运燕京。其后朱清、张瑄献海漕之策，所由海道，视履祥图书咫尺无异。”[③] 可见当时金履祥曾绘制过沿海州县及海中岛屿的海图，现已佚。现存最早航海图是明代《海道经》中保存一卷元人底本的《海道指南图》。明代著名的航海图有《郑和航海图》和《两种海道针经》，它们详细记录了我国与东北亚、东南亚、印度洋、东北非的航线。

（三）利用季风

古代船舶在海上航行主要依靠风力，我国在汉朝就利用季风来进行远洋航行，宋人对季风规律的利用更娴熟，东南亚太平洋航线和南亚印度洋航线利用太平洋夏季吹东南风，冬季刮西北风来航行。朱彧《萍洲可谈》说“舶船去以十一月、十二月，就北风；来以五月、六月，就南风。”[④] 王

① 《续资治通鉴长编》卷54。

② （宋）赵汝适：《诸蕃志》，“序”。

③ 《新元史》卷234。

④ （宋）朱彧：《萍洲可谈》卷3。

十朋诗云："北风航海南风回，远物来输商贾乐。"①

从明州至朝鲜、日本航线舟行皆乘夏至后南风。《图经》卷3云"朝廷遣使，皆由明州定海放洋，绝海而北，舟行皆乘夏至后南风。风便不过五日即抵岸焉。"

古代尽管能利用季风航行，但海上风云突变，危险性大，经常发生船翻人亡的海难，航海者要祈风祭海，祈求海神、妈祖、地方神祇或各种宗教的神保佑顺风和航海平安。

宋代统治阶级重视祈风之举，两知泉州的真德秀说："惟泉为州，所恃以足公私之用者，蕃舶也。舶之至时与不时者，风也。而能使风之从律而不愆者，神也。是以国有典祀，俾守土之臣，一岁而再祷焉。"② 泉州地区祈求海神通远王来保佑顺风，每年夏季四月，冬季十月、十一月或十二月，由主管海外贸易的市舶司长官和地方军政长官参加，在南安九日山延福寺昭惠庙通远王祠举行祈风典礼。九日山尚存祈风石刻十方，是研究宋代祈风制度的珍贵资料。其他地方进行祈风的还有：金门太武庙、惠安大蚶庙、莆田祥应庙、莆田崎头乡罗仙庙、长乐演屿昭利庙、海南岛琼州贞利庙等。③

《图经》记载沿途祭祀的神灵有：定海东海龙君、沈家门岳渎神、梅岑观音、海驴礁神霄玉清九阳总真、风师、龙王、天曹，黄水洋祀沙，蛤窟龙祀。

（四）其他

古代航海者非常重视天气预测。《图经》云"至洋中卒尔风回，则茫然不知所向矣"，"故审视风云天时，而后进也"。就是说要观察天气和风云以后再航行。

在航海上测深是保证安全航行的重要条件之一。正如《图经》所说

① （宋）王十朋：《提舶生日》，见《宋王忠文公文集》卷31。

② （宋）真德秀：《祈风祝文》，见《西山先生真文忠公文集》卷5。

③ 李玉昆：《略论海上丝绸之路的保护神》，载《中国与海上丝绸之路》，福建人民出版社，1991年。

“海行不畏深，惟惧浅搁，以舟底不平，若潮落，则倾覆不可救，故常以绳垂铅硾以试之。”

在夜间航行，除了观星以辨方向外，还举火导航，如徐兢一行走到白水洋，“是夜举火，三舟相应矣。”从黑山至开城航行，“遇夜，于山巅明火与烽燧，诸山次第相应，以迄王城。”

《图经》对当时航海技术的记载，是研究中国古代航海技术史的珍贵资料。

五、宣和奉使高丽与妈祖海神地位的确立

海神妈祖，福建莆田湄洲屿人，生于北宋建隆元年（960）三月廿三日，于雍熙四年（987）盛装登山石“升天”为神，是地方性神祇。起初人们把它作为女巫来膜拜，宣和五年（1123）因护路允迪使高丽有功赐庙号顺济，标志着妈祖从民间地方性神变为朝廷承认的海神，正如明朝人丘浚所说：“中国地尽四海，自三代圣王，莫不有祀事。在宋以前，四海之神，各封以王爵，然所祀者，海也，而未有专神。宋宣和中，朝遣使航海于高句丽，挟闽商以往。中流适有风涛之变，因商之言，赖神以免难，使者路允迪以闻，于是中朝始知莆之湄洲屿之神之著灵，验于海也。”① 宣和赐妈祖庙额确立了妈祖的海神地位。《图经》对妈祖在海上显圣护使是这样记载：“午后，三舵并折”，“同舟之人，断发哀思，祥光示现。然福州演屿神亦前期显异，故是日舟虽危，犹能易他舵。”徐兢亲历此险，他说发生在归程，地点在黄水洋。这里虽无明确写湄洲之神，但“祥光示现”历来是妈祖显圣的标志。

对这次妈祖显圣护使许多史籍均有记载。莆田涵江洋尾村《李氏族谱》中保存一篇绍兴二十年（1150）正月十一日进士廖鹏飞写的《圣墩祖庙重建顺济庙记》云：“越明年（宣和）癸卯，给事中路公允迪使高丽，道东海，值风浪震荡，舳舻相冲者八，而覆溺者七，独公所乘舟，有女神登樯竿，为旋无状，俄获安济。因诘于众，时同行者保义郎李振，素奉圣墩之神，具道

① （明）丘浚：《丘文庄公集》卷5，《天妃宫碑》。

其详。还奏诸朝，诏以‘顺济’为庙额。”这是一篇保存在与徐兢同行者保义郎李振族谱中关于妈祖宣和显圣护使、朝廷赐庙额的最早文献。①

南宋嘉定二年（1209）莆田人李俊甫的《莆阳比事》载：“宣和五年，路允迪使高丽，中流震风，八舟溺七，独路所乘神降于樯，安流以济。使还奏闻，特赐庙号顺济。”莆田人嘉泰进士丁伯桂绍定三年（1230）撰的《艮山顺济圣妃庙记》也有类似的记载：“宣和壬寅，给事路允迪，载书使高丽，中流震风，八舟沉溺，独公所乘，神降于樯，还获安济。明年奏于朝，赐庙额曰‘顺济’。”② 宝祐五年（1257）黄岩孙纂的《仙溪志》仅云“宣和间赐庙额。”

路允迪宣和奉使高丽归来之后，为了报答各种神灵护佑之功，朝廷或加封号或赐庙号。宣和五年（1123）八月风神封宁顺侯、雨师封宁济侯。③福州连江演屿神“（宣和）五年路允迪使三韩，涉海遇风，祷而获济，归以闻，诏赐庙额昭利”④。莆田神女（妈祖）祠“徽宗宣和五年八月，赐额顺济。平城县神女祠初封昭应夫人”⑤。

宣和奉使高丽神舟有四：一曰凌虚致远安济神舟；二曰灵飞顺济神舟、三曰鼎新利涉怀远康济神舟；四曰循流安逸通济神舟。徐兢所乘灵飞顺济神舟在黄水洋遇险，三舵并折，同舟之人，断发哀思，妈祖神光示现，得以安济生还，所以用顺济神舟之号赐作妈祖的庙号。此后，朝廷不断褒封妈祖，从宣和五年（1123）至开庆元年（1259）这 136 年里共晋封 13 次，其信仰范围从福建向南北发展。

总之，徐兢撰的《宣和奉使高丽图经》，是宋代我国海外交通发展的产物，也是研究宋代海外交通史、中朝友好关系史、中朝经济文化交流史的重要文献，还有待我们去认真研究。

原载《中国航海》，1997 年第 1 期。

① （宋）廖鹏飞：《圣墩祖庙重建顺济庙记》，载《妈祖文献史料汇编》，第 1 辑，《碑记卷》，中国档案出版社，2007 年，第 1 页。

② 丁伯桂：《艮山顺济圣妃庙记》，见咸淳《临安志》卷 73。

③ 《宋会要辑稿》礼二十，《东海神祠》。

④ （宋）梁克家：《三山志》卷 8。

⑤ 《宋会要辑稿》礼二十，《神女祠》。

《光明之城》与南宋泉州社会

《光明之城》的出版，轰动了国际汉学界，并引发了对于手稿真伪的剧烈争论，这是正常的。《马可波罗游记》问世以来，全世界已有近三百种手抄本和译本，但直到现在，学界还在争论马可波罗究竟有没有到过中国。英国伦敦不列颠图书馆中国部主任弗朗西丝伍德（吴芳思）在《马可波罗到过中国吗》一书中就认为马可波罗没有到过中国。

关于《光明之城》的争论刚刚开始，对它的研究任重而道远。

一、《光明之城》之我见

许多西方学者认为，《光明之城》的手稿是伪造的，它对宋末刺桐历史的描述是错误或不真实的。

我认为雅各到过刺桐城这是不容置疑的。但关于手稿，我赞同大卫·塞尔本所说“手稿中有被修改、删减和添字的地方，它意味着并不完全出自雅各之手”①，正如中世纪几位著名的旅行家的游记，也不是完全出自他们之手一样。《马可波罗游记》是马可波罗在狱中口述，由作家鲁思梯谦笔录而成；意大利另一个旅行家鄂多立克的游记，系他于病榻口述，由他人笔录而成，因此记忆不清，次序凌乱；摩洛哥旅行家伊本白图泰的游记，是在他死后，素丹令其秘书穆罕默德·伊本·朱赞将伊本白图泰生前的口述记录整理而成。《光明之城》也可能是根据雅各的记录和口述，经他人

① ［英］大卫·塞尔本：《我和光明之城》，载《海交史研究》，1999 年第 1 期。

整理而成。

有的学者就《光明之城》中出现的一些名称提出疑问。如《光明之城》称基督教为也里可温，称伊斯兰教徒为回人，认为这是元朝的习惯称呼，但当时泉州尚未纳入元朝的版图，这些名称怎么会流行于泉州？

我认为，一个称呼的出现和见诸文献记载特别是正史，其间是有一段时间差的，肯定是先在民间流行，然后才由文人记录下来。况且当时泉州虽未纳入元朝的版图，但与元朝统治下的北方的民间交往还是存在的，通过这种渠道将北方的一些称呼及其他信息传入泉州是完全可能的。

有的学者说书中说了那么多庙宇，偏偏没有提及“妈祖庙”，亦是一怪！为什么没有记筷子？没有提到泉州著名的东西塔？

我以为《光明之城》不是一部百科全书，不可能包容当时泉州所有的社会现象和物质文明。黄时鉴教授在评述《马可波罗游记》未有记茶时指出：

> 马可波罗未有记茶，这成了某些学者判断他未曾到过中国的主要论据之一。从研究方法而言，这样的论证是不能成立的。对于古代旅行家留下的游记，宜从总体上探讨它的真实性，特别需注意他与前人及同时代人相比，是否正面提供了可以得到印证的新资料。以这样的标尺来衡量，一个多世纪以来，马可波罗研究已经证明他确实到过中国，他对中国的描述从总体上看是真实的。反之，如果只要指出某部游记没有记载某些内容，就否定它的真实性，那就几乎可以否定全部游记，但这只能是一种对历史的苛求，缺乏逻辑的说服力。①

黄时鉴教授的论述对今天研究《光明之城》具有指导意义。雅各是一位虔诚的犹太商人，他不是考古学家，他最感兴趣的是泉州商品丰富、市

① 黄时鉴：《关于茶在北亚和西域的早期传播——兼说马可波罗未有记茶》，载《中西文化交流的先驱——马可波罗》，商务印书馆，1995年，第83-84页。

场繁荣、手工业发达、多种宗教并存的情况，书中用很大篇幅宣传犹太教。总之，《光明之城》为我们提供了南宋末年泉州的真实历史画卷，是目前为止对南宋刺桐社会最为详细的记录，是研究这一时期泉州历史的珍贵资料。

二、泉州社会经济发达

在泉州发展的历史上，宋代是一个承上启下的时期，在不到300年内，泉州经历三次飞跃：第一次在北宋中期，赶上并超过明州，仅次于广州；第二次在南宋初年，赶上广州，与广州并驾齐驱；第三次在南宋末年，超过广州，成为全国最大的贸易港。

南宋时期，泉州社会经济发达，在《光明之城》中得到真实地反映。

宋代泉州海外交通发达，推动社会经济的发展。当时泉州的外销产品，根据《诸蕃志》的记载，有丝织品、瓷器、金、银、金银器皿、赤铜、铁鼎、铁针、漆器、胭脂、漆椀楪、草席、凉伞、大黄、川芎、白芷、硃砂、绿矾、白矾、硼砂、砒霜、樟脑、干良姜、糖、酒、皮鼓、网坠、建本文字等，其中以丝、瓷为大宗，而进口商品以香料、珠宝为大宗。

雅各说，用200个威尼斯格罗特可购买600个制作精美的碗。这种碗像玻璃酒壶一样精致，是世界上最精美的瓷器。瓷器是在作坊中生产的，作坊有数以百计的男女，有的甚至有1 000人。

宋代泉州海外交通发达，也是陶瓷生产和外销的发展时期，制瓷作坊遗址遍布各县。最近几十年，泉州发现古窑址500多处，其中宋元时期的有140多处，以德化窑和磁灶窑最为著名。外销瓷器以青瓷为主，白瓷、青白瓷次之，主要产品有碗、碟、杯、壶、瓶、罐、钵、盘、盏、洗、盒、军持等。远销亚非欧50多个国家和地区。如北宋崇宁元年（1102）泉州客商李充由泉州经明州到日本贸易，商品除丝绸外，还有“瓷碗二百床、瓷碟一百床”，可见瓷器是当时销往日本的主要商品，在菲律宾马尼拉圣安娜等地出土有德化窑军持、壶、罐、瓶、盖、盒、碗、碟等，印度尼西亚的爪哇出土不少德化瓷器，雅加达博物馆收藏有磁灶窑宋元时期的军持等器物。

雅各说，刺桐三盘街，全部出售丝绸，其种类不下200种，这种纺织技术是一种奇迹。他还在货栈看到五颜六色的丝绸产品，其中包括绿黄相间的丝绸衣料，这种衣料被视为奇物，这种工艺以前在世界各地从未见过。此外还有缎子，它的名字源自刺桐，世界上还没有见过像那样富丽堂皇、缀满小珍珠的缎子。

泉州先民在原始社会晚期就开始从事纺织业的生产活动，在新石器时代遗址中，就常出土陶纺轮。唐朝泉州丝织业迅速发展，其产品部分上贡。泉州清源郡“土贡绵、丝、蕉、葛”，其中“贡丝二百两”①。五代泉州丝织业又有发展，呈现了由“妇营蚕织，绔襦之颂兴”②，“枳篱茅屋共桑麻”③ 的繁荣景象。泉州城内更是“千家罗绮管弦鸣”④ 的热闹情景。宋代，泉州纺织业发达，与盛产丝绸的四川、江浙齐名。正如苏颂咏泉州诗所云“绮罗不减蜀吴春”⑤。1975年福州黄昇墓出土三百余件服饰及丝织品，有罗、绫、绮、绵、纱、绉、锦等⑥，其中有泉州官私手工业作坊的产品。据宋泉州市舶司提举赵汝适《诸蕃志》记载，泉州丝织品已远销今天的日本、朝鲜、越南、柬埔寨、印度、斯里兰卡、菲律宾、印度尼西亚、马来西亚、坦桑尼亚等国。北宋崇宁四年（1105）泉州商人李充到日本贸易，所带货物中有精美的丝织品：象眼40匹、生绢10匹、白绫20匹。雅各所说的刺桐缎，元朝到中国的旅行家伊本白图泰也曾提及，“此地织造的锦缎和绸缎，也以刺桐命名”，如赠送印度摩哈美德王“花缎五百匹，其中百匹系在刺桐织造”⑦。

雅各在刺桐还购买了许多商品，如食糖、土糖、红花、藏红花、生姜、良姜、萱姜、桂皮、樟脑、靛青、明矾、宝石、珍珠及“写在纸上的著作和小册子”等。

---

① 《新唐书》卷41，《地理志》。
② 《永春县志》卷12，《艺文志》。
③ （唐）韩偓：《南安寓居》，载《南安县志》卷48。
④ （唐）詹敦仁：《余迁泉山城留侯招游郡圃作此》，见《安溪县志》卷12，《艺文志》。
⑤ （宋）苏颂：《送黄从政宰晋江》，见《苏魏公文集》卷7。
⑥ 福建省博物馆：《福建黄昇墓》，文物出版社，1982年。
⑦ 马金鹏译：《伊本白图泰游记》，宁夏人民出版社，1985年，第55、456页。

宋代的泉州人口稠密，豪贾塞途，财富盈溢。北宋绍圣二年（1095）永春知县江公望在《多暇亭记》中说：

> 海船通他国，风顺便，食息行数百里。珍珠、玳瑁、犀象、齿角、丹砂、水银、沉檀等香，希奇难得之宝，其至如委。巨商大贾，摩肩接足，相刃于道。[①]

南宋时的泉州更加繁荣，"温陵大都会，朱门华屋，钿车宝马相望"[②]。

雅各看到，在光明之城的大街上，成千上万的货车、马车不停地穿来穿去。街上混乱不堪，一个人被挤倒了，另一个人又摔倒在他身上。

雅各还说，在刺桐"每个城门口有市场"，有丝绸市场、香料市场、牛市、车市、谷市、米市、羊市、鱼市、水果市场、鲜花市场、布匹市场、书籍市场、陶瓷市场、珠宝市场，这些市场在城墙内外都可以看到。

唐代的市场是封闭式的，按规定，日午时击鼓300下，开启市门，日入前七刻击钲300下关闭市门。唐长安东西两市由市署和平准署主管。市署设有市令，主管市肆，建立标记，校正度量衡，统制各种商品价格，检验手工业品的规格，管理买卖奴婢、牛马契约的订立和早晚市门的开闭等。平准署主要职掌官用必需品的购入，官司不用之物和没收官府物品的卖出。

随着社会经济的发展，"北宋中期沿河近桥以及城门口的新'行市'兴起和达到一定程度的发展之后，原有封闭式的市被淘汰，这不仅发生在都城，而且发生在所有较大的城市中，具有普遍性"[③]。泉州是宋代海外贸易的大城市，也出现过雅各所说的城门市场，这是符合历史事实的。

三、泉州为国际贸易大港

宋代的泉州为国际贸易大港，许多外国船、外国商人、传教士纷纷前

---

① （明）何乔远：《闽书》卷55，《文莅志》。

② （宋）刘克庄：《后村先生大全集》卷154，《丘迪吉墓志铭》。

③ 杨宽：《中国古代都城制度研究》，上海古籍出版社，1993年。

来泉州。

宋代泉州港口主要有南关港、法石港、后渚港、安平港。

后渚港为宋代中外海船停泊的主要港口，雅各抵达时，见到江面上至少有 15 000 艘船，有的来自阿拉伯，有的来自大印度，有的来自北方很远的国家如鞑靼，还有来自法兰克其他王国的船只。

雅各见到江面上有 15 000 艘船，这是个夸张的概数，说明停泊在从后渚到城区晋江的船非常之多，正如比他晚些时候到泉州的伊本白图泰所说："我看到港内停泊有大幢克约百艘，小船多得无数。"① 马可波罗也说："刺桐城的沿海有一个港口，船舶往来如织，载着各种商品，驶往蛮子省的各地出售。"②

《光明之城》记载的外国人有法兰克人、萨拉森人、印度人、亚美尼亚人、犹太人、英国人、黑人，他们来自阿拉贡、威尼斯、热那亚、安科拉、比萨、巴士拉、亚历山大里亚、佛兰芒的布鲁格等地。在刺桐的外国人很多，萨拉森人大概有 15 000 人，犹太人有 2 000 人，在城里能听到 100 种不同的口音，在刺桐的外国人有自己的客栈和仓库。他们分区居住，享有宗教信仰自由，风俗习惯得到尊重，有自己的教堂、学校和墓地，基督教徒经常与偶像崇拜者联姻。

雅各在刺桐所见外国人的情况是符合当时的历史事实的。

宋代许多外国人到泉州，包括黑人和白人。如三佛齐许多人来泉州经商，"三佛齐之海贾，以富豪宅生于泉者，其人以十数"。他们或居番人巷，或"杂处民间"，或列居城南。

居住番人巷的如宋朝祝穆《方舆胜览》云：

> 诸蕃有黑白二种，皆居泉州，号蕃人巷。每岁以大舶浮海往来，致象犀、玳瑁、珠玑、玻璃、玛瑙、异香、胡椒之属。③

---

① 《伊本白图泰游记》，第 456 页。

② 梁生智译：《马可波罗游记》，中国文史出版社，1998 年，第 217 页。

③ （宋）祝穆：《方舆胜览》卷 12，《泉州·土产蕃货》。

列居城南的，如乾隆《泉州府志》载宋朝“胡贾航海踵至，富者赀累巨万，列居城南”①。嘉定年间（1208—1224），印度南毗国人罗巴、智力干父子到泉州后，“居泉之城南”。北宋雍熙年间（984—987），印僧罗护那航海至泉州，蕃商兢持金缯珍宝以施。他在泉州城南买地建宝林院。

郑侠描绘北宋末年泉州风情时说：“封疆阔远，人物庶繁，驿道四通，海商辐辏，夷夏杂处，权豪比居。”② 乾道七年（1171）汪大猷知泉州时“蕃商杂处民间”③。嘉泰三年（1203）陈止斋《辞免知泉州申省状》言：“温陵（泉州）大邦，甲于闽部，蕃汉杂居。”④

蕃商在泉州享有各种宗教信仰自由。佛教于西晋时已传入泉州，隋唐时泉州佛教得到发展，有“泉南佛国”之誉。宋代，随着海外交通的发展，经济有了长足的发展，佛教更为发展。寺僧激增，仅开元寺历五代至宋，旁设支院 120 所，寺僧“食常万指”。元丰年间（1078—1085），泉州僧尼未度者 4 000 人，已度者万数，天子为之惊骇。许多佛教徒通过海上丝绸之路进行弘法、求法。南朝时有印度高僧真谛来泉州弘法，在南安丰州延福寺翻译《金刚经》。唐五代来泉州弘法的有印度高僧智亮、西域僧朝悟。唐泉州超功寺僧昙静随鉴真和尚东渡日本弘法。唐末泉州僧人智宣到印度求法，五代朝鲜僧人玄讷到泉州求法。

伊斯兰教在唐朝已传入泉州，现在泉州有唐朝伊斯兰教三贤四贤圣墓。北宋大中祥符二年（1009），伊斯兰教徒创建通淮街清净寺，南宋绍兴元年（1131），纳只卜穆兹喜鲁丁创建南门清净寺，元至正七年（1347）吴鉴撰《清净寺记》时云：“今泉造礼拜寺增为六七。”泉州出土宋元时期伊斯兰教墓碑、墓盖石不下二百多方。

摩尼教在唐会昌年间（841—846）由呼禄法师从中原传入泉州，宋代摩尼教在泉州更为流行。

从最近发现的一方古基督教墓碑可以考出，至少在南宋末年基督教已

① 《泉州府志》卷 75，《拾遗》。
② （宋）郑侠：《西塘集》卷 8，《代谢仆射相公》。
③ （宋）楼钥：《攻媿集》卷 88，《赠特进汪公行状》。
④ （宋）陈传良：《止斋文集》卷 27，《辞免知泉州申省状》。

传入泉州，并有泉州本地信徒[①]，泉州出土景教石刻30多方。

印度教在宋元之际传入泉州。印度教寺院番佛寺，系圣班达·贝鲁玛或泰米尔商人在元初（1281）获元廷恩准而建。半个世纪以来发现印度教石刻300多方。

泉州官民均尊重蕃商的风俗习惯。在泉州城中，“廛肆杂四方之俗”[②]。大食蕃商施那帏“跻寓泉南，轻财乐施，有西土气习，作丛塚于城外之东南隅，以掩胡贾之遗骸”[③]。

宋代泉州有蕃坊，《唐会要》载：“天祐元年六月，授福建道（三）佛齐国入朝进奉使都蕃长蒲诃粟宁远将军。”[④] 此处福建道系指泉州。

关于宋代蕃商的管理，寓居广州的朱彧在《萍洲可谈》中说：

> 广州蕃坊，海外诸国人聚居。置蕃长一人，管勾蕃坊公事，专切招邀蕃商入贡，用蕃官为之，巾袍履笏如华人。蕃人有罪，诣广州鞫实，送蕃坊行遣，缚之木梯上，以藤杖挞之，自踵至顶，每藤杖三下，折大杖一下。盖蕃人不衣裈袴，喜地坐，以杖臀为苦，反不畏杖脊。徒以上罪则广州决断。[⑤]

泉州“蕃商杂处民间，而旧法与郡人争斗，非至折伤，皆用其国俗，以牛赎罪，寝亦难制。公号于众曰：安有中国而用蕃俗者。苟至吾前，当依法治之，始有所惮，无敢斗者”[⑥]。

随着蕃客的日益增多，广州、泉州设立蕃学以教育蕃客子弟。北宋蔡絛云“大观、政和之间，天下大治，四方响风，广州、泉南请建番学。”[⑦]

居留中国的外国人与中国人联姻，对象不仅限一般百姓，甚至也有宗

① 林英乔：《一方泉州女信徒的古基督教墓碑考析》，载《泉州文博》，1996年，总第7期。
② （宋）郑侠：《西塘集》卷7，《代太守谢泉州到任》。
③ （宋）赵汝适：《诸蕃志》卷上，《大食国》。
④ （宋）王溥：《唐会要》卷100，《杂录》。
⑤ （宋）朱彧：《萍洲可谈》卷2。
⑥ （宋）《攻媿集》卷88，《赠特进汪公行状》。
⑦ （宋）蔡絛：《铁围山丛谈》卷2。

女。“元祐间广州蕃坊刘姓人娶宗女，官至左班殿直。刘死，宗女无子，其家争分财产，遣人挝登闻院鼓，朝廷方悟宗女嫁夷种，因禁止。须一代有官，乃得娶宗女。”① 在泉州有许多中外联姻的后裔——混血儿。泉州伊斯兰教石刻中可以找到例证：

先君生于戊辰十二月初九日，卒于癸卯二月初七日，享年三十岁，安葬于此。时大德七年七月初一日，孤子吴应斗泣血谨志。

我们确是真主所有的，我们必定只皈依他。这是罪人奈纳·穆罕默德·布·阿卜杜拉，即众所周知的……之墓。他祈望真主的怜悯和宽恕。卒于（伊斯兰历）704年星期六白天。

四、泉州的文化与风俗

《光明之城》中对南宋末年泉州社会的文化和风俗有许多真实的记载。

《光明之城》中载“在城里的市场上，可以看到很多好的东西，如大米，形形色色的水果、香草等。还有一种用灌木的小叶做成的饮料，那种东西在他们中间很受重视，不过尝起来却很苦”，这种饮料便是茶。

我国茶叶栽种历史悠久，相传在4 000年前就利用茶叶治病。泉州在晋朝已有种茶的历史记载。南安莲花峰有“莲花茶襟”“太元丙子”的题刻，太元丙子即东晋太元元年（376），这是福建最早有关茶的题刻。

唐以后，泉州种茶已相当普遍，唐末诗人韩偓流寓南安，他在《信笔》诗中云“柳密藏烟易，松长见日多。石崖觅芝叟，乡俗采茶歌。”稍后曾为越王钱俶幕僚的黄夷简，退居安溪别业，亦有“宿雨一番蔬甲嫩，春山几焙茗旗香”之诗。

宋朝，泉州种茶更普遍，蔡襄《茶录》载，泉州府七县皆有，而晋江清源洞及南安一片瓦产者尤佳。宋代茶叶开始出口，成为外销品，泉州士大

① 《萍洲可谈》卷2。

夫盛行斗茶。淳祐七年（1247）泉州知州兼福建市舶司提举赵师耕，到九日山祈风后，游莲花峰“斗茶”。现尚存“斗茶而归。淳祐丁未仲冬二十有二日，古汴赵师耕题”题记。市舶司官员和泉州地方军政长官常到九日山祈风后游览名胜，烹茶啜茗，或“烹茶于思古堂”“啜茗石佛岩”，或“酌菩萨泉瀹茶”“汲泉瀹茗，访梅赋诗”。

被视为“南戏活化石”的泉腔梨园戏传统剧目《朱文走鬼》一出的古抄本中，有一段“茶花坊”，王行首夫妻“试茶打诨”，生动展现宋代民俗和泉州风物。①

马可波罗未有记茶，有的学者以此判断他未曾到过中国，这是不公正的。有人认为，在西欧，在1559年首载“中国茶”，是见多识广的威尼斯人拉木学，他从一位阿拉伯人哈只·马合木那里闻知作为药用的中国茶。②雅各比他早二百多年就知道茶，他的《光明之城》应是西欧首载“中国茶”的著作。

雅各说，光明之城中还有一些人试图过简单纯朴的生活。他们一年到头都在吃斋，这不是为了悔过，而是为了健康。

雅各说的吃斋就是素食。中国素食的历史悠久，先秦时期，人们在祭祀或遇到日月食、重大天灾时，都有“斋戒”的习惯。佛教徒全吃素，寺院菜有粗有细，菜式繁多，形成素菜系。宋代出现专门的素食店，吴自牧在《梦粱录》中收录临安素食店的素菜36款，素糕点26种。宋绍兴年间晋江安仁乡永宁里可山（今石狮蚶江）人林洪著《山家清供》，记载宋代素食为主的山家菜谱，全书列104种，其中许多是泉州的菜谱。如“梅花汤饼，泉之紫帽山有高人尝作此供”；“香圆杯，香圆似瓜而黄，闽南一果耳，而得备京华鼎贵之清供”；“鹅黄豆生，温陵人前中元数日，以水浸黑豆曝之，及芽，中元则陈于祖宗之前”③。可见宋代素食之风甚盛，时人对素食也颇有研究，并著于书。有的素食制法延续至今，如鹅黄豆生。

《光明之城》记载泉州实行火葬。中国的火葬可追溯到原始社会，宋

① 吴捷秋：《梨园戏艺术史论》，中国戏剧出版社，第213页。
② 《中西文化交流的先驱——马可波罗》，第1页。
③ （宋）林洪：《山家清供》。

朝泉州火葬盛行，两知泉州的真德秀在《泉州劝孝文》中说“窃闻民间不幸有丧，富者则侈费而伤于礼，贫者则火化而害于恩”，“至于贫窭之家，委之火化，积习岁久，视以为常。”① 泉州出土的火葬墓屡见不鲜，如1974年在泉州桃花山出土的长方形陶椁中置青釉骨灰罐一只，罐底外壁下圈环写“绍兴二十一年九月廿三日庚申□”。1973年南安县城关公社三堡大队社员在平整土地时，发现宋代火葬墓一座，出土青瓷骨灰罐一只，小铁牛一只，黑质岩墓志铭一方，铁铸阳文“买地券”一方等。墓主人是“皇叔祖少师和义郡王”赵士晤的侍妾蔡氏②。说明宋代不仅平民实行火葬，统治阶层人士死后也实行火葬。

雅各说，城里的富人和贵族的“女人坐在带着小门轿子上，而穷人则是步行”，“在光明之城的大街上，成千上万的货车、马车不停地穿来穿去”。

宋代泉州富贵人家的妇女出门多坐轿。这种轿，据宋人庄绰《鸡肋编》记载“泉、福二州妇人轿子，则用金漆，雇妇人以荷。福州以为僧擎，至他男子则不肯肩也。”

可见当时泉州妇女所坐的轿子装饰很漂亮，雇妇人肩抬。而当时的官宦缙绅和富贵之家，出门访友也常以轿代步。宋泉州郡守王十朋《承天寺后园登月台赠潜老》诗：

三径荒芜未许寻，篮舆来访小园林。
因知燕寝凝香地，不似禅房花木深。

“篮舆”即竹轿，王十朋坐竹轿到承天寺。

也有许多人乘坐马车。如刘克庄所撰《丘迪吉墓志铭》载“温陵大都会，朱门华屋，钿车宝马相望。”“钿车”为华丽之车，唐杜牧诗有“绣鞍璁珑走钿车”之句。宋元丰年间（1078—1085），刑部侍郎陈轩因慕真觉禅

① （宋）真德秀：《西山先生真文忠公文集》卷40，《泉州劝孝文》。
② 王洪涛：《晚蚕集》，华星出版社，1993年，第172页。

师之名，到南安莲花峰莲花台寺拜谒，并写下《赠真觉大师》诗：

车轮马足衮风烟，竞看域都万炬燃。
独我踏开庭前雪，伴师共坐一庵禅。

王十朋《十日游九日山》诗有“桑田改变松犹在，车马往来僧皆闲”，赵令衿《咏安平五里桥》有“为问安平道，驱车夜已分。”

《光明之城》记载刺桐城妇女缠脚。雅各说，“有些人要裹住她们的脚，甚至要折断骨头，以便它们总是保持小巧，因为他们考虑到那样会更加雅致、更漂亮”。

在中国，史学界一般认为缠脚起源于五代南唐。南唐李后主喜音乐和美色。他令宫女窅娘用帛缠足，使脚纤小弯曲如新月状及弓形，并在六尺高的金制莲花台上跳舞，缠脚因此称为“金莲”。此后，宫内外女子皆仿效，并以缠脚为美。

宋代缠足之风大盛。山西晋祠圣母庙所塑女子像具有宋代妇女典型的服饰特点，女像着小鞋履。宋话本小说《碾玉观音》中有“莲步半折小弓弓”之句，形容脚步很小。

元朝仕女仍然缠脚，其衣着承袭宋制，下穿百褶裙，脚穿尖头绣鞋。元朝王实甫《西厢记》中有“金莲尖头绣鞋”，就是缠脚人穿的鞋。元朝时来中国旅行的意大利人鄂多立克说：“而对女人说，最美是留小脚，因这个缘故，做母亲的在女儿一生下来就给她紧紧缠脚，以致脚再也不长。”[①] 中国缠脚之风，一直延续到1949年以前。

雅各说泉州有“把用脚踏在门槛上看做罪过一样”的习俗。

有关门的习俗，是在人们从“构本为巢”，栖于树上，或“穴居而野处”，到逐渐学会建造房屋，再到私有制产生后，人们从群居生活发展到各立门户的过程中逐渐形成的。

门忌是重要的民俗，进门须脱鞋，不脱鞋非礼勿进。人死在外边的暴

① 何高济译：《鄂多立克东游录》，中华书局，1981年，第84页。

尸不许进门，灵柩只能停放在村外。产妇的房门，非亲人不能进，在门外拴一绺红布。门也是权势、等级、威严的象征，非举人不能设中门。三教九流者，不许进祠堂门。忌讳脏物污门，谁家的门被污，就是受奇耻大辱。叫门忌踢、擂、砸。

门有门神，源于自然崇拜，认为凡与人们日常生活有关的事物皆有神在，故祭祖以报德。后来门神成为具有驱鬼辟邪，保障家庭平安，助功利、降吉祥的保护神。门神有神荼、郁垒、钟馗、秦琼、尉迟恭、温峤、岳飞、赵云、赵公明、燃灯道人等。

有关门的风俗和门神信仰在古代中国相当普遍。《马可波罗游记》中有一段忌踏门槛的记载：

> 大殿的入口处，有两名魁梧高大的侍卫站在两边。他们手持大棒，主要是为了防止人们的脚踏到门槛上，因为来宾必须跨过门槛，才算符合礼节。如果有人偶尔犯此过失，侍卫就可脱下他的衣服，让他拿钱来赎。如果此人不肯脱下衣服的话，侍卫便有权给他一顿棍棒。不过遇到有的宾客不知这个禁例，就必须派官员加以引导并提出警告。之所以订出这种措施是因为脚踏门槛被视为是一个不祥的预兆。

直到现在泉州仍然有忌踏门槛的风俗。

雅各说："城中还有一个地方，叫做瓦市，那里说书的、卖唱的和卖淫的人很多。"他还说，在光明之城的东门附近有很多演员和歌手，至少有100个剧团，每一个剧团都站在自己的舞台上，剧团周围有一大群人。

这里的瓦市也叫瓦舍，为娱乐场所，吴自牧《梦粱录》云："瓦舍者，谓其'来时瓦合，去时瓦解'之义，易聚易散也。""顷者京师甚为士庶放荡不羁之所，亦为子弟流连破坏之门""杭之瓦舍，城内外不下十有七处。"宋朝京城和城市都有瓦舍。

唐五代时泉州文化发达，音乐歌舞也很盛行，唐朝泉州刺史席公在东湖宴请邑中赴举秀才时，"求丝桐匏竹以将之""锵锵焉，济济焉，于是老幼来窥，尽室盈岐”。欧阳詹泛东湖时，“指方舟以直上，绕长河而屡回。弦管绕拍，出没花柳”①。五代詹敦仁《余迁泉山城留侯招游郡圃作此》诗云：“万灶貔貅戈甲散，千家罗绮管弦鸣，柳腰歌罢香风度，花脸妆匀酒晕生。”② 宋代音乐歌舞盛行于市，“弦颂多于邹鲁俗，绮罗不减蜀吴春”（苏颂诗）。南宋时歌舞娱乐盛况空前，宋代泉州有许多瓦舍优棚等娱乐场所，泉州郡守真德秀在《再守泉州劝农文》云：

> 莫作罪过，莫犯刑责，得忍且忍，莫要斗殴，得休且休，莫生词讼，入孝出悌，上和下睦…… 莫喜饮酒，饮多失事，莫喜赌博，好赌坏人，莫习魔教，莫信邪师，莫贪浪游，莫看百戏。③

在《天源赵氏族谱》中载，明成化十二年（1476），南外宗子后裔赵珤撰《家范》总结南宋南外宗子的历史，告诫子孙说“家庭中不得夜饮妆戏，提傀儡娱宾，甚非大体。亦不得教子孙童仆习学歌唱，戏舞诸色轻浮之态。”

在泉州周围的漳州、莆田优戏甚盛，并遭严禁。莆田人刘克庄《闻祥应庙优戏甚盛》诗：

> 空巷无人尽出嬉，烛光过似放灯时。
> 山中一老眠初觉，棚上诸君闹未知。
> 游女归来寻坠珥，邻翁看罢感牵丝。
> 可怜朴散非渠罪，薄俗如今几偃师。④

祥应庙在莆田郊区西天尾镇白杜村。祥应庙香火旺盛，宋代泉州纲首

① （唐）欧阳詹：《泉州刺史席公宴邑中赴举秀才于东湖亭序》《泉州泛东湖饯裴参和南游序》，见陈国仕辑《丰州集稿》卷 7。

② （五代）詹敦仁：《余迁泉山城留侯招游郡圃作此》，见《安溪县志》卷 12，《艺文志》。

③ （宋）真德秀：《西山先生真文忠公文集》卷 40。

④ （宋）刘克庄：《后村先生大全集》卷 1。

朱舫“舟往三佛齐国，亦请神之香火而虔奉之。舟行神速，无有艰阻，往还曾不期年，获利百倍。前后有贾于外蕃者，未尝有是，咸皆归德于神，自是商人远行，莫不来祷”。他们平安归来后多到祥应庙优戏酬神。

宋代漳州优戏很盛，被称为“淫戏”，亦遭严禁。陈淳《上傅寺亟论淫戏》云：

> 某窃以此邦陋俗，当秋收之后，优人互凑诸乡保作“淫戏”，号曰“乞冬”，群不逞少年，遂结集无赖数十辈，共相唱率，号曰“戏头”。逐家裒敛钱物，豢优人作戏，或弄傀儡。筑棚于居民丛萃之地，四通八达之郊，以广观者，至市廛近地，四门之外，亦争为之不顾忌。今秋自七八月以来，乡下诸村，正当其时，此风在在滋炽，其名若曰“戏乐”。……谨具申闻，欲望台判按市曹，明示约束，并贴四县，各依指挥，散榜诸乡保严禁止绝。[①]

总之，《光明之城》对泉州文化和风俗的记载是真实的。

原载《国际汉学》第9辑，大象出版社，2003年。

① 《漳州府志》卷38。

泉州在南海交通史上的地位

关于泉州港的历史地位问题，最近有这么一种看法："过去有的外国学者因为以泉州为考察点，偏爱泉州，拔高了泉州的地位。"① 还有人说："福建的泉州则较早地发现并发挥自身的优势，早在80年代中期即大力宣传和开发从南宋时期开始的'海上丝绸之路'始发港的优势，召开了多次专家论证会，邀请国内外学者参加，获得了联合国教科文组织的承认和支持"。通过对徐闻的综合考察，徐闻是中国"海上丝绸之路"的最早始发港，"匡正了迄今国内外学术界误认为福建泉州是'最早始发港'的说法，将这说法所定的中国'海上丝绸之路'的开始时间推前了一千多年。"②

有鉴于此，我想有必要介绍1991年联合国教科文组织海上丝绸之路综合考察泉州国际学术讨论会的情况：

联合国教科文组织海上丝绸之路综合考察是联合国世界文化发展十年中的一项重要活动。考察船"和平"号1990年10月23日从意大利威尼斯启航，经过亚得里亚海、地中海、爱琴海、苏伊士运河、红海、阿拉伯海、印度洋、马六甲海峡、南中国海、朝鲜半岛，最后到达日本大阪。沿岸考察历史文物，举行一系列国际学术讨论会。

泉州国际学术讨论会于1991年2月17—20日举行，会议代表近百人，提交论文52篇，其中中国学者37篇，外国学者15篇。1991年1月，福建人民出版社出版《中国与海上丝绸之路》论文集，收入论文41篇。会后

① 章深：《广州"海上丝绸之路"及其相关研究的新进展——"广州与海上丝绸之路"学术座谈会评述》，载《岭南文史》，2001年第3期。

② 黄伟宗：《应当重视"海上丝绸之路"的开发》，载《岭南文史》，2000年第4期。

出版《中国与海上丝绸之路》(续)，收入论文 11 篇。

会议的主题是“中国与海上丝绸之路”，会议的论文是高水平的，大体反映了当前海上丝绸之路研究的趋势。有的论文是对某学科、某部门工作的系统总结，有的介绍文物考古的新发现，有的在研究的基础上对某些问题提出了新的看法。论文体现了多学科综合研究的特色，既有人文科学，也有自然科学，包括历史学、考古学、宗教学、民族学、军事学、航海学、造船史、医药学、音乐学等。

会议论文中写泉州的有 9 篇：王连茂《泉州海外交通史研究概述》，傅宗文《论刺桐港对海上丝绸之路的双向支撑》，杨钦章《元代泉州与南印度关系新证》，庄为玑《泉州宋船为蒲家私船考》，陈泗东《泉州海外交通与海神信仰》，许在全《唐宋时期泉州汉族与阿拉伯民族的关系》，庄景辉《陈埭丁氏宗祠的建立及其祖先崇拜》，〔美〕休·克拉克《泉州贸易和泉州市舶司的设立》，〔意大利〕伯罗·柯拉迪尼《元朝在泉州的意大利人》，〔英〕约翰·盖伊《纳格伯蒂纳姆和泉州已消失的寺庙》，这些论文是否有拔高泉州的地位？是否有认定泉州是中国海上丝绸之路最早始发港？大家可把论文认真读读。

泉州国际学术讨论会上联合国教科文组织、会议主持者是否做出泉州是中国海上丝绸之路的最早始发港的结论？对泉州港的地位是否拔高了呢？我们可以看看大会几个讲话：

联合国教科文组织“丝绸之路”项目协调员杜杜·迪安在泉州国际学术讨论会上的讲话，对会议的评价是“这次会议将极大地丰富了我们的知识，增进我们对丝绸之路历史的了解”。

中国社会科学院历史研究所原所长陈高华关于学术讨论会第一阶段的总结讲话，对会议的评价是：会议是开得好的，成功的。表现以下几方面：首先，它具有广泛的国际性；第二，充分体现了多学科的综合研究；第三，这次会议是高水平的。

中国海外交通史研究会副会长金秋鹏的闭幕词：第一，中国不但是一个大陆国家，而且是一个海洋国家；不但有极其悠久的大陆文化，而且也有极其悠久的海洋文化；第二，通过海上丝绸之路，中国与世界各国进行广泛的经济文化交流；第三，中国与世界各国在历史上的交往，是和平的、友好的；第四，历史上不管是来华的外国人，或者是去外国的华人，都与当地人民和睦、友好相处，都对所在地的文明做出了贡献。

泉州国际学术讨论会并没有做出泉州是中国海上丝绸之路最早始发港的结论，也没有拔高泉州的地位。

关于泉州港的历史地位，我们认为：

泉州在南朝时才有与海外交通往来的文献记载，那就是印度高僧拘那罗陀（真谛）“欲泛舶往棱加修国（今马来半岛）”，“泛小舶至梁安郡，更装大舶欲还西国”。据专家考证，梁安郡故址在今福建南安的丰州。这就是泉州海外交通的最早记载，它比广东徐闻、广州都要晚。

到了唐朝，泉州已成为当时海外交通的重要港口。公元 9 世纪阿拉伯著名的地理学家伊本·库达拔在《道程及郡国志》一书中，将泉州与交州、广州、扬州并列为我国对外贸易四大港口。当时的泉州港“南海番舶”常到，“岛夷斯杂”，出现了“船到城添外国人”的繁荣景象。

五代时，割据福建的王审知等重视海外贸易，竭力“招徕海中蛮夷商贾”，委派海路都指挥使，设置榷利院以管理海外贸易。

北宋的建立，结束了五代分裂割据的局面，泉州的社会经济进一步发展，泉州港的地位在两宋时期赶上明州并超过明州，赶上广州并超过广州，成为全国最大的贸易港。元代的泉州港进入极盛时期，成为世界最大的贸易港之一。

明清以后，由于统治者实行海禁政策，并规定泉州只通琉球，到成化八年（1472）市舶司迁福州，元末泉州的战乱等原因，泉州港走向衰落。

下面我要介绍研究宋元时期泉州与广州历史地位的三位学者的论文：

〔日〕成田节南《宋元时期泉州的发达与广东的衰微》（载《历史学研究》第 6 卷第 7 号，1936 年。庄景辉译，载《泉州文史》第 6、7、8 期，1982 年、1983 年）；周中坚《宋代泉州港地位的三次演变及其繁荣》（载《泉州文史》第 6、7 期，1982 年）；杜瑜《宋元间泉州港何以替代广州港的外贸地位》（“海上丝绸之路与中国南方港学术讨论会”论文集，2001 年湛江，载《岭南文史》2001 年增刊）。

成田节南的论文分绪论、泉州的发展过程、泉州航路、泉州与蒲寿庚、元代的泉州、元代广东的衰微、结语。主要论点：宋末元初，泉州完全取代了广东的位置，进入元代，泉州成了中国最大的门户。元代广东的衰微完全是由于国内形势的影响，首先在最初遭到宋元两军兵马蹂躏，其次成为盗贼的根据地（指农民起义），受到了彻底的打击。而泉州由于蒲寿庚的降元，避免遭到元兵的蹂躏，而且决定泉州贸易全部转入元人之手。其次，泉州作为海军的根据地，在军事上扮演极其重要的角色，也有一定的影响。

周中坚认为，在古代泉州港的发展史上，两宋是一个承前启后的关键时期。在不到三百年的时间里，它经历了三次飞跃，连登海港地位的三个阶梯。第一次在北宋中期，赶上并超过明州，仅次于广州；第二次在南宋初年，赶上广州，与广州并驾齐驱；第三次在南宋末年，超过广州进入极盛时期。

北宋初，泉州已跻身全国三大海港之列。太平兴国初，“诏诸蕃国香药宝货到广州、交趾、泉州、两浙，非出于官库者，不得私相市易。”这则诏令明确将泉州与广州、两浙并提。南宋初年，泉州赶上广州的标志是宣和七年（1122）朝廷拨“空名度牒”给三路市舶司“充折博本钱”，两浙路得三百道，广南、福建路各得五百道，泉州和广州平分秋色。乾道元年（1165）诏罢两浙市舶司，因为“福建、广南皆有市舶，物货浩瀚，置官提举实宜，惟两浙冗蠹可罢”。这里将泉州与广州并列。《岭外代答》记载，三佛齐、阇婆、大食诸国到中国的航线，“其欲至广州者，入自屯门；欲入泉州者，入自甲子门。”说明泉州与广州一样是外商常到的港口。

泉州市舶司经过嘉定宝庆年间（1208—1227）泉州地方官赵崇度、真德秀“同心划洗前弊，罢和买，禁重征，逾年舶至三倍。”南宋末年，任命阿拉伯人蒲寿庚为泉州市舶司提举，他广为招徕外商，泉州港的地位逐步走到广州之前。

杜瑜论文的论点是：广州在我国对外贸易史上长期居于首位，历久不衰，但宋元间，它的首要地位为泉州所替代。有人认为是离政治中心近，有人认为是宋元政府对泉州实行特殊政策，也有人认为广州与泉州在宋元间所遭战争影响不同，这些都缺乏一定的说服力，应从社会经济发展和经济实力方面进行考察。

第一，行政区划和人口发展。

行政区划是一个地区经济发展的晴雨表，而人口的增减则显示生产发展的程度。福建面积只及广东的2/3，其人口数在嘉定时超过广东2.58倍，即使元代，粤增闽减，福建人口仍超出广东一倍多。说明福建经济远远胜过广东。

第二，农田水利建设。

宋代广东大兴水利，农业得到很大发展，南宋时已有多余粮食调往外地，特别是福建。而福建大力发展农业，大兴水利，山区大开梯田，沿海围海造田。有人统计，北宋时广东水利工程有16宗，南宋时有24宗，元代共有35宗；而福建北宋时有水利工程45宗，南宋有63宗，另外，杂史所记294项，合计402项，为全国之冠。但因福建人口发展过快，粮食供不应求，需求助外地，特别是广东，但这并不影响福建海外贸易的发展。

第三，手工业。

福建手工业的各方面基本上都比广东显得强一些，尤其是在出口商品中的丝织品、陶瓷及茶叶等方面，福建都有一些著名产品，诸如刺桐缎、德化的陶瓷等享誉全国，这些方面广东都不及福建，颇有逊色。

随着海外贸易的日益兴盛，福建造船业比广东强。宋初，泉州、漳州和兴化军都以“海舶”为土产。① 宋朝政府每当有事就委官前来福建募集海船，以应急需。当时全国所造的海舟，“以福建为上”。南宋吕颐浩评说：“臣尝广行询问海上东北来之人，皆云：南方木性与水相宜，故海舟以福建为上，广东西船次之，温明州又次之。”②

作为一个学术问题，泉州在宋元时期的地位？它在什么时候与广州并驾齐驱？什么时候超过广州？这些都可以有不同看法，可以进行讨论。（可参阅拙稿《20世纪泉州海外交通史研究回顾》，载《泉州港与海上丝

① （宋）《太平寰宇记》卷102。
② （宋）吕颐浩：《忠穆集》卷2，《舟楫之利》。

绸之路》，中国社会科学出版社 2002 年）。

（本文是 2002 年 3 月 23 日在中山大学历史系、华南师范大学历史系、泉州海外交通史博物馆主办的“南海交通史研讨会”所做主题报告的一部分。）

原载《泉州学刊》2002 年第 3 期及《学术泉州》，中央文献出版社，2003 年。

从诗歌看泉州海外交通

海洋文化是人类涉及海洋活动的文化，包括源于海洋而生成的精神、行为和物质的文明生活内涵，它以自然的活动为基础，以精神活动为最高形式。[①] 海洋文化的核心是海上交通的实现，而在海上交通中最重要的是海外贸易的实现。泉州以海外交通发达著称于世，有许多反映泉州造船业、海商、外销商品、中外科技文化交流的诗歌，是研究泉州海外交通史的珍贵资料。

一、发达的造船业

泉州造船历史悠久，早在春秋战国时期，福建先民就“以船为车，以楫为马”。隋唐时期，泉州是当时全国的造船基地之一。宋元时期是泉州海外交通鼎盛时期，也是造船业最发达时期。宋人谢履《泉南歌》[②] 云：“泉州人稠山谷瘠，虽欲就耕无地辟。州南有海浩无穷，每岁造舟通异域。”

泉州是当时重要的造船基地之一，民营造船业也很发达，还造了许多战船。《太平寰宇记》将“海舶”列为泉州上贡土产，泉州所造海船质量居全国之首。北方金朝也派人来请福建人打造战船，宋朝遣使海外用的船和舟师多到福建招募。元代，泉州造船业发达，马可波罗奉命护送阔阔真

① 曲金良：《海洋文化与社会》，中国海洋大学出版社，2003 年，第 26 页。

② （宋）王象之：《舆地纪胜》卷 134，《福建路 · 泉州》，泉州地方志编纂委员会办公室编：《泉州方舆辑要》，1985 年，第 36 页。

公主远嫁波斯，从泉州扬帆起航，所乘坐的四桅船是在泉州建造的。明朝，郑和下西洋的宝船为福船型，有的是泉州建造的。

二、兴盛的海外交通

泉州在南朝时已有与外国往来的记载，唐朝成为海上丝绸之路的重要港口，“南海蕃舶常到”“岛夷斯杂”，出现“船到城添外国人”的繁荣景象。当时阿拉伯著名的地理学家伊本·胡尔达兹比赫的《道里邦国志》将泉州与广州、扬州、交州列为我国对外贸易的四大港口。包何《送泉州李使君之任》[①] 诗云：“傍海皆荒服，分符重汉臣。云山百越路，市井十洲人。执玉来朝远，还珠入贡频。连年不见雪，到处即行春。”

宋元时期，泉州海外交通更加发达，“涨海声中万国商”，许多外国人到泉州经营海外贸易。他们或杂处民间，或列居城南，还出现外国人居住的蕃人巷。在市场上有外国人卖象牙，元诗人张翥《怀清源洞游》[②] 诗云：“漫漫涨海际天涯，万里乘来使者槎。紫泽重寻仙客洞，碧山常醉故侯家。人多熟酒烧藤叶，市有生蛮卖象牙。安得梦中时化蝶，翩然飞向刺桐花。”

宋元时期，泉州从海外进口许多商品，赵汝适《诸蕃志》、汪大渊《岛夷志略》有详细记载。元人宋本《舶上谣送伯庸（马祖常）以番货事奉使闽浙十首》[③]，其中一首云：“薰陆胡椒腽肭脐，明珠象齿骇鸡犀。世间莫作珍奇看，解使英雄价尽低。”

诗中薰陆即乳香，原产地印度、阿拉伯等国。胡椒出印度摩伽陀国。腽肭脐即海狗肾，大食产。明珠即真珠，出大食国。象齿即象牙，亚非二洲皆有。骇鸡犀即犀角，犀为生长在东南亚、印度、非洲等地的热带动物。元释宗泐《清源洞图为洁上人而作》诗云：“泉南佛国天下少，满城香气楠檀绕。缠头赤脚半蕃商，大舶高樯多海宝。”[④] 楠、檀均是从南洋进

① 《全唐诗》卷208，中华书局，1966年，第2170页。

② （元）张翥：《蜕菴集》卷4。

③ 《元诗选》二集卷11。

④ （元）释宗泐：《全室外集》卷4。

口的香料木。

三、勇于拼搏的泉州海商

泉州海商甘冒风险，向海洋发展，进行国际贸易。海上风云突变，有的人葬身鱼腹。宋诗人刘克庄诗云："闽人务本亦知书，若不耕樵必业儒。惟有桐城南郭外，朝为原宪暮陶朱。海贾归来富不赀，以身殉货绝堪悲。似闻近日鸡林相，只博黄金不博诗。"①

泉州海商不畏艰险，父亡子继，如元朝泉州海商陈宝生父思恭贾海而死，宝生继承父业，与孙天富继续从事海外贸易。

泉州海商冒险进取的精神，在明清时得到进一步发展。明万历《泉州府志》云："濒海之民，多以鱼盐为业，而射赢牟息，转贾四方，罟师估人，高帆健舻，疾榜击汰，出没于雾涛风浪中，习而安之，不惧也。"②

宋元时期，泉州海商从事海外贸易具有高尚的商业道德，他们以信义为准则。元朝泉州海商孙天富、陈宝生长期从事海外贸易。他们对外国人能以孝友、信义教化之，取得外国人的信任，外国人称之为"泉州两义士"。他们以信义为重，互相信任，不存私心，患难与共，长期合作。明高启作《泉南两义士歌》③颂之：

泉南两士陈与孙，少小相约为弟昆。合疏成戚契谊重，异木缠结如同根。升堂握手出肺腑，交拜二母开罍樽。具舟期贾海外域，欲度夷貊穷昆仑。沧溟东望浸天烂，飓风怒搅波涛浑。天吴恍惚出怖客，掀舞蛟鳄飞鹏鹍。孙言陈宗惟汝在，远涉巨险吾宜奔。汝亲头白倚门切，慎勿轻去违晨昏。相让不得乃更往，挂席遥指扶桑暾。望山行觅岛中国，卉服通译侏离言。寻烟暮投薜荔屋，趁墟昼夜桄榔村。逾年还家喜得宝，木难火齐并瑶琨。探囊

① （宋）刘克庄：《后村集》卷12，《泉州南郭二首》。

② 万历《泉州府志》卷2，《风俗》。

③ （明）高启：《青邱高季迪先生诗集》卷10，清雍正四年文瑞楼精刻本。

用取两不较，彼我盾盾谁复论。急难相援誓终始，岁时燕庆烹羔豚。义风久已动殊俗，椎髻相见知钦尊。我闻同气有争利，阋墙往往隳家门。及看结交喜岁晚，盟盘未撤渝情恩。管鲍居贫乃共济，余耳得势终相吞。若兹二子古亦少，简牍可使他年存。作歌为继王子传，薄俗视此应堪敦。

四、丰富多彩的外销商品

泉州丝织业、制瓷业、制茶业发达，外销商品以丝、瓷、茶为主，是深受海外各国欢迎的商品。

唐朝，泉州大量种植桑麻和养蚕，泉州开元寺原为黄守恭桑园，后施舍建寺。唐时泉州已是全国绢和纻的产地，向朝廷上贡丝、绵、蕉、葛等。五代，泉州蚕桑业进一步发展，詹敦仁《余迁泉山城留侯招游郡圃作此》诗有“千家罗绮管弦鸣”。边远山区的安溪县也以农耕和养蚕并行。

宋代植桑养蚕受到朝廷的鼓励，泉州丝织业已经达到与盛产丝绸的四川、江浙齐名，苏颂《送黄从政宰晋江》[①] 诗曰：“泉山南望海之滨，家乐文儒里富仁。弦诵多于邹鲁俗，绮罗不减蜀吴春。怀章近辍枢廷杰，制锦重纡学馆人。岂独光荣生邑里，须知美化浃瓯闽。”

宋元时期，泉州纺织品远销今天的日本、朝鲜、越南、柬埔寨、印度、斯里兰卡、菲律宾、印度尼西亚、马来西亚、坦桑尼亚等国。元朝泉州丝织品还是皇帝馈赠友好国家的珍贵礼品。明清时期，泉州为福建丝织中心，正统年间（1436—1449）在泉州置织造局，纺织品销往国内外，“泉人自织丝，玄光若镜，先朝士大夫恒贵尚之，商贾贸丝者，大都为航海互市”[②]。安海游商“富家挟财本置绵葛等布……以往两京、苏杭、临清、川陕、江广等处发卖”[③]。

---

① （宋）苏颂：《苏魏公文集》卷7。

② （清）佚名：《闽海纪略》。

③ 《安平志》（校注本）卷4，《物类篇》，中国文联出版社，2000年，第124页。

德化窑生产的瓷器宋代已开始外销，元代意大利旅行家马可波罗盛赞德化瓷“既多且美”“购价甚贱”，回国时带回白色瓷器和小瓷瓶。明代德化烧制的建白瓷，传入欧洲被誉为“中国瓷器之上品”。清代前期是我国制瓷业的鼎盛时期，德化瓷器大量外销，德化人郑兼才《窑工》[①] 诗记述外销盛况：“骈肩集市门，堆积群峰起。一朝海舶来，顺流价倍蓰。不怕生计穷，但愿通潮水……”

今人廖宗刚《为德化白瓷咏四绝》[②]，其一云：“刺桐港辟广通航，椰雨蕉风来远商。载得杯盘销域外，闽窑名不逊浮梁。”

茶叶是宋元时期泉州重要的外销商品，明清时期仍然受青睐，清人阮旻锡《安溪茶歌》[③] 云：“西洋番舶岁来买，王钱不论凭官牙。溪茶遂仿岩茶样，先炒后焙不争差。”

安溪生产的乌龙茶价廉质优，畅销海内外。

五、科技文化交流

泉州是中世纪世界著名的港口，也是世界科技文化交流的重要门户。科技文化交流是双向或多向进行的，在中外人民友好交往中，一些外国优良的农作物经泉州传入我国。

蕃薯原产地中美洲，明万历年间（1573—1620）传入我国，对我国粮食结构的变化产生过很大影响。蕃薯经由三条路线传入我国，即福建长乐、广东电白和泉州。吴增《蕃薯杂吟》云：“移根交趾路漫漫，从此粤中食不艰。饮水有源香火久，至今人尚祀怀兰。”且注：“一说薯种本出于交趾，吴川林怀兰得其种以归，遍种于粤，因不患凶旱。至今电白县有林公祠，题曰‘番藷林公庙’。”据万历年间侍御苏琰作《朱薯疏》载：甲申（1584）乙酉（1585）间，温陵洋舶，经广东南澳传入泉州。期间，

① 林中和主编：《泉州千家诗》，海峡文艺出版社，2007 年，第 286 页。

② 陈雨前编著：《中国历代陶瓷诗词评析》，新疆大学出版社，1994 年，第 101 页。

③ 乾隆《泉州府志》卷 79，《物产志》。

“温陵饥，他谷皆贵，唯薯独稔，乡民活于薯者十之七八”①。蕃薯最初传到晋江五都灵水，后乃稍及旁乡。到后来灵水则专以腌萝卜闻名。吴增诗云：“传闻灵水最先栽，泛海携从南澳来。今日此乡多种菜，薯花不及菜花开。”②

蕃薯新品种不断传入泉州，安溪湖头有文莱藤，《蕃薯杂咏》“湖头新买文莱本，栽下尖头乍到溪。”还有爪哇本，“家山自有林敦本，我不随人插爪哇。”

蕃薯经泉州再传播到日本。17世纪初，日本冲绳北谷间切野国村（今嘉于纳町）的野国总官到惠安县，将惠安的蕃薯苗和栽培技术带回琉球，进行栽培、种植、推广和传播，逐渐引种到日本各地。③ 蕃薯在日本叫“唐薯”“琉球薯”“萨摩薯”，是纪念蕃薯引进地而命名。吴增诗云“蕃藷我说本东洋，一到东洋又说唐。毕竟我为先进国，东人之说较为长。”

吉贝为木棉之异称，分布于亚洲、非洲、美洲热带地区，东南亚广泛栽种。宋方勺《泊宅篇》曰：“闽广多种木棉，树高七八尺，叶如柞，结实如大菱而色青，秋深即开，露白绵茸然。土人摘去壳，以铁杖桿尽黑子，徐以小弓弹令纷起，然后纺织为布，名曰吉贝。”宋林夙《吉贝》诗云：“玉腕竹弓弹吉贝，石灰荛叶送槟榔。泉南风物良不恶，只欠龙津稻子香。”④

明代何乔远《秋日安平八咏》：“灵岩山下万人家，古塔东西日影斜。巷女能成纻麻布，土商时贩木棉花”。可见明代泉州仍广植木棉织布。

刺桐是海外引进的植物，从唐朝开始，泉州就开始种植。唐朝诗人陈陶《泉州刺桐花咏兼呈赵使君》⑤ 云：“海曲春深满郡霞，越人多种刺桐花。可怜虎竹西楼色，锦帐三千阿母家。”“猗猗小艳夹通衢，晴日熏风笑越姝。只是红芳移不得，刺桐屏障满中都。”“赤帝尝闻海上游，三千幢盖拥炎州。今来树似离宫色，红翠斜欹十二楼。”

---

① （明）苏琰：《朱薯疏》，见（明）龚显曾《亦园脞牍》卷6。

② （清）吴增：《泉俗激刺篇》。

③ 公宗鉴：《我国甘薯引种传播史略考》，载《八闽科学技术史迹》，福建人民出版社，1993年。

④ （明）黄仲昭：《八闽通志》卷26，《食货·物产》，福建人民出版社，1989年，第540-541页。

⑤ 《全唐诗》卷746。

曹松《送陈樵校书归泉州》诗有："帝京须早入，莫被刺桐迷。"① 王毂《刺桐花》诗云："南国清和烟雨辰，刺桐夹道花开新。"②

五代泉州节度使留从效扩建泉州城时，"旁植刺桐环绕"③，此后刺桐成为泉州的代名词。王十朋《咏万安桥》诗云："刺桐为城石为笋"④。在民间有以刺桐花卜年丰的习俗，宋人丁谓《咏泉州刺桐》诗："闻得乡人说刺桐，叶先花发始年丰。我今到此忧民切，只爱青青不爱红。"⑤ 王十朋《刺桐花》诗也说："初见枝头万绿浓，忽惊火伞欲烧空。花先花后年俱熟，莫道时人不爱红。"⑥

元代泉州伊斯兰教艾哈玛德墓碑波斯文："艾哈玛德·本·胡阿吉·哈吉姆·艾勒德死于艾哈玛德家族母亲的城市——宰桐城。生于692年（回历），即龙年。享年三十岁。"⑦ 宰桐即刺桐。元朝"刺桐"（宰桐）城成为世界公认的大港，"刺桐"（宰桐）成为泉州的代名词。

素馨，《太平广记》云："野悉蜜，出拂菻国。"⑧ 拂菻，今叙利亚的古称。"野悉蜜正是阿拉伯语素馨花（yasamin）的读音。素馨花的原产地也正是叙利亚。"⑨ 宋人蔡襄《移居转运宇别小栏花木》诗云："素馨出南海，万里来商舶。团团末利丛，繁香暑中折。"⑩

素馨是商舶从南海传入的。何乔远《闽书》载："素馨，李时珍曰：自西域移来，谓之耶悉名花，即《酉阳杂俎》所载野悉蜜花也。枝干袅娜，叶似末利而小，其花细瘦，四瓣，有黄、白二色，采花压油泽头甚香滑也。"⑪

素馨为南汉宫女名。宋傅伯成《素馨花》诗云："昔日云鬟锁翠屏，

① 《全唐诗》卷717。
② 《全唐诗》卷694。
③ 《八闽通志》卷80，《古迹·泉州府晋江县》，第892-893页。
④ 乾隆《泉州府志》卷10。
⑤ 《宋诗纪事》卷6。
⑥ （宋）王十朋：《梅溪集》后集卷20。
⑦ 努尔：《泉州艾哈玛德墓碑兼"宰桐"名称小考》，载《福建师大学报》，1982年第3期。
⑧ （宋）李昉等编：《太平广记》卷408。
⑨ 宋岘：《中国阿拉伯文化交流史话》，中国大百科全书出版社，2000年，第113页。
⑩ （宋）蔡襄：《端明集》卷2。
⑪ （明）何乔远：《闽书》卷150，《南产志》，福建人民出版社，1989年，第4461页。

只因烟塚伴荒城。香魂断绝无人问，空有幽花独擅名。”且注：素馨，南汉宫女名。[①] 道光《晋江县志》引《龟山志》：“昔刘王有侍女名素馨，塚上生此花，因以得名。”[②]

槟榔是一种热带药用果木。《诸蕃志》载：“槟榔产诸蕃国及海南四州，交趾亦有之。木如棕榈，结子叶间如柳条，颗颗丛缀其上，春取之为软槟榔，俗号槟榔，鲜极可口。夏秋采而干之为米槟榔，渍之以盐为盐槟榔。小而尖者为鸡心槟榔，大而匾者为大腹子，食之可以下气。”[③] 泉州至迟在北宋初就已输入槟榔，太平兴国七年（977），朝廷诏令开放木香、槟榔等 36 种“舶上香药”[④]。南宋初，槟榔代茶礼俗在泉州相当流行，祝穆云：“槟榔代茶。”夹注曰：“槟榔消瘴，今宾客相见必设此为重，俗之婚聘，亦藉此以为贽焉。”[⑤] 宋朝时泉州人吃槟榔蔚然成风。戴复古《泉南即事》[⑥] 诗云：“寄迹小园中，自笑客异乡。东家送槟榔，西家送槟榔。咀嚼唇齿赤，亦能醉我肠。南人爱敬客，以此当茶汤。”

客寓泉州的福州诗人郑域诗中有“一般气味真难学，自啖槟榔当啜茶”[⑦]。林夙诗亦有“玉腕竹弓弹吉贝，石灰荛叶送槟榔”[⑧] 之句。到明朝时，泉州人“吉凶庆吊，皆以槟榔为礼”[⑨]。

宋泉州知州王十朋《州宅即事》[⑩] 诗云：“泉南古州宅，草木有遗芳。鹰爪冬犹绿，阇提夜更香。佛桑朝暮异，荔子岁年长。惟有松并竹，青青似故乡。”

诗中的阇提“南海种，商舶传入闽中。花皙白而香，胜如素馨，盖岩桂之流品。”佛桑“本扶桑东海日出处有扶桑树。此花光焰照日，其叶似

① （宋）祝穆：《方舆胜览》卷 12，《福建路·泉州》，泉州地方志编纂委员会办公室编：《泉州方舆辑要》，1986 年，第 28 页。

② 道光《晋江县志》卷 73，《物产志》，福建人民出版社，1990 年，第 1766 页。

③ 杨博文校释：《诸蕃志校释》，中华书局，1996 年，第 186 页。

④ 《宋会要辑稿》，职官四四之六。

⑤ （宋）祝穆：《方舆胜览》卷 12，《福建路·泉州》，第 28 页。

⑥ （宋）戴复古：《石屏集》卷 1。

⑦ （宋）陈景沂：《全芳备祖后集》卷 31，《药部·槟榔》。

⑧ （明）黄仲昭：《八闽通志》卷 26，《食货·物产》，福建人民出版社，2006 年，第 743 页。

⑨ （明）黄仲昭：《八闽通志》卷 3，《地理·风俗》，福建人民出版社，2006 年，第 60 页。

⑩ （宋）王十朋：《梅溪集》后集卷 17。

桑，因以比之，后人讹为佛桑也。一名照殿红，乃朱槿别种花。有红、白、黄三色，红者尤贵。又有花开单瓣者，亦深红可爱。”[①] 明代泉州人仍栽种朱槿，王世懋《闽部疏》云：“泉州城大而地旷，士大夫皆散处，余以六月行部，人家多依原隰为园林，肩舆过其下，嘉瓜四垂，朱槿熠燿，绿柚扶摇于短垣之内，丹荔点缀于碧叶之上，其令人目不暇接。”

泉州所见海外传入的植物有：占城稻、宋朝占城（越南）引入；玉蜀黍，原产地南美洲，约在明隆庆年间（1567—1572）首先在安溪试种，然后传播全国各地；烟草，西名叫淡巴菰，原产地南美洲，明万历末年由华侨从吕宋携种到泉州、漳州等地栽种。蔬菜类有：高丽菜，传自高丽（即朝鲜）；菠菜，传自波斯；瓮菜，传自东夷（即朝鲜或日本）；葱，荷兰豆，传自荷兰；茄，传自暹罗（泰国）；南瓜，传自南番（即南亚地区）。花木类：茉莉传自波斯；阇提为南海种；夹竹桃，传自西域；佛手柑传自西番。还有许多带“番”字的果树，如番石榴、番木瓜、番橄榄等，均传自海外。

总之，泉州是古代中外科技文化交流的重要门户，为中华民族和世界文明做出了重大贡献。

原载《海洋文化与福建发展》，鹭江出版社，2012年。

① （明）何乔远：《闽书》卷150，《南产志》，福建人民出版社，1995年，第4460页。

泉州港与埃及亚历山大港

非洲的尼罗河流域与中国的黄河流域是两个灿烂的古代文明中心，它们对世界文明的发展做出了贡献。从中国的秦汉时期开始，中非之间就有交通往来和文化交流活动，唐至宋元时期，进入高涨阶段，明代既经历了鼎盛又遽而衰微。[①] 在古代中国与非洲的海上交通与文化交流中，埃及的亚历山大港与中国刺桐港发挥了巨大的作用。

一、中国与埃及的友好往来

中国与埃及的友好关系源远流长。公元 1 世纪，居住在埃及亚历山大里亚的一位操希腊语的商人或船长，在他撰写的《红海回航记》中记载了中国。他说：到了秦国（指中国），大洋就止于此。秦的北方有一座大城市，叫秦尼（似指长安），秦尼用丝织成的绸缎经陆路的大夏而达印度。公元 2 世纪，埃及亚历山大里亚的托勒密撰写的《地理志》，记载了亚细亚极东的秦尼国和赛里斯国。[②]

中国文献很早就记载了埃及的亚历山大城。《史记》《汉书》中所记载的“黎轩”“黎靬”和“犛靬”，均系 ALEXANDRIA（亚历山大里亚）的简略音译，即埃及的亚历山大城。鱼豢《魏略 · 西戎传》中记载的“迟散”“乌迟散”就是埃及亚历山大城。

① 何芳川：《源远流长、前途似锦的中非文化交流》，载周一良主编：《中外文化交流史》，河南人民出版社，1987 年，第 824 页。

② 同上书，第 805-806 页。

埃及的亚历山大城始建于公元前 332 年。从公元前 305 年起，亚历山大城成为埃及托勒密王朝的都城。公元前 30 年，托勒密王朝为罗马人所灭，亚历山大城成为罗马帝国埃及行省的首府。

中国与亚历山大很早就有文化交流。最早从埃及亚历山大城来东汉首都洛阳的是杂技艺人。《后汉书·西域传》载："永宁元年，掸国王雍由调复遣使者诣阙朝贺，献乐及幻人，能变化吐火，自支解，易牛马头。又善跳丸，数乃至千。自言我海西人。海西即大秦也，掸国西南通大秦。"[①] 大秦（罗马帝国）的杂技艺术是很著名的，尤其是以埃及亚历山大城为代表的罗马帝国东部地区，更是杂技盛行的地方。东汉延熹九年（166），"大秦王安敦遣使自日南徼外献象牙、犀角、玳瑁，始乃一通焉。"东汉和帝永元九年（97），"都护班超遣甘英使大秦，抵条支。临大海欲渡，而安息界船人谓英曰：'海水广大，往来者逢便风三月乃得渡，风迟，则有二岁者，故入海人皆赍三岁粮。海水善使人思土恋慕，数有死亡者。'英闻之乃止"[②]。据学者研究，甘英出使大秦的目的地，就是埃及的亚历山大城，可惜他没有到达目的地。

唐至宋元时期，埃及与中国往来关系密切，宋泉州市舶司提举赵汝适《诸蕃志》、周去非《岭外代答》、元汪大渊《岛夷志略》等都有中非友好往来的记载。

中国与非洲在秦汉时期就有交通往来，唐至宋元时期达到鼎盛时期。中非海外贸易，中国出口商品主要是瓷器和丝绸，进口以香料和珠宝为大宗。

中国古瓷在非洲发现很多，其中埃及是发现最多的地方。福斯塔特遗址位于开罗南郊，公元 7—10 世纪是埃及的政治、商业和制陶中心。在福斯塔特遗址发掘出土大量中国古瓷，包括宋元时期越窑青瓷、定窑白瓷、龙泉窑青瓷、景德镇青白瓷，其中也有福建窑青瓷、德化窑白瓷。开罗的阿斯巴尔清真寺附近也发现许多宋元明清龙泉青瓷、景德镇青白瓷等。在

① 《后汉书》卷 88，《西域传》。

② 《后汉书》卷 88，《西域传》。

福斯塔特遗址发掘出大量模仿中国瓷器制造出新型的伊斯兰陶瓷。在非洲出土少量德化屈斗宫元代白釉莲花瓣碗。[①] 在非洲出土的德化窑瓷器系从泉州港运往非洲销售。

宋元时期，勿斯里（埃及）是东西方贸易的中心，中国的瓷器、丝绸从泉州运往埃及之后，一部分在当地销售，大部分通过亚历山大港、开罗转运到地中海沿岸各国。

中国丝绸运往埃及，受到当地人民的欢迎。在埃及发现过中国丝绸和丝织品。古代埃及女王姑娄巴身上所穿的丝袍，就是用中国丝织成的。在元代，一个访问埃及的中国使节，曾赠送马木娄克王朝摩哈默德·伊本·加洛七百匹织着他尊号的织锦。[②]

中国与埃及在改进制糖方法互相学习。中国是甘蔗的原产地之一，很早就种植甘蔗。制糖的方法由印度传入东南亚，再传入中国。三国孙权时曾派人到交趾学习制糖方法。埃及人曾帮助中国改进制糖技术。《马可波罗游记》载：武干市（今永春，一说尤溪）“这个地方以大规模的制糖业著名，出产的糖运到汗八里，供给宫廷使用。在它纳入大汗版图之前，本地人不懂得制造高质量糖的工艺。制糖方法很粗糙，冷却后的糖，呈暗褐色的糊状。等到这个城市归入大汗的管辖时，刚好有些巴比伦人来到帝廷，他们精通糖的加工方法。因此被派到这个城市来，向当地人传授某种木灰精制食糖的方法”[③]。这表明埃及人对中国制糖技术的提高做出了贡献。他们也在泉州学到制造冰糖的方法，并回传埃及。

中国的造纸术是 8 世纪传入阿拉伯国家和非洲的，793 年波斯开始造纸，794 年巴格达第一次采用中国造纸法造纸，900 年前后造纸术传入埃及。中国印刷术大概是 10 世纪传入埃及。火药在 13 世纪下半叶传入埃及，埃及人把硝石叫“中国雪”。埃及天文学家伊本·尤尼斯在开罗天文台所制的历表，在宋元时期传入中国，这对中国天文学家郭守敬的治历是很有

① 马文宽、孟凡人：《中国瓷器在非洲的发现》，紫禁城出版社，1987 年。
② 张铁生：《中非交通史初探》，生活·读书·新知三联书店，1973 年，第 79 页。
③ 《马可波罗游记》，陈开俊等译，福建科学技术出版社，1981 年，第 191 页。

帮助的。①

米昔尔即埃及。明永乐中，米昔尔使节来访问时，“既宴赍，命五日一给酒馔、果饵，所经地皆置宴”。正统六年（1441）米昔尔王阿失剌福来，明朝“赐王綵币十，表里纱罗各三匹，白氁丝布、白将乐布各五匹，洗白布二十匹。王妻及使臣递减”②。

二、剌桐港与亚历山大港

元代中国剌桐港与埃及的亚历山大港是当时世界著名的港口，他们在中西海上交通、科技文化交流中发挥过巨大的作用。

关于埃及亚历山大港，宋泉州市舶司提举赵汝适《诸蕃志》载：“勿斯里国，属白达国节制。”“有江水极清甘……又有州名憩野，傍近此江。”勿里斯、憩野系以阿拉伯语以名埃及及其首都开罗之称。遏根陀国，指埃及的亚历山大港。关于亚历山大港的灯塔，《诸蕃志》载：

> 遏根陀国，勿斯里之属也。相传古人异人徂葛尼，于濒海建大塔，下凿地为两屋，砖结甚密，一窖粮食，一储器械。塔高二百丈，可通四马齐驱而上，至三分之二，塔心开大井，结渠透大江以防他国兵侵，则举国据塔以拒敌，上下可容二万人，内居守而外出战。其顶上有镜极大，他国或有兵船侵犯，镜先照见，即预守御之计。近年为外国人投塔下。执役扫洒数年，人不疑之，忽一日得便，盗镜抛沉海中而去。③

关于亚历山大港的灯塔和镜子，早在846年左右，阿拉伯地理学家伊本·胡尔达兹比赫著《道里邦国志》就有记载，10世纪时阿拉伯历史学者马苏迪在《黄金草原和宝石矿》中也有记载。灯塔在回历750年（1349）

① 张铁生：《中非交通史初探》，生活·读书·新知三联书店，1973年，第80-81页。

② 《明史》卷332，《西域传》。

③ （宋）赵汝适：《诸蕃志校释》，杨博文校释，中华书局，1996年，第123页。

已倒塌，《伊本白图泰游记》中《记灯塔》云："回历 750 年（1349）我回摩洛哥时曾重游灯塔，塔已倒塌，不能入其门，亦不可登其阶矣！"①

元代，中国的刺桐港和埃及的亚历山大港是世界著名的港口。《马可波罗游记》载：

> 刺桐城的沿海有一个港口，船舶往来如织，装载着各种商品，驶往蛮子省的各地出售。这里的胡椒出口量非常大，但其中运往亚历山大港以供应西方各地所需的数量却微乎其微，恐怕还不到百分之一。刺桐是世界最大的港口之一，大批商人云集于此，货物堆积如山，买卖的盛况令人难以想象。

伊本白图泰认为世界上能与亚历山大港相提并论的只有中国的刺桐港、印度的古里和喀里古特、土耳其地区的苏达哥港。《伊本白图泰游记》载："亚历山大城，该城历史悠久固若金汤，地方安靖。僧俗古迹，美不胜收，宏伟建筑，栉比林立。由于它地处东西要冲，宛似光彩绚丽的稀世明珠。一切奇珍异品皆汇集于此。"

《伊本白图泰游记》载：刺桐"这是一巨大城市，此地织造的锦缎和绸缎，也以刺桐命名。该城的港口是世界大港之一，甚至是最大的港口。我看到港内停有大艟克约百艘，小船多得无数。"印度的喀里古特港（古里港）"中国、爪哇、锡兰以及兹贝·埋赫勒人，以及也门、波斯人都至此地，真是商人会萃之地。当地的港口是世界巨港之一。"

宋元时期，许多外国人来泉州经商，他们或杂处民间，或列居城南，泉州出现外国人居住的蕃人巷。祝穆《方舆胜览》云：泉州"土产蕃货。诸蕃有黑白两种，皆居泉州，号蕃人巷。每岁以大舶浮海往来，致象犀、玳瑁、珠玑、玛瑙、异香、胡椒之属"②。当时为了满足外国人子弟入学的需要，还设有蕃学。在泉州的外国人的宗教信仰和风俗习惯得到尊重，宋

① 马金鹏译：《伊本白图泰游记》，宁夏人民出版社，1985 年，第 21–22 页。

② （宋）祝穆：《方舆胜览》卷 12，《福建路·泉州》。

元时期，泉州有清净寺六七座，泉州东坂有穆斯林公墓等。泉州出土许多伊斯兰教寺院石刻、墓葬石刻等，其中有埃及人的墓碑——蕃客墓碑。

蕃客墓碑，1956 年在泉州东岳山西坡金厝围发现，阴刻五行古阿拉伯文，中部阴刻中文“蕃客墓”。古阿拉伯文翻译中文为：

爱资哈尔

安拉是今世和来世的主

伊卜·阿卜杜拉·穆罕默德·伊卜·哈桑

碑刻最底处的两个小字为“埃及”。爱资哈尔或许是修墓者之名。“安拉是今世和来世的主”是《古兰经》经文。“伊本·阿卜杜拉·穆罕默德·伊卜·哈桑”为死者之名。“埃及”是死者的国籍。[①]

元代，中国的商人、旅行家汪大渊两次从泉州浮海游历海外，归国后撰《岛夷志略》，记载他的游历过程。书中记载他到达非洲国家，其中“特番利”为埃及的达米埃塔港，“阿思里”为今埃及的库赛。

综上所述，中国与非洲通过海上丝绸之路进行政治、经济、文化、科技联系。这种联系以剌桐港和亚历山大港为中心，它们发挥了巨大的作用，做出了应有的贡献。

原载《闽南》，2010 年第 1 期。

① 志诚：《“蕃客墓”及其有关问题试谈》，载《海交史研究》，1978 年第 1 期。

泉州是海上丝绸之路的国际大港

泉州是海上丝绸之路的国际贸易大港。元代旅行家马可波罗说："刺桐是世界最大港口之一，大批商人云集这里，货物堆积如山。"伊本白图泰也说："该城的港口是世界大港之一，甚至是最大的港口。"泉州有通往世界各国的航路，是世界航运中心。全国各地乃至世界各地的商品云集这里，是世界的物流中心。这里也是世界科技文化交流的重要门户，中外使节启航登岸的港口。泉州海商甘冒风险，用于拼搏，进行国际贸易，对促进中外政治经济文化交流，做出了重要贡献。

一、泉州是世界航运中心

南朝时，泉州社会经济发展，出现以梁安港为中心的对外交通港口。唐代的泉州港成为我国对外贸易的四大港口之一。宋元时期，泉州海外交通更加繁荣，南宋时成为中国最大港口，到元代成为世界东方第一大港，是中外经济政治文化交流和人民友好往来的重要门户。南宋吴自牧《梦粱录》云："若船泛外国买卖，则自泉州便可出洋。""若有出洋，即从泉州港口至岱屿门，便可放洋过海，泛往外国也。"[①]《岭外代答》卷3《航海外夷》云："欲自泉州者，入自甲子门。"赵汝适《诸蕃志》凡记载我国与世界各国的航线距离、日程、方位，都以泉州为基准。当时泉州港是世

① （宋）吴自牧：《梦粱录》卷12，《江海船舰》。

界航运中心，海上交通的主要航路：

泉州至占城航路：由泉州港启航，经广州、西沙群岛，顺风20余日可到达。《元史》载："自泉州登舟海行者，先至占城。"[①] 泉州与占城海上交通频繁，许多泉州海商到占城贸易。占城使臣有的乘坐泉州海商的船到中国。

泉州至三佛齐、阇婆、渤泥等国航路。三佛齐在泉州之正南，自泉州港启航，经西沙群岛，南行至占城，经罗斛（泰国）、吉兰丹、龙牙门而至三佛齐。"三佛齐之来也，正北行，舟历上下竺与交洋，乃至中国之境……欲至泉州者，入自甲子门。"[②] 三佛齐是东西方海上贸易的中转站。阇婆"于泉州为丙巳方，率以冬月发船，盖借北风之便，顺风昼夜月余可到"[③]。阇婆之来，"稍西北行，舟过十二子石，而与三佛齐海道合于竺屿之下"[④]。渤泥"在泉之东南，去阇婆四十五日程，去三佛齐四十日程，去占城与麻逸各三十日程，皆以顺风为则"[⑤]。

泉州至印度蓝无里、故临及阿拉伯半岛航路：自泉州港放洋，经占城抵三佛齐，穿过马六甲海峡，沿孟加拉海岸，航抵故临。然后由故临换乘小船，进入波斯湾。大食"在泉之西北，去泉州最远。蕃舶艰于直达。自泉发船四十余日，至蓝里博易住冬，次年再发，顺风六十余日方至其国"[⑥]。从大食来则"以小舟运，而南行至故临，易大舟东行至三佛齐国，乃复如三佛齐之入中国"[⑦]。

泉州至亚丁湾和东非弼琶罗（今索马里）层拔（今桑给巴尔）航路：从泉州港出航，经南海、三佛齐、故临至波斯湾。再由波斯湾沿阿拉伯海岸西南行，即可到达弼琶罗、层拔等地。单程顺风需160天，往返约2年。

泉州至菲律宾航路：泉州至菲律宾航路有两条，一条从泉州出发，经

---

① 《元史》卷210，《外夷传·爪哇》。
② （宋）周去非：《岭外代答》卷3，《航海外夷》。
③ （宋）赵汝适：《诸蕃志》，《阇婆国》。
④ （宋）周去非：《岭外代答》卷2，《航海外夷》。
⑤ （宋）赵汝适：《诸蕃志》卷上，《阇婆》。
⑥ 《诸蕃志》卷上，《大食国》。
⑦ 《岭外代答》卷3，《航海外夷》。

广州、占城、渤泥至麻逸，一条由泉州出发，经澎湖、琉球（台湾）至麻逸①。由于后一条航路要横渡台湾海峡，风险较大，主要走前一条航路。

泉州至朝鲜、日本航路：从泉州沿东海北上，经明州至高丽。徐兢《宣和奉使高丽图经》有详细记载。泉州至日本航路，从泉州至明州，然后横渡东中国海，到肥前的值嘉岛（今五岛），再转航到筑前的博多（今九州福冈）。

泉州至欧洲航路：从泉州启航，经苏门答腊、斯里兰卡、巴拉巴海岸，至波斯湾的霍尔木兹登陆，经不大理士到特勒儿遵德，再乘船经伊斯坦布尔，历时3年，到达威尼斯。

国内航路有泉州至澎湖、台湾，泉州至广东、浙江、江苏、山东等航路。

宋元时期，通过海路与泉州贸易的国家和地区不断增加。赵彦卫成书于开禧年间（1205—1207）的《云麓漫钞》记述南宋中期常到泉州贸易的国家有31个，即大食、嘉令、麻辣、新条、甘秠、三佛齐、真腊（真里富）、三泊、绿洋、登流眉、西棚、罗斛、蒲甘、渤泥、阇婆、占城、目丽、木力千、宾达浓、胡麻巴洞、新洲、佛罗安、朋丰、达啰啼、达磨、波斯兰、麻逸、三屿、蒲哩唤、白蒲尔、高丽。② 嘉定十七年（1224）至宝庆元年（1225）任泉州市舶司提举的赵汝适，参阅有关图籍，询问来泉州经商的胡贾写成《诸蕃志》，记载与泉州有贸易关系的国家和地区58个，包括东亚、东南亚、南亚、西南亚、非洲等。元代两次从泉州浮海周游世界的汪大渊于第二次浮海归来后撰成《岛夷志略》，记载与泉州有通商贸易关系的99个国家和地区，对其疆域、地理、风土人情等有详细的记载。

二、泉州是世界的物流中心

古代泉州，全国各地乃至世界各地的商品运到这里，然后再运到世界

① 张维持、胡晓曼：《从出土陶瓷看古代中菲关系》，载《学术研究》，1985年第1期。
② （宋）赵彦卫：《云麓漫钞》卷5，《福建市舶司常到诸国船舶》。

各地和全国各地销售，成为中国乃至世界的物流中心。

宋代的泉州，商品经济迅速发展，成为驿道四通，“楼船涨海，农士工商之会，东西南北之人”① 汇集的地方。

“温陵大都会，朱门华屋，钿车宝马相望。”② 这里“珍珠、玳瑁、犀象、齿角、丹砂、水银、沉檀等香，希奇难得之宝，其至如委。巨商大贾，摩肩接足，相刃于道”③。吴澄也说：“泉，七闽之都会也。番货远物、异宝奇玩之所渊薮，殊方别域富商巨贾之所窟宅，号为天下最。”④

宋元时期，泉州进出口商品种类多，数量大。据《诸蕃志》记载，经由泉州出口的商品主要有：丝织品、瓷器、金、银、金银器皿、铜钱、赤铜、铝、乌铝、锡、白锡、铁鼎、铁针、漆器、胭脂、漆椀楪、草席、凉伞、雨伞、大黄、川芎、白芷、朱砂、绿矾、白矾、鹏砂、砒霜、樟脑、干良姜、米盐、糖、酒、皮鼓、网坠、牙臂环、建本文字等。其中以丝纺织品、瓷器为大宗，丝纺织品包括丝、绢、白绢、五色绢、缬绢、荷池缬绢、绢伞、缎锦、建阳锦、锦绫、皂绫、白布、丝吉贝。瓷器包括白瓷、青白瓷等。《岛夷志略》记载经其出口的商品更多。

泉州进口的商品有粗色货物和细色货物之分。细色货物有金、银、沉香、夹煎香、笺香、细胃头、亚显香、安息香、琥珀、龟鼊皮、金头香、阿魏、血竭，丁香、鹿茸、鹏砂、姜黄、没药、米脑、脑板、速脑、朱砂、牛黄、硫黄、腊油、栀子花、芎槈脑、梅花脑等，其中以香料、珍珠为大宗。

泉州的进出口商品从全国各地和世界各国运来，泉州成为物流中心，然后把商品发往世界各地和全国各地。

南宋末年，来泉州经商的意大利人雅各在《光明之城》中说：“这是一座极大的贸易城市，商人在此可以赚巨额利润……在这个城市里，从中

① （宋）郑侠：《西塘集》卷8，《代谢仆射相公》。
② （宋）刘克庄：《后村先生大全集》卷8。
③ （宋）江公望：《多暇亭记》，见《闽书》卷55，《文莅志》。
④ （元）吴澄：《送姜曼卿赴泉州路录事序》，见《吴文正公集》卷28。

国各个地区运来的商品十分丰富。”[1] 元代意大利旅行家马可波罗也说：刺桐“船舶往来如织，装载着各种商品，驶往蛮子省的各地出售。这里的胡椒出口量非常大，但其中运往亚历山大港以供应西方各地需要的数量却微乎其微，恐怕还不到百分之一。刺桐是世界最大的港口之一，大批商人云集于此，货物堆积如山，买卖的盛况令人难以想象”[2]。

泉州外销商品中的瓷器就是从全国各地汇集来的，龙泉窑、德化窑、同安窑、建阳窑、景德镇的湖田窑、吉州窑等瓷窑的产品汇集到泉州，然后销售海外各国。《岛夷志略》记载和海外各国出土的瓷器包括龙泉青瓷、白瓷，景德镇的青白瓷，福建的青瓷、青白瓷、白瓷，吉州窑、建窑、湖田窑的黑瓷，还有少量北方窑的产品等。泉州府后山宋元遗址出土的有泉州地区的青瓷、青白瓷，浙江龙泉窑青瓷，江西景德镇青白瓷、白瓷，建阳窑、水吉窑、北方磁州窑的黑瓷等，这是宋元时期各地瓷器运往泉州港的物证。[3]

丝织品是泉州重要外销商品，泉州生产的丝织品销往世界各地，如北宋崇宁四年（1105），泉州商人李充前往日本贸易，所带货物中有 3 种精美的丝织品：象眼 40 匹、生绢 10 匹、白绫 20 匹。有的作为皇帝馈赠友好国家的礼品，如元朝皇帝赠送给印度摩哈美德王“花缎五百匹，其中百匹系在刺桐（泉州）织造，百匹系在汉沙（杭州）织造”[4]。《诸蕃志》《岛夷志略》记载从泉州出口的丝纺织品种类繁多，品优价廉，有的是从全国各地运来的，如建阳锦、苏杭色缎、苏杭五色缎、塘头市布、海南布、南丝、南北丝等，有的从南洋等地采购进行异地交易，如西洋布、西洋丝布、占城布、阇婆布、麻逸布、甘埋布、巫仑布、八都剌布、八节那泊布、八丹布等。

宋元时期，泉州“诸蕃通货举积于此，荆、淮、湖外及四川之远，商

① 〔意〕雅各 · 德安科纳著，杨民等译：《光明之城》，上海人民出版社，1990 年，第 153 页。
② 梁生智译：《马可波罗游记》，中国文史出版社，1998 年，第 217 页。
③ 李知宴、陈鹏：《宋元时期泉州港的陶瓷输出》，载《海交史研究》，1984 年第 6 期。
④ 马全鹏译：《伊本白图泰游记》，宁夏人民出版社，1985 年，第 551 页。

贾络绎，非泉即广，百货所出，有无相易。”① 楚人海王三“贾泉南，航巨浸”②。元朝杭州张存，至元十三年（1276）“流寓泉州，起家贩舶”③。陈埭丁氏始祖从苏州来泉州经商定居泉州。《丁氏族谱》载：“始祖节斋公，讳谨，字慎思。家世洛阳，因官于苏州而家焉。节斋公自苏货贾于闽泉，卜居泉城。”

宋泉州杨客“为海贾十余年，致赀二万万”，绍兴十年，至钱塘江下“举所赍沉香、龙脑、珠琲、珍异，纳于土库中。他香布、苏木不减十余万缗，皆委之库外”④。他从泉州运去香料、珠宝等到杭州销售。明代的安平商人大力从事海外贸易，还积极从事国内贸易，“贾行遍郡国，北贾燕，南贾吴，东贾粤，西贾巴蜀，或冲风突浪，争利于海岛绝夷之墟”⑤。祖国的大江南北，长城内外，到处都有安平商人的足迹。何乔远说：“安平一镇在郡东南陬，濒于海上，人户且十余万，诗书冠绅等一大邑。其民啬力耕织，多服贾两京师、汴、齐、吴、越、岭以外，航海贸诸夷，致其财力相生泉一郡人。”⑥

三、泉州港为中外科技文化交流的重要门户

随着泉州海外交通的发展，中外人民友好往来的增多，促进了中外科技文化的交流。泉州港是中世纪世界著名的港口，也是科技文化交流的重要门户。科技文化交流是双向或多向进行的，既促进泉州社会经济的发展，也对世界文明做出了贡献。

① （宋）林光朝：《直宝谟阁论对札子》，见《历代名臣奏议》卷 349，《夷狄》。
② （宋）洪迈：《夷坚志甲》卷 10，《海王三》。
③ （元）陶宗仪：《辍耕录》卷 23，《圣铁》。
④ （宋）洪迈：《夷坚丁志》卷 6，《泉州杨客》。
⑤ （明）李光缙：《景璧集》卷 4，《史母沈夫人寿序》。
⑥ （明）何乔远：《镜山全集》卷 52，《杨郡丞安平镇海汛碑》。

（一）泉州生产技术、科学文化在海外的传播

泉州造船历史悠久，造船技术先进。16、17世纪，日本的造船技术比较落后，所造的海船“船底扁平，布帆挂在樯的正中，樯还要常转动，因此，只适于顺风航行，一旦赶上无风或逆风，就得把樯拉倒，摇橹航行。”福建商人改造这种旧船，“把樯固定起来，船底改作二重，尖形，这样就不拘斜风、逆风，都能航行了”①。

郑和下西洋是世界航海史上的伟大壮举。郑和下西洋所使用的牵星术，是中国航海文明史上的一种先进的天文航海技术，它不但是中国古代航海术自身发展的结果，也是吸收阿拉伯天文航海术营养的结果。②

指南针、造纸、火药、印刷术四大发明是中国人民对人类文明的杰出贡献。四大发明通过中外人民的友好交往传播到世界各地。

指南针在北宋末作为导航仪器已被应用到航海事业中。赵汝适《诸蕃志》中描述从泉州到海南岛的航行说：“渺茫无际，天水一色，舟舶往来，惟以指南针为则，昼夜守视唯谨，毫厘之差，生死系焉。”指南针应用于航海，获得全天候航海能力。宋代中国与阿拉伯国家之间海上交通频繁，许多阿拉伯人到泉州、广州等城市贸易，火药和指南针通过海路传到阿拉伯，然后再传到欧洲。

宋代，日本僧人庆政上人曾到泉州，嘉定十年（1217）回国时，带回福州版的《大藏经》。元祐二年（1087）泉州海商徐戬于杭州雕造夹注《华严经》等2 900余片载往高丽。五代泉州招庆寺庙僧静、筠二禅师编的《祖堂集》传到朝鲜，其雕版藏于朝鲜伽耶山海印寺，直到近代才重新发现。这些对中国印刷术和佛经在日本和朝鲜的传播起了促进作用。

造纸术经华侨传入印度尼西亚。15世纪初马欢随郑和下西洋到印尼爪哇时，当地尚“无纸笔，用茭苇叶，小尖刀刻制。”到17世纪80年代华

① ［日］木宫泰彦：《日中文化交流史》，胡锡年译，商务印书馆，1980年，第555页。

② 孙光圻：《航海文明与交通》，海洋出版社，1991年。

侨在巴达维亚建造纸厂，把中国的造纸术传入印尼。①

制瓷技术通过中外人民的友好交往传播世界各地，受到世界各国人民的欢迎。南宋嘉定六年（1213），日本加藤四郎随禅僧道元入宋，到福建德化学习制瓷技术，回国后在濑户烧制。日本的窑炉是受德化阶级窑的影响而设计的，所以日本把德化窑“估计为串窑的始祖”②。法国和其他欧洲国家的制瓷工人，也仿造德化的白釉瓷。晋江吴姓工匠于西班牙占领菲律宾以前，在菲律宾南怡罗弋省美岸社传授制陶瓷技术。据说现在美岸制造的“文奈”仍有明代中国瓷器工艺的影响。③

东南亚一些国家在中国陶瓷传入之前，多以植物叶子为食器，“饮食以葵叶为椀，不施匕筯，掬而食之”④。中国陶瓷传入以后。提供了精美的食具，改变了原来的生活习惯。宋元时期，东南亚等地穆斯林广泛使用军持，为适应这种需要，晋江磁灶窑和德化窑大量生产军持外销，体现了泉州与东南亚地区伊斯兰文化的交流。

印尼的豆制品及其制作技术是三百年前由闽南华侨传入的，至今雅加达、爪哇一带的制作豆腐程序，大体与泉州、漳州、厦门民间制法相同。印尼农民使用的犁是17世纪闽籍华侨曾焕玉传去的，被称为“中华犁”。⑤

（二）海外生产技术、科技文化的输入

中国是甘蔗的原产地之一，很早种植甘蔗。蔗糖制造方法由印度传入东南亚，再传入中国。三国孙权时曾派人到交趾学习制糖方法。中国在唐代首先生产冰糖，埃及生产的冰糖与泉州有关。《马可波罗游记》载：武干市（今永春、一说尤溪）“这个地方以大规模的制糖业著名，出产的糖

---

① 林更生：《古代从海路外传的植物与生产技术初探》，载《海交史研究》，1988年第2期。

② 叶文程、徐本章：《畅销国际市场的古代德化外销瓷器》，载《海交史研究》，第2期（1980年）。

③ 叶文程等：《晋江磁灶窑的发展及其外销》，载《中国古代陶瓷的外销——1987年福建晋江年会论文集》，紫禁城出版社，1988年。

④ （宋）赵汝适：《诸蕃志》卷上，《登流眉国》。

⑤ 温广益：《华侨——祖国传统生产技术的传播者》，载《科学与文化》，1983年第5期。

运到汗八里，供给宫廷使用……等到这个城市归入大汗管辖时，刚好有些巴比伦人来到帝廷，他们精通糖的加工方法。因此被派到这个城市，向当地人传授一种木灰制食糖的方法”①。这表明埃及人对中国制糖技术的提高做出了贡献。他们也在泉州学到制造冰糖的方法，并传回埃及。

泉州丝织业发达，能生产高质量的刺桐缎等，同时吸收外国的生产技术，如倭缎“制起东夷，漳泉海滨效法为之”②。倭缎技术系从日本传入。

在中外友好交往中，一些外国植物也传入泉州。

唐代，新罗国一种松科植物叫新罗松，传入泉州嘉禾屿（今厦门）种植。高丽菜，又称甘蓝，是一种蔬菜，从高丽引进泉州广泛种植，又从泉州传播到台湾和东南亚等地。瓮菜，传自东夷即朝鲜或日本。从新罗、高丽传入泉州的植物还有新罗人参、新罗葛等。

刺桐是从海外传入的植物。晚唐诗人陈陶在诗中描述泉州刺桐“猗猗小艳夹通衢”“三千幢盖拥炎州”，说明当时泉州种植刺桐相当普通。五代时，留从效扩建泉州城，“重加版筑，旁植刺桐环绕”，此后泉州以刺桐城和刺桐港闻名于世。

占城稻，原产越南，它的特点是耐旱，成熟期短，收成好，适合福建的地理环境和气候，宋真宗时引入，首先在福建栽种，再向浙江、河南等地推广。

番薯原产地是中美洲，明万历年间（1573—1620）传入我国。番薯经泉州再传播琉球、日本。玉蜀黍，原产地南美洲，约在明隆庆年间（1567—1572）首先传入安溪试种，以后逐渐传播全国各地。烟草，原产地南美洲，明万历末年由华侨从吕宋携种到泉州、漳州等地种植。

泉州有一种优良的花生品种叫琉球花生，其特点是壳薄颗粒饱满，这是从琉球引进的。

泉州所见海外传入的植物，其中蔬菜类有：菠薐菜，传自波斯；葱、荷兰豆，传自荷兰；茄，传自暹罗；南瓜，传自南番即南亚地区。花木

① 陈开俊等译：《马可波罗游记》，福建科学技术出版社，1981年，第191页。

② （明）陈懋仁：《泉南杂志》卷上。

类：茉莉，传自波斯；素馨，为“番舶载至”；阇提为南海种；夹竹桃，传自西域；佛手柑，传自西番。还有许多带“番”字的果树，如番石榴、番木瓜、番橄榄等，均传自海外。

（三）文化艺术的交流，对中外各国艺术起了促进作用。

塔起源于印度，随着佛教传入中国，其用途由贮藏舍利、经卷，扩大为表彰功德、作纪念、为众生荐福和江海上的航标等。泉州著名的石塔有开元寺镇国塔、仁寿塔，石狮关锁塔（俗称姑嫂塔）、六胜塔（俗称石湖塔）等。

泉州开元寺镇国塔基座浮雕的佛教故事，题材有释迦牟尼本生故事、本行故事，阿育王皈依佛教故事、佛教东传故事等，雕刻的手法和周围环境全部汉化，是中印雕刻艺术相结合的产物。

泉州雕刻家在日本雕造许多佛像。泉州安海人范道生，雕塑长崎崇福寺的佛像、十八罗汉像，福济寺的佛像，万福寺的佛像、十八罗汉、观音、弥勒、达摩、韦驮等像。

黄檗宗高僧隐元、木庵、即非三人被日本人称为“黄檗三绝”；悦山的书法有“悦山书”之称；大眉、慈岳、东澜善草书；大鹏善写意画，尤善画竹，也长以篆刻，著有《印章篆说》流传于世；喝浪擅长墨画等，他们对日本书画艺术的发展起了一定的作用。

四、泉州港为中外使节进出的重要港口

泉州港不仅是国际贸易大港，也是中外友好往来的重要港口，许多中外使节从泉州港启航或登岸。

唐代的泉州港，南海番舶常到，岛夷斯杂。唐诗云“云山百越路，市井十洲人；执玉来朝远，还珠入贡频。”“秋来海有幽都雁，船到城添外国人”，描绘泉州外贸兴盛，使节频繁。为加强对泉州海外贸易的管理，设

“参军事四人，掌出使导赞”①，管理往来海外的使节和商人。

五代时，由于海外贸易的发展，泉州设立榷利院管理。泉州开元寺出土南唐保大四年（946）佛顶尊胜陀罗尼经幢，署名有“军事左押衙充海路都指挥兼御史大夫陈匡俊、榷利院使节刘拯。”海路都指挥使为维护航道安全的军事指挥官，榷利院为管理海外贸易的机构。

宋朝从泉州港登岸的使节有乾道三年（1167）占城使附泉州纲首陈应船前来，淳熙元年（1174）占城使附泉州纲首吴兵船入贡。《宋会要辑稿》载，乾道三年十月一日，福建市舶司言：“本土纲首陈应等，昨至占城，蕃首称欲遣使副恭赉乳香、象牙等，前诣大宋进贡。今应等船五只，除自贩物货外，各为分载乳香、象牙等，并使副等前来……继有纲首吴兵船入赉到占城蕃首邹亚娜开具进奉物数”……“诏使人免到阙，令泉州差官以礼管设，章表先入递前来候到。”② 淳熙五年（1178），三佛齐“遣使贡方物，诏免赴阙，馆于泉州”③。

宋朝从泉州港起航的使节有元丰五年（1082）二月，渤泥王锡理麻诺“遣使贡方物，其使乞从泉州乘海船归国，从之”④。政和五年（1115），宋朝恢复泉州市舶司，特派刘著等人“前去罗斛、占城国，说谕招纳，许令将宝货前来投进”⑤。刘著等人在泉州市舶司恢复时出使泰国、占城，应从泉州港发船。

泉州德化县尹杨秀，原为宋市舶司官员，降元后，曾奉命出使暹罗，“以其主来朝”⑥。杨秀可能从泉州港出使暹罗，随其来中国的国王为敢木丁。

至元十三年（1276）十二月，蒲寿庚在泉州降元，受到元世祖忽必烈的信任，次年立市舶司于泉州，泉州海外贸易继续发展。元派遣以蒲寿庚旧部孙胜夫、尤永贤及其子蒲师文等泉州人为主体的使团奉使海外，从泉

① 《全唐文》卷75，《太和八年疾愈德音》。
② 《宋会要辑稿》，蕃夷七之五〇。
③ 《宋史》卷489，《外国传·渤泥》。
④ 《宋会要辑稿》，职官四十四之一百。
⑤ 《宋会要辑稿》，职官四十四之十。
⑥ （元）贡师泰：《玩斋集》卷9，《四明慈济寺碑》。

州港启航。

至元十六年（1279）十二月，元世祖派遣兵部侍郎教化的、总管孟庆元、万户孙胜夫与唆都出使占城。孙胜夫，泉州人，蒲寿庚旧部。至元十七年（1280），宣慰使尤永贤，亚朗（亚阑）等30余人奉使马八儿国。《闽泉吴兴分派卿田尤氏族谱》载："元镇国将军加九锡，充马八儿国宣抚使尤公贤……于至元十三年归世祖，授虎符昭威将军，管军万户……十七年入觐……授占城、马八儿国宣抚使……奉旨招谕，盖南毗也。航海逾年，始至马八儿国。宣上威德，国人从风而靡，治舟以归。"至元十八年（1281），蒲寿庚长子蒲师文，时任正奉大夫宣慰使左都元帅兼福建道市舶司提举，被命为海外诸蕃宣慰使，通道外国，抚宣诸夷。

至元十六年（1279）十二月，朝廷遣广东招讨司达鲁花赤杨廷璧使俱兰。十八年正月自泉州入海，"行三月，抵僧伽耶山，舟人郑震等以阻风乏粮，劝往马八儿国，或可假陆路以达俱兰国，从之。四月至马八儿国新村马头登岸"①。

元大德三年（1299），泉州人奉使波斯。在泉州发现奉使波斯使者的墓碑云："大元进贡宝货，蒙圣恩赐赉。至于大德三年内，悬带金字海青牌面，奉使火鲁没思田地勾当。蒙哈赞大王特赐七宝货物，呈献朝廷，再蒙旌赏。自后回归泉州本家居住，不幸于大德八年十……"这位使臣可能从泉州港登岸。

孛哈里，或作不阿里，马八儿国王子，因"与其国王有隙"，奔于元，从泉州登岸，居泉州。《景义公不阿里神道碑铭》云："至元二十八年，赐玺书，命某部尚书可里伯，侍郎别帖木儿、列石往谕，且召之。公益感激，乃书携其妻孥宗戚故业，独以百人自随，偕使入觐。"② 后卒于京师，以驿传负其梓归泉州。

马可波罗（1254—1324），意大利人。1275年到达元大都（北京），在中国居留17年。1289年护送阔阔真公主远嫁伊利汗国国王，1291年乘

---

① 《元史》卷210，《马八儿等国》。

② （元）刘敏中：《中庵集》卷16。

4桅12帆巨船从泉州启航，经苏门答腊、印度等地到达波斯。

马黎诺里（约1290—?），意大利人。应元顺帝之请，代表教皇出使中国，至正六年（1346）从泉州港起航回国。

伊本白图泰（1304—1377），摩洛哥穆斯林旅行家，于元顺帝至元六年六月到中国游历，在泉州登岸，又到广州、建昌、鄱阳、杭州、北京等地，与1346年10月离开泉州回国。

明代的泉州港仍然是中外使节进出的重要港口。

“洪武三年（1370）八月，命御史张敬之、福建行省都事沈秩往使。自泉州航海，阅半年抵阇婆，又逾月至其国。……八月，从敬之等入朝。表用金，笺用银，字近回鹘，皆镂之以进。”① 张敬之、沈秩使渤泥从泉州启航先到达阇婆，然后到达渤泥。

永乐十五年（1417）郑和第五次下西洋前往忽鲁谟斯，停泊泉州，到圣墓行香，祈求灵圣庇佑，到天妃宫祈求妈祖护佑，然后从泉州港起航。

“永乐十三年（1415），少监张谦使渤泥，得乎（泉）州，发自浯江，实仗神庥，归奏于朝，鼎新之。”② 张谦奉使渤泥，到泉州天妃宫祈求妈祖庇护，平安归来后，奏于朝廷，鼎新泉州天妃宫。同年苏门答腊、古里、柯枝、麻林等国使者从泉州归国，《明永乐实录》载：永乐十三年（1415）九月庚申，赐苏门答剌、古里、柯枝、麻林诸番国使臣宴。上谕行在礼部臣曰：“先王柔远人，厚往薄来。今海外诸番使臣将归，可遣官豫往福建，俟其至，宴饯之，亦戒其毋苟简也。”③

苏门答腊、古里、柯枝、麻林诸国使臣回国前，永乐皇帝谕行在礼部臣，遣官福建，等到使臣到达时宴饯行。时福建市舶司设于泉州，“遣官福建”即遣官福建市舶司所在地泉州。时适逢张谦奉使渤泥，他们可能乘坐张谦使船从泉州归国。

明初，为发展海外贸易，朝廷派使臣联系西洋国家。据《泉州凤池林李宗谱》记载，林spaces在洪武九年（1376）“奉舶西洋”，洪武十七年再次奉

① （清）张廷玉等：《明史》卷325，《外国六》，中华书局，2006年，第8411-8412页。

② （乾隆）《泉州府志》卷16，《坛庙寺观》。

③ 《明太宗实录》卷168，中华书局，2016年，第1877页。

命“发舶西洋忽鲁谟斯”。林驽，泉州人，两次奉命发舶西洋，当系从泉州港启航。

明朝，从泉州登岸的欧洲使节有葡萄牙人马斯卡伦阿斯、西班牙人拉达等。

1517年，葡萄牙国王曼努埃尔一世派遣安特拉德和皮里士率领使团抵达广东屯门岛，在广东当局的许可下，安特拉德派遣船长若尔热·马斯卡伦阿斯为“圣地亚哥”号船长，经泉州访问琉球。到泉州时，无法在信风季节前往琉球，因此，暂时逗留泉州，与泉州商人贸易。

万历二年（1574），中国海盗头目林凤率众南下吕宋，与在吕宋的西班牙人发生武装冲突。福建巡抚刘尧诲派把总王望高率领两艘战船前往吕宋，约西班牙人出兵夹击林凤。万历三年，西班牙人以剿除林凤有功，派遣修士拉达和马任为使臣，由两名军官助手陪同，率15名成员组成使团来闽。7月11日到达泉州，官府组织了欢迎，官员接见宴请。又派专人护送他们赴兴化、福州。10月17日，拉达返回马尼拉。拉达写了《出使福建记》，记述访闽经过。万历四年（1576），他根据泉州土音（闽南话）用西班牙文编著《华语韵编》，这是第一部中外合璧的辞典。

明代的泉州港是中琉交往的法定港口，洪武三年（1370）恢复泉州市舶司，而且规定只通琉球，至成化八年（1472）福建市舶司迁福州的一百多年，大多数琉球贡使按规定在泉州登岸和进行朝贡贸易。

明永乐年间，锡兰王子为国使来华入贡，留京学习，归国途中留居泉州，取姓“世”，接受中国儒家思想，参加科举考试，与上流人士通婚，积极参与慈善事业，融入泉州上流社会。

明清时期，泉州华侨代表侨居国出使中国成为发展中外友好关系的使者。

清雍正四年（1726），苏禄国王毋汉未田母拉律林委派在苏禄经商的泉州华侨龚廷彩为正使出使中国，七月二十五日在泉州石湖港停泊，地方官员报请雍正皇帝。皇帝下旨：闽省起送来京之时，沿途官员护送照看，派布政司官员陪同送京，到京后受到隆重礼遇。将归国时，雍正皇帝厚赐使团成员。雍正十年，苏禄国王又派龚廷彩再次奉使中国。

五、泉州海商拼搏于海上丝绸之路

泉州的地形为丘陵地，可耕地面积小，居住此地的先民——闽越人善于造船和水上交通，向海洋发展，也善于经商，积极从事外贸活动。从三国至南朝、唐、五代，大批汉人南迁，带来北方先进的生产技术，推动泉州社会经济的发展。泉州海岸线曲折，形成许多优良的港湾，为发展海外交通提供了优越的条件。泉州造船业发达，造船、航海技术先进，而且有许多熟练识别天象、运用指南针等航海设备的舟师，为泉州海商拼搏于海上丝绸之路创造了条件。

泉州商人由本地商人、外地商人、蕃商构成，包括权贵商人、舶商、散商、僧侣商人、华侨商人、船户水手、农民等。

宋代泉州社会经济发展很快，社会各阶层都参与商业活动，权贵、南外宗子也从事商业活动。元代奉使海外的使臣为皇帝采办蕃货，自己也从事商业活动。泉州的权贵商人以回回商人为主，如蒲寿庚、马合马丹等。

舶商是有独立身份的海商，有的自己出资打造船只，有的租用他人船只。宋元时期，泉州有很多舶商，据《高丽史》及中国文献记载，从大中祥符八年（1015）至元祐五年（1090），泉州舶商 19 次到高丽，有记载的最多一次达 150 人，以上几次到高丽贸易的泉州海商约在千人以上。泉州纲首朱舫到三佛齐经商，获利百倍。纲首陈应、吴兵到占城贸易，自贩货物并载乳香、象牙及使人入贡。北宋崇宁元年（1102）、四年（1105），李充两次到日本贸易等，这些都是舶商。舶商到海外经商必须得到政府的批准，向市舶司领取公凭，按章呈报所载货物的花色品种和数量，开列商人、船主、船上人员名单，注明船只大小和载重量，填写所到国家和地区，保证不夹带违禁品等。

散商又称“搭客”“贴客”，主要是沿海地区的小土地所有者、小商小贩、农民、渔民、失意知识分子等，他们财力微薄，共同搭船出海贸易，在船上租一定舱位，从事小本买卖，有的要举借高利贷维持营生。

农民从事商业活动的主要场所是墟市和草市镇。宋代，泉州等地农民参与海上贸易活动，“漳、泉、福、兴，凡滨海之民所造舟船，乃筹财力，兴贩牟利而已”①。元汪大渊《岛夷志略》载：“昔泉之吴宅，发舶梢众百有余人，到彼贸易。”② 凌恢甫先世从河北至蚶江，元朝陈思恭，浙江海盐人，杭州人张存，浙江徽州人陈庆甫，丁氏始祖节斋公自苏货贾闽泉等。

蕃商，外国来泉州经商的人称蕃商，著名的有蒲寿庚、佛连、蒲啰辛、罗护那、三佛齐商人、印度泰米尔商人等。宋朝，对积极“招诱”商人的蕃商可补官。泉州蕃商纲首蔡景芳“招诱贩到物货”，补承信郎。大食蕃商蒲啰辛“一船载乳香投泉州”，补承信部。

僧侣经商的如王元懋、林昭庆、释文英等。宋代牙行，牙人是舶货交易中居间说合的经纪人，也管理市场，约束商人，承担信用担保，从事牙行工作的人称牙僧，南宋时泉州有牙僧。

宋元时期，许多泉州人到海外经商，有的留居海外，成为华侨商人。明清时期，出国的人更多，他们与侨居地人民共同劳动，共同斗争，促进侨居国社会经济的发展。

泉州商人到海外经商，其支付方式主要采取以货易货，有时也用中国铜钱或当地货币支付，还有“鬼市”交易。“西海中有市，客主同和。我往则彼去，彼来则我归。卖者陈之于前，买者酬之于后。皆以其直置诸物旁，待领直然后收物，名曰‘鬼市’。”③ 交易的方法有批发兼期货，船舶到达后，蛮贾搬取货物转入他岛贸易，待八九月，以其所得如数归还船主。交易前先议定价格，价格由官定。

泉州海商的经营形态有独资经营，即自己打造船只，购置货物，有的自己出海，有的以“家客”“干人”“行钱”为商业代表出海贸易。合伙、合股经营，中小商人，数人合本置船，到海外贸易。其利润分配是按照各人占有的股份数额来确定。举借高利贷经营，中小商人为筹集资本，举借高利贷。委托经营，有的自己不到海外经营，而是“以钱附搭其船，转相

① 《宋会要辑稿》，刑法二之一三七。
② （元）汪大渊：《岛夷志略》，《古里地闷》。
③ （宋）赵汝适：《诸蕃志》卷上，《大秦国》。

结讬，以买番货而归，少或十贯，多或百贯，常获数倍之货”[①]。“以舱代薪”经营，船员水手在船上由顾主划出一定的舱位，以装载船员水手的货物，用买卖所得的盈利充雇钱。

朝廷对坐商的管理主要是对市场的管理，唐朝在长安设市署和平准署管理。对海商设市舶司管理，宋元祐二年（1087）在泉州设市舶司，元、明朝在泉州设市舶司，至明成化八年（1472）迁往福州。市舶司的主要职责是对海商的管理，包括对船舶进出口货物的管理，对外商和权贵从事海外贸易的管理，对海商征收关税、对货物实行专买专卖、核实缉查商人走私等。

泉州海商不畏艰险，父亡子继，如元朝泉州海商陈宝生父思恭贾海而死，宝生继承父业，继续从事海外贸易。

泉州海商的冒险进取的精神，在明清时期得到进一步发扬。“濒海之民，多以鱼盐为业，而射嬴牟息，转贾四方，罟师佑人，高帆健舻，疾榜击汰，出没于雾涛风浪中，习而安之，不惧也。”[②]

泉州海商从事海外贸易以信义为重，彼此之间能“急难相援誓终始”，相互信任，不存私心，“不稽其子本，无毫发私”，能长期患难与共，长期合作。他们对外国人以信义为准则，取得外国人的信任，如元朝的孙天富、陈宝生被外国人称为“泉州两义士”。他们的经商道德，在今天仍然有现实意义。

泉州海商富于冒险勇于拼搏的人文精神，是海洋文化所具有的特质，其形成的原因，“除了因其面临大海的自然环境之外，其受阿拉伯穆斯林文化的影响，是一个不可忽视的重要因素。”[③] 阿拉伯人在泉州活动长达数百年之久。他们有优良的经商传统，对泉州人的人文性格产生了一定的影响。

泉州海商从事海外贸易，对促进中外政治经济文化交流，起了重要作用。

---

① （宋）包恢：《敝帚稿略》卷1，《禁铜钱申省状》。

② 万历《泉州府志》卷2，《风俗》。

③ 陈支平：《福建六大民系》，福建人民出版社，2000年。

泉州进口的商品，丰富国内商品市场，满足国内人民生产、生活的需要。如进口的香药，品种多、数量大、用途广，除满足统治阶级奢侈生活的需要，也作为饮食佐料、医药用品和工业原料。

泉州外销商品以丝绸、瓷器、茶叶为大宗，丝绸的外销，有助于改善当地人民的服饰，丰富美化人民的生活，丝绸的外销，有利于一些国家丝织业的发展。陶瓷器的外销，对改善当地人民的生活习惯，美化了他们的生活。

泉州海商在进行海外贸易的同时注意发展与当地国家的外交关系，起了民间外交家的作用。北宋熙宁元年（1068），宋朝遣泉州海商黄慎赴高丽转达神宗的交通意图。熙宁三年，黄慎再到高丽，得到高丽王朝的积极回应，遣使随其来，恢复了中断43年的外交关系。南宋泉州纲首陈应、吴兵，载占城使者及贡物到泉州。有的泉州海商在高丽、占城为官，为发展友好关系，起了一定作用。

有的泉州海商为高丽购买图书、雕造经版，乞借艺人等，促进宋丽两国的文化交流。

居住在泉州的蕃商，致力于社会公益事业。淳熙中（1174—1189），居住在泉州的蕃商捐钱资助造战船上缴朝廷，减轻了人民的负担，增进了中外人民的友谊。

原载《闽南》，2014年第4期。

古代泉州与东亚的友好交往史

丝绸之路是连接东西方的通道，也是沟通人类物质和精神文明的通道。泉州为海上丝绸之路的重要起点，随着泉州海外交通的发展，中外人民友好往来的增多，泉州成为中外经济、科技、文化交流的重要门户，这种文化交流是双向或多向进行的，既对世界文明做出了贡献，也推动了泉州的发展。泉州与东亚的交往就是这种交流的体现。

一、泉州与东亚的友好交往

泉州与东亚的友好交往中，有代表朝廷出使的外交使节，也有泉州海商向高丽转达朝廷之意的民间外交家，有的泉州人在东亚为官。在海上遇险时，泉州人与东亚人相互救助。泉州与东亚交往中一般是友好的，但也发生不友好的事件，如倭寇侵扰泉州，给泉州社会经济和人民生命财产造成很大的损失。

（一）奉使东亚的泉州人

宋朝对高丽的外交，除满足于传统的海外来贡的需求外，还带有借高丽之力以共同对付辽国的战略意图。神宗即位后，又积极实行联合高丽以反对辽国的策略。泉州海商在这一外交活动中起了积极作用。

熙宁元年（1068），宋朝遣泉州海商黄慎赴高丽转达神宗的交通意图。熙宁二年，宋朝再遣黄慎到高丽，得到高丽王朝的积极回应，高丽遣使到宋朝，从而开始了宋朝与高丽之间外交往来的新局面。

熙宁八年（1075），泉州商人傅旋持高丽礼宾省帖，到宋朝乞借乐艺等人。

南宋建炎元年（1127），两浙安抚使叶梦得委托泉州大商柳悦、黄师舜到高丽经商时，打听金朝动静。

明天启元年（1621），杨道寅在国家危难之际奉使朝鲜，为明末中朝两国的友好做出了重要贡献。[①]

杨道寅，晋江深沪人，万历三十五年（1607）进士，授太常少卿。天启元年二月初九，翰林院编修刘鸿训、礼科给事中杨道寅出使高丽，以出色的外交才华，与朝鲜官员、文人建立深厚的友谊，使朝鲜政府接受明朝的抚慰，坚定联合抗击后金的决心。

泉州籍的从客、冠带通事、护使都司在中琉友好交往中发挥了重要作用。

明清时期，册封琉球的使臣，例有从客随行。从客多为使臣自己选择的文人、书画家、琴师、高僧、道士、医生、天文生等。

明万历三十四年（1606），夏子阳、王士祯册封琉球时，从客中有晋江人王元卿。《泉州府志》载："王元卿，字应元，号伯台，晋江人。……丙午夏，给事行人册封琉球，求诗客可语者，聘元卿偕行。归舟，海风大作，有二巨鱼夹舟，长数十丈，目光如电，舵折舟旋，二使面无人色，曰：'命止此矣。'元卿谈笑自如，曰：'二公奉天威而来，何波臣之敢灾？'盥手焚香，出诏书向船头宣读，风遂息，其镇定如此。"[②] 最近出土的《侍赠伯台王先生墓志铭》记载同。

明清册封琉球使节，向例"其过海登舟行，令该督抚，遴委干弁二员，干兵二百名护送，并酌拨修船匠役带往"[③]，他们的任务是保护使船的安全，负责指引针路，管好兵丁，掌管船上的淡水等。

清嘉庆五年（1800），翰林院修撰赵文楷、内阁舍人李鼎元为正副使出使琉球，闽安左营都司陈瑞芳，南澳左营守备王得禄护使船。

① 吴煜煜：《杨道寅开辟中朝海上航线》，见《石壁采璞》，方志出版社，2011 年，第 251-257 页。

② 乾隆《泉州府志》卷 60，《明笃行》。

③ （清）李鼎元：《使琉球记》卷 1，陕西师范大学出版社，1992 年，第 11 页。

陈瑞芳，泉州人，由武进士官闽安都司。护送册封琉球使船到琉球后，能严施法令，约束兵丁，琉球举国人民感仰。

在中琉交往中，翻译（人）才发挥了一定作用。

明太祖赐琉球三十六姓中，有南安人蔡崇。蔡崇到琉球国为通事，导引进贡。《明宪宗实录》载："琉球国中山王长史蔡璟，以其祖本福建南安人。洪武初，奉命于琉球，导引进贡，授通事，父袭通事。传至璟，升长史。"① 蔡氏族人在明清两朝中琉交往中，有60人先后193次奉命为进贡、庆贺、谢恩通事、长史、正议大夫等来华。②

林易庵为引琉球入贡的通事，据《清源林李宗谱草创》之《历年表》载，成化二年（1466），"易庵公率长子琛引琉球入贡，以年迈表辞，蒙恩钦赐冠带荣身。初，公谙晓译语，蒙道府荐为通事官也"。

林易庵出身于泉州航海经商世家，其曾祖父林闾"承籍前人蓄积之资，常俵家客，航泛海外诸国"。祖父林驽，"航吴泛越，为泉巨商，洪武丙辰九年，奉命发船西洋"③。

（二）旅居东亚的泉州人

宋朝许多福建商人到高丽贸易，高丽王朝密试其能，诱以士禄或强留之终身，有许多泉州人在高丽为官。

高丽睿宗（1106—1122）时，泉州人刘载"尝随商船而来"，官至尚书右仆射。高丽显宗（1010—1031）时，泉州海商欧阳征被封为左右拾遗（谏官）。高丽文宗（1047—1082）时，泉州商人肖宗明被封为阁门祗侯（宣引赞之事）等。

明洪武二十五年（1392），明太祖赐给琉球国"闽人三十六姓善操舟

① 《明宪宗实录》卷65，"成化五年三月壬辰"条。

② 庄景辉：《明初三十六姓迁居琉球中的蔡襄后裔》，载《泉州港考古与海外交通史研究》，岳麓书社，2006年，第287页。

③ 《清源山林氏宗谱》。

者，令往来朝贡。”[1] 闽人三十六姓到后，琉球国王“即令三十六择土以居之，号其地曰唐营，亦称营中”。闽人三十六姓中，唯一有明确记载祖籍的是泉州的蔡姓。《那霸市史·资料篇·蔡氏家谱》载：“元祖讳崇，号升亭……福建泉州府南安县人，乃宋朝鼎甲端明殿大学士忠惠公讳襄字君谟六世孙，以太祖赐姓三十六居首，洪武二十五年授御奉敕始迁中山，择居于唐营，中山之有蔡氏于是乎始矣。”

据冲绳《吴江梁氏家谱》载：明初奉迁琉球的三十六姓中之梁姓，“乃闽吴杭江田人也，系南渡相臣梁克家之后”[2]。吴杭即长乐县，梁克家系泉州人。三十六姓中之梁姓虽迁自长乐，其祖先却在泉州。

明末清初，旅居日本长崎的泉州人很多，有的入日本籍。他们通晓日、汉语言，幕府委以唐年行事，负责裁判在港口的中国人违法犯禁或争吵的是非曲直，兼管长崎的丝绸等贸易。泉州人担任唐年行事的有：江七官、吴荣宗（一官），周辰官、颍川五郎左卫门、西村七兵卫和平木庄次郎等。唐年行事将福建的航海、造船、信仰、习俗等传播到日本，在传播中华文化方面起了积极作用。

（三）泉州与东亚人民在海上互相救助

宋熙宁年间（1068—1077），新罗国人崔举等，在海上遭风，漂流至泉州界，被泉州渔民救起，泉州地方官发给通行证和生活费用，并派人护送到明州候便船回国。

清乾隆四十年（1775）十二月，泉州商人孟定侯、许玉棠将上年漂流到泉州陆奥一关的船夫 15 人送回日本。

咸丰二年（1852），有一艘美国船“罗伯特·包恩”号，运载 400 多名华工，从厦门开往美国加利福尼亚。由于船长虐待华工，华工举行暴动，在琉球人民和政府的支援下获得胜利，这是中琉友好的历史见证。

---

① （清）龙文彬：《外番琉球》，见《明会要》卷 77。

② 王连茂：《泉州与琉球——有关两地关系史若干问题的调查考证》，见《浦添市·泉州市友好都市缔结纪念学术文化讨论会报告书》。

（四）泉州的抗倭斗争

13—16世纪，倭寇侵略中国沿海、朝鲜和东南亚等，在中国东南沿海肆意烧杀抢掠，给社会生产力和人民生命财产造成极大的破坏。泉州从洪武三年（1370）开始有倭寇骚扰，嘉庆三十六年至四十五年（1557—1566），泉州所属各县，均遭侵扰。《南安县志》载："数年来，田亩沦为荒地，民无储谷，米斗值钞一百二十文。逃难入城，忍饥待毙，瘟疫流行，死者相枕藉。"①

倭寇的入侵激起全民的抗击，涌现出许多抗倭的民族英雄，如戚继光、俞大猷、万民英、欧阳深、薛天申、周岳镇等。

在抗倭斗争中，对一些反对与制止倭寇残害村民而死在泉州的日本人，泉州人民建坟埋葬，建庙奉祀之。在倭寇侵扰安海、石井一带，有位"倭官"即日本海商船主，平时与村民和善相处，反对与制止倭寇残害村民。明朝官军前来征剿时，倭寇溃散，驾船逃走。"倭官"来不及上船，奔上石井烟楼山，东望大海，呼号悲痛，撞地而死。石井人民同情他的不幸遭遇，念其生前德惠，敬而怜之，就建坟埋葬，俗称"烟楼公墓"。建"烟楼公宫"以祀之。每年三月二十六日举行祭奠、演戏、放烟火等纪念活动。

二、泉州与东亚的通商贸易

泉州与东亚的海外贸易由市舶司管理，出口商品主要是丝绸、瓷器、茶叶等，换回人参、琉璃、扇子、刀剑等。贸易的支付方式主要采取以货易货，有时也支付货币。交易方法采用批发兼期货，交易前先议定价格。经营方式有独资、合伙、合股、委托、以舱代薪等形式。明清时期，实行禁海政策，禁止民间出海贸易，但仍然有人从事走私贸易，明代的安平商

① （明）刘佑：《杂志·流寇盗》，见《南安县志》卷20。

人和清初的郑氏海商集团就是走私贸易的代表。

（一）泉州商人到东亚贸易

唐朝，泉州与日本、高丽有贸易关系，阿拉伯人也来泉州购买日本、高丽商品。“当第九世纪的时候，或者有可能是比第九世纪较早一些时候，中国南部的海上贸易有一部分移到泉州来（原译注：靠近现在的厦门）。泉州在以前，曾经与日本高丽发生通商关系，有过了一个世纪时间的历史，以后才给阿拉伯人发现这个地方有日本、高丽等国的产品，因为这些产品都是没法子在广州得到的。除此之外，在泉州这个地方还可以获得该地当局捐税较（轻）的优待。”① 阿拉伯商人来泉州购买日本、高丽的商品是因为在广州无法得到日本、高丽的商品，而且泉州的关税还比广州轻。

宋朝泉州与高丽贸易往来频繁，“泉州多有海船入高丽，往来买卖”②。据朝鲜《高丽史》和中国史籍记载，从大中祥符八年（1015）至元祐五年（1090），至高丽贸易的宋商船队 27 批，其中泉州商人 16 批，明州商人 3 批、台州商人 3 批、广州商人 3 批、福州商人 2 批。泉州商人有名字可考的有欧阳征、林仁福、陈文轨、怀贽、陈亿、李颛、卢遵、林蔼、林禧、王易从、肖宗明、黄文景、林宁、黄慎、傅旋、徐戬、刘载、徐成、柳阅、黄师舜等，记载最多的一次达 150 人，到高丽贸易的泉州人总数约在千人以上。③

当时泉州海商运往高丽的商品主要有：绫绢、锦罗、白绢、金银器、礼服、瓷器、药材、玳瑁、茶、酒、书籍、乐器、蜡烛、钱币、宝玉等。带回的货物有：金、银、铜、人参、茯苓、毛皮、黄漆、硫磺、扇子等。

北宋崇宁元年（1102）、崇宁四年（1105），泉州商人李充两次到日本贸易。李充从泉州带去“象眼四匹、生绢十匹、白绫十匹、瓷碗二百床、

---

① 韩振华：《唐代南海贸易志》，见韩振华选集之三《航海交通贸易研究》，香港大学亚洲研究中心，2002 年，第 368 页。

② （宋）苏轼：《东坡全集》卷 56，《乞令高丽僧从泉州归国状》。

③ 陈高华：《北宋时期前往高丽贸易的泉州舶商》，载《海交史研究》，1980 年总第 2 期。

瓷碟一百床”，到明州办理出境手续，由两浙路市舶司发给公凭，航抵日本。日本《朝野群载》卷 20《大宰府・大宋国客事》保存有宋崇宁四年泉州商人李充往日本贸易的公凭，这是研究宋代海外贸易史的重要资料。

日本僧人成寻在熙宁五年（1072）乘中国商船入宋，先后朝拜五台山、天台山和其他名山圣迹，后圆寂于开宝寺。成寻撰《参天台五台山记》，记录在中国的活动，有很高的历史价值。成寻说他乘坐中国商船来宋，船头有三人，一为泉州人。

元朝，泉州与高丽贸易仍未中断，泉州海商孙天富、陈宝生长期从事海外贸易，“其所涉异国，自高句丽外，若阇婆、罗斛，与凡东西诸夷，去中国无虑数十万里”①。自印度马八儿王子孛哈里定居泉州后，高丽与元朝的海上交通更加发展，高丽王遣周侍郎浮海来商②，泉州海商亦至高丽贸易。

元朝与日本的贸易有两种形式，一是天龙寺船贸易，一种是民间私人贸易，泉州与日本继续民间贸易。泉州向日本输出的货物有锦、绫、香药、瓷器、文具、书籍、铜钱、茶叶等。进口商品有沙金、硫黄、水银、木材、药材、折扇、屏风、刀剑等。

明朝仍有泉州海商到朝鲜，嘉靖二十三年（1544），泉州府同安海商李王乞等 150 多人在黄竹岛停泊，其中有名字可考的头人 10 名、客公 60 余人，水夫 10 名。③

明中叶以前，中国与日本的贸易主要是勘合贸易，对日本朝贡限制严格，规定贡期，限制船数、人数及贡品。隆庆年间（1567—1572）开放海禁后，对日贸易仍在禁止之列。万历三十五年（1607），泉州客商许丽寰到萨摩进行贸易，居留一年。次年从久志浦回航时，日本地方官岛津义弘致书许丽寰，约他明年再来萨摩贸易，并且说，如不幸漂流到他州，也希望等到萨摩派去的官员，以评定器皿财货的价格。到万历三十七年（1609）有明朝商船 10 艘到萨摩贸易。

---

① （元）王彝：《王常宗集续补遗》，《泉州两义士传》。

② 廖大珂：《福建海外交通史》，福建人民出版社，2002 年，第 98 页。

③ 吴晗辑：《朝鲜李朝实录中的中国史料》，第 4 册，中华书局，1980 年，第 1369 页。

李旦，泉州人，“以商船为事”，经营海外贸易。16 世纪末至 17 世纪初在菲律宾马尼拉经商成为华侨社区的首领。后到日本经商，侨居长崎平户。郑芝龙随李旦到日本，曾寄居其门下，“以父事之”。李旦把几艘船和大量财富交郑芝龙监管，委托他在越南、柬埔寨经商，郑芝龙出色完成任务，获得李旦的信任。明天启五年（1625）八月，李旦去世，李旦集团的另一个首领颜思齐也于一个月后去世，郑芝龙继承李旦的位置，成为李旦集团的首领。

清顺治十八年（1661），郑芝龙被清廷斩杀，郑成功继承家业，保存郑芝龙原来的资本并加以扩大和发展。

郑氏海商集团贸易的对象首先是日本。郑芝龙年轻时住长崎，后迁居商业发达的平户，并与平户田川七左卫门之女结婚，生子郑成功，郑芝龙开辟了从泉州直抵长崎的航线。

郑氏集团向日本输出的商品有：①手工业品：绫子、纱绫、罗、纱、锦、绢绸、棉布、笔、墨、书信纸、瓷器、漆器、锡器等；②书册古玩：书籍、绘画、墨迹、古董、花石；③农付（副）产品：茶、冬笋、南枣、砂糖、黄丝、天蚕丝；④医药类：芍药、黄精、何首乌、白术、甘草、天门冬、玳瑁、龙脑、麝香、珍珠等；⑤金属类：亚铅；⑥果品：波罗蜜、龙眼、荔枝、橄榄、蜜饯等；⑦珍禽类：翡翠、鹦鹉、五色雀、孔雀、碧鸡等。日本向中国输入的货物主要有：①金属类：金、银、铜、刀；②海产山货类：海参、鲍鱼、鲨鱼翅、水獭等；③医药类：紫梗、紫草、木香、黄连等；④手工业品：黄铜器具、镀金器具、描金器具、硫黄等。①

郑氏海商集团对中国海商实行领取郑氏令旗，每舶缴 2 000 金制度。领取郑氏令旗就是在郑氏武装舰队的保护下自由航行的通行证，后改名牌饷。牌饷分大小 2 种，大船征 500 两，牌照一年一换，有牌照才能通行。到郑经时代，改牌饷为梁头饷，改为由船的尺度计算征税标准，使船税更

① 韩振华：《一六五——一六六二年郑成功海外贸易和海外贸易商的性质》，载《郑成功研究论文选》，福建人民出版社，1982 年，第 136-187 页。

加合理。

据崇武《文献黄氏族谱》载，黄宝夫，生万历三十七年（1609），“商游于日本，籍长崎澳”。安平商人常去日本贸易，据日本的《长崎荷兰馆日记》载：1641年6月26日、7月1日、7月4日，就有安平海商郑芝龙的3艘货船开往长崎，运去生丝、黄生丝，各种纺织品、瓷器，以及水银、麝香、土茯苓、苏枋木、白腊、鹿皮等商品。[①] 光绪十八年（1892），泉州浔美人万连璧渡日，在神户经营新瑞号，后加入同盟会，曾捐巨资赞助武昌起义军火。

（二）东亚商人来泉州经商

宋代高丽商人来泉州经商的很多，宋人赵彦卫说：“福建市舶司，常到诸国舶船……高丽国有人参、银、铜、水银、绫布等物。”[②] 绍兴四年（1134），“高丽罗州岛人光金与其徒十余人泛海诣泉州”[③]。

宋朝，日本商人也常来泉州贸易，据《诸蕃志》载：倭国“多产杉木、罗木，长至四五丈，径四五尺，土人解为大方板，以巨舰搬运至吾泉贸易”[④]。

三、泉州与东亚的科技文化交流

随着泉州海外交通的发展，中外人民友好往来的增多，促进了中外科技文化交流。泉州与东亚的科技文化交流是双向的，既促进东亚社会经济的发展，也推动了泉州社会经济的发展。

---

① 林仁川：《明代的安平海商》，载《安海港史研究》，福建教育出版社，1989年，第101页。
② （宋）赵彦卫：《云麓漫钞》卷5，辽宁教育出版社，1998年，第56页。
③ （宋）李心传：《建炎以来系年要录》卷78，“绍兴四年七月辛未”条。
④ （宋）赵汝适：《诸蕃志》卷上。

（一）泉州科学技术在东亚的传播

泉州造船历史悠久，早在春秋战国时期，福建先民就“以船为车，以楫为马”。隋唐时，泉州是当时主要的造船基地之一。宋元时期是泉州海外交通的鼎盛时期，也是造船业最发达时期。

16、17 世纪，日本的造船技术比较落后，所造的海船“船底扁平，布帆挂在樯的正中，樯还要常转动，因此，只适于顺风中航行，一旦赶上无风或逆风，就得把樯拉倒，摇橹航行。”泉州等地商人改造这种旧船，“把樯固定起来，船底改作二重、尖形，这样就不拘斜风、逆风，都能航行了。”①

五代时泉州招庆寺僧静、筠编的《祖堂集》传到朝鲜，其雕版藏于朝鲜伽耶山海印寺，直到近代才重新发现。宋嘉定十年（1217），日本僧人庆政上人到泉州，回国时带回福州版《大藏经》。元祐二年（1087）泉州海商徐戬先受高丽钱物，于杭州雕造夹注《华严经》等 2 900 余片，载往高丽。这些对中国印刷术和佛经在东亚的传播起了促进作用。

中国的制瓷技术是通过中外人民的友好交往传播到世界各地的。嘉定六年（1213），日本加藤四郎随禅僧道元入宋，到德化学习制瓷技术，回国后在山田郡的濑户村（今爱知县濑户村）试烧成功后大量烧制宋式陶瓷，称“濑户烧。”日本的窑炉受德化阶级窑的影响而设计的，所以日本把德化窑“估计为串窑的始祖”②。同安汀溪窑青瓷划纹碗曾在日本出土，日本人称它为“珠光碗”，因为日本高僧珠光常用这种碗喝茶。

番薯原产中美洲，明万历年间（1573—1620）传入我国，对我国粮食结构的变化产生了很大的影响。

番薯经泉州传到琉球再传到日本各地。17 世纪初，出生于琉球北谷切

① ［日］木宫泰彦：《日中文化交流史》，胡锡年译，商务印书馆，1980 年，第 555 页，第 347 页。

② 叶文程、徐本章：《畅销国际市场的古代德化外销瓷器》，载《海交史研究》，1980 年总第 2 期。

野国村（现嘉手纳町）的野国总官到惠安县，将番薯苗和栽培技术带回琉球，进行栽培、种植、推广，以后逐渐引种到日本各地。①

（二）东亚科技文化传入泉州

泉州纺织业发达，生产高质量的刺桐缎等，同时也吸收外国的生产技术，如倭缎“制起东夷，漳、泉海滨效法为之”②。倭缎技术系从日本传入。

（三）泉州文化在东亚的传播

闽籍僧人携带各家书画到日本，渡日的泉州僧人木庵、悦山、大眉、蕴谦、慈岳、东澜、大鹏等在日本留下书、画、篆刻等，泉州雕塑家范道生、方贵峰在日本雕造许多佛像，对书画雕塑艺术在日本的发展产生一定的影响。

泉州海商傅旋持高丽礼宾省帖乞借艺人等，泉州海商为高丽购买图书、雕造经版等，促进中朝两国的文化交流。

姚旅成书于明万历末的《露书》，记载了明代闽子弟到琉球演出戏剧，有学者对福建福州闽剧、泉州梨园戏、莆仙戏三个主要剧种的历史、传统剧目及所在地与琉球关系进行比较研究，认为所演出的戏剧并非关中秦腔或福州闽剧，而是泉州的梨园戏，也不排除莆仙戏的可能。③

李贽是我国明代进步的思想家、哲学家，他的思想对朝鲜、日本有重要影响。

朝鲜光海六年（明万历四十二年，1614），朝鲜派许筠为千秋使兼谢恩使正使，出使中国。许筠在燕京（今北京）购得李贽《藏书》，读后认

① 公宗鉴：《甘薯引种传播的历史》，载《福建省科技史学术讨论会论文》，1992年。

② （明）宋应星：《天工开物》，《倭缎》。

③ 王连茂：《泉州与琉球——有关两地关系史若干问题的调查考证》，见《浦添市·泉州市友好都市缔结纪念学术·文化讨论会报告书》。

为是一部奇书。次年，许筠在通州阅读《焚书》，写《读李氏焚书》诗三首，吟咏李贽文章的永久性，以及在世间遭遇的论难，李贽的道佛思想和《焚书》遭弹劾的过程。①

韩国学者金惠经教授研究李贽思想深蕴之现代价值，认为李贽思想深蕴，至今仍然有不可忽视的价值，表现在三个方面：概括并融合了所有抽象和现实问题的统合性；说破生死之明确的生命意识；肯定各个阶层的文化都有价值和存在意义，强调各种文化并重的多元性。②

李贽思想对日本的幕末阳明学有重要影响。以吉田松阴为代表的日本幕末阳明学是推翻代表封建势力的德川幕府，导致明治维新的重要社会力量。吉田松阴的思想受李贽的影响，他反复熟读李贽《焚书》《续焚书》等，对李贽思想倍加赞赏，他在《已未文稿》中写道："卓吾居士一世之奇男子，其言往往与仆之心合，反复甚喜。"松阴生死观、宇宙观、交友观深受李贽思想的影响。李贽的思想对日本近代社会产生一定作用。

日本学者对李贽进行广泛深入的研究，取得丰硕的成果。

三宅雪岭编《王阳明》卷末有陆羯南的《李卓吾评传》，政教社刊，1893 年；今关天彭《李卓吾先生》，载《阳明学》杂志 1909 年；小柳司气太《明末三教关系》，载《东洋思想史研究》1934 年；《利玛窦与明末思想界》，载《续东洋思想史研究》1938 年；《吉田松阴的读书讲学和佐久间象山》，载《续东洋思想史研究》1938 年，都谈到李卓吾。广濑丰《吉田松阴研究》，武藏野书院 1933 年，有"李卓吾之事业""李卓吾之事迹"；铃木虎雄《李卓吾年谱》，载《支那学》第 7 卷第 2、3 号，1934 年。

从政治史研究李贽的有岩间一雄《中国政治思想史研究》中《李贽评述》，未来社，1968 年；《李卓吾思想的历史性性格》，载《科学和思想》第 13 号，1974 年。从中国哲学研究李贽的有冈田武彦《王阳明和明末的儒学》中《李卓吾》，明德出版社，1970 年；八木泽《中国的思想家》下

① ［韩］朴现圭：《朝鲜许筠求得李贽著作的过程》，载《海交史研究》，2006 年第 1 期。

② ［韩］金惠经：《晚明思想家李卓吾思想深蕴之现代价值》，载《泉州市李贽思想学术研讨会论文集》及《泉州学林》2004 年增刊。

卷《李贽》，劲草书房，1963 年；奥崎裕司《中国乡绅地主之研究》中《李卓吾的思想》，汲古书院，1977 年；《李卓吾的士大夫生涯》，载《木村正雄先生退馆纪念东洋史论集》，1976 年。研究李贽和佛教关系的有荒木见悟《阳明学的开展与佛教——禅僧无念深有和李卓吾》，研文社，1984 年。历史（研究）李贽的历史观的有山下龙二《阳明学的寿终正寝》，载《李贽的历史观》，研文社，1991 年。翻译李贽著作的有沟口雄三《中国古典文学大系》的《焚书》抄，平凡社，1971 年；增田经夫《焚书——明代异端的书》，平凡社，1969 年等。[①]

琉球民俗受福建，特别是泉州的影响。风狮的作用是镇风、保平安，石敢当用来镇煞，压制不祥。泉州盛行风狮、石敢当信仰，随着中琉友好交往和闽人三十六姓移居琉球，泉州风狮、石敢当信仰传到琉球。

琉球人有风水观念，琉球人的墓状如龟甲，这种墓的形制是从闽南传去的，它浸透风水观念和人回归母体的观念。

琉球的民俗节日许多与泉州一样，如五月初五叫“端午节”，各地有赛龙舟；十二月二十四日祀灶君公，是夜灶神上天，以一家所行善事奏于天；正月初四接神；七月十四日祭祖宗等。

琉球的饮食民俗与泉州相近。冲绳有腊月十七杀年猪的习惯，猪头、猪蹄、内脏都吃，这些与泉州相通。冲绳的面条与泉州一样用碱。古代冲绳人取碱的方法与泉州一样是用草木灰浸水滤出的。

泉州、琉球都有“死猫吊树头，死狗放水流”的传统民俗。传说猫会讨命，必须吊起来，直到魂飞魄散；狗不能埋入土中，否则会变成妖怪。泉州人猜拳用三个指头，“土地、白蚁、鸡”，冲绳人也这么叫。

随着泉州人到东亚经商和侨居东亚，泉州的民间信仰也传播到东亚。

日本长崎福济寺，俗称泉州寺，又称漳州寺，1628 年由泉漳帮船主创建。福济寺的青莲堂正中祀观音大士，右祀天妃，左祀关帝。

日本平户市千里滨是郑成功幼年故居，共有两幢房屋，一幢作为住

① ［日］疋田启佑：《李贽研究在日本》，见张建业主编：《李贽学术国际研讨会论文集》，首都师范大学出版社，1994 年。

所，一幢作为佛堂，供奉郑成功从中国带去的妈祖像。平户市政府成立“郑氏妈祖神像保护会”，筹备妈祖庙的具体建筑事宜。①

四、佛教文化交流

泉州与东亚的佛教文化交流主要是僧人交往和佛教典籍的交流。在僧人交往中，泉州僧人到朝鲜、日本主要是弘传佛教，而朝鲜、日本僧人到泉州主要是来求法。佛教典籍交流是双向的，既有流入朝鲜、日本，也有佛教典籍流入泉州，促进佛教文化的发展。

（一）僧人交往

泉州超功寺僧昙静于唐天宝十二年（753）随鉴真东渡日本，带去佛像、佛具、佛经和字帖等，在日本弘传佛教，校勘佛教经典，建寺庙，为日本佛教、艺术、建筑、医药等事业的发展做出了卓越的贡献。据日本《类聚三代格》记载，昙静在日本担任传戒师并建放生池。昙静的传戒对佛教在日本传播起了一定作用。

宋泉州开元寺僧希湛崇敬高丽僧统义天。义天（1055—1107），高丽文宗第四子，文宗二十一年（1067）削发为僧，文宗赐封他为“祐世僧统”，成为高丽一代名僧。义天于元丰八年（1085）入宋“游方求法”，到杭州慧因寺受法于晋江籍僧净源。净源振兴华严宗，成为华严宗中兴教主。义天归国后，送慧因寺金书《华严经》三种译本170卷等。希湛诵读义天赠送的《妙法莲花经》《观音赞颂文》，“图开讲席”，以报答义天。希湛因未能面向义天请益，故致信义天，并在开元寺虔诚诵读《妙法莲花经》《观音赞颂文》。希湛致高丽僧统义天的信，是研究宋丽交流史和宋代泉州佛教史的珍贵资料，它填补了泉州地方史籍对希湛记载的空白。②

① 伍天辉、郑万进：《郑成功故居的妈祖庙》，载《泉州晚报》，1991年1月29日。

② 李玉昆：《宋泉州开元寺僧希湛致高丽僧统的一封信》，载《闽南》，2009年第1期。

明清时期到日本弘法的泉州僧人很多。崇祯元年（1628），泉州僧人觉海率了然、觉意到长崎，觉海被延请为福济寺开山，觉意为监理。20年后，延请泉州安平人蕴谦戒琬为住持，被称为“重兴之祖”。之后，木庵性瑫也开法于福济寺。住持福济寺的泉州僧人还有慈岳定琛、东澜宗泽、喝浪方净、圣垂方炳、大鹏正鲲。住持宇治黄檗山万福寺的泉州僧人有：木庵性瑫、悦山道宗、圣垂方炳、大鹏正鲲。东渡日本的泉州僧人还有大眉性善、雪机定然、忍仙等。

明清时期，闽籍僧人东渡日本，对中国佛教在日本传播起了推动作用，同时促进了中国文化在日本的传播。

建筑：日本黄檗山万福寺、长崎唐三寺以及各地的黄檗山宗寺院，由渡日的中国僧人设计监督施工，采用中国明清建筑式样。

雕塑：泉州雕塑家在日本雕造许多佛像。泉州安平人范道生，雕塑长崎崇福寺的佛像、十八罗汉，福济寺的佛像，万福寺的佛像、十八罗汉、观音、弥勒、达摩、韦驮等。同安人方贵峰雕塑长崎崇福寺的佛像、韦驮像，福济寺的佛像等。

书法、绘画：闽籍僧侣度日时，多携名家书画，日本宇治万福寺成为明清珍贵书画的美术馆。黄檗宗高僧隐元、木庵、即非三人被日本称为“黄檗三绝”；悦山的书法有“书悦山”之称；大眉、蕴谦、慈岳、东澜善草书；大鹏善写意画，尤善画竹，也长于篆刻，著有《印章篆说》流传于世；喝浪擅长墨画等。

饮食：日本僧人常吃的唐式点心、隐元豆腐、唐豆腐、黄檗馒头等中国风味的食品，对日本烹调法式起了一定的影响。

医学：赴日的闽僧中许多精通医术，为当地民众解除病痛，而且将医术传给日本。

在泉州与东亚的僧人交往中，有朝鲜、日本僧人来泉州求法。

高丽僧人玄讷，五代时来中国求法，雪峰义存门徒。泉州刺史王延彬在泉州西门外为他建福清寺。玄讷在该寺住20多年，大阐玄风，“学者归慕”，终老该寺。

日本僧人庆政上人，日本近江园域寺僧，嘉定六年（1213）入宋，嘉定十年来泉州，次年回国。从泉州带回《波斯文书》和福州版《大藏经》的《大般若经》《大宝积经》《妙法莲花经》等。

（二）佛教典籍交流

泉州与东亚佛教典籍交流有高丽、日本从泉州请回佛教及其他宗教典籍，也有佛教典籍从东亚流入泉州。

《祖堂集》是五代南唐保大十年（952）泉州招庆寺静、筠二禅僧所编，为其作序者为泉州招庆寺主净修禅师文僜，他们均为雪峰义存法嗣。静、筠二禅师，仅知为招庆寺僧，其生平缺载，故有不同说法，有人认为是海东出生，即新罗、高丽人。

《祖堂集》收集了从形成禅宗渊源的过去七佛、西土二十八祖，到编者时代的256位禅宗祖师的主要事迹和代表各自家风的问答句语，为禅宗现存最古的灯灵，是研究早期禅宗史和禅宗在朝鲜传播的珍贵资料。它收录新罗、高丽的禅师有：云岳陈田寺元寂禅师（道义）、东国桐里和尚（慧禅师）、东国实相和尚（洪直禅师）、东国慧目山和尚（玄昱禅师）、溟州窟山故通晓大师、嵩严山圣住寺故两朝国师（无染）、海东双峰和尚、五冠山顺之和尚、福清玄讷和尚等。

《祖堂集》初名《古今诸方法要》，编后曾在国内流行。北宋契嵩（1007—1075）在自撰自注的《夹注辅教篇》中说他看过《祖堂集》，北宋皇家图书馆目录《崇文总目》也列有《祖堂集》。此后在中国本土失传，其原因可能与宋景德年间编的三十卷本《景德传灯录》有关。《景德传灯录》编完后即作为禅宗史书的代表编入《大藏经》，影响日益扩大。而《祖堂集》没有被编入《大藏经》。

《祖堂集》可能从泉州流入高丽。宋代泉州与高丽贸易往来频繁，“泉州多有海舶入高丽，往来买卖”。泉州海商既从事海外贸易，也进行文化交流活动。元祐二年（1087），徐戬“先受高丽钱物，于杭州雕造《夹注华严经》等二千九百余片”[①]，载往高丽。

《祖堂集》流入朝鲜的年代不详，只知道高丽高宗三十二年（1245）分司大藏都监匡隽开雕《祖堂集》二十卷的完整版本。朝鲜海印寺所藏《祖堂集》云：“已上序文，并祖堂集一卷，先行此土（即朝鲜），尔后一卷齐到。谨依具本，爰欲新开印版，广施流传，分为二十卷。……今以沙门释匡隽所冀，中华集者，永袪惜法之痕。”

《祖堂集》在朝鲜雕刻后，在远离京城的庆尚道陕（陕）川的伽耶山海印寺保管起来，直到近代，日本学者关野贞、小野玄妙对海印寺所藏大藏经调查时才发现《祖堂集》。

《祖堂集》在韩国影响至为深远，许多学者到泉州寻访招庆寺遗址。2011年6月20日，韩国亚洲大学校文学部卞麟锡教授来泉州搜集有关招庆寺资料。他曾5次上清源山寻访招庆寺遗址，在清源山风景管理处高泽章先生的指引下，在势至岩附近找到“梅关”摩崖石刻和留正、倪思诗刻。根据文献记载，招庆寺在清源山梅岩。“梅关”石刻附近即现在的势至岩寺附近，应该就是古代招庆寺遗址。

庆政上人从泉州带回的《波斯文书》，据日本高山寺旧藏的《波斯文书序言》载：“此是南蕃文字也，南无释迦如来，南无阿弥陀佛也，两三人到来舶上望书之。尔时大宋嘉定十年丁丑于泉州记之。”“为送遣本朝辨明和尚（高辨惠上人），禅庵令书之，彼和尚殊芳印度之风故也，沙门庆政记之。”[②] 宋末元初寓居泉州的阿拉伯穆斯林，泉州人称之为“南蕃回回”。日本学者羽田亨和法国学者伯希和考证，庆政带回日本的南蕃文字为阿拉伯文学的诗歌集，是古阿拉伯文学遗留于东方的早期珍本。

高丽僧统义天“鸠集众财，果家赞助”《妙法莲华经》《观音赞颂文》。

---

① （宋）苏轼：《东坡奏议》卷6，《论高丽进奉状》。

② ［日］木宫泰彦：《日中文化交流史》，胡锡年译，商务印书馆，1980年，第555页、第347页。

（三）泉州与东亚有关的寺院与文物

福清寺是五代泉州刺史王延彬为高丽僧人玄讷所建，玄讷住 20 多年，并终老该寺。五代时，福清寺著名禅僧有师巍通玄禅师、行钦广法禅师等，其后传衍不详。

1974 年，泉州开元寺出土一面日本大铜镜。大铜镜背面铸有松、竹、梅岁寒三友图，树下有一头爬行的龟，拖着一条蓬松的尾巴，头伸出甲壳向上昂举，一只鹤，站在龟的前面，另一只翱翔在天空。镜背面左侧铸一行直书汉字“天下一木濑大和守藤原信重作”。“蓬莱图”盛见于镰仓及室町时代的和镜中，泉州出土和镜的“蓬莱图”绘画手法和作风显示了江户时代的作风。镜铭文中“天下一”是镜工自夸之词，谓天下第一、举世无双之意。江户时代镜工“木濑大和守藤原信嘉”系后西天明历年间（1655—1657）即德川氏第四代将军宗纲之时，相当于中国清朝顺治年间。泉州开元寺铜镜工“木濑大和守藤原信”与江户时代镜工相比，姓、守名、名和藤原姓氏都相同，仅其名有“信重”与“信嘉”之别，说明两者关系非常密切，制作年代相同。[①] 泉州开元寺日本大铜镜可能是到日本的泉州僧人携来赠与泉州开元寺，或许是郑芝龙由日本带来捐赠给开元寺的。

1978 年，泉州海外交通史博物馆在惠安百崎征集一面日本铜镜，背面浮雕式松鹤图，汉字铭文为“中原摄津守光重”。这些都是中日两国人民友好往来的历史见证。

原题目为《闽南文化光耀东亚——古代泉州与东亚的交往》，载《闽南》，2013 年第 6 期。

① 王仲殊：《关于泉州出土和镜的说明》，载《考古通讯》，1958 年第 7 期。

中斯友好与泉州的锡兰王裔

关于锡兰王裔居留泉州的问题，早在1930年张星烺先生在《中西交通史料汇编》中即注意此问题。他说："不剌葛麻（Parakkana）似有子孙遗留在中国泉州。"[①] 并引用乾隆《泉州府志》"世拱显传"加以说明。英国的李约瑟博士也说："虽说中印之间的接触大多是通过佛教徒进行的，但是，印度在其他方面的一些影响还是看得出来的，例如在雕刻柱子方面，有一些可能是唐代雕刻的柱子，至今仍保存在福建泉州的庙宇中，古麻罗斯华墨曾描述过它。但是，这些柱子具有锡兰的风格，因此，它们或者是和十五世纪锡兰国王被软禁在泉州一事有关的，后来他的子孙就留在那里。"[②] 1986年，国务院文化部外联局亚洲处的同志曾向《泉州晚报》转达斯里兰卡政府代表团查询明代锡兰王子在泉州的事迹。[③] 遗憾的是那封信现在已下落不明。

锡兰国王及其后裔留居泉州，是明代中外关系史的大事，也是泉州海外交通史的重大事件，虽然正史没有记载，但是泉州地方文献有记载，也有文物遗存。最近几年，在泉州陆续发现一些与锡兰王裔居留泉州有关的文献和文物。

在介绍锡兰王裔居留泉州之前，首先回顾一下历史上中国与斯里兰卡的友好往来是有必要的。

① 张星烺编注、朱杰勤校订：《中西交通史料汇编》第四册，中华书局，2003年，第2247页。

② ［英］李约瑟：《中国科技史》第一卷，第二分册，科学出版社，1975年，第475页。

③ 傅金星、陈日升：《锡兰王子在泉州》，载《泉州晚报》，1986年6月29日。

一、中斯友好交往

斯里兰卡与我国的友好关系源远流长。早在汉朝，我国就曾派译使往返于已程不国（今斯里兰卡），建立了友好关系。

东晋时我国僧人法显到印度取经，从印度乘商船到师子国（今斯里兰卡），停留两年，搜集到《弥沙塞律》藏本和《长阿含经》等梵本经书带回中国。法显在师子国佛殿见到商人供奉的晋地白绢扇，可见当时中斯已有海上贸易往来。法显在所著的《佛国记》中记载了当时斯里兰卡佛教的情况。

东晋时师子国遣沙门昙摩航海送来玉佛像，路上行了十年，于义熙二年（406）到达南京。宋文帝元嘉五年（428），师子国遣使送牙台像来宋。元嘉七年（430）、元嘉十二年（435），师子国遣使来宋赠方物。元嘉六年（429），舶主竺难提从师子国载比丘尼 8 人到宋都，住影福寺。元嘉十年（433），又载尼铁萨罗等 11 人来宋。师子国僧伽跋摩在南林寺为中国尼众 300 余人受戒。梁大通元年（527），师子国派使臣来中国通好。

唐朝与斯里兰卡交往频繁。唐玄奘到印度求经，在他撰的《大唐西域记》中记述了他所闻知的斯里兰卡佛教的情况。据唐朝僧人义净撰的《大唐西域求法高僧传》载，往师子国瞻仰佛牙、佛迹的大唐高僧有义朗、明远、窥冲、智行、慧琰、大乘灯、智弘、无行、僧哲、灵运、玄游等。

唐咸亨元年（670），师子国遣使至唐。天宝五年（746），师子国遣不空三藏送来钿金宝璎珞和贝叶梵写《大般若经》一部。

宋朝中斯继续有通商贸易和文化交流。宋代来中国的细兰（今斯里兰卡）沙门有淳化二年（991）的佛护和他的徒众 5 人，淳化四年（993）的觉喜，咸平三年（1000）的觅得，大中祥符九年（1016）的妙德等，他们带来许多梵经和佛舍利、画像等，受到宋朝廷的礼遇。赵汝适撰的《诸蕃志》中记载了与细兰的贸易往来。

元朝曾多次派使臣到锡兰岛发展友好关系。至元二十九年（1292），锡兰山遣使臣来中国。汪大渊撰的《岛夷志略》记载了细兰（锡兰山）的情况。

明朝郑和下西洋时船队多次到达锡兰。永乐七年（1409），郑和第三次统率舟师往西洋，途经锡兰山，立布施碑，镌刻汉文、泰米尔文和波斯文三种文字，三种文字的内容不同。中文碑文：

> 大明皇帝遣太监郑和、王贵通等昭告于佛世尊曰：仰惟慈尊，圆明广大，道臻玄妙，法济群伦。历劫河沙，悉归弘化，能仁慧力，妙应无方。惟锡兰山介乎海南，审言梵刹，灵感翕彰。比者遣使诏谕诸番，海道之开，深赖慈佑，人舟安利，来往无虞，永惟大德，礼用报施。谨以金银织金纻丝宝幡、香炉、花瓶、纻丝表里、灯烛等物，布施佛寺，以充供养。惟世尊鉴之。总计布施锡兰山立佛等寺供养：金一千仟钱、银五千钱，各色纻丝五十匹、各色绢五十匹、织金纻丝宝幡四对（内红二对、黄一对、青一对），古铜香炉五个戗金座全、古铜花瓶五对戗金座全、黄铜烛台五对戗金座全、黄铜灯盏五个戗金座全、殊红漆戗金香盒五个、金莲花六对、香油二千五百斤、蜡烛一十、檀香一十炷。时永乐七年岁次己丑二月甲戌朔日谨施。

明朝皇帝为了感谢佛世尊对郑和下西洋舟师的护佑，向佛寺布施金、银、供品等物。泰米尔文的碑文说，中国皇帝久闻特纳瓦赖——纳耶纳亦（毗湿奴的一个化身）神的声名，因命立碑礼赞。波斯文说，布施的供品是奉献给安拉及伊斯兰教的圣者。三种文字碑文中所列布施的物品是相同的。这体现了明朝对不同民族、不同宗教一视同仁，体现了中国对有关国家和民族风俗习惯的尊重，体现了中国传统文化在宗教上的兼容并包的精神。①

郑和第一次下西洋回国时，又经锡兰，（亚烈苦奈儿）“遂诱和至国

① 施子愉：《从有关郑和下西洋的三项文献看明代的对外政策和舆论》，载《郑和研究》，1995年第3期。

中，令其子纳颜索金银宝物。不与。潜发番兵五万余劫和舟，而伐木拒险，绝和归路，使不得相援。和等觉之，即拥众回船，路已阻绝。和……乃潜，令人由他道至船，俾官军尽死力拒之，而躬率所领兵二千余，由间道急攻土城。破之，生擒亚烈苦奈儿并家属、头目。番军复围城，交战数合，大败之，遂以归。群臣请诛之，上悯其愚无知，命姑释之，给与衣食。命礼部议择其属之贤者立为王，以承国祀”①。据有的学者研究，亚烈苦奈儿就是阿罗伽拘那罗五世，即维罗·阿吉湿婆罗。②

亚烈苦奈儿事件的原因是由于亚烈苦奈儿“不辑睦邻国，屡邀劫其往来使臣，诸番皆苦之”③。另外也有宗教信仰的原因。据影印《碛砂藏经》中配补的明永乐刊北藏本的玄奘《大唐西域记》卷11僧伽罗国佛牙精舍条载：“今之锡兰山，即古之僧伽罗国也。王宫侧有佛牙精舍，饰以众宝，辉光赫奕。累世相承，敬礼不衰。今国王阿烈苦奈儿，锁里国人也，崇祀外道，不敬佛法，暴虐凶悖，靡恤国人，亵慢佛牙。大明永乐三年，皇帝遣中使太监郑和奉香花往诣彼国供养。郑和劝国王阿烈苦奈儿敬崇佛法，远离外道。王怒，即欲加害。郑和知其谋，遂去。”

郑和访问锡兰，加深了中国与锡兰人民的传统友谊，促进了两国的经济文化交流。宣德八年（1433），锡兰山国王不剌葛麻巴忽剌批遣使来中国朝贡。正统元年（1436），命附爪哇舶归。正统十年（1445），偕满剌加使者来朝贡。天顺三年（1459），锡兰王葛生力夏剌昔利把交惹遣使来贡，此后没有再来朝贡。

二、锡兰王裔在泉州的文献与文物

在泉州地方文献中记载锡兰王裔最详细的当推乾隆《泉州府志》“世拱显”传：

---

① 《明太宗实录》卷116，“永乐九年乙巳”条，中华书局，2016年，第1477-1478页。

② 周绍泉：《郑和与锡兰》，载《南亚研究》，1986年第2期。

③ 《明太宗实录》卷116，“永乐九年乙巳”条，中华书局，2016年，第1477页。

> 世拱显，字尔韬，号小山，晋江人，本锡兰山君长巴来那公之后。康熙癸巳恩科举人。……弱冠，安溪李光坡延为西席，遂得复其有授，究心经学。光坡纂《十三经注疏》多与拱显互相参订，且经细楷抄誊数过，熟记不忘。……设教于小山丛竹亭，执经问难者，屦满户外，缀巍科居显秩者，不可枚举。……生平言方行矩，恬淡自甘。身未尝与外事足，未尝履公庭，泉士咸矜式焉。雍正己酉，观风整俗使刘公师恕赠以“绩学砥行”之额……寿八十三终。所著有《四书管窥》《诗经辑要》及《诗文集》①

道光《晋江县志》人物志也有“世拱显”传。乾隆《泉州府志》、道光《晋江县志》选举志中万历四十六年（1618）举人有世寰望，康熙五十二年（1713）举人有世拱显。烈女传中有世华妻童氏、世益昌妻苏氏、世哲侯妻柯氏、世宗煊妻蔡氏、世恭观妻陈氏婷娘。何乔远《闽书》卷 83《英旧志·缙绅》，万历四十六年举人有世寰望，卷 141《闺阁志》，有世华妻童氏。

清朝乾隆年间修《泉州府志》时，“世拱显”传采自《世氏家传》。据云《世氏家传》等资料，在“文化大革命”中烧毁。最近台湾的世氏后裔将保存的《世氏族谱》复印带来泉州。

台湾《世氏族谱》为手抄本。据谱中《锡兰支系》云：“先代曾创手抄家乘，惜至我手内，迫家计外出谋生，家遭阴乱，给供常馀（疑为馁之误——引者），一岁稍歉，家器书籍坏尽，连家谱流于何处？后代追稽无自，咎将谁归。夷患稍靖，誓归寻觅。谨就记忆，略记颠末。”其主要内容有：

（1）光绪十八年（1892）文莱撰《重修族谱序》；

（2）寻源之图；

（3）锡兰祖建坟山；

（4）锡兰支系；

① 乾隆《泉州府志》卷 55，《文苑》。

（5）锡兰人房历代世系；

（6）地契、房契。次序凌乱，其中有光绪十八年（1892）九月税布字6079号，光绪十三年（1887）八月税契布字29272号，光绪三年（1877）八月税契布字6825号，嘉庆十四年（1809）典房契等；

（7）锡兰祖训；

（8）光绪十九年（1893）《皇清恩授修职郎附贡生显考号星垣世府君行述》。

该谱《锡兰祖训》《皇清恩授修职郎附贡生显考号星垣世府君行述》为一人所书，《重修族谱序》《寻源之图》为另一人所书，其他部分又一人书。

《寻源之图》中“十八世长房，名永裕，为文莱公长孙，继都观公；二房名永丰；三房名永祥……”，为后来所加写进去。另一页有用钢笔加写的“十六世文苑传一房；十七世碧成传一房，名溪火；十八世溪火传四房；十九世长房敏雄，（二十世）一房讳家豪；十九世二房敏直，二十世长房明浩，二房炎哲；十九世三房敏德；十九世四房敏昌”。

近几年，在泉州发现一些与锡兰世氏有关的文物。

1996年以来，在泉州东岳山世家坑发现“世家坑”摩崖石刻，在小石桥板上发现“文黄世嘉坑石桥”题记、墓碑24方。（墓碑均为泉州海外交通史博物馆收藏，据云尚有一方为私人收藏）。有“锡兰”标识的8方：①锡兰世氏祖茔；②锡兰世氏□□；③皇清锡兰孙振世公祖坟；④皇清锡兰考开仕世公妣顺懿林氏，翰林院庶吉士外甥杜中士勒石；⑤锡兰宗什，敦岸世公祖茔；⑥锡兰故考为□，孺人变官陈；⑦锡兰世氏吴门；⑧锡兰何公祖坟。

使臣、通事2方：①明使臣世公，孺人蒲氏，孙华立；②通事世公，慈淑谢氏茔。

世公某3方：①世氏祖坟；②缙甫世公祖坟；③清植轩世公茔。

考世公、妣某氏5方：①世府君，黎孺人祖坟；②清敦睦世公，恬慈张氏；③清二陟世公，妣翁氏；④清缘督世公，备德蔡氏坟；⑤意斋世公，贞德黄氏。

世门某氏6方：①清世母翁氏坟；②世门王氏祖茔；③世母肖氏祖坟；④世门张祖口；⑤康慈世妈祖□；⑥□□丁氏世……

在洛阳桥蔡襄祠中有一方明万历四十七年（1619）庄际昌撰的《泉郡守五岳蔡公德政碑》，蔡公为当时泉州知府善继。他关心民瘼，为官清廉，剔除蠹弊，奖励后学，泉郡官绅为其立碑，锡兰王裔世寰望以举人有重望名列其中。

最近，从涂门街120号房主林金铮先生处发现乾隆四十八年（1783）阮姓从世銓、世榜、世培、世炳手中买房的房契和光绪十一年（1885）林氏从阮鼠、阮铜手中买房的房契。另外，在泉州释迦寺中保存有清雍正三年（1725）世济美向制图四甲洪泗卿买位于龙会宫的田地房屋，雍正四年（1726）洗尽契，中人世震初的契约。[①]

三、锡兰王裔在泉州的若干问题

（一）锡兰王裔居留泉州的原因

锡兰王裔居留泉州的原因，有三种不同的说法：

第一，李约瑟认为，“十五世纪锡兰国王被软禁在泉州”，“后来他的子孙就留在那里[②]；第二，台湾《世氏族谱》认为，永乐间为国使来华，后居留泉州；第三，“波罗迦摩巴忽于成化二年去世，他的儿子天顺三年（1459）奉使入贡未回，而王位已被外甥继承”[③]，后居留泉州。现就三种说法，略加分析。

第一种说法，认为居留泉州的锡兰王裔是被软禁在泉州的国王后裔。据《明成祖实录》《明史》等记载，郑和第一次下西洋回国时，经过锡兰，遭亚烈苦奈儿的袭击。郑和由间道破王城，生擒亚烈苦奈儿并其家属头

---

① 傅金星、陈日升：《锡兰王子在泉州》，载《泉州晚报》，1986年6月29日。
② ［英］李约瑟：《中国科技史》第一卷，第二分册，科学出版社，1975年，第475页。
③ 傅金星、陈日升：《锡兰王子在泉州》，载《泉州晚报》，1986年6月29日。

目。李约瑟所说锡兰国王被软禁在泉州，可能就指的这一次。但有关文献记载，亚烈苦奈儿是被送回国，并没有被软禁在泉州。历史上也没有第二个被俘到中国的锡兰国王。此说尚需进一步论证。

第二种说法，认为明永乐时为国使来华入贡，蒙留京师读书习礼，月给廪饩甚厚。厥后国用不敷，将各国使给资回去。我祖遂卜家温陵南街忠谏坊。（《世氏族谱·序》）同谱《锡兰支系》云："我开基始祖本锡兰山君长讳巴来那，于明初钦赐'世'，授四夷馆通事，入闽□□，迁泉建祠郡垣南街忠谏坊。公原配蒲氏。"乾隆《泉州府志》"世拱显"传亦云："本锡兰山君长巴来那公之后"，但是没有说明巴来那入明的时间。看来，泉州锡兰王裔为巴来那之后应不成问题。

据锡兰学者尼古拉斯和帕拉纳维达纳合著的《锡兰简明史》说："僧诃罗族战俘在中国朝廷所推举之人为邪把乃那或耶把乃那，后来被称为不剌葛麻巴忽剌批，即波罗迦罗摩巴忽·罗阇。他于公元1416年及1412年携带贡物亲访中国朝廷。"① 何乔远《名山藏·王享记》云：郑和"生擒亚烈苦奈儿并家属头目……（永乐）九年至阙下，群臣请诛之。上曰：朕悯其愚，释而与衣食。命礼部询所俘国人择其支属贤者立之，国人皆举耶巴乃那。十年，遣使赍诏印往封，并送亚烈苦奈儿归。时国人已立不剌葛麻巴思剌查为王，诏使逊位"②。据此，耶巴乃那为中国礼部询问俘虏后，择其支属贤者所立之王，而不剌葛麻巴思剌查为阿烈苦奈儿被俘后国内所立之王，当新国王耶巴乃那和阿烈苦奈儿归国后，"诏使逊位"。吴晗先生说："据《王享记》三'锡兰条'，耶巴乃那即不剌葛麻巴忽查。明人不知，误以为二。"③ 看来并不确切。张星烺先生也把不剌葛麻巴思剌查和不剌葛麻巴忽批视为一人。他说："宣德八年（1433）遣使来贡之不剌葛麻巴忽剌批，《锡兰史》作Parak kana Bajavl，即邪把乃那也。邪把乃那为即

① ［斯里兰卡］尼古拉斯·帕拉纳维达纳著：《锡兰简明史》，李荣照译，商务印书馆，1972年。

② （明）何乔远：《名山藏》，第八册，《王享记·东南夷》，福建省文史研究馆编，江苏广陵古籍刻印社，1993年，第6223页。

③ 吴晗：《明初的对外政策与郑和下西洋》，载《郑和研究资料汇编》，人民交通出版社，1985年，第80页。

位以前之名，而不剌葛麻巴忽剌（批字似误刊，《西洋朝贡典录》作不剌葛麻巴思剌查）则王号也，即位于1410年（永乐八年），卒于1462年（英宗天顺六年）。《明史》天顺三年遣使来贡之王名葛力生夏剌昔利把交剌惹，似仍即邪把乃那也。”①

泉州锡兰王裔为巴来那之后，可能为永乐年间入贡者，我们还可以从永乐年间的历史背景加以考察。据《明史》外国传和《明成祖本纪》记载，永乐一朝有许多国王亲率使团来访。永乐年间锡兰入贡明朝四次：①永乐八年（1410）王不剌葛麻巴忽批来贡，正统元年（1436）命附爪哇贡舶归②；②永乐十四年，锡兰山朝贡；③永乐十九年，锡兰山朝贡；永乐二十一年锡兰山王来朝，又遣使入贡③。其中两次标有国王来朝。

永乐年间入贡后居留泉州的人系王裔抑或国王？永乐年间虽有两次锡兰国王入贡，但台湾《世氏族谱》记载说来华入贡者为国使，泉州发现的“明使臣世公墓碑”，都可说明留居泉州的是锡兰王裔，如果是国王，不可能称为“国使”或“使臣”。

由于“海外诸番朝贡之使益多”，永乐三年九月“命于福建、浙江、广东市舶提举司，各设驿以馆之。福建曰来远，浙江曰安远，广东曰怀远，各置驿丞一员”④。福建提举市舶司设置的来远驿之旧址在今泉州车桥头附近。

为了适应中外交往频繁之需求，明初设四夷馆，隶翰林院，选国子监生习译。永乐五年“外国朝贡特设蒙古、女直、西番、西天、回回、百夷、高昌、缅甸八馆，置译字生，通事，通译语言文字。正德中增设八百馆，万历中又增设暹罗馆”⑤。

从上述情况考察，泉州锡兰王裔为永乐间国使来华入贡，后居留泉州的。

---

① 张星烺编注，朱杰勤校对：《中西交通史料汇编》第六册，中华书局，1979年，第313-314页。

② 《明史》卷326，《外国传》。

③ 《明成祖实录》卷263，“永乐二十一年九月甲午”条，中华书局，2016年，第2403页。

④ 《明成祖实录》卷46，“永乐三年九月甲午”条，第709页。

⑤ 《明史》卷74，《职官三》。

第三种说法，“波罗摩巴忽于成化二年（1466）去世，他的儿子于天顺三年（1459）奉使入贡未回，而王位已被外甥继承”，后居留泉州。此说认为，天顺三年奉使入贡的使者葛力生夏剌利巴交剌是波罗摩巴忽（耶把来那）派遣的。

关于葛力生夏剌昔利巴交剌，《锡兰简明史》也认为：“最后一年派遣使节的锡兰国王的名字和现存资料中所说波罗迦罗巴忽的任何别名或称号，都不相同。但是当时锡兰没有别的统治者可以派遣这一使节。”① 张星烺也认为葛力生夏剌昔利交剌者，似仍即邪把乃那。

第三种说法与第二种说法相同之处是都认为居留泉州的锡兰王裔为巴来那之后。不同之处是，第三种说法认为泉州锡兰王裔是天顺三年入贡的使者，而第二种说法认为是永乐年间入贡的使臣。

（二）泉州锡兰王裔的墓葬区

据台湾《世氏族谱·锡兰祖建坟山》载，泉州锡兰王裔的墓葬区有5处：

（1）东岳山世家坑。有使臣公，孺人蒲氏；裕斋公、童氏妈；实泉公、阳泉公考妣；爱吾公、昆吾公考妣；缘督公考妣；慈顺林妈；孙阚公、成都公父子；常轩、敦岸、别房叔、兄弟、侄等。都观公没于台湾军营，由台湾拾骸葬此。现已发现的墓碑有使臣使公、孺人蒲氏；缘督公考批；宗什、敦岸。

（2）西福唐西乡世厝墓。有懋昭公、端静黄妈等墓。同谱《锡兰房历代世系》：“十四世懋昭公，墓葬晋江南门外青芒乡和州同知公石墓下右下园角。光绪五年长孙则修回唐（山），见左两坟非吉穴，拾骸合考妣安葬同知公墓左畔园。石墓碑‘懋昭世公，端静黄妣墓。’”两处均葬昭世公、静黄妣，必有一误。

① ［斯里兰卡］尼古拉斯·帕拉纳维达纳著：《锡兰简明史》，李荣照译，商务印书馆，1972年。

（3）潘山世厝山，“地”房祖考墓地。

（4）清源山鼎底乡陈三坝，有世拱显、孺人赖氏墓。

（5）清濛乡和州同知墓左畔园，亦云有懋昭世公，端静黄妣墓。

以上5处墓葬区，除东岳山世家坑发现24方世氏墓碑外，其他4处尚未发现世氏墓碑。

（三）东岳山世家坑世氏墓碑考释

“明使臣世公，孺人蒲氏，孙华立”墓碑。使臣世公应系定居泉州的锡兰世氏第一世。为其立碑的孙华即世华。

有研究者认为“明使臣世公碑的刻立者，是其孙世华于嘉靖间重立的”,[①] 这是不妥的。据乾隆《泉州府志》载：“晋江世华妻童氏，年二十五夫殁。无子，妾周氏遗腹生男，五月而妾亡。童氏抚育成立。寿七十六卒。嘉靖二十三年旌表。”由此推算，世华应卒于弘治六年（1493）前后，死时岁数不详。世华为明使臣世公立墓碑当在1493年左右，不可能迟至嘉靖年间。

《族谱·锡兰祖建坟山》载：“明冠带裕斋世公偕室童氏寿域，坟前竖贞节石坊。”同谱《锡兰人房历代系》云：“裕斋公寿域石碑镌‘明赐冠带裕斋世公偕室童氏’。墓前竖庶妣周氏贞坊。”裕斋世公即世华，据《泉州府志》烈女传，贞节坊系为童氏立而非为周氏立。

《族谱·锡兰人房历代系》云：“四代甫生三男，分天、地、人三房。长房裕斋公。”裕斋公世华，据明使臣世公墓碑，世华为使臣世公之孙，应为入居泉州的锡兰王裔的第三代，墓碑可纠正《族谱》之误。本文所述世家世系仍以台湾《世氏家谱》之世系。

“清二陟世公暨妣翁氏。”《族谱》云：“十一世小山公乃二陟公□子，讳拱显，字尔韬。”二陟公为世拱显之父。[②]

---

① 谢长寿主编：《温陵白耇庙》，1998年，泉州市温陵白耇庙理事会，第66页。

② 乾隆《泉州府志》卷66，《烈女传》。

“清缘督世公备德蔡公坟。”《族谱》云：“缘督公，小山公长子，讳卓云，字衷敬，号缘督”，“原配备德蔡氏”。墓碑与族谱同。缘督公为世拱显之长子。

“清植轩世公茔。”据马甲《凤栖杜氏家谱》：杜庵公，妣世氏名来舍娘。子四：长厚园、次慈轩、三惠园、四直轩。墓碑植轩与《杜氏家谱》直轩应系一人。

《杜氏家谱》载，世来舍生惠园，惠园生诚笃，诚笃生瞻岵，瞻岵生中士。

杜中士，号樵林，清道光癸未（1823）科会试进士，钦点翰林院庶吉士，官升御史，任浙江督粮道，诰授中宪大夫。[1]

《世氏族谱·星垣世府君行述》云：“适有中表杜彦士钦点杭口督粮道。”杜彦士即杜中士，与世氏十六世文莱为中表。据此推算，世来舍应为十二世，即世拱显之女儿辈。

《凤栖杜氏家谱》杜庵公四子直轩与墓碑植轩世公为一人，可能是杜家出继世家。

“锡兰宗什、敦岸世公祖茔。”宗什为懋昭三子，敦岸为懋昭四子，相继卒于咸丰九年（1859）二月二十五日和同年三月十九日，无嗣，合葬一起。

“锡兰何公祖坟。”《族谱·懋昭公小传》云：“欲拨嗣报何家恩养，其如年将而立，甫娶黄妣，连胎八女，二女成人，虽拨长女嗣何，次女嗣兄，究竟有名无实。爰螟幼儿根水，以为何嗣，不十年而夭殁。且喜年将知命，始举长男宗汉继嗣胞兄，再举宗炎，拨嗣何家。三举男宗拾，四男宗按，方为己子。生平恩义兼尽。”何家有恩于世家，不知是何恩？懋昭欲报其恩，先将长女嗣何，继将螟儿根水嗣何，不幸夭殁，最后将次男宗炎嗣何家。《族谱·卓云小传》：“心源家本移居城东何衙庭。”可见宗炎嗣何衙庭何家，其兄心源（即宗汉）亦移居何衙庭。“锡兰何公祖坟”墓碑为宗炎之墓碑。

[1] 刘志诚：《马甲部分杜氏是世家裔亲》，载《泉州晚报》，1998年11月21日。

（四）泉州锡兰王裔世氏移居台湾

泉州锡兰王裔第十四世都观，营伍出身，从征台湾林爽文起义，殁于军营。其弟懋昭拨长男宗汉为嗣以奉烟祀，并从台湾将都观骨骸拾回，葬世厝埔。

第十五世宗汉，字心源，号星垣，出继都观为嗣。其亲戚杜彦士钦点杭□督粮道时往浙江谋生，两年后，杜彦士告假，及其归来，被洋贼剥抢一空，由是宗汉东渡台湾彰化，设馆授徒。

宗汉在台湾做了许多善举，如重修彰化善养所，以棲旅病之无依，经营田业以为所费。与蔡香翁、杨祥化重兴元清观。捐修南瑶宫，新建女□，所以为往来烧香妇女方便。造湳尾□之桥，铺妈祖宫下之路。倡设彰化宣讲，为之捐资、为之招人，或日讲或夜讲，三二年于兹不倦。死后葬于彭化。其子孙在台湾繁衍，前不久携带《世氏族谱》来泉州谒祖，清明节来扫墓。

另一房的十五世克喜，长住台湾，至50多岁时回泉州，在台湾没有其子孙。

（五）泉州锡兰王裔从事的职业

泉州锡兰王裔，很重视儒家教育。在《祖训》中说："吾家世读儒书，凡事须依礼而行。"嫁女娶妇的首选对象"备必耕读人家"，其次"工商亦可"。当懋昭公见其孙时，喜曰："此儿胜父多多，若肯留心庭训，不但书香有继，还可奢望成名，吾儿九泉光荣。"可见他对儿孙仕途之关切。

泉州锡兰王裔中，有的通过科举考试为官，如世寰望中万历四十六年（1618）举人；世拱显中康熙五十二年（1713）举人，安溪李光坡延为西宾，设教于小山丛竹亭，执经问难者履满户外。授永定教谕。世华为七品散官。

十二世缘督与胞兄弟腾云兄弟父子"品学兼优，授业门生，皆当时名士”。十五世星垣在杭州遭洋贼剥抢一空，后东渡台湾彰化设馆授徒。

世拱显之子腾云，为邑庠生。十四世懋昭“适逢恩诏”“例授登仕郎”。十六世文莱，业儒，台湾府彰化县考试“叠榜招覆前茅”“府考常列矛”。

泉州的锡兰王裔也有从事经商贸易的，如世哲“贸易到漳，中途被害”。

（六）泉州锡兰王裔的衰落

锡兰王裔居留泉州后，前期情况因资料缺乏，不甚明了。到清雍正三年（1725），有世济美购买田地献与释迦寺的地契，说明此时世氏还处于发展阶段。

泉州锡兰王裔第十三世已衰落，其表现：第一，十三世孙阚去世时，长子成都甫八岁，次子成德甫六岁，当时的景况是“孑遗母子，呱呱待哺，如此景况，救口不赡，奚计书香”。据《族谱》，德甫生乾隆三十八年（1773），其六岁当乾隆四十四年（1779），其父卒于是年。第二，十三世祝健，虽承庭训业儒，而惟酒是好，日飘飘然而神仙中人。时“家无立锥”，“世氏气衰非言语所能形容”。第三，涂门街世家古大厝是乾隆四十八年（1783）阮氏从世家手中买的。可见，世氏第十三世，乾隆四十四年（1779）前后已经衰落。

至第十六世时更加衰落。十五世克喜，长住台湾，至五十多岁时回泉州，带一个叫再兴（亦作戴享）的回来。再兴长大后，“胡行乱作，以酒赌为生涯。将泉郡北一峰书街祖厝毁抵零卖，神主安置地上”。道光二十六年（1846），懋昭去世时，心源到浙江杭州谋生“罔知向阻，故一败涂地至于此”。

原载《海交史研究》，1999年第2期。

泉州与琉球友好关系拾遗

琉球自明洪武五年（1372）开始与中国正式建立邦交关系，此后，中琉友好交往连绵不断。

泉州是宋元时期世界贸易大港，中外商人通过泉州进行商业贸易活动，泉州也是中外科技文化交流和中外使节往来的重要门户。明朝规定泉州港只通琉球，泉州为琉球朝贡的正道，在中琉两国交往中发挥过重要作用。到明成化八年（1472），福建市舶司从泉州迁往福州，福州成为琉球朝贡的正道，但泉州与琉球之间的友好往来仍然持续不断。

泉州与琉球友好关系历史的研究，在中日两国学者共同努力下，取得丰硕的成果。本文拟通过泉州籍从客王元卿和护使都司陈瑞芳，探索册封琉球使团中从客和护使的有关情况。

一、从客王元卿

王元卿曾为从客到过琉球。乾隆《泉州府志》卷60，《明笃行》载：

> 王元卿，字应元，号伯台，晋江人。为郡诸生，裒然有名，尤长于诗，尝与郭维贤、何乔远等相唱和。……丙午夏，有给事行人册封琉球，求诗客可语者，聘元卿偕行。归舟，海风大作，有二巨鱼夹舟，长数十丈，目光如电，舵折舟旋，二使面无人色，曰：“命止此矣。”元卿谈笑自如，曰：“二公奉天威而来，何波臣之敢灾？”盥手焚香，出诏书向船头宣读，风遂息，其镇定如此。

道光《晋江县志》卷42《人物志·明笃行·王元卿》传记载较简略。王元卿传所云丙午夏，有给事行人册封琉球，聘元卿偕行。丙午为明万历三十四年（1606），以兵科给事夏子阳为正使，行人王士祯为副使，册封琉球，王元卿应聘为从客。在归国途中遭遇风浪，他镇定自若，取出诏书，向船头宣读，不久风平浪静。

明清时期，册封琉球的使臣，“封舟过海，例有从客偕行”。萧崇业渡海时，“取于福州者，自医、画、书办、门皂、行匠以下凡六十余人”①。从客多为使臣自己选择的文人、书画家、琴师、高僧、道士、医生、天文生等。

崇祯六年（1633），户科给事中杜三策为正使，胡靖为从客。胡靖，字献卿，延平人，善书画，著有《武夷图志》。在琉球时作《琉球记》《中山诗草》各一卷，图琉球山川以归。后为僧，名澄雪。康熙二年（1663），兵科副理官张学礼奉使琉球。从客吴燕时，字羽嘉，杭州人，为太医，琉球国“国中求治者，无不立愈，亦有数人受其传”②。另一个从客陈翼，字友石，姑苏人，多才多艺，在琉球授人琴艺，授世子思贤操《平沙》《落雁》《关雎》三曲，授王婿《秋鸿》《渔樵》《高山》三曲，授法司子《流水》《洞天》《涂山》三曲。求诣无虚日。康熙五十八年（1719），翰林院检讨海宝为正使、翰林院编修徐葆光为副使册封琉球，陈利州为从客。陈利州，福州著名琴师，琉球国王遣那霸官毛光弼从他学琴，“三四月习数曲，并请留琴一具”③。陈利州归国时，毛光弼作《天使幕从客陈君学琴成声报谢》诗云：“古乐入天末，七弦转南薰；广陵遗调在，拂轸一思君。”④表达了他对陈利州的思念之情。乾隆二十一年（1756）翰林院侍讲全魁为正使，翰林院编修周煌为副使册封琉球，陈传舟、王文治为从客。陈传舟为知名琴师，琉球国王请他为首里四公子授

① （明）萧崇业、谢杰：《使琉球录》。
② （清）张学礼：《中山纪略》，小方壶斋舆地丛钞本。
③ （清）徐葆光：《中山传信录》，小方壶斋舆地丛钞本。
④ （清）徐葆光：《中山传信录》，小方壶斋舆地丛钞本。

琴，琉球国相蔡温曾与他讨论琴理，结为知音。王文治，字禹卿，号梦楼，江苏丹徒人，是清代著名的文学家和书法家，赴琉球作《海天游草》。他的手迹墨宝留存琉球颇多。[①] 清嘉庆五年（1800），翰林院修撰赵文楷，内阁舍人李鼎元册封琉球，赵文楷从客王文浩、秦元钧、缪颂，李鼎元从客王华才。到福州后李鼎元又增加一从客福州西禅寺僧寄尘。寄尘，衡山人，名衡麓，别号八九山人，姓范氏，五岁度为僧，“略窥内典，好吟咏，工书善画，有奇术，人莫测也”[②]。寄尘来闽前已游历湖南、广东、上海等地，袁枚称之为“诗僧”，在琉球游览山川，观赏风土人情，挥毫赋诗，他的书法作品现在仍存在日本冲绳。道光八年（1828），林鸿年册封琉球，从客陈九苞，字筠崖，福鼎人，其画颇闻名，所作琉球四季八景图，是描绘琉球的佳作。[③]

奉使琉球使臣的从客，将琉球的风土人情、地理物产、语言文字介绍给中国人民，加深人民对琉球的了解，增强两国人民的友谊。明崇祯六年（1633），杜三策的从客胡靖，在琉球作《琉球记》《中山诗草》各一卷。乾隆二十一年（1756），周煌的从客王文治赴琉球作《海天游草》。嘉庆五年（1800），李鼎元的从客沈复在《中山记历》中记有火长航海经验，“海上行舟，风小固不能驶，风过大亦不能驶。风大则浪大，浪大力能壅船，进尺仍退二寸。惟风七分、浪五分，最宜驾驶”[④]。

册封琉球使及从客在琉球期间，除完成各种典礼和外交活动外，还与琉球各界人士交往，广泛传播中华民族文化。有的册封琉球使臣及其从客中的书画家、画师在琉球现场表演书画艺术，馈赠书画作品，在琉球流传，对琉球书画艺术的发展有一定的影响。

在奉使琉球使臣的从客中也有个别人在琉球有过不友好的行为。如万历七年（1579），萧崇业、谢杰奉使琉球时，发生了强售网巾事件。李鼎

① 方宝川：《明清册封使及其从客在中琉关系中的作用》，载《福建师范大学学报》，1989年第4期，第113-114页。

② （清）李鼎元：《使琉球记》，陕西师范大学出版社，1992年。

③ 谢必震：《中国与琉球》，厦门大学出版社，1996年。

④ （清）沈复：《浮生六记》卷5，《中山记历》。

元《使琉球》录云：

> 前明谢杰充册使，时从客有舅某携网巾数百事，至则球人冬夏一冠，无所用之。谋于杰，杰乃下教曰：“中国以戴网巾为敬，如册封日有不戴网巾者，以不敬论。”于是，球人强售而戴之。①

此事影响很坏，至清嘉庆五年（1800）赵文楷、李鼎元册封琉球时，仍谓“故父老相传，遇事有以声势强派者，谓之‘球人戴网巾’”②。

二、护使都司陈瑞芳

嘉庆五年（1800），翰林院修撰赵文楷为正使，内阁舍人李鼎元为副使册封琉球，闽安左营都司陈瑞芳领百名护头号船，南澳左营守备王得禄领百名护二号船。

都司陈瑞芳，泉州人，由武进士官闽安镇都司，因犯痢病，卒于琉球，年四十三。③ 嘉庆五年十一月二十二日，《闽浙总督玉德为谢绝琉球国王资给陈瑞芳病故抚恤费事奏折》中引琉球国王的话说：“兹思陈瑞芳入国以来，严施法令，约束兵役，举国人民无不感仰”，“谨将葬费银五百两附陪臣，其枢王舅毛国栋，紫金大夫郑得功等呈奏请外，又另备银七百两附交毛国栋等赉带前去，统祈转详督抚两院，施恩准赐其子孙，以为小补之资。”④ 嘉庆六年，《着玉德琉球国王赠陈瑞芳恤银不必收受事上谕》云：“游击陈瑞芳殁于公事，殊为可悯，着传谕玉德于该省公项内拨银三百两，交该游击子孙领去，以为葬祭之用”⑤，将琉球国王所赐之银退还琉球贡使。道光十九年（1839），册封琉球带兵官游击周廷祥在琉球病故，该国

① （清）李鼎元：《使琉球记》卷2。
② （清）李鼎元：《使琉球记》卷2。
③ （清）李鼎元：《使琉球记》卷2。
④ 中国第一历史档案馆编：《清代中琉关系档案选编》，中华书局，1993年，第328页。
⑤ 中国第一历史档案馆编：《清代中琉关系档案五编》，中国档案出版社，2002年，第447-448页。

王送葬费银五百两，亦仍令来使带回。①

明清册封琉球使节，向例“其过海登舟，行令该督抚，遴委干弁二员，干兵二百名护送，并酌拨修船匠役带往”②。《明神宗实录》载：

（万历四年八月甲申）户科左给事中萧崇业等以“册封琉球颁去诏敕，彼国每欲请留之，远人钦崇之意不宜靳。使臣奉将王命远涉海涛，所赖百灵为之呵护。宜令翰林院撰祭文、布政司备祭以隆祈报，所造过海舡只，督以府佐。仍委廉干指挥二员副之，务期坚好，即以指挥监军与工匠一并随行，凡一切饮食器械及观星、占风、听水、察土、医卜、技艺之人俱备”。悉如议。③

护送册封使的干弁，嘉靖十三年（1534），陈侃册封琉球，委千户一人，百户二人护送。嘉靖四十年（1561），郭汝霖册封琉球，严继先军千户、百户护送。康熙二年（1663），张学礼册封琉球，守备魏耀文，千总陈兰护送。乾隆二十一年（1756），全魁、周煌册封琉球，都司陈嘉言，千总刘显示护送，另委胡颐龄随船弹压。康熙五十八年（1719），海宝、徐葆光册封琉球，海坛镇左营守备蔡添略，千总蔡勇护送。嘉庆五年（1800）赵文楷、李鼎元册封琉球，闽安左营都司陈瑞芳、南澳左营守备王得禄护送，添委文职颜家选，以资弹压。同治五年（1866），赵新、于光甲册封琉球，金门守备游击谢国忠，闽安右营守备肖邦佑护送。道光八年（1828），林鸿年、高人鉴册封琉球，闽安右营都司陈显生，金门左营游击周廷祥护送，委龙溪县江东司巡检蒋召棠以资弹压。

护送册使的兵丁由熟练在洋缉匪之闽安、海坛、烽火等营兵丁二百名，他们的任务主要是保护使船航海的安全。“明代禁海乃有私贸海上之商人，或奔逐蕃舶泊踞之海港以贩私利；或勾结官吏，假给文引，自拥海

① 中国第一历史档案馆编：《清代中琉关系档案五编》，中国档案出版社，2002年，第606页。
② （清）李鼎元：《使琉球记》卷1。
③ 《明神宗实录》卷53，“万历四年八月甲申”条，中华书局，2016年，第1249-1250页。

船；或勾结武装，纵横海上，与夷人争利。”① 这种海上私人贸易武装力量聚居为寇，横行海上，迫使册封琉球使船，不得不配备大量的军士武器以防册封使船受到他们的侵扰。如康熙二年（1663），张学礼使琉球，归途中“忽见贼船四只扬帆从东北而来，不远数里矣”。“急令各官督内司长随各备弓箭、铳炮、手枪，其余舟人取压船石，贮备对仗”②。又赵文楷、李鼎元奉使琉球完成任务返航驶近温州北杞山时，发现前面停泊的有数十只海盗船，在副使李鼎元和守备王得禄的指挥下，将海盗船打退。

护送册使的兵丁也有指引针路的任务，乾隆二十一年（1756），全魁、周煌册封琉球时，委派闽安、海坛等营兵丁二百名，“随带盔甲军械，分配两船，指引针路”。

护送册使的兵丁，在明嘉靖十三年（1534）、嘉靖四十年（1561）由千户、百户统率。康熙二年（1663），派守备、千总统率。嘉庆五年（1800），赵文楷、李鼎元使琉球时，因乾隆二十一年（1756）“兵丁滋事”“去千总而添都司”，级别由从五品，升为正四品。

护送册使的千总、守备或都司，当他们将出发时，遵例加一级，如加陈瑞芳三品顶戴，王得禄四品顶戴。他们的职责是要管理好兵丁，还要掌管船上的淡水，如李鼎元使琉球时，“乘潮至罗星塔，投银龙潭，祭，取淡水满四井止。井各受二百石。封锢之，以钥交陈都司司启闭”③。陈都司即陈瑞芳，由他掌管船上的淡水。当使船遇到危急时，册使命令守备、千总处理。康熙二年（1663）张学礼奉使琉球，“一十六日飓风大作，暴雨如注，船倾侧将危……即令守备魏文耀，千总陈兰割去蓬索，蓬桅逝而船始平”④。

册封琉球使臣之随从及护送弁兵向有带货勒售陋习，护送弁兵莫不携带内地货物，或包揽商货前赴琉球昂价勒售。有的兵丁在琉球滋事，如乾隆二十一年（1756），全魁、周煌册封琉球，使船在姑米山遭风，打破货

① 《安海志》。
② （清）张学礼：《使琉球记》。
③ （清）李鼎元：《使琉球记》。
④ （清）张学礼：《使琉球记》。

物，衣服被水濡湿。经球人驾船接往该国，曾送有被银五千两，经兵役、水手、匠作136人匀分，各得银36两7钱，兵尚不满欲。“挟制使臣，阻送水菜，勒令移咨国王加赏恤银”，“兵役在蕃，或争买货物，或虚报价值，角口打降种种滋事”。对此，各按情罪从重分别惩处，管兵千总刘显宗、都司陈嘉言“钤束不严，纵兵滋事，另案纠参”，钦差正使全魁、副使周煌“听从兵役挟求，递准行文加给尝恤，咎亦难当”[1]。分别予以处理。

原载《第九届中琉历史关系国际学术讨论会论文集》，海洋出版社，2005年。

① 中国第一历史档案馆编：《清代中琉关系档案选编》，第54页。

从明清海外交通著作看郑和下西洋与华侨

伟大的航海家郑和，从明永乐三年（1405）到宣德八年（1433），前后七次下西洋，访问了亚非 30 多个国家和地区，在世界航海史和人类文明史上写下了光辉的篇章。郑和下西洋是中国海外交通史的里程碑，它促进了中外政治、经济、文化的交流，而且对华侨社会产生深远的影响。本文拟从明清时期海外交通著作的有关记载，探讨郑和下西洋与华侨的关系。

一、明清海外交通著作对郑和下西洋与华侨的记载

明清时期，海外交通著作很多，记载郑和下西洋与华侨的有：巩珍《西洋番国志》、费信《星槎胜览》、马欢《瀛涯胜览》、黄省曾《西洋朝贡典录》、黄衷《海语》、郑晓《皇明四夷考》、严从简《殊域周咨录》、张燮《东西洋考》、王大海《海岛逸志》、徐继畬《瀛环志略》等。

这些海外交通著作的作者许多是根据亲身经历而撰写的。马欢、费信、巩珍等随同郑和下西洋，归国后写成纪录见闻。王大海（字碧卿，号柳谷，龙溪人），则因应试不第，于乾隆四十八年（1783）泛海爪哇，后居三宝垄，赘于华人甲必丹家，“舌耕之暇，采风问俗，举诸番之胜概异状……志之”①，居十载归来后撰《海岛逸志》。

有的著作是根据采访船户、水手、商人和来华外交官、传教士、商

①（清）王大海：《海岛逸志》，刘希程序，学津书店出版，1992 年。

人、医生而写成的。张燮（1574—1640），字绍和，又字理阳，号汰沃，龙溪（今龙海）石码人。出身于士大夫世家，自幼聪敏，博览群书，21岁中举。他看到父亲“以不善事长官论罢士”，30岁就退隐故乡，以“遍游吴越三楚和著述为乐”。广泛采录官府的邸报、档案文件，参考了前人和当代人的许多笔记和著作，并采访船户、水手和商人的实地见闻，写成《东西洋考》。徐继畬，字健男，山西五台人，道光进士。道光二十年（1840）调署汀漳龙道，后累迁广东盐运使、按察使、福建布政使，广西、福建巡抚。他广泛搜集资料，与来华的外国外交官、商人、传教士、医生等多方接触，了解情况，1848年著《瀛环志略》，比较系统地介绍当时世界各国，尤其是东南亚的情况。

明清时期的海外交通著作，对郑和下西洋和华侨的记载，可供研究者参考。如随同郑和下西洋人员的著作中，对东南亚华侨的情况都有所记载。对印度尼西亚华侨的情况，巩珍《西洋番国志》载：

> 杜板，番名赌班。此地约千余家，中国广东及漳州人多逃居于此，以二头目为主。……杜板向东行半日许至新村，番名革儿昔。此地原为枯滩，因中国人逃来，遂名新村，至今村主广东人也。约千余家。……而其国人有三等：一等西番回回人，因作商贾流落于此。日用饮酒清洁；一等唐人，皆中国广东及福建漳、泉州下海者，逃居于此。日用食物亦洁净，皆投礼回回教门。[①]

马欢《瀛涯胜览》也载：“旧港国，即古名三佛齐国是也，番名渤淋邦，属爪哇国所辖。……国人多广东、漳、泉人来居此也。”[②]

有些华侨是元朝高兴、史弼征爪哇时留下的病卒的后裔。费信《星槎胜览》载：

① （明）巩珍：《西洋番国志》，《诸蕃国名·爪哇国》，向达校注，中华书局，2006年，第6-8页。

② （明）马欢原著，万明校注：《明抄本〈瀛涯胜览〉校注》，《爪哇国》，海洋出版社，2005年，第27-28页。

> 胡元之时，命将高兴、史弼领兵万众，驾巨舶征阇婆国，遭风至于交栏山下，其船多损，随登此山，造船百号，复征阇婆得胜，擒其酋长，四国是此知之。至今民居有中国人杂处，盖此时有病卒百余留养不归，而传生育也。①

二、郑和下西洋与华侨

郑和下西洋的使命之一是招诱海外逸民，剿灭海寇保证贡道安全。

明太祖推翻元朝以后，对海外贸易采取严格控制的手段，实行“海禁”政策。除政府与海外国家建立一定贸易关系外，私人海外贸易一律禁止，目的是要肃清元朝反抗明朝的残余势力，预防他们勾结海外诸国反对明朝统治，坚决制裁内地人民借贸易之名下海接济反抗分子。

尽管朝廷严加控制，但是还是有人铤而走险，私自出国逃到海外，成为华侨。随郑和下西洋人员的著作记载，他们在海外见到的许多华侨都用“逃居”“避居”“逃来”等，如杜板，“中国广东、漳州人居留此地”②。新村“原系枯滩之地，盖因中国人来此创居，遂名新村”③。旧港“国人多广东、漳泉人避居此地”④。

明成祖认为，海外流民是海盗渊薮，不但为患沿海，还阻断贡道，骚扰贡使，破坏朝廷的贸易。洪武年间，“广东人陈祖义等全家逃于此处（旧港），充为头目，甚是豪横，凡有经过客人船只，便劫夺财物”⑤。商旅、“贡使往来者苦之”⑥。

明成祖对啸聚南洋的华侨进行招诱。永乐元年（1403），明成祖诏：

---

① （明）费信：《星槎胜览》，《前集·交栏山》，冯承钧校注，中华书局，1954年，第10页。
② 《明钞本〈瀛涯胜览〉校注》，第18页。
③ 《明钞本〈瀛涯胜览〉校注》，第19页。
④ 《明钞本〈瀛涯胜览〉校注》，第18页。
⑤ 《明钞本〈瀛涯胜览〉校注》，第28页。
⑥ 《明史》卷324，《外国五·三佛齐》，上海古籍出版社，1986年，第924页。

“尔本国家良民，或困于衣食，或苦于吏虐，不得已逃聚海岛，劫掠苟活。朕念好生恶死，人之同情。帝皇体天行道，视民如子，当洗涤前过，咸俾自新。故已获罪者悉宥其罪。就俾赍敕往谕尔等；朕已大赦天下，可即还复本业，安土乐生，共享太平。若执迷不悟，失此事机，后悔无及。”①

明永乐年间，派使臣到海外招流民，《东西洋考》载：永乐初，指挥孙铉使海南，遇其子及二奴挟与俱来。上以胜受同乡，令偕其二奴，赍敕往招道明。遂从入朝。赐道明袭衣、钞百五十锭、文绮十二表里、绢七十二匹。胜受奏事称旨，擢浙江按察使。②

永乐四年（1406），明成祖再次诏令华侨归国。诏云：“尔等本皆良民，为有司虐害，不得已逃移海岛劫掠苟活，流离失业，积有岁年。天理良心，未尝泯灭。思还故乡，畏罪未敢。朕比闻之，良用恻然。兹特遣人赍敕谕尔：凡前所犯，悉经赦宥，譬之春冰，涣然消释。宜即还乡复业，毋怀疑虑，以取后悔。”③

三佛齐的另一个华人集团首领陈祖义，在郑和第二次下西洋时，遣人招谕，祖义不从，后被郑和械至京伏诛。关于此事，马欢《瀛涯胜览》云：陈祖义“甚是豪强，凡有经过客船，辄便劫夺财物。永乐五年，朝廷差太监郑和等统领西洋大䑸宝船到此。有施进卿，亦广东人，来报陈祖义凶横等情，被太监郑和生擒陈祖义等回朝伏诛”④。

永乐年间（1409—1421），西北边防和东南海防逐步稳定，中央政权日益巩固。农业和手工业生产得到恢复和发展，推动海外贸易的发展。封建地主阶级、大官豪绅投入商业活动，积累大量资本，要求从海外取得奇珍异宝，来满足他们的奢侈生活。明成祖巩固政权后，宣威海外，积极发展对外关系，派使节到海外访问，海外国家到明朝进行朝贡贸易，海禁政策有所缓和，中国与外国人民的相互往来越来越频繁，为华侨出国提供了更多的机会。

---

① （明）谭希思：《明大政纂要》卷 13。

② （明）张燮：《东西洋考》卷 3，《旧港》，谢方点校，中华书局，1981 年，第 62 页。

③ 《明太宗实录》卷 52，“四年三月丁巳”条，中华书局，2016 年，第 787 页。

④ 《明钞本〈瀛涯胜览〉校注》，第 28-29 页。

15至17世纪，东南亚华侨人数之增多，分布范围之广度和深度，是历史上所没有的，这与郑和下西洋是有直接和间接关系的。[①] 徐继畬说："中国之南洋，万岛环列，星罗棋布。……明初，遣太监等航海招致之，来者益众。"[②]

华侨中有随郑和下西洋而留居文莱的闽人。明人何乔远《名山藏》载：

> 婆罗国东洋尽处，西洋所自起也。国有东西两王，永乐四年，各遣使朝贡。其国负山面海，而信佛教。今王为闽人，随郑和至留其国者，其府旁有中国碑。王有金印一，上篆文，作兽形，云是永乐中所赐。[③]

关于婆罗国王为随郑和至留居其国的闽人。《东西洋考》《明史》都有同样的记载。《东西洋考》云："俗传今国王为闽人，随郑和征此，留镇其地，故王府旁旧有中国碑。"[④]《明史》也说："郑和使婆罗，有闽人从之，因留居其地。"[⑤]

婆罗即现在的文莱，郑和下西洋船队到过婆罗是完全可能的。文莱的《王室世系书》记载：明朝派遣的官员ONG SUN PING（王总兵）前往基纳巴卢山取宝珠的故事。并说王总兵摘取宝珠后娶了文莱第一世苏丹穆罕默德的女儿，成了文莱的第二世苏丹。王总兵单生一女，又招阿拉伯人阿里为婿，阿里后来成为文莱第三世苏丹柏克。据说王总兵用过的刀枪、铁甲、藤牌、太子帽，至今还保留在文莱的王宫中。20世纪初，在文莱城的市郊，发现了一座"王总兵之墓"[⑥]。

泉州人本头公，随郑和下西洋到菲律宾。《福建华侨志》载：在菲律

① 林金枝、张莲英：《郑和下西洋与福建华侨》，载《郑和与福建》，福建教育出版社，1988年。
② （清）徐继畬：《瀛环志略》卷2，《南洋群岛》。
③ （明）何乔远：《名山藏》，《王享记·东南夷婆罗》。
④ （明）张燮：《东西洋考》卷5，《文莱》，第102-103页。
⑤ 《明史》卷323，《外国传·婆罗》，第920页。
⑥ 林远辉、张应龙：《新加坡、马来西亚华侨史》，广东高等教育出版社，1991年，第67页。

宾的东苏禄有一座白丕显的墓。白丕显是泉州人，明永乐三年（1405）跟随郑和到菲律宾。后应苏禄居民请求，担任当地行政长官，被当地人称为“本头公”[①]。

关于白本头留居菲律宾的原因，《苏洛华侨概况》云：有一位叫白本头的泉州人，入伍当兵，随郑和下西洋，在苏洛登陆后，因与当地摩罗族妇女相爱，不愿再随船队起行，而留在苏洛，遂成了该岛的第一个华侨。其坟墓及生前所在，至今犹存。[②] 刘芝田《中菲关系史》则云：本头公是郑和下西洋船队中的一位驾驶员，当船队停泊和乐岛的海岸时，曾离船登陆，往附近的深山幽谷去探险，不幸因中瘴气或被毒蛇咬伤，踉跟逃回泊舟的海滨，未及救治而死。郑和把他的尸体葬在和乐岛，即今之本头公墓。[③]

郑和下西洋促进华侨往东南亚谋生。《东西洋考》载：

> 华人既多诣吕宋，往往久住不归，名为“压冬”。聚居涧内为生活，渐至数万，间有削发长子孙者。[④]

《明史》记载：“吕宋居南海中，去漳州甚近。……先是闽人以其地近且饶富，商贩者至数万人，往往久居不返，至长子孙。”[⑤]

三、海外郑和史迹与华侨

东南亚华侨和当地人民，对郑和十分尊敬。直至今天，东南亚许多国家还保留郑和的各种遗迹并举行各种纪念活动。

海外的郑和寺庙14座，多集中在东南亚。其中印尼6座：三宝垄的三保庙、泗水的三保庙、雅加达安卓尔地区的三保厨师庙、井里汶的威勒

① 福建省华侨志编委会：《福建华侨志》上篇，1989年，第137页。

② 黄藏孙：《苏洛华侨概况》，转引自庄景辉：《随郑和下西洋的福建人》，载《海外交通史迹研究》，厦门大学出版社，1996年。

③ 林金枝、张莲英：《郑和下西洋与福建华侨》，载《郑和与福建》。

④ 《东西洋考》卷5，《吕宋》，第89页。

⑤ 《明史》卷323，《外国传·吕宋》，第919页。

斯·阿茜庙、巴厘巴都尔村的三保厨师庙、泗水的郑和清真寺；马来西亚4座：马六甲宝山亭、槟城的三保庙、丁加奴的三保公庙、沙捞越的三保宫；泰国大城三保公庙、吞府弥陀庙；菲律宾苏禄的本头公庙；柬埔寨磅湛市的三保公庙。[①]

郑和下西洋多次到达满剌加（今马来西亚）并将其作为船队航行的中转基地。马欢《瀛涯胜览》云：

> 中国宝船到彼，则立排栅，城垣设四门更鼓楼，夜则提铃巡警。内又立重栅如小城，盖造库藏仓廒。一应钱粮顿放在其内。去各国船只俱回到此取齐，打整番货，装载停当，等候南风正顺，于五月中旬开洋回还。[②]

在马来西亚马六甲城，有一座三保山，又叫中国山，郑和访问马六甲时，曾驻扎三保山。三保山是马来西亚华人历史悠久的公冢。清乾隆六十年（1795），马六甲第八任甲必丹蔡士章在三宝山建亭，以供扫墓者休息。为了纪念郑和，取名为“三宝亭”。亭内正中供奉郑和神位，两侧陪神为妈祖与福德正神。后来，人们将建亭者蔡士章也供奉其中。三宝亭左侧有一口井，叫三宝井，据说是郑和所掘，以供随从汲用。丁加奴三保公庙，建于20世纪40年代日本侵占马来半岛期间。沙捞越义文宫三保宫，建于同治十二年（1873）之前。

在印度尼西亚三宝垄的石洞内，有一座三保庙，供奉三保大人郑和塑像。三保洞外有三保井，据说是郑和当年亲手开掘的，因长年不竭，被人们视为“圣水”。在三宝庙内，还有福德正神庙、船舡爷庙、船锚庙、三保船队的水手们住过的纪念庙以及万世师表的孔夫子庙等。其中船锚庙内，供着一只大铁锚，传说是三保大人的船队留下的。[③]

① 孔远志、杨康善：《郑和在海外的影响及其意义》，载《郑和研究》2004年郑和文化论坛专辑。

② 《明钞本〈瀛涯胜览〉校注》，第41页。

③ 孔远志：《印度尼西亚、马来西亚文化探析》，南岛出版社，2000年，第175-176页。

关于三宝垄的三宝洞，王大海《海岛逸志》云："而三宝垄有三宝洞，俗云三保遗迹，极有灵应。每塑望士女云集，拜祷其处。"① 据《东西洋考》下港条载："石椗，相传是郑和所遗者，重只百斤，二千余人抬之不起。及徙置他所，瘟疫甚多，国王乃移还其处。"② 程逊我《噶喇吧纪略拾遗》还记载有三保石"相传为明王三保下西洋，系船于此"③。噶喇吧即今雅加达，王三保即王景弘，此处三保石为王景弘遗迹。雅加达的安卓尔，有个三保水厨庙，又叫忠义之船庙或浪迎庙。庙内陈列两把宝剑，传为郑和遗物。在巴厘岛金达曼尼山上也有一座纪念郑和厨师的庙宇，里面陈列着三保厨师用过的一把菜刀、一双拖鞋和一杆竹制烟斗。

苏门答腊，明代称哑齐，《东西洋考》"哑齐"条载："椰屿，在港口，屿上有三宝庙。"④ 现在亚齐的巴达尔·拉雅博物馆，陈列有札克拉·陀惹的大铜钟，据说是郑和赠给亚齐的须文达那·巴赛王国的。

在泰国暹罗湾湄南河的入海处，有一港口称为"三宝港"，是为纪念郑和下西洋时访问暹罗而命名的。泰国还有三处三宝庙，《东西洋考》载："暹罗三宝庙，在第二关，祀太监郑和。"⑤ 该庙在阿瑜陀耶城南约 10 千米处，初建于 1324 年，原称帕南车寺，郑和下西洋时曾来这里访问，为纪念郑和，1617 年当地华人将帕南寺改为三宝公庙。泰国另一郑和庙，在曼谷对河网銮，与郑和塔隔港，庙宇宏敞，神像庄严。曼谷的三宝禅寺，是华侨为纪念郑和而建的。

郑和在海外华侨、华人社会的影响深远，他们把郑和作为保护神和中华民族传统文化的象征加以崇拜和世代传承。

东南亚的三保公庙奉祀的郑和是属于中国民间信仰的范畴，它具有民间信仰的特点。

郑和生前对华侨在东南亚开发创业有过帮助，郑和不畏艰险，勇于开

① 《海岛逸志》，姚楠、吴琅璇校注，学津书店出版，1992 年，第 39 页。

② 《东西洋考》，第 45 页。

③ 《海岛逸志》附录二，第 185 页。

④ 《东西洋考》，第 73 页。

⑤ 《东西洋考》，第 36 页。

拓的精神是华侨学习的榜样，出自对郑和的崇敬，建庙塑像奉祀。

郑和生前与华侨的生产、生活，开发创业有密切的关系，被神化后赋予多种社会功能，不但能祛祸禳灾，风调雨顺，而且能保佑益年长寿。

民间信仰具有多神教的倾向，表现出三教合一的形态。华侨华人对郑和的崇拜也反映多神教的倾向。

印尼三宝垄三保庙由清真寺改建而成，保持某些伊斯兰教的特点，如负责看管“签诗”柜台的是头戴“宋谷”帽，自称是回教徒的人士。但在三保庙的祈祷活动中，有玉皇圣诞（农历正月初九）。玉皇大帝是道教崇奉的神，体现了道教色彩。三保庙的飞檐斗拱，双龙戏珠的建筑形式，类似佛教的寺庙。三宝庙内还有一间挂孔子像的孔夫子庙，这体现了三宝庙儒释道三教合一的倾向。①

泰国大城府三保公庙，把郑和崇为佛，设三宝公佛。

马来西亚沙捞越三保宫，既奉祀郑和，也奉祀黄老先生（老子）、大伯公（土地公），马六甲宝山亭兼祀郑和、妈祖和福德正神（土地公）等。

东南亚各国的郑和庙呈现多神化的倾向，这与明清时期，中国民间信仰趋向三教合一的形态有关，也是为了适应侨居国当地的宗教信仰。

华侨身居异邦，对祖国和家乡十分怀念，海外三保庙的建筑风格，供奉神祇和节日民俗活动，具有浓厚的中华传统文化的色彩，是华侨寄托对祖国怀念的场所，也是传承弘扬中华民族传统文化的体现。

原载《海交史研究》，2005 年第 2 期。

① 孔远志：《印度尼西亚、马来西亚文化探析》，第 180-181 页。

泉州海外交通与中外科技交流

泉州港早在公元6世纪的南朝，就有与海外交通的历史记载。陈武帝永定二年（558），印度僧人拘那罗陀（真谛）来泉州，住南安九日山下延福寺翻译《金刚经》。以后他由泉州乘船到棱伽修国（今马来半岛），因途中遇风停越南，天嘉三年（562），又乘小船至梁安郡更换大船，欲还西国，飘还广州。说明当时泉州已有大船与南洋诸国通航。

唐代，泉州成为我国对外通商贸易的四大港口之一，出现了“船到城添外国人”“市井十洲人”的繁荣景象。两宋时期，泉州海外交通更加发达，在不到300年内，泉州港经过3次飞跃：北宋中期，赶上并超过明州，仅次于广州；南宋初年，赶上广州，与广州并驾齐驱；南宋末年，超过广州，成为国内最大的港口。元代，泉州港发展成为世界最大港口之一。元时，与泉州贸易往来的国家和地区多达90多个，开辟了泉州至占城、三佛齐、阇婆、渤泥、菲律宾、印度蓝无理、故临、阿拉伯、东非、朝鲜、日本等航线。明清时期，泉州港逐步从官方贸易港变为私商贸易港。

随着泉州海外交通的发展，中外人民的友好交往增多，必然促进科技文化交流的繁荣。泉州是古代世界科技文化交流的重要门户。科技文化交流是双向或多向进行的，既促进了泉州社会经济的发展，也对世界文明做出了伟大的贡献。

泉州造船历史悠久。早在春秋战国时期，福建的先民就“以船为车，以楫为马”。隋唐时，泉州是当时全国主要的造船基地之一。宋元时期是泉州海外交通的鼎盛时期，也是泉州造船业最发达的时期。宋人谢履《泉南歌》云：“州南有海浩无穷，每岁造舟通异域。”北方金朝人也来请福建人打造战船，“金人所造战船，系是福建人，北人谓之倪蛮子等二人指教打造”①。

宋元时期，泉州所造海船，其坚固性、稳定性、适航性，特别是水密隔舱的安全设施等，在当时世界上都具先进水平。从1974年泉州湾后渚发掘的宋代海船可以得到充分证明。

福建人曾帮助日本人改进造船技术。16、17世纪，日本的造船技术比较落后，所造的海船“其船底平，不能破浪……若遇无风、逆风，皆倒桅荡橹，不能转戗，故倭船过洋，非月余不可”。福建商人改造这种旧船，“贴造重底，渡之而来。其船底尖，能破浪，不畏横风、斗风，行驶便易，数日即至也”②。

郑和下西洋是世界航海史上的伟大壮举。郑和下西洋所使用的牵星术，是中国航海文明史上一种先进的天文航海技术，它不但是中国古代天文航海术自身发展的结果，也是吸取阿拉伯天文航海术营养的结果。③

指南针、造纸、火药、印刷术四大发明是中国人民对人类文明的杰出贡献。四大发明通过中外人民的友好交往传播到世界各地。

指南针在北宋末作为导航仪器，应用在航海事业中。赵汝适《诸蕃志》中描述从泉州到海南岛的航行说：“渺茫无际，天水一色，舟舶来往，惟以指南针为则，昼夜守视唯谨，毫厘之差，生死系焉。”④ 指南针应用于航海，获得全天候航海的能力。

宋代中国与阿拉伯国家之间海上交通十分发达，许多阿拉伯人到泉州、广州等城市贸易，火药和指南针就是通过海路传到阿拉伯，然后再传到欧洲。

宋代日本僧人庆政上人侨居泉州，于嘉定十年（1217）回国时，带回福州版的《大藏经》。元祐二年（1087），泉州海商徐戬先受高丽钱物，于

① 《三朝北盟会编》卷230。

② （明）郑若曾：《筹海图编》卷2（下），《倭船》，李致远点校，中华书局，2007年，第201-202页。

③ 孙光圻：《海洋交通与文明》，海洋出版社，1993年。

④ （宋）赵汝适原著，杨博文校译：《诸蕃志校释》，卷下《志物·海南》，中华书局，2000年，第216页。

杭州雕造夹注《华严经》等“二千九百余片”载往高丽。五代时泉州招庆寺僧静、筠二禅师编的《祖堂集》是现存最早的禅宗灯录，后传到朝鲜。高丽高宗三十二年（1245），分司大藏都监匡隽开雕《祖堂集》，其版藏于朝鲜伽耶山海印寺，直到近代才重新发现。这些对中国印刷术与佛经在日本和朝鲜的传播起了促进作用。

造纸技术经华侨传入印度尼西亚。15世纪初马欢随郑和下西洋到印尼爪哇时，当地尚“无纸笔，用茭苇叶，小尖刀刻之”。到17世纪80年代华侨在巴达维亚建立造纸厂，把祖国的造纸技术传入印尼。①

制瓷技术的外传，受到亚非欧世界各国人民的欢迎，它显示了我国人民的创造才能，对世界文明做出了杰出的贡献。陶瓷与人类的日常生活关系密切，如东南亚一些国家，在中国陶瓷传入之前，多以植物叶子为食器，“饮食以葵叶为椀，不施匕筯，掬而食之”②。中国陶瓷输入以后，提供了精美的食具，改变了原来的生活习惯。

中国的制瓷技术是通过中外人民友好往来传播到世界各地的。南宋嘉定六年（1223），加藤四郎随禅僧道元入宋，到福建德化学习制瓷技术，回国后在濑户烧制。日本的窑炉是受德化阶级窑的影响而设计的，所以日本把德化窑“估计为串窑的始祖”。法国和其他欧洲国家的制瓷工人，也仿造德化的白釉瓷和孔雀绿釉瓷。③ 晋江吴姓工匠于西班牙占领菲律宾以前，在菲律宾南怡罗戈省美岸社传授烧造瓷器。据说现在美岸制造的“文奈”，仍有明代瓷器工艺的影响。④

军持，原为印度佛教徒用以贮水饮用和净手的水瓶，早在公元4世纪传入我国和南洋群岛，在晋代法显撰的《佛国记》中有详细的记载。在泉州，唐代开元寺僧文偁使用过军持。宋元时期，东南亚等地穆斯林广泛使用军持。为适应这种需要，晋江磁灶和德化大量生产军持外销，体现了宋

---

① 林更生：《古代从海路外传的植物与生产技术》，载《海交史研究》，1988年第2期。

② 《诸蕃志校释》卷上，《登流眉国》，中华书局，2000年，第28页。。

③ 叶文程、徐本章：《畅销国际市场的古代德化外销瓷器》，载《海交史研究》，总2期（1980年）。

④ 叶文程等：《晋江磁灶窑的发展及其外销》，《中国古代陶瓷的外销》（一九八七年福建晋江年会论文集），紫禁城出版社，1988年。

元时期泉州与东南亚伊斯兰文化的交流。

中国是甘蔗的原产地之一，很早就种植甘蔗。制糖技术则是通过中外交流而不断改进的。蔗糖制造方法由印度传入东南亚，再传入中国。三国孙权时曾派人到交趾学习制糖方法。中国在唐代首先生产冰糖，埃及生产的冰糖与中国有关。《马可波罗游记》载：武干市（似今永春，一说尤溪）“这个地方以大规模的制糖业著名，出产的糖运到汗八里，供给宫廷使用。在它纳入大汗版图之前，本地人不懂得制造高质量糖的工艺。制糖方法很粗糙，冷却后的糖呈暗褐色的糊状。等到这个城市归入大汗的管辖时，刚好有些巴比伦人来到帝廷，他们精通糖的加工方法。因此被派到这个城市来，向当地人传播用某种木灰精制食糖的方法”①。这表明埃及人对中国制糖技术的提高做出了贡献。他们也可能在泉州学得制造冰糖的方法，并回传埃及。

泉州丝织业很发达，能生产高质量的刺桐缎，同时吸收外国的生产技术，如倭缎“制起东夷，漳泉海滨效法为之”②。

印尼的豆制品及其制作技术，是三百年前由闽南华侨传去的，至今雅加达、爪哇一带的制作豆腐程序，大体与厦门、漳州、泉州民间的制法相同。③ 印尼农民使用的犁，是17世纪闽籍华侨曾焕玉传去的，被称为“中华犁”。

在中外友好交往中，一些外国优良农作物也传入我国。占城稻，原产越南。它的特点是耐寒，成熟期短，从播种到成熟仅50日，收成好，适合福建的地理环境和气候，宋真宗时引入。据《湘山野录》载：“真宗深念稼穑，闻占城稻耐旱，西天菉豆子多而粒大，各遣使以珍货求其种，占城得种二十石，至今在处播之。”④ 大中祥符五年（1012），淮浙徽旱，遣使福建取种三万斛，分给令种莳之。建阳人江翱为鲁山令时传到河南鲁山一带。

① 陈开俊等译：《马可波罗游记》，第81章，福建科技出版社，1981年，第191页。

② （明）宋应星：《天工开物》，乃服篇。

③ 温广益：《华侨——祖国传统生产技术的传播者》，载《科学与文化》，1983年5期。

④ （宋）文莹：《湘山野录》，郑世刚，杨立扬点校，中华书局，2007年，第57页。

番薯原产地中美洲，明代万历年间（1573—1620）传入我国，对我国粮食结构的变化产生过很大的影响。番薯是经由三条路线传入我国的，即福建长乐、广东电白和福建泉州。据万历间侍御苏公作《朱薯疏》载：甲申（1584）乙酉（1585）间，温陵（泉州）洋舶，经广东南澳传入泉州。期间，温陵饥，他谷皆贵，惟薯独稔，乡民活之薯者十之七八。番薯最初传到晋江五都灵水乡，后乃稍及旁乡。到后来灵水则专以腌萝卜闻名，故吴增诗中感慨云：

传闻灵水最先栽，泛海携从南澳来。
今日此乡多种菜，薯花不及菜花开。

番薯经泉州再传播到日本。17 世纪初，出生于日本冲绳北谷间切野国村（今嘉于纳町）的野国总官到惠安县，将惠安的甘薯苗和栽培技术带回琉球，进行栽培、种植、推广和传播，逐渐引种到日本各地。[①] 番薯在日本叫“唐薯”“琉球薯”和“萨摩薯”，就是纪念番薯引进地而起的名。

玉蜀黍原产地南美洲，约在明朝隆庆年间首先传入福建安溪试种。乾隆四年（1739）7 月郝玉麟任闽浙总督时，对此新的粮食品种加以注意，11 月他调任两江总督，始将其种带至两浙，以后逐渐传播到全国各地。[②]

烟草，西名叫“淡巴菰”，原产地南美洲。万历末年由华侨从吕宋携种到泉州、漳州等地种植。

刺桐也是由海外传入的一种植物。晚唐诗人陈陶在诗中描述泉州刺桐“猗猗小艳夹通衢”“三千幢盖拥炎州”，说明当时泉州种植刺桐已相当普遍。五代时，留从效扩泉州城，“重加版筑，旁植刺桐环绕”，此后泉州以刺桐城和刺桐港闻名于世。

大食的椰枣也在宋元时传入泉州。陶宗仪《南村辍耕录》载：“泉州万年枣三株，识者谓即四川金果也，番中名为苦鲁麻枣，盖凤尾蕉也。”[③]

---

① 公宗鉴：《甘薯引种传播史略考》，载《八闽科学技术史迹》，厦门大学出版社，1993 年。
② 王洪涛：《晚蚕集》，华星出版社，1993 年。
③ （元）陶宗仪：《南村辍耕录》卷 27，《金果》。

泉州所见海外传入的植物，其中蔬菜类有：高丽菜传自朝鲜；菠薐菜传自波斯；瓮菜传自东夷即朝鲜或日本；葱、荷兰豆传自荷兰；茄传自暹罗；南瓜传自南番即南亚地区。花木类：茉莉传自波斯；素馨为“番舶载至”，阇提为南海种；夹竹桃传自西域；佛手桔传自西番。还有许多带番字的果树，如番石榴、番木瓜、番橄榄等均传自海外。

总之，泉州是古代中外科技文化交流的重要门户，为中华民族和世界的文明做出了重大贡献。在开放改革的今天，泉州要重振雄风，走向世界，在中外科技文化交流中发挥更大的作用。

原载《泉州学刊》，1995 年第 3 期，又载《八闽科苑古来香——福建科学技术史研究文集》，厦门大学出版社，1998 年。

关于海路针经的若干问题

陈佳荣、朱鉴秋先生主编的《中国历代海路针经》（2016年广东科技出版社出版），搜集“从先秦中国海路开拓，到宋代出现航海罗盘，以至元明清针经导航”的资料，嘉惠学林，为研究中国古代航海史、海外交通史、海洋开拓事业提供了第一手资料。现就海路针经中若干问题，略述管见，敬请方家指正。

一、关于“去怕七洲、回怕昆仑，针迷舵失，人船莫存”

最早记载“去怕七洲，回怕昆仑”的是南宋吴自牧的《梦粱录》：

> 若欲船泛外国买卖，则自泉州便可出洋，迤逦过七洲洋，舟中测水，约有七十余丈。若经昆仑、沙漠、蛇龙、乌猪等洋，神物多于此中行雨，上略起朵云，便见龙现全身，目光如电，爪角宛然，独不见尾耳。顷刻大雨如注，风浪掀天，可畏尤甚。但海洋近山礁则水浅，撞礁必坏船。全凭南针，或有少差，即葬鱼腹。自古舟人云：“去怕七洲，回怕昆仑。”①

其后是元汪大渊《岛夷志略》，云：

① （宋）吴自牧：《梦粱录》卷12，《江海船舰》，浙江人民出版社，1980年，第112页。

古者昆仑山，又名军屯山。山高而方，根盘几百里，截然乎瀛海之中，与占城东西竺鼎峙而相望。下有昆仑洋，因是名也。舶泛西洋者，必掠之。顺风七昼夜可渡。谚云：“上有七洲，下有崑仑，针迷舵失，人船孰存。”①

同书“急水湾”条云：“湾居巴绿屿之下，其流奔骛。舶之时月迟延，兼以潮汐南北，人莫能测，舶回旋于其中则一月莫能出。昔有度元之船，流寓在其中二十余日，失风，针迷舵失，舵遂搁浅。”

明朝随郑和下西洋的费信，撰《星槎胜览》记其见闻云：

其山节然瀛海之中，与占城及东西竺鼎峙相望，山高而方，根盘广远，海人名曰昆仑洋。凡往西洋商贩之船，必待顺风七昼夜可过。俗云：“上怕七洲，下怕昆仑，针迷舵失，人船莫存。”②

明朝记载“去怕七洲，回怕昆仑”的还有黄省曾《西洋朝贡典录》、张燮《东西洋考》、清朝程逊我《吧游纪略》、吕调阳《东南洋铖路》、唐赞衮《台阼见闻录》也有记载。上述记载中，《梦粱录》《吧游纪略》仅云“去怕七洲，回怕昆仑。”而《岛夷志略》《星槎胜览》《西洋朝贡典录》《东南洋铖路》《台阳见闻录》等，均有“针迷舵失，人船莫（孰）存”的记载。

向达先生云，七洲洋，即今海南岛南之西沙群岛，为古代海舶往来必经之险途。昆仑山一作昆仑头，古作军突弄山、军屯山、昆屯，在越南南端东面海上。昆仑山为东西二岛对峙，西大东小，故有大昆仑山、小昆仑山之称。中古时代海舶往来东西洋，此为必经之地，亦为最险之地。③

七洲洋、昆仑山为什么成为古代舶人最“怕”的地方？《顺风相送》

① （元）汪大渊著，苏继庼校释：《岛夷志略校释》，《昆仑》，中华书局，1981年，第218页。
② （明）费信：《星槎胜览》，冯承钧校注，中华书局，1954年，第8-9页。
③ 向达校注：《两种海道针经》，中华书局，1961年，第208、251页。

“定潮水消长时候”云：“船到七洲洋及外罗等处，可算此数日流水紧慢、水涨水退，亦要审看风汛，东西南北，可以仔细斟酌，可算无误，船身不可偏，西则无水扯过东。船身若贪东则海水黑青，并鸭头鸟多。船身若贪西则海水澄清，有朽木漂流，多见拜风鱼。船行正路，见鸟尾带箭是正路。”《指南正法序》所记略同。[①] 清陈伦炯《海国闻见录》云：“独于七洲大洋、大洲头而外，浩浩荡荡，罔有山形标识，风极顺利对针，亦必六、七日始能渡过，而见广南占哔啰外洋之外罗山，方有准绳。”[②] 船过七洲洋“罔有山形标识”要“看风斟酌”，“船身不可贪东贪西”因此往来海舶视为险途。

昆仑的龙卷风和暴风雨，往来海舶视为最险之地。《梦粱录》云：“神物多于此行雨。”此神物《海国闻见录》称“鼠尾龙风”，云：“凡中国洋艘由昆仑者，备鸡鹅毛、鲎壳等类，到昆仑洋，天时极晴霁，见黑云一点，随化为含烟，蜿蛇摇尾，即如江浙夏月湖中云龙。下篷惟恐不及，狂风立至。幸不及时而霁，俗呼‘鼠尾龙风’。白云者，其风尤甚。日遇二、三次或四、五次，间或不遇者少。故以翎毛、鲎壳焚秽气，以触远扬。过昆仑则无。”[③]《噶喇吧纪略拾遗》称“鼠尾者河龙也”，云：“鼠尾者河龙也，海上欲雨，黑云下罩，水面金精闪烁，水色空濛而上。黑云离水，须臾雨下，其近在一箭之地者，酸雨也，异乎不异。”《海岛逸志》称“龙吸水”，云：“大海之中，风雨昼晦，有黑云一片如针下垂，渐低渐堕，至海者，则水为之濴洄瀰湃。远者无妨，近则烧鸡羽放花炮。而水柜水桶皆当谨慎，用棉被或用衣服覆盖。不然尽被吸去矣。海水味咸，腾而为雨则淡。是天地好生之德，不可测议者也。”姚楠先生认为：按我国俗谚有“龙吸水”之说，其实指“龙卷风”而言。空气中由于浓积云发展，会出现雷电、阵雨与阵风，发展猛烈时也会出现龙卷风，其风力极强而范围不大，形似漏斗，破坏力极强，在海洋上，可以把海水吸到空中，形成水

① 向达校注：《两种海道针经》，第 27 页。

② （清）陈伦炯：《海国闻见录》，载《厦门海疆文献辑注》，厦门大学出版社，2013 年，第 14 页。

③ （清）陈伦炯：《海国闻见录》，第 24 页。

柱。至于《拾遗》所云“酸雨”则为大气遭受严重污染所致，于此无关，且与本条所云“海水味咸，腾而为雨则淡”[①]亦不合。《台海闻见录》云：“至昆仑洋。洋中有山，名曰昆仑：前列三峰，后列三峰。其洋小于七洲，每海舟回时，正当夏月，常起鼠尾。鼠尾者，天际云气一点如黑子，须臾黑气一线直上，猋风暴雨卒至。所谓往怕七洲，归怕崑仑也。”[②] 可见“归怕昆仑”是怕龙卷风暴风雨。

关于“针迷舵失”，《瀛涯胜览》“溜山国”条云：“国之西去程途不等，海天生石门如城阙样，有八大处。各有其名：曰沙溜、人不知溜、起来溜、麻里奇溜、加半年溜、加加溜、安都里溜、官屿溜。此处皆有所至而通商船。再有小窄之溜，传云三千有余，所谓弱水三千，正此处也……设遇风水不便，舟师失钉舵船过去溜，落泻水，渐无力而沉没，大概船行谨防此。”[③]《西洋番国志》亦云：“其余小溜尚有三千余处，水皆缓散无力，舟至彼处而沉，故行船谨避，不敢近此经过古传弱水三千，既此处也。行舡者或遇风水不顺，舟师针舵有失，一落其溜，遂不能出。大概行舡，谨防此也。”[④] 溜山国即今马尔代夫。其国为世界上环礁最多的地方，共有大小珊瑚岛礁和浅滩 2 000 多个。“舟师针舵有失”的原因是溜山国有三千余溜，水皆缓散无力，船至此落泻水，遂不能出而沉没。

有研究者认为“针迷舵失”是受磁石的影响，值得商榷。七洲洋、昆仑山、溜山国不见有磁石的记载。

在我国古籍中对东南亚磁石有记载。《海岛逸志》云：“磁石洋在南旺之东，山谷间及崖岸皆有磁石，磁石性能引铁，故其处之船，皆用竹钉为之，不敢用铁钉也。来往船楫，悉当飏开，不得相近。或有被狂风驱逐而误近者，则被其牵引不能解脱矣。”[⑤]《噶喇吧纪略拾遗》亦载：“磁石洋，

① （清）王大海著，姚楠、吴琁校注：《海岛逸志》，香港学津书店，1992 年，第 185 页。

② （清）唐赞衮：《台阳见闻录》，载陈佳荣、朱鉴秋主编：《中国历代海路针经》（下册），广东科技出版社，2016 年，第 672 页。

③ （明）马欢著，万明校注：《明钞本瀛涯胜览校注》，海洋出版社，2005 年，第 71-73、6 页。

④ （明）巩珍著，向达校注：《西洋番国志》，中华书局，1961 年，第 32 页。

⑤ （清）王大海：《海岛逸志》，第 93 页。

磁石引铁，近南望有磁石洋，船不用铁，以竹钉造，上载梆楹，难他用矣。”① 磁石洋在今印度尼西亚北面，山谷间及崖岸皆有磁石。磁石能吸铁，此处之船不用铁，以竹钉造。船若被狂风吹至此处，被其牵引不能解脱。三国吴万震《南州异物志》亦载：“涨海崎头，水浅而多磁石，外徼人乘大船皆以鍱鍱之，至此关以磁石不得过。”《岭外代答》云：“深广沿海州军，难得铁钉、桐油，造舟皆空板穿藤约束而成，于藤缝中以海上所生茜草干而窒之，遇水则涨，舟为之不漏矣。其舟甚大，越大海商贩皆用之。而或谓要过磁石山而然，未之详尔。今蜀舟底以柘木为钉，盖其江多石，不可用铁钉，而亦谓蜀江有磁石山，得非传闻之误。”② 虽记载磁石山，但“未之详尔”。

七洲洋、昆仑山，航海者视为险途，经过时要祭祀神灵。《顺风相送》云：“七州洋，往回三牲酒醴粥祭孤。”③《东西洋考》云：“七州山七州洋，俗传古是七州，沉而成海，舶过，用牲粥祭海厉，不则为祟。”④ 祭孤，孤即独也，指葬身海中的人。祭用牛羊豕或鸡鱼豕三牲，酒、粥。厉，死而无后曰厉。海厉指死于海上而无后者。祭祀用牲，指家畜之供宴饷用者。《周礼》云：“始养之曰蓄，将用之曰牲。”粥，养也。《夏小正》“粥也者，养也。”陈洪照《吧游纪略》云：“至七洲洋，茫无岛屿，为通西洋必经之道，隆冬之际，北风迅发，至此暖气融融，人穿单衣，中外之界，自此分矣。乃具牲馔，笼金钱，陈于木板，投诸海而焚之，以祀海神，继鸣金鼓，焚褚帛，以祀所过名山之神。”“洋中有山，名曰昆仑……海舟往时，当冬春之际，可以无虑，然必设馔祭如七洲洋。”⑤《海国闻见录》则云：“凡中国洋艘由昆仑者，备鸡毛、鲎壳等类，以翎毛、鲎壳焚秽气，以触远扬。过昆仑则无。”

七洲洋祭海厉、祭孤，具牲馔、笼金钱，陈于木板，投诸海焚之，以

① （清）王大海：《海岛逸志》，第 97 页。

② （宋）周去非：《岭外代答》卷 6，《藤舟》，屠友祥校注，上海远东出版社，1996 年，第 122 页。

③ 向达校注：《两种海道针经》，第 33 页。

④ （明）张燮：《东西洋考》，谢方点校，中华书局，1981 年，第 172 页。

⑤ 陈佳荣：《陈洪照〈吧游纪略〉》，载《海交史研究》，1994 年第 2 期。

祀海神，昆仑山以翎毛、鲎壳焚秽气等，都是祭祀活动，以求航海平安。

二、沙害与辞沙

船舶在海道上航行，有时为沙所阻，受其害。在近黄河出海口，“河浊海清，沙泥入海则沉实，支条缕结，东向纡长，潮满则没，潮汐或浅或沉，名曰五条沙。中间深处，呼曰沙行。江南之沙船往山东者，恃沙行以寄泊。船匧底平，少搁无碍”①。为适应近海航行之需，江南所造沙船方头、方艄、平底的浅吃水船型，多桅多帆，长与宽之比值较大，底平不怕浅沙，有“稍搁无碍”之效。

南海“万里长沙者，海中浮沙也，长数千里……船误入其中，必为沙所湧，不能复行，多破坏者。遇此，须取木板浮于沙面，人卧其上，数日内若有海舶经过，放三板拯救，可望生还”②。陈伦炯认为，这是因为万里长沙“大洋之水为沙两隔，节次断续。南北沙头为潮汐临头，四面合流，外长而内退、外退而内长。须沿沙节次撑上，断续沙头，夹退流，乘南风，东向尽流南退。虽欲北上求生，而南下者，正所以生也。何也？南风夹退潮，方能出溜。虽溜下，然而归于大海，不入内溜，方得乘南风而归”③。

沙对船舶航行危害颇大，航海者建造适应于浅沙航行的沙船。如误入海中浮沙，须取木板浮于沙面，人卧其上，等待路过船舶放三板救助。也有被害而死者，航海者对沙产生敬畏，举行辞沙。

辞沙，又称祀沙，是船人在出海前或途中举行的宗教活动仪式。祭祀过沙而溺死之魂。《宣和奉使高丽图经》云：“舟行至此，则以鸡黍祀沙，盖前后行舟，过沙多有被害者，故祭其溺死之魂。”祭品为鸡黍，也有祭祀岳渎主神之意，“是夜，就山张幕，扫地而祭，舟人谓之辞沙，实岳渎主治之神，而配食之位甚多。每舟各刻木为小舟，载佛经糗粮，书所载人

① （清）陈伦炯：《海国闻见录》。

② （清）谢清高：《海录》。

③ （清）陈伦炯：《海国闻见录》，第25页。

名氏，纳于其中，而投诸海，盖禳灾之术一端耳”[①]。夜间，就山张幕，祭岳渎神及其他配神。各舟刻木为小舟，载佛经糗粮，书所载人名氏，纳于其中，而投诸海，以禳灾。

明清时期，广东的辞沙是在海岸或沙上祭祀。“凡使外国者，具太牢祭于海岸沙上，故谓之辞沙。”[②] 太牢去肉留皮，以草实之，祭毕沉海。或云：“世俗南北之济者，必祷于海岸，得吉而后敢济，谓之辞沙。”[③] 或云：“凡济者必祈，谓之辞沙，以祀在沙上故云。”[④]

三、气象预报

在海上航行，掌握气象变化是十分重要的。殷人已能观测来自东西南北不同的风向，能识别阴、晴、晦、黑、雨、雪、雷、虹、雾等，能预卜二三天内的气象。到战国时期，产生八方风与十二方风的概念。据《周礼》记载，春秋战国已有专管观察和预报气象的官员。

西汉时，中国人已掌握西太平洋与北印度洋的季风规律，并应用于航海。海上导航占星的书籍有《海中星占验》《海中五星经杂事》《海中五星顺逆》《海中二十八宿国分》《海中日月慧虹杂占》等。东汉已知道随季节而变向，定期而至的信风。应劭《风俗通义》云：“五月有落梅风，江淮以为信风。”晋代，信风被称为黄雀长风，周处《风土记》云：“六月则有东南长风，俗名黄雀长风。”唐代已能预测台风。[⑤]

汉代崔实《农家谚》中提到的“舶趠风”是航海藉以驱动船舶的风。宋人苏轼《舶趠风》诗云：“三旬已过梅黄雨，万里初来舶趠风。几时萦回度山曲，一时清驶满江东。惊飘簌簌先秋叶，唤醒昏昏嗜睡翁。欲作兰台快哉赋，却嫌分别问雌雄。”[⑥] 陈岩肖也说：“每暑月，则东南风数日，

① （宋）徐兢：《宣和奉使高丽图传》卷34，《沈家门》，《梅岑》。

② （清）屈大均：《广东新语》卷6，《海神天祀》。

③ （清）王应华：《重修赤湾天妃庙记》，康熙《新安县志》卷12，《艺文志》。

④ 嘉庆《新安县志》卷22，《新建赤湾天妃庙后殿记》。

⑤ 孙光圻：《中国古代航海史》，海洋出版社，2005年，第135-136页。

⑥ （宋）苏轼：《舶趠风》，《苏东坡全集》正集卷11。

甚者至逾旬而止，吴人名之曰‘舶趠风’，云海外舶船祷于神而得之，乘此风到江浙间也。”①

古代航海主要依靠风信，航海者向风神、海神和其他神灵祈求保佑。宋代泉州地方官十分重视祈风典礼，南宋两度出知泉州的真德秀在《祈风祝文》中说：“惟泉为州，所恃以足公私之用者，蕃舶也。舶之至时与不时者，风也。而能使风之从律而不愆者，神也。是以国有典祀，俾守土之臣，一岁而再祷焉。”② 祈风典礼在南安九日山延福寺昭惠庙举行，由泉州市舶司主持，市舶司官员、地方军政官员参加，时间为每年夏四月或冬十月、十一月或十二月。祈风时的盛况“车马之迹盈其庭，水陆之物充其俎，成物命不知其几百数焉”③。九日山现存祈风石刻十方，是研究宋代祈风制度的珍贵资料。泉州地方官也到法石真武庙“望祭海神”，把玄天上帝作为海神膜拜。

在航海者心目中，在茫茫大海中妈祖无时不在，无处不在。每当遇到危险时，妈祖就会显灵救援。妈祖成为鼓舞航海者与海洋搏斗的精神力量，虔诚信奉妈祖。

宋代航海者对气象预测相当娴熟。《宣和奉使高丽图经》云：“惟恃首领熟识海道，善料天时人事，而得众情，故若一有仓卒之虞，首尾相应如一人，则能济矣。”“舟人以风势未定，尚候其势。海上以风转至次日不改者，谓之孰。不尔，至洋中卒而风回，则茫然不知所向矣。自此即出洋。故审视风云天时，而后进也。”④ 舟人能“善料天时”“审视风云天时”，即预测气象“而后进也”。《梦粱录》也说：“海洋中日出日入，则知阴阳；验云气，则知风色逆顺，毫发无差；远见浪花，则知风自彼来；见巨涛拍岸，则知次日当起南风。见电光则云夏风对闪。如此之类，略无少差。”⑤ 当时已能从日出、云气、浪花、巨涛预报阴阳、风色、气、南风。

① （宋）陈肖岩：《庚溪诗话》。

② （宋）真德秀：《西山先生真文忠公文集》卷5，《祈风祝文》。

③ （宋）李邴：《水陆堂记》，乾隆《泉州府志》卷17，《山川》。

④ （宋）徐兢：《宣和奉使高丽图经》卷34，《客舟》《梅岑》。

⑤ （宋）吴自牧：《梦粱录》卷12，《江海船舰》。

明朝郑和下西洋船队有官军、阴阳官、阴阳生观察天气。“每一号船上面，有三层天盘，每一层天盘里摆着二十四名官军，日上看风看云，夜来观星观斗。”① 天盘即罗盘，也叫罗经，是航海中测星指向定船行方位的导航仪器，由24名官军守护。李至刚撰《马公墓志铭》云“随敕奉差诸官员名”有“阴阳官一员，阴阳生四名”②。明初仿儒和僧道官之例，设阴阳官，掌观测天气。

明清时期，在地方文献和针路簿中，天气预报的记载很多。占验的有明《海道经》《东西洋考》和泉州《源永兴宝号航海针簿》等。风信、暴飓的有乾隆《泉州府志》、道光《晋江县志》、道光《厦门志》、蒋毓英《台湾府志》、高拱乾《台湾府志》、范咸《台湾府志》、郁永和《稗海纪游》、杨浚《岛居三录》、李增阶《海外纪事》、窦振彪《厦门港纪事》等。

记载日月出入的有《顺风相送》“定日月出入位宫昼夜长短局”“定太阳出没歌”“定太阴出没歌”。《指南正法》“定太阴出没”“定太阳出没”，泉州《源永兴宝号航海针簿》“定一年十二月日落出歌”“占每月日出歌”等。

记载风云变幻的有《顺风相送》“定风用针法”，《东西洋考》“逐月定风暴”，《指南正法》“定针风云法”“定逐月风汛”，《海疆要略必究》“观云法”，《外海纪要》“风云天气”“海气变，备风雨”，泉州《石湖郭氏针路簿》“定风吹旗入篷中何筹方法”等。

记载潮汐消长的有《顺风相送》“定潮水消长时候”，《东西洋考》“潮汐”“水醒水忌”，《指南正法》“逐月水消水长时候”“许真君传授神龙行水时候”，《厦门港纪事》“厦门潮汐时刻”等。还有《顺风相送》“论四季电歌”“四方电候歌”，泉州《源永兴宝号航海针簿》“定四时雷电法”，《山海明鉴》“定四时雷电法”等。

---

① （明）罗懋登：《三宝太监下西洋记》，三秦出版社，1996年，第159页。

② （明）李至刚：《马公墓志铭》，见《郑和家世资料》，人民交通出版社，1985年，第2页。

四、风暴

风神，又称风师、风伯，风神有箕伯、飞廉、孟婆诸说。闽台地区由于受温热气候的影响，风暴经常发生，对风神的崇拜十分普遍，各地建有风神庙。

风神是掌管风暴的，但每年中定期发生的风暴是由具体的神灵掌管，并冠以神灵的名字，以示敬畏。

这些冠以神灵的风暴有：主宰阴司的阎罗王、阴府判官崔府君、主管人间生死的东岳大帝、掌阴阳生育的后土娘娘、地方守护神土地公；道教最高神玉皇大帝、道教神九皇、张天师、北方之神玄天上帝、主文运的魁星，关圣帝君、宋太尉、天曹；群仙领袖王母娘娘、八仙之一的吕洞宾、寿星南极仙翁、长寿仙人彭祖、彭祖婆；海神妈祖、通远王（白须公、翁爹）、水神水仙王、二郎神，江神屈原、长江水神金龙大王、黄河之神金龙四大王、司水旱灾异的张大帝、医神吴真人、雷神、龙神、灶神；佛教的佛、淡帽佛、观音、普庵、伽蓝；苏王爷、池王爷、六位王；张良、文天祥；动物乌（白）狗、乌龟、圣猴；还有民间奉祀的女神大姨、小姨、小妾、威显、太保等。

冠以神灵风暴的时间，一般为神诞日，如正月初八玉皇诞、二月初八张大帝诞、二月十九观音诞、三月初三玄天上帝诞、三月十五吴真人诞、三月十八后土娘娘诞、三月廿三妈祖诞、三月廿八东岳大帝诞、四月初八佛诞、四月十四吕洞宾诞、五月初一南极仙翁诞、五月初七朱太尉诞、五月十三关帝诞、六月初六崔府君诞、六月廿四雷神诞、六月廿六二郎神诞、六月廿九文天祥诞、七月十八王母诞、八月初三灶君诞、九月十七金龙四天王诞、十月初五风神诞、十月初六天曹诸司诞、十月初七水仙王诞、十月廿七普庵诞等。也有以飞升、得道日，如正月十三关帝飞升、五月初五屈原投江、六月十九观音出家。还有以闽台民间节日，如正月十五上元节、七月初七七巧节、七月十五中元节、九月初九重阳节等。闽台民间正月初四接神、十二月廿三送神、十二月廿九火盆光，这几天的风暴即以此命名。

暴、飓就是台风，中国人很早就认识台风。最早提到台风的是南朝刘宋人沈怀远。他说："熙安间，多飓风。飓风者，四方之风也，常以六七月发生，未至时，三日鸡犬为之不宁。一曰飓风，言怖也。"唐代水手已掌握根据断虹、断霓或赤云来预测台风的能力。刘恂云："南海秋夏间，或云物惨然，则其晕如虹，长六七尺。此候，则飓风必发，故为飓母。"唐代将台风称为"𩗗𩘳"，沈佺期诗云"𩗗𩘳萦海若，霹雳耿天吴。"柳宗元诗"飓风偏惊估客航"[①] 等。海南琼州有飓风祠，雷州有飓风坛。佚名《飓风祠记》云："飓风祠在琼州，又感恩有息风山，中有巨穴，深不可测，每飓风发，入祷之则止，他如雷州有飓风坛，以祭飓风，凡岭海所至，遇六七月皆有飓风，若琼雷二州尤多，故立祭所。"

清朝林君升《舟师绳墨》云："仰观之法如何，风云不测，变化无穷，虽古今推算之书甚多，有曰《乾坤秘录》，有曰《雷霆都司》，有曰《测天赋》，有曰《泄天机》。细究其法，都不过占风云气象而已，且其说亦有渺茫处。今取其简而明、明而易者：如'雾后须防风飓''夏秋更有雷风''秋天夜间有露决无飓''交冬北风虽大，不为台''夏至以后北风一起，即有台风。'又要晓得'六月雷响止台风，七月雷响九台来'。"但"风台雷飓，各有云象可观。"[②] 总结预测台风。

《海道经》《东西洋考》《顺风相送》"逐月恶风法"、泉州《山海明鉴针路》"恶风先兆"、泉州《源永兴宝号航海针路》"恶风先兆""恶风报头可防之，前后三日俱是也"、海南许洪福抄本《更路簿》"看天作恶风"等都是有关台风的占验。

五、占验

古代航海者和渔民在长期劳动中，长期观察气候变化，掌握天气变化

① 孙光圻：《中国古代航海史》，第 265 页。

② （清）林君升：《舟师绳墨》《舵工事谊》，载《厦门海疆文献辑注》，第 240 页。

规律，用歌诀的形式，便于记忆，世代相传，就是占验。张燮说：“占验，似可解似不可解，似有似又无，备波涛之望气，诽委巷而征歌也。”[①] “望气”，就是了解海洋气象必须参考占验。

明《海道经》一卷。占验歌诀，循海上天气变化的规律，分为占天门2条，占云门26条，占风门19条，占日门17条，占虹门3条，占雾门4条，占电门7条，共78条。还有占潮门、占海门。歌诀通俗有韵，便于上口，容易记忆，大部分至今还在流传使用。杨熺教授依据唐代黄子发的《相雨书》，对明代张尔岐《风角书》中《海运风占》《海运抄略》《海运水经》进行校注释理。[②]

《海道经》占验预测中国沿海信风规律。占风门说“春夏东南风，不必问天公；秋冬西北风，天光晴可喜”。总结渔民水手海上作业，观察海上气候的经验，“初三须有飓，初四还可惧。望月二十三，飓风君可畏”。“二月风雨多，出门还可记。”占天门说“朝看东南有黑云推起，东风势急，午前必有雨；暮看西北有黑云，半夜必有雨。”占云门说“云势若鱼鳞，来朝风不轻；云阵两双尖，大飓连恶天；恶云半开闭，大飓随风至。”占日门说“乌云接日，雨即倾滴；午后云遮，夜雨滂沱”等。

《东西洋考》占验许多录自《海道经》口诀，也纠正了海道经的一些误字，如占云门“云势若鱼鲜，来朝风不轻”中“鲜”应为“鳞”。“云钩午后排，风色属人猜”“猜”应为“情”[③]。

泉州《源永兴宝号航海针簿》中占天、占虹、占雾、占云、占风、恶风先兆、占日、恶风报头可防之，前后三日俱是也。泉州《山海明鉴针路》中占天、占云、占风、占日、占雾、占虹、恶风先兆。《顺风相送》中“逐月恶风法”，海南许洪福抄本《更路簿》中“看天作恶风”，李增阶《外海纪要》中“风云天气”“海气变备风雨”等[④]，验天、日、风、

① （明）张燮：《东西洋考》，第172页。

② 杨熺：《海道经天气歌谣校注释理》，载《海交史研究》，1999年第2期。

③ 高荣盛：《关于〈海道经〉以及元明时期江海航业的几个问题》，载《元史及北方民族史研究集刊》第九期，1985年。

④ 陈佳荣、朱鉴秋主编：《中国历代海路针经》，广东科技出版社，2016年，第742页。

云、雾、虹等，恶风先兆、看天作恶风等是台风预报。其内容与《海道经》《东西洋考》大致相同。

明初设钦天监，随时占验风云变幻，“凡天文，如日月星辰，风云霾雾，本监各委官生昼夜占候，或有变异，旧例自具本上奏”①。

六、下针仪式

火药、指南针、印刷术、造纸四大发明是中国人民对世界文明的杰出贡献。

北宋末年，指南针作为导航仪器已应用于航海。朱彧《萍洲可谈》云：“舟师识地理，夜则观星，昼则观日，阴晦观指南针。”这是朱彧追忆其父朱服于北宋元符二年（1099）至崇宁元年知广州时的见闻，是中国航海者使用指南针的最早记录。徐兢《宣和奉使高丽图经》也说“是夜，洋中不可住，惟视星斗迈进，若晦冥，则用指南浮针，以揆南北。”这里所说的指南浮针是指使用水浮法，即水罗盘。

关于水浮法，沈括在《梦溪笔谈》中记载：“水浮多荡摇，指爪及碗唇上皆可为之，转运尤速，但坚滑易坠，不若缕悬为最善。其法取新纩中独茧缕，以芥子许蜡缀于针腰，无风处悬之，则针常指南。”② 北宋晚期寇宗奭《本草衍义》讲地更清楚，“以针横贯灯心，浮水上，亦指南。”赵汝适《诸蕃志》说：“舟船来往，惟以指南针为则，昼夜守视惟谨，毫厘之差，生死系焉。”③

指南针在航海中的运用，是航海史上一件划时代的大事。海路针经中，对罗经的重要、安罗经的方法、下针请神仪式等都有记载。

《顺风相送序》云：“行路难者有径可寻，有人可问。若行船难者则海水连接于天，虽有山屿，莫能识认。其正路全凭周公之法，《罗经针簿》

① （明）徐溥：《明会典》卷223。

② （宋）沈括：《梦溪笔谈》卷24，《杂志一》。

③ （宋）赵汝适原著，杨博文校释：《诸蕃志校释》卷下，《海南》，中华书局，1996年，第216页。

为准。倘遇风波，或逢礁浅，其可忌之皆在地罗经中取之。”① 《指南正法》、琉球程顺则《指南广义》等记载略同。罗振彪《厦门港纪事》“罗经二十四字当能识”也指出，“凡驶船，用针路，亦有兼用单字，当仔细察矣。罗经针路，可等流水而驶船。”地罗二十四位、罗经二十四字指罗盘二十四方位，依八干：甲乙丙丁庚辛壬癸；十二支：子丑寅卯辰巳午未申酉戌亥；加上四维（八卦）：乾坤巽艮。二十四向位由尊神大将军掌管，行船者以罗盘二十四方位为准。

罗经与水碢的关系是君与臣的关系。泉州《石湖郭氏针路簿》“罗经水论”云：“罗经有君臣，分别何处所用。但凡放洋，要往东西南北以及山东、关东等处，洋路辨别，罗经所以为君，水碢所以为臣。风势轻重，流水东西缓急顺逆，不可按图刻舟执一，第须随人临时机转巧变。”即此，“因上海与乍（浦）较量，则又大不相同，权将以水碢为君，而以罗经反为臣者，盖因亦势有所更拟耳。且福建内山针路，则有南北流，必当更换罗经为君，水碢仍乃为臣”。泉州白崎郭氏藏针经抄本《舟师必览》“弁言”记载略同。往南北东西，及山东、关东等洋作“以罗更为君，水砣为臣”，北至上海、乍浦洋作“可将水砣为君、罗更为臣”。而《厦门港纪事》“分别罗经有君臣”放东西南北及山东、关东等洋作“以罗经为君，水舵为臣。”北至上海、乍浦“可将水船（舵）为君，罗庚为臣。”罗庚、罗经即罗盘。

罗经即罗盘。水碢，水砣为打水的器具。测量水的深浅名为打水，单位为托。托为方言，“谓长如两手分开者为——托。”砣，《顺风相送》作掏，《指南正法》作铯，《海国见闻录》称绳驼，《台海使差录》作铅锤。绳驼、铅锤底涂以蜡油或牛油，系绳放下测水深浅，并可粘带泥沙，以探究海底属泥底、沙底或石底。

罗经与水碢的君臣关系，应视风势轻重，水流缓急顺逆，临时机转巧变，有时以碢为君，罗经为臣。《厦门港纪事》云：北至上海、乍浦“可将水船为君，罗庚为臣”。水船应系水舵（砣）之误。

① 向达校注：《两种海道针经》，第21-22页。

安罗经，即（舵）下指南的方法。《顺风相送》“下针法”云：“安罗经，下指南，须从乾宫下。盖乾宫者乃二十四向之首，夫乾者天之性情，故下针必以是为先，庶针定向，不至浮沉偢。”《指南正法》“针方法”亦云：“定罗经下针位乾位先，盖乾者乃二十四筹头之元首，故以是为先。遮针定法不至浮沉，若偢舵工之人，针头起放舵止，针头重牵舵回。”指南针在针房的放置，清刘献廷《广阳杂记》载：“海船上司罗盘者曰伙长。置一龛，下铺细砂，安盘于上，取平。周回置灯。伙长昼夜视之，较之以刻漏而定方向焉。其水之浅深，泥之颜色臭味。皆知之，验之毛发不爽。一见山，则事在舵工，伙长之任卸矣。”①

《顺风相送》“地罗经下针神文”，《指南正法》定罗经中针祝文《乘舟必览》“放洋下针请神仪式”，泉州《石湖郭氏针路簿》等，是行船启用罗盘时举行祭祀仪式的祝文。《指南正法》云：大清国某省某府某县某保某舟主某人，兴贩某港，涓于某月某日开驾下针，虔备礼物，祈保平安。《乘舟必览》、泉州《石湖郭氏针路簿》记载略同。

祈祷的神明庞杂，《顺风相送》祈祷的神明包括四值功曹使者、轩辕黄帝、周公圣人、阴阳仙师、青鸦白鹤仙师、杨救贫先师、王子乔仙师、李淳风仙师、陈抟仙师、郭朴先师、历代过洋指南祖师、罗盘二十四位尊神大将军、定针童子、转针童郎、水盏神者、换水神君（铜勺）、神君大将、下针力士、走针神兵、罗经坐向守护尊神、建橹班师父、部下仙师、神兵将使，一炉灵神。本船奉七记香火有感明神敕封护国庇民妙灵昭应明著天妃，暨二位侯王茅竹仙师，五位尊神杨奋将军、最旧舍人、白水都公、林使总管、千里眼顺风耳部下神兵、擎波喝浪一炉神兵。海洋屿澳山神、土地、里社正神，今日下降天神纠察使者，虚空过往神仙，当年太岁尊神，某地方守土之神，普降香筵，祈求圣杯，今日良辰下针，青龙下海永无灾。第二处下针酒礼奉先真，伏望圣恩常拥护，东西南北自然通。

《指南正法》《乘舟必览》与泉州《石湖郭氏针路簿》祈求神灵较为简略，但也有神灵记载为《顺风相送》所无，如《指南正法》的“袁天

① （清）刘献廷：《广阳杂记》卷5，中华书局，1997年，第240页。

罡”“夹石大神”“三界伏魔关圣帝君”。《乘舟必览》的“招才童子”“利市官”。《石湖郭氏针路簿》的“文王”“招财童子”“利市天官”“本船龙神君”等。

总之对“针迷船失”“辞沙”、风暴、占验、安罗经等的初步研究，可窥见海路针经对研究中国航海史的重要性，尚祈学界同仁赐教。

原载《泉州文博》，2019 年第 1 期。

海商研究与人物考证

略论回易务与回图务

——读《唐故泉州地界营将朝请郎试太子宾客郑公墓志铭并序》札记

1953年，吴文良先生在泉州南门桥尾街一小庙中发现《唐故泉州地界营将朝请郎试太子宾客郑公墓志铭并序》，高49.5厘米，宽51.5厘米，厚11厘米，系20世纪30年代在泉州东门外唐墓中出土。吴文良先生将墓志碑刻捐献给泉州海外交通史博物馆，并在1957年8月科学出版社出版的《泉州宗教石刻》上公布照片。

现将《唐故泉州地界营将朝请郎试太子宾客郑公墓志铭并序》抄录于下：

唐故泉州地界营将朝请郎试太子宾客郑公墓志铭 并序

公讳季方，字正规，汉末大司农之世也。始自荥阳，迁于闽地，今则为清源人矣。代居闽，为贵戚，仕至郡县已下者不降四五。

先府君讳弘，独矜游遁，不縻青紫。公协和御下，恒谨承上，爰自成人，以至殁也，必有称焉。后贿货土田，爵为豪室，然未尝以骄逸之气加人，细大毕恭。

公始以贞慎忠干闻。会昌中，刺史武功征之，披以戎服，委军事之，货俾市利，以充府库。次升为伍师，递衔前虞副、莆阳镇将左，公行事益至谨肃。大中庚午岁，刺史荥阳公择其材，委充浙江东道回易军赐使。其年秋八月十四日，不幸殁于越郡会稽县之客馆，年六十有一。越月讣者至，哀闻于家。又一月，柩将至，明年六月十九日，龟筮告吉，厝于晋江县东出五里道左五十武，原曰石井原，礼也。

其嗣出南阳唐氏者三人：曰钧、曰珣、曰诚。女二人：长适吴氏，婿曰玖：次适许氏，曰庠。出继室济阳蔡氏者五人，二人女，男曰继先、继祖、季曰莆肇。出未冠其次可知也，皆哀礼具焉。既识其葬，其孤以状请铭于欧阳偃，偃既吊孤授志，以题之词云：

择材必贞，任人必直，贞不遑生，直不暇息。
惟公之德，惟材是则，择之莫遗，用之必克。
始闻心捺，终委货殖，戎列中昇，修途晚陟。
虹霓蕴气，白珪奉职，致命捐躯，辞家殉国。
殁彼异邦，藏诸旧域，石井之原，锋山之北。
松风夜声，陇云晚色，孤冢凄凉，行人惨恻。

泉州已发现的唐代墓志铭不多，此方墓志铭至为珍贵，为研究唐朝历史，特别是有关回易务（军）提供了宝贵的资料。

《墓志铭》："大中庚午岁，刺史荥阳公择其材，委允浙江东道回易军赐使。"大中庚午即大中四年（850），郑季方任浙江东道回易军赐使。

有研究者认为，"浙江东道回易军赐使，专门经营福建与浙江的海上贸易"①，"这个叫郑季方的官员，为政府做买卖，进行海上贸易，后来病逝于当时也是商业港口的越州会稽（今浙江绍兴市）。"②

关于两浙回易务的创设及其职责，鲍志成先生说：为管理杭州等沿海港口海上贸易（包括与北方中原王朝和与海外各国的贸易），吴越国在梁时（907-923）于沿海设置博易务及在北方沿海郡派出机构两浙回易务，专门管理吴越国与海外各国及中原各地之间的贸易往来，博易务及回易务官员，由吴越王委任。博易务的主要职能是监督管理国内、海外舶商的进

① 徐晓望：《妈祖的子民——闽台海洋文化研究》，学林出版社，1999年，第298页。
② 粘良图：《晋江史话》，厦门大学出版社，2005年，第21页。

口贸易，包括官方贸易和民间贸易，抽取舶税。[①] 吴振华先生也说：“为了管理远在北方的海上贸易，吴越国在山东半岛的登、莱、青、密等州设置了两浙回易务。”“两浙回易务的职责，是管理吴越地区与中原地区的沿海贸易”，“而吴越国则偏安一隅，相对安定，利用自己的有利条件，一方面先后臣服唐朝与五代各国。一方面又与它们进行民间贸易和官方贸易，两浙回易务的主要管理对象正是这两种贸易。”[②] 吴振华先生在另一篇文章说：“博易务和两浙回易务同是钱氏管理海上贸易的行政机构，只不过博易务兼有沿海和海外贸易两个方面，而回易务仅负责两浙地区与中原地区的朝贡和物资交流罢了，博易务相当于唐宋时的市舶机构，是市舶司的异名。”[③] 何勇弨先生认为：“博易与回易，它们字面上的意思是完全一样的，两者都置于北方沿海地区，因此我怀疑它们实际上是同一机构的异名；而且‘博易务’的称呼是从《十国春秋》才开始的，也可能本来并无所谓‘博易务’，后人将回易讹为‘博易务’。”[④]《十国春秋》云：“梁时，江淮道梗，吴越泛海通中国，于是沿海置博易务，听南北贸易。”[⑤] 据此，施存龙先生认为吴越国博易务“是海上内外贸易兼管双重任务的机构”[⑥]。

《墓志铭》云：大中四年，郑季方“委充浙江东道回易军赐使”，可见回易军（务）在唐代已设置，是管理货殖的机构。郑季方卒于“越郡会稽县之客馆”，回易军（务）当设于浙江会稽。鲍志成先生说，“博易务及回易务官员，由吴越王委任。”从《墓志铭》可见，唐朝回易军赐使由荥阳刺史委任。宋朝有回易机构，其官员叫大宋回易使，罗大经《鹤林玉露》载：

> （张循王）予五十万，恣其所为。其人乃造巨舰，极其华丽。

① 鲍志成：《浙江海外通商史略》，西泠印社，2006年，第3页。

② 吴振华：《杭州古港史》，人民交通出版社，1989年，第78-79页。

③ 吴振华：《杭州市舶司研究》，载《海交史研究》，1988年第1期。

④ 何勇强：《吴越国对外贸易机构考索》，载《海交史研究》，2003年第1期。

⑤（清）周昂：《十国春秋》卷114，《拾遗》。

⑥ 施存龙：《唐五代两宋两浙和明州市舶机构建地建时问题探讨》，载《海交史研究》，1992年第1期。

市美女能歌舞音乐者百余人，广收绫锦奇玩、珍馐佳果及黄白之器，募紫衣吏轩昂间雅若书司，客将者十数辈，卒徒百人。乐饮逾月，忽飘然浮海去，逾岁而归，珠犀香药之外，且得骏马，获利几十倍。……问其何以至此，曰：到海外诸国，称大宋回易使，谒戎王，馈以绫锦奇玩。为招其贵近，珍馐毕陈，女乐迭奏。其君臣大悦，以名马易美女，且为治舟载马，以犀珠香药易绫锦等物，馈遗甚厚，是以获利如此。①

张循王打着大宋回易使的旗号到海外诸国，获利几十倍。说明宋代的回易使是主管与海外贸易有关机构的官员，在海外有影响。

宋朝在杭州设回易库，《梦粱录》云："回易库，在荐桥北。外有公使醋子库。于城内外十有一库耳。或自沽卖，止日纳息钱于点检所。"② 杭州有回易库 11 处，自沽卖，纳息钱于点检所即可。

和回易务相近的机构还有回图务。《资治通鉴》载：

湖南判官高郁请听民自采茶卖于北客，收其征以赡军，楚王殷从之。秋七月，殷奏于汴、荆、襄、唐、郢、复州置回图务，运茶于河南北卖之，以易缯纩、战马而归。仍岁贡茶二十五万斤，诏许之。湖南由是富赡。③

后梁开平二年（908），楚王马殷接受湖南判官高郁的建议，设置回图务以解决军队的费用，在汴、荆、襄、唐、郢、复州置回易务。允许百姓自采茶运至河南北卖于北客，征其税，换回军队所需的衣服和战马等。由于设置回图务，湖南的军赡由是而富。

契丹曾任命河阳牙将乔荣为回图使，在大梁（开封）置邸贮存货物，往来贩易于山西。后来契丹与晋交恶，悉取邸中之货，凡契丹人在晋贩易

① （宋）罗大经：《鹤林玉露》卷 2。

② （宋）吴自牧：《梦粱录》卷 10，《本州仓场库务》。

③ （宋）《资治通鉴》卷 266，"后梁太祖开平二年七月"条。

者，皆杀之，夺其货。①

五代回易务势力强大，“五代藩镇多遣亲吏往诸道回图贩易，所过皆免其算，既多财则务为奢僭，养马至千余匹，童仆亦千余人”。对此，宋太祖患之，“于是诏中外臣僚，自今不得因乘传出入，赍轻货，邀厚利，并不得令人于诸处回图，与民争利，有不如诏者，州县长吏以名奏闻”②。另一方面，为了笼络归附宋朝的清源太守留从效，青州荷恩禅院充回图邸务。《清源留氏族谱·大宋敕》云：

> 卿远临南服……貔虎之师甚众，必资回易，以济赡供……宜新其邸第，庶有便于梯航……今赐青州荷恩禅院，充卿本道回图务邸务。

宋太祖赐青州荷恩禅院为留从效回图邸务，其目的是：“貔虎之师甚众，必资回易，以济赡供”，仍然是以回图务来补充军队的费用。

综上所述，回易务（军）始设于唐代，是管理货殖的机构，回易军赐使由荥阳刺史任命。五代两浙回易务是管理吴越国与海外各国及中原地区的贸易，其官员由吴越王任命。宋代仍有回易机构，其官员叫大宋回易使，主管与海外贸易。五代设回图务以解决军队费用，势力强大。

原载《泉州文博》，2015年第1期。

① （宋）《资治通鉴》卷238，“齐王天福八年九月”条。

② （宋）《续资治通鉴长编》卷18，“太平兴国二年正月”条。

南外宗子与泉州海外贸易

北宋为加强对皇族事务的管理，于景祐三年（1036）置大宗正司，崇宁三年（1104）又置南外宗正司于南京（今河南商丘）、西外宗正司于西京（今河南洛阳），以“掌外居宗室”。建炎初（1127），“上将南幸，先徙诸宗室于江淮。于是，大宗正司移江宁，南外移镇江，西外移扬州。明年春，又移西外于泰州及高邮军。三年冬，又移于福州，而南外移泉州，以避狄”[①]。南外宗正司于建炎三年（1129）移于泉州。

南外宗正司为管辖泉、漳赵宋宗子的衙门。南外宗正司初迁泉州时有宗子349人，到庆元年间（1195—1200），在院者1 300多人，外居者440多人，绍定年间（1228—1233），在院者1 427人，外居者887人。[②] 他们有的在泉州居住，繁衍生息，成为泉州人，正如明朝著名的历史学家何乔远所说：“宋家南外刺桐春，凤凰台榭塚麒麟。至今十万编民满，时有当年龙种人。”[③] 其中不乏有作为的人，为推动泉州社会经济、科技文化的发展，做出了自己的贡献。本文拟就南外宗子与泉州海外贸易作些探索。

一、南外宗子大量从事商业活动

宋朝社会经济发展很快，社会各阶层都参与商业活动，官吏从商的风气愈来愈浓，经营范围不断扩大。皇族宗室也从事商业活动，天禧五年

---

① 《五礼通考》卷144。

② （宋）真德秀：《真文忠公文集》卷15，《申尚书省乞拨降度牒添助宗子请给》。

③ （明）何乔远：《镜山全集》卷2，《泉趋》，福建人民出版社，2015年，第86页。

（1021）八月，枢密院做出规定："皇亲诸宅置船，长公主二，郡县主一，听于诸河市物，免其差拨。"① 就是说，允许他们置船自由贸易，并可受到免差拨的优惠。仁宗嘉祐三年（1058）时，有更多的皇族宗室参与商业活动，"诸王邸多殖产市井，日取其资"②。南宋以后，宗室弟子，"为懋迁之计，与商贾皂隶为伍"③，"不免散居民间，出入市井，混杂细民"④。

宋代宗室有很强的商业意识，他们不但自己从商，而且将宗女与外商联姻。元祐间（1086—1094）"广州蕃坊刘姓人娶宗女，官至左班殿直。刘死，宗女无子，其家争分财产。遣人挝登闻院鼓，朝廷方悟宗女嫁夷种，因禁止。三代须一代有官，乃得娶宗女"⑤。许多外商，凭借其雄厚的资财，通过与赵宋宗室联姻，而取得授官的机会。"先是宗室租免，女听编民通婚，皆予官民争市婚为官户"，"今遐僻贱人，争以国姻自召，商较财币，仅同贸易。坐堂而拜者为舅姑，同牢而食者为夫妇"。可见，外商与宗室联姻者当不在少数，故以"非以尊国示民范也，朝廷始严其法"⑥，加以禁止。

明成化年间（1465—1487），泉州南外宗子后裔、著名理学家、教育家赵珤（字德用，号古愚）在《天源赵氏族谱》所订族规中规定："若商则多本多利，与官有匹也。行货度日，安分取财，不沦肌魄，亦祖宗有赖之人。"⑦ 这是总结前辈经验，对宋代南外宗子及其后代从事商业活动，给予充分肯定，认为是祖宗有赖之人。

居住在泉州的南外宗子，大量从事商业活动，有的宗子借手中之权，对蕃商巧取豪夺，所以，绍兴末有"两宗司（西、南）今后兴贩蕃船，并有断罪之文"⑧。但是，禁而不止，至嘉定中"南外宗子，商于

① （宋）李焘：《续资治通鉴长编》卷97，"天禧五年八月戊申"条。
② （宋）李焘：《续资治通鉴长编》卷187，"嘉祐三年八月辛酉"条。
③ 《宋会要辑稿》，帝系六之一三。
④ 《宋会要辑稿》，帝系六之一二。
⑤ （宋）朱彧：《萍洲可谈》卷2。
⑥ （宋）晁补之：《鸡肋集》卷62，《朝散郎充集贤殿修撰提举西京嵩山崇福宫杜公行状》。
⑦ 泉州赵宋南外宗正司研究会编：《南外天源赵氏族谱》，第181页。
⑧ 《宋会要辑稿》，职官二〇之三〇。

泉者多横”[1]。

二、南外宗子与泉州市舶司

市舶司的主要职责是“掌蕃货海舶征榷贸易之事，以来远人，通远物”。市舶收入是南宋王朝财政的主要收入，市舶之利最厚，宋高宗说“市舶之利，颇助国用”。绍兴末，国家岁收总额 4 000 余万缗，仅闽广两市舶利润 200 万缗，约占朝廷总收入的 20%。[2]

朝廷对委派市舶司官员非常重视，认为“提举市舶官，皆当慎择，苟非其人，则措置失宜，海商往往不至”[3]。南宋时，南外宗正司迁泉州，多任命宗子充任泉州市舶司官员。泉州市舶司是北宋元祐二年（1087）设置的，北宋期间，泉州市舶司提举中没有一个宗室担任。但从建炎初迁南外宗正司到泉州后，到南宋灭亡，这期间出任泉州市舶司提举的宗室达 10 人。他们是赵汝彧 、赵汝谠、赵亮夫、赵不熄、赵崇度、赵汝适、赵彦侯、赵希懋、赵师耕、赵孟传，其中赵崇度、赵汝适、赵彦侯、赵师耕、赵孟传均以知州兼任市舶司提举。这些宗室在担任泉州知州和市舶司提举时，有的积极发展海外贸易，促进泉州海外交通的发展，使泉州港能在南宋时赶上并超过广州。

真德秀知泉州时，市舶司提举为赵崇度，当时海舶每年来泉州的仅三四艘。这是由于以前番舶抵泉州时，犀象珍珠之属，以“呈样”的名义悉选充献，接收舶货时，官吏又取龙脑一匣。重征、强买、罚没，致使番商畏苛索，苦和买，不敢前来泉州贸易。针对这种情况，真德秀和赵崇度革除弊政，罢和买，禁重征，税例如定制，深得番商的欢心。[4] 在他们的努力下，经过一年整顿，第一年海舶至者 18 艘，第二年 24 艘，第三年增至

---

① （明）何乔远：《闽书》卷 116，《缙绅·泰宁县·邹应隆》，福建人民出版社，2015 年，第 3501 页。

② （宋）李心传：《建炎以来系年要录》卷 159。

③ 《建炎以来系年要录》卷 162。

④ 乾隆《泉州府志》卷 29，《名宦·赵崇度》。

36 艘，泉州海外贸易得到发展。

赵汝适，嘉定十七年（1224）九月任福建路提举市舶，宝庆元年（1225）七月兼知泉州，十一月兼知南外宗正司，一身兼三职，是个举足轻重的人物。他认为朝廷在广州、泉州设置市舶司是“盖欲宽民力而助国朝。其与贵异物穷侈心者乌可同日而语”①。在这一思想的指导下，积极发展海外贸易。他在泉州市舶司任内，“暇日阅诸蕃图”，“询之贾胡，俾列其国名，道其风土，与夫道里之联属，山泽之蓄产，译以华言，删其秽渫，存其事实”②，宝庆元年（1225）著成《诸蕃志》。

《诸蕃志》记载东亚的日本、新罗，东南亚自麻逸西至今北非以及地中海的西西旦岛一带共 58 个国家和地区，对诸国的方位、山川、途程、风土、物产记载甚详，很注意对各国和各地珍稀动植物特产的记载。

《诸蕃志》对泉州海外交通记载很详细，凡记载我国与东南亚诸国、印度、阿拉伯以及北非各国的航线距离、日程、方位，多以泉州为基准；记载泉州进口的商品主要是香料等 300 多种，出口则以陶瓷、丝绸、茶叶和农副产品为主。

《诸蕃志》是南宋泉州海外交通发达的真实写照，有关航线、日程、贸易品的记载为后人从事海外贸易提供重要的参考，也是今天研究古代海外交通的重要参考资料。

在泉州任知州的宗室赵令衿，为发展泉州海外交通做出了贡献。他的最大贡献是建成安平桥和东洋桥。

安平桥，宋绍兴八年（1138）僧祖派建，安平镇人黄护与僧智渊各施钱万缗，后因黄护与智渊的去世，工程没有完工就停下来。绍兴二十二年（1152）泉州太守赵令衿建成，桥长 2 700 米，有“天下无桥长此桥”的美誉。之后，他又主持建成东洋桥。安平桥、东洋桥的建成，对繁荣泉州经济，发展海外贸易，起过重要作用。泉州人民感激他修桥造福地方，为他修建了赵公祠，以示怀念。惠安人民在他重修的永济桥上建祠纪念。

---

① 《诸蕃志》，赵汝适自序。

② 《诸蕃志》，赵汝适自序。

赵令衿在任泉州知州期间，为发展泉州海外贸易，招徕外商，尊重来泉州经商的外国人的风俗习惯和宗教信仰。

宋代许多外国人来泉州经商，他们把所在国的风俗习惯和宗教信仰带来泉州，如伊斯兰教徒在泉州建清净寺。

外国伊斯兰教徒在泉州建清净寺一事，在泉州引起激烈的斗争。赵令衿执行对外开放的政策，同意“贾胡建层楼（即清净寺）于郡庠之前”，这触犯了当时的保守势力，所谓“士子”以为病。他们认为“化外人，法：不当城居”，因此就以“郡贾赀巨万，上下俱受赂”，即“立戒兵官，即日撤之”①，并且告到中央。当时秦桧当权，借此以报私仇，将赵令衿逮捕入狱，派傅自得体究。

赵令衿是否受贿？《宋史》赵令衿传认为是“诬以赃私”，“案验无状”，这是比较公允的。事实上赵令衿被捕入狱的真正原因是由于他得罪了权奸秦桧。有次在会宾客观秦桧家庙记时，赵令衿口诵“君子之泽，五世而斩”。秦桧之兄婿汪召锡，为达到升官的目的，诬告赵令衿论日月无光，谤朝政。侍御史董德元“承风旨劾之，诬以赃私，诏下令衿狱。案验无状，乃论令衿谤讪不逊”。赵令衿被捕入狱，而诬告者汪召锡升为湖南省提举。

赵彦侯为泉州市舶司提举，“仕以廉平，泉人大悦”。许多外商来泉州经商，“舶琛满”，他的部下援引旧例，进奉番货给他，他“笞而却之”②。赵必愿知泉州，“罢白土课及免差”“行义役”“力讲行荒政”③，减轻人民负担，促进生产。赵公迥，“莅政简洁，人不敢干以私”④。赵汝谠，“折节读书，与兄汝谈齐名，天下称为‘二赵’”⑤。他们在泉州任职期间，为政清廉，减轻人民负担，促进泉州社会经济和海外交通的发展。

南外宗子中不乏干练之吏，如赵子潚知明州沿海制置使时，海盗贿通

① （宋）朱熹：《朱子全集》卷98，《朝奉大夫直秘阁主管建宁府武夷山冲佑观傅公行状》。
② 乾隆《泉州府志》卷29，《名宦·赵彦侯》。
③ 《宋史》卷413，“赵必愿”传。
④ 乾隆《泉州府志》卷46，《宋循绩·赵公迥》。
⑤ 《宋史》卷413，“赵汝谠”传。

地方官吏，掠夺商船，致使商道不通。子溸“以礼延土豪，俾率郡胥分道入海。告之曰：‘用命者有厚赏，不，则杀无贷’。胥众震恐，争指贼处，悉擒获。凡豪猾为贼囊橐者，穷治之，海道遂平”①。明州海道乃东海丝绸之路的要道，肃清海盗，保证东海丝绸之路畅通，对当时中国与日本、朝鲜的海外交通起了很大的促进作用。

南外宗子在泉州也有以权谋私，阻碍泉州海外交通的发展，如赵士䨱、赵不熄等。

赵士䨱，太宗六世孙，绍兴二十四年（1154）八月二十五日以观察使知南外宗正司，“凡三任南外，实历九年”。后“以事去官，言者请择宗室文臣之廉正者代之，遂以命子游”②。言外之意即赵士䨱不廉正。赵士䨱去官的原因，语焉不详，然根据有关历史事实考证，他被罢官与夺取蕃商船舶有关。

范如圭绍兴二十九年（1159）知泉州，当时“南外宗官寄治郡中，挟势为暴，前守不敢诘”。这位宗官即赵士䨱，前守为辛次膺。赵士䨱有恃无恐，“至夺贾人浮海巨舰”。贾人诉于州、诉于市舶司，“三年不得直”。范如圭上任后，“皆以法义正之。（宗官）大沮恨，密为浸润，以去公（即如圭），遂以中旨罢”③。到绍兴三十一年（1161）因漳州百姓黄琼控告福州西外宗正赵士衎，赵士䨱才一起被罢官。④

关于黄琼控告福州西外宗司知宗赵士衎一事，《宋会要辑稿》职官二十“宗正司”条云：

> （绍兴）三十一年二月二十一日，诏令大宗司选择保明宗室二员，代西南外两司见任人。先是臣僚言……比有漳州百姓黄琼商贩南番，其父客死异乡，物货并已乾没，空舟来归。所有逋

① 《宋史》卷247，《赵子溸》。
② 《宋史》卷244，《列传·宗室一·赵令廣》。
③ （宋）朱熹：《朱子全集》卷89，《直秘阁赠朝议大夫范公神道碑》。
④ ［日］土肥祐子：《宋代的漳州商人——黄琼与林昭庆》，载《陈元光国际学术讨论会论文集》，厦门大学出版社，1993年。

负，官司追索，估卖其舟。知宗士衎借名承买。必有委曲，小人迫切，不能诉于州县监司。此所以不远数千里，衔冤抱枉，投匭而赴愬，比闻朝廷行下本路提刑，虽先给还其舟，而前人所负倍称之息，盖有未易偿者。如此，则是舟必折而入于知宗之家。臣恐小民无以自免，乞令有司立法。如两宗司今后兴贩番舶，并有断罪之文，并画降每岁往泉南议事指挥，亦乞寝罢。况两司知宗在任年深，欲乞别选宗英往代其任故也。①

黄琼父子到南番贸易，父客死他乡，货物被人强夺，空舟而归。西外宗正司宗正赵士衎以他人名义强买船只，黄琼不满，直接到杭州投匭，朝廷派谏议大夫何傅审理此案。鉴于绍兴末年，泉广二州市舶司与西南二宗司犯法载铜钱，而郡县却无可奈何。所以赵士衎、赵士䆮强夺胡贾巨船和民船案才由中央审理，朝廷罢赵士衎、赵士䆮西南外宗正司知宗，并规定"两宗司今后兴贩蕃舶，并有断罪之文"。但是禁而不止，嘉定间"南外宗子商于泉州者多横"②。

嘉定间（1208—1224），任泉州市舶司提举的赵不熄，因为"多抽蕃舶，抄籍诬告"，而受到降官两级放罢的处分。

三、南外宗子与九日山祈风

宋代泉州市舶司主持，泉州地方军政官员，其中包括南外宗正司官员和宗子参加，在南安九日山延福寺通远王祠举行祈风典礼，祭祀海神通远王，祈求保佑海舶顺风平安，这反映封建统治阶级对发展海外贸易的重视。

九日山现存祈风石刻 10 方，祈风共 11 次，几乎每次都有宗子参加。其中淳祐七年（1247），赵师耕以泉州知州兼市舶提举主持祈风典礼。咸

① 《宋会要辑稿》，职官二十。

② （明）何乔远：《闽书》卷 116，《缙绅 · 泰宁县 · 邹应隆》，第 3501 页。

淳二年（1266），知宗兼郡事赵希怿主持祈风典礼。淳熙十年（1183），典宗赵子涛参加郡守司马伋主持的祈风典礼。淳熙十五年（1188），南外宗正司知事赵公迥、赵不遏、赵善垩参加林枅主持的祈风典礼。宝祐五年（1257），宗正赵师淯参加郡守谢埴主持的祈风典礼。淳祐三年（1243），舶幞赵崇岙参加太守颜颐仲主持的祈风典礼。嘉定十六年（1223），赵与官参加章棶主持的祈风典礼。其中宗正赵师恕因到开封，未能参加颜颐仲主持的祈风典礼。宗子赵子张、赵时僠、赵汝茂也参加祈风典礼。

南外宗子参加祈风典礼，反映他们参与海外贸易，对海船平安的关切。

四、南外宗子与泉州宋船

1974 年，在泉州后渚发掘的宋代古船，出土许多木牌签，是泉州南外宗子经商的最好例证。

后渚宋船发现的木牌签 96 件，其中“南家”18 件，“南家记号”1 件，宗子牌签 8 件。据傅宗文先生考证：木牌签中的“南家”，为泉州居民或南外宗正司所属官吏尊称南外宗子的徽记；安郡为安定王房派的徽记；河郡，入居泉州的赵元份四世孙仲霜封河东郡王，为该房派的徽记；衵郡，商王赵元份五世孙士𠛬卒后封赠咸安郡王，古船发舶在恭王时，故避恭王显，将咸改为衵；兆郡，南外宗京兆郡夫人的省称。①

该船出土的木牌签还有南外宗正司官吏的标识：朱库国记，朱姓监亲睦库官；𥞊司，亲睦库稠姓攒司；曾干水记、林干水记、曾干、张干，为宗人家干。

上述可见，南外宗正司的官员，事实上已转化成为海船的官纲纲首。

① 傅宗文：《泉州古船：南宋南外宗室海外经商的物证》，载《海交史研究》，1989 年第 2 期。

五、南外宗子对发展泉州海外贸易起了一定的作用

南外宗正司移至泉州后，为满足驻泉州宗子的需要，朝廷一方面投入折博本钱，另一方面给予优惠政策，推动了泉州海外贸易的发展。

宋朝廷给广州、福建、两浙三路市舶司以空名度牒，充作舶货折博本钱。宣和七年（1125）两浙路得300道，广东、福建路各得500道。到南宋时，由于南外宗正司迁泉州，朝廷拨给泉州更多博易本钱，如建炎间（1127—1130）拨福建20万贯，两浙路10万贯。

朝廷不仅给度牒作博易本钱，而且截拨上供银作博易本钱。乾道三年（1167）诏令“福建市舶司，于泉、漳、福州、兴化军应合起赴左藏西库上供银内，不以是何窠名，截拨二十五万贯，专充抽买乳香等本钱”①。

由于朝廷对泉州市舶司财政上的支持，泉州海外贸易急剧增长。

泉州对外贸易出口商品主要是丝绸、瓷器、茶叶等。当时居住在泉州的南外宗子，直接参与社会生产活动，提供海外贸易产品，促进泉州海外贸易的发展。

1975年在福州北郊黄昇墓出土三百余件服饰和罗、绫、绮、绢、纱、绉、锦等。其中有两件绫织物有墨书题记：一作“宗正纺染金丝绢官印”，另一作“囗囗囗司”和篆体“赵记”朱印。② 黄昇系黄朴之女，宗子赵师恕孙赵与骏之妻。黄朴端平间（1234—1236）知泉州兼市舶司提举。赵师恕淳祐间（1241—1252）知南外宗正司。他们执掌泉州海外贸易大权，这些丝织品是福建、泉州官私手工业作坊的产品。“宗正纺染金丝官”主持的作坊，“是设在泉州，专为宗室官府生产的官营手工业作坊”③，就是南外宗正司所属的生产丝绸的作坊。

原载《泉州文史研究》二，中国社会科学出版社，2006年。

---

① 《宋会要辑稿》，职官四四之二九。

② 福建省博物馆：《福州黄昇墓》，文物出版社，1982年。

③ 《宋会要辑稿》，职官二〇之三〇。

海上丝绸之路与宋元泉州海商

海上丝绸之路是连接东西方的海上通道，是沟通人类物质文明和精神文明的重要通道。泉州是海上丝绸之路的东方大港，活跃在海上丝绸之路的泉州海商对促进中外经济、政治、科技、文化交流做出过巨大的贡献，写下了光辉的篇章。

一、泉州海商活跃于海上丝绸之路的条件

泉州地处福建省东南部，面临大海，地形为西北部雄伟峻奇的戴云山脉，向东南呈阶梯状倾斜，依次形成山地、丘陵、平原，山地占 50.5%，丘陵占 28.5%，平原占 21%。为解决人口对耕地的压力，主要途径是向海上发展。明末学者顾炎武说："海者，闽人之田也。"泉州海岸线曲折，形成许多优良的港湾，为发展海上交通提供了优越的条件。泉州人有从事海上交通贸易的优良传统，正如宋朝人苏东坡所说："福建一路，多以海商为业。"① "泉州人稠山谷瘠，虽欲就耕无地辟。州南有海浩无穷，每岁造舟通异域。"②

泉州造船历史悠久，早在春秋战国时期，福建的先民就"以船为车，以楫为马"。隋唐时期，泉州是全国主要的造船基地之一。宋元时期，泉州造船业兴盛发达，"每岁造舟通异域"。当时福建所造的海船质量居全国

① （宋）苏东坡：《东坡奏议》卷 6，《论高丽进奉状》。

② （宋）祝穆：《舆地纪胜》卷 130，《福建路泉州》。

之首，宋人吕颐浩说："南方木性与水相宜，故海舟以福建为上，广东船次之，温、明船又次之。"[①] 北方金朝人也来请福建人打造战船，宋朝奉使海外的船和舟师，很多到福建来招募。元朝意大利旅行家马可波罗护送阔阔真公主远嫁波斯，从泉州启航，所乘四桅船，即泉州所造。[②] 明朝郑和下西洋的宝船，有部分是福建制造的。明代册封琉球的封舟，建造十分考究，成化（1465—1487）前在泉州制造，成化后在福州制造。

宋元时期，泉州所造的海船，其坚固性、稳定性、适航性，特别是水密隔舱的安全设施等，在当时世界上都具有先进水平。1974 年泉州后渚港宋代海船的发现与发掘，为研究当时先进的造船技术提供了宝贵的实物资料。

宋元时期，泉州造船业发达，造船、航海技术先进，而且有许多熟练识别天象、运用指南针导航设备的舟师，这些都是泉州海商活跃于海上丝绸之路的重要条件。

二、海商的构成

宋元时期，泉州海商由本地海商、外地海商和外国蕃商构成。本地海商可分为舶商、散商、南外宗子海商、僧人海商、海员水手等。

（一）舶商

舶商是有独立身份的海商，有的自己出资打造船只，有的租用他人船只。宋元时期，泉州有很多舶商，"泉州多有海舶入高丽往来买卖"[③]。据朝鲜《高丽史》及中国文献记载，从大中祥符八年（1015）至元祐五年（1090）泉州舶商欧阳征、林仁福、陈文轨、怀赞、陈亿、李颤、卢遵、林蔼、林禧、黄文景、林宁、黄慎、傅旋、徐戬、刘载、徐成等 19 次到高

① （宋）吕颐浩：《忠穆集》卷 2，《舟楫之利》。
② 陈延杭：《〈马可波罗游记〉中刺桐海船的探讨》，载《海交史研究》，1992 年第 2 期。
③ （宋）苏轼：《东坡全集》卷 56，《乞令高丽僧从泉州归国状》。

丽，有记载的最多一次达150人，以上几次到高丽贸易的泉州舶商人数约在千人以上。①

朱舫到三佛齐经商，获利百倍。据莆田《祥应庙碑》记载："泉州纲首朱舫，舟往三佛齐国，亦请神之香火而虔奉之。舟行迅速，无有限阻，往返曾不期年，获利百倍。"泉州僧本偁之表兄为海贾，往三佛齐经商。泉州杨客为海贾十余年，致赀二万万。绍兴十年（1140）于杭州钱塘江上，"赍沉香、龙脑、珠琲珍异纳于土库中，他香布、苏木不减十余万缗，皆委之库外"②。泉州纲首陈应到占城，自贩物货并载乳香、象牙及使人入贡。这些都是舶商。

舶商中有的是世代相袭，如泉州舶商柳悦、黄师舜"世从本州给凭，贾贩高丽"③。明朝李贽的先人林睦斋从事海外贸易的本钱"承藉前人蓄积之赀，常依家客航泛海外诸国"④。有的舶商因资金不够，借高利贷从事海外贸易，如元顺帝时，海盐人陈思恭商于泉州，娶泉州人庄氏为妻。陈思恭"尝贷其友石章钱五千缗"从事海外贸易，失利返乡后"负市舶司系狱"，其妻庄氏"倾所余偿之"⑤。有的合股经营，陈思恭客死海外，其子陈宝生移居太仓与另一移居太仓的泉州人孙天富，"约为兄弟，乃共出货泉，谋为贾海外"。他们所涉异国"自高句骊，外若阇婆、罗斛与凡东南诸夷，去中国亡虑数十万里。"他们"不稽子本，两人亦彼此不私有一钱"⑥。有的委托行钱为代理人出海贸易分利。行钱是高利贷资本的代理人，"凡富人以钱委人，权其子母所委，谓之行钱"⑦。如淳熙五年（1178）泉州海商王元懋使行钱吴大作纲首，一去十载，获息数十倍。

舶商出海经商必须得到政府的批准，向市舶司领取公凭。如宋朝泉州舶商李充到日本贸易，由两浙市舶司发给公凭。按章呈报所载货物的花色

① 陈高华：《北宋时期前往高丽贸易的泉州舶商》，载《海交史研究》，1980年总2期。
② （宋）洪迈：《夷坚丁志》卷4，《泉州杨客》。
③ （明）杨士奇等：《历代名臣奏议》卷348，《夷狄》。
④ 《学前李氏分支家谱》。
⑤ 弘治《太仓州志》卷8，《列女》，转引自《古代刘家港资料集》，南京大学出版社，1985年。
⑥ （明）三彝：《王常宗集》，《续补遗·泉州两义士传》。
⑦ （宋）王明清：《投辖录》，《玉条脱》。

品种和数量，开列商人、船主和船上人员的名单，注明船只大小和载重量多少，填写要到的国家和地区，还要有殷实户 3 人作保，保证不夹带违禁品。

（二）散商

散商主要是沿海地区的小土地所有者、小商小贩、农民、渔民、失意知识分子等，他们资力微薄，共同搭船出海贸易，在船上租一定舱位，从事小本买卖，正如朱彧《萍洲可谈》卷 2 所描述：

> （海）舶大者数百人，小者百余人。……舶船深阔各数十丈，商人分占贮货，人得数尺许，下以贮物，夜卧其上。货多陶器，大小相套，无少隙地。

散商又称“搭客”“贴客”，他们惨淡经营，能发财致富者不多，有的要举借高利贷维持营生。《夷坚志》载：“泉州商客七人：曰陈、曰刘、曰吴、曰张、曰李、曰余、曰蔡，绍熙元年六月，同乘一舟浮海。”① 七人应该就是散商。元汪大渊《岛夷志略》古里地闷条所载：“昔泉之吴宅，发舶梢众百有余人，到彼贸易。”这些人亦是散商。

（三）南外宗子海商

宋朝社会经济发展很快，社会各阶层都参与商业活动，官吏从商风气愈来愈浓，经营范围不断扩大。皇族宗室也从事商业活动，天禧五年（1021）八月，枢密院规定：“皇亲诸宅置船，长公主二，郡县主一，听于诸河市物，免其差拨。”② 允许他们置船自由贸易，并可受到免差拨的优

① （宋）洪迈：《夷坚三志》己卷第 2，《余观音》。
② （宋）李焘：《续资治通鉴长编》卷 97，“天禧五年八月戊申”条。

惠。仁宗嘉祐三年（1058）时，有更多的皇族宗室参与商业活动，“诸王邸多殖产市井，日取其资”①。南宋以后，宗室弟子，“为懋迁之利，与商贾皂隶为伍”②，“散居民间，出入市井，混杂市民”③。

居住在泉州的南外宗子，大量从事商业活动。泉州湾后渚发掘的宋代海船出土木牌签96件，其中“南家”18件，“南家记号”1件，宗子牌签8件。据傅宗文先生考证：木牌签中的“南家”为泉州居民或南外宗正司官吏尊称南外宗子的徽记；安郡为安定王房派的徽记；河郡，入居泉州的赵元份四世孙仲霜封河东郡王，为该房派的徽记；昛郡，商王赵元份五世孙士㲄卒后封赠咸安郡王，古船发舶在恭王时，故避恭王显，将咸改为昛；兆郡，南外京兆郡夫人的省称。④

该船出土的木牌签还有南外宗正司官吏的标识：朱库国记，为朱姓监亲睦库官；稠司，亲睦库稠姓攒司；曾幹水记、林幹水记、曾幹、张幹，为宗人家幹。可见南外宗正司的官员，事实上已转化为海船的纲首。

从事海外贸易的南外宗子，有的借手中之权，对蕃商巧取豪夺。如绍兴二十六年（1156），蕃商巨舰遭知南外宗正赵士㲄强夺，蕃商诉于泉州知州和市舶司，经三年杳无音讯。新任泉州知州范如圭“皆以法义正之。（宗官）则大沮恨，密为浸润以去公，遂以中旨罢”⑤。到绍兴三十一年（1161）因漳州百姓黄琼船只被夺，到杭州控告福州西外宗正赵士衎，赵士㲄才一起被罢官。并规定“两宗司今后兴贩蕃船，并有断罪之文”⑥。但是，禁而不止，他们仍然从事经商，嘉定间（1208—1224）时“南外宗子商于泉者多横”⑦。

---

① （宋）李焘：《续资治通鉴长编》卷187，“嘉祐三年八月辛酉”条。

② 《宋会要辑稿》，帝系六之一三。

③ 《宋会要辑稿》，帝系六之一二。

④ 傅宗文：《泉州古船：宋季南外宗室海外经商的物证》，载《海交史研究》，1989年第2期。

⑤ （宋）朱熹：《朱子全集》卷89，《直秘阁赠朝义大夫范（如圭）公神道碑》。

⑥ 《宋会要辑稿》，帝系二〇之三〇。

⑦ （明）何乔远：《闽书》卷116，《缙绅·泰宁县·邹应隆传》，福建人民出版社，1994年，第3501页。

（四）僧人海商

僧人为海商的有：王元懋、林昭庆、释文英等。王元懋，在寺院里长大，边做杂役，边从师僧学习外语。后随商船到占城，深得占城国王的宠爱，嫁以王女，在占城十年，后归泉州，为大海商。《夷坚志》载：

> 泉州人王元懋，少时祇役僧寺，其师教以南番诸国书，尽能晓习。尝随海舶诣占城，国王嘉其兼通番汉书，延以馆客，仍嫁以女，留十年而归。所蓄奁具百万缗，而贪利之心愈炽。遂主舶船贸易，其富不赀。……淳熙五年，使行钱吴大作纲首，凡火长之属一图帐者三十八人，同舟泛洋，一去十载。以十五年七月还，次惠州罗浮山南，获息数十倍。①

林昭庆，字显之，晋江人，生于天圣五年（1027），因家境贫困，双亲将他送入漳州开元寺为僧。后结托乡里同好，组成海商集团，航海于福建、广东、山东间，十数年后成为一个富商。② 皇祐年间（1049—1053），他将自己的财产全部托于同好，用于赡养双亲，自己双手空空再度到漳州开元寺为僧，又云游各地成为临济宗名僧。关于林昭庆，秦观在《淮海集》卷33《庆禅师塔铭》云：

> 师讳昭庆，字显之，俗姓林氏，泉州晋江人也，少跅弛，以气自任，尝与乡里数人，相结为贾，自闽粤航海道，直抵山东，往来海中者数十年，资用甚饶。皇祐中，祀明堂，恩度天下僧。师为儿时，父母尝许为僧，名隶漳州开元寺籍。至是辄谢诸贾，以财物属同好，使养其亲。徒手入寺，毁须发受具戒。

---

① （宋）洪迈：《夷坚三志》己卷第6，《王元懋巨恶》。

② ［日］土肥祐子：《宋代的漳州商人——黄琼与林昭庆》，载《陈元光国际学术讨论会论文集》，厦门大学出版社，1993年。

宋代的牙行、牙人不仅是舶货交易中从事居间说合的经纪人，而且包括管制市场，约束商人，承担信用担保，经营邸店和舶货买卖等多种职能的特殊商人团体。[①] 从事牙行工作的僧人称牙僧，南宋时泉州有牙僧。

南宋时真腊商人航海至泉州贸易，官府命“使尽入来远驿，所贩黄蜡，偿以官钱，命牙僧旬日间遣行”[②]。

有的僧人成为海商，也有的商人成为僧人，如释文英，宋泉州人，俗姓苏，“往来商成都，富钜万。留意禅悦，忽若有悟，尽捐资。移书别妻子，祝发于嘉祐院。……师鸠工庀徒，创建禅宇凡为屋千楹，且阐龙宫藏贝叶，规模恢敞，气象雄峙。……且请废寺之产于官，成三百亩，以备香积”[③]。

（五）船员和水手

船员和水手不但是船舶的操作和驾驶者，而且是海外贸易的直接参与者。他们参加经营的方式是在船上专门留给一定的货舱，让他们免费搭载自己的货物。泉州湾宋代海船出土的货签中有“吴兴水记”“丘碇水记”“陈小工记”“张什”“张绊”“杨工”“尤工”“三九工”等，从这些木牌签可见，他们是船中船员和水手，也是标明他们拥有货物的标签。

（六）外地商人

外地人来泉州经商的很多，如元朝陈宝生之父陈思恭，浙江海盐人，到泉州经商，娶泉州庄氏为妻，后到海外经商，客死于海外。杭州张存，

① 廖大珂：《宋代牙人牙行与海外贸易》，载《海交史研究》，1990年第2期。

② （宋）楼钥：《攻媿集》卷88，《敷文阁学士宣奉大夫致仕赠特进汪公行状》。

③ （明）明河：《补续高僧传》卷23，《文英传》《高僧传合集》，上海古籍出版社，1991年，第748页。

至元十三年（1276）流寓泉州，起家贩船。[1] 元代浙江衢县陈庆甫到泉州经商，至元年间捐银五万余修衢州城垣，说是前助泉州洛阳桥的余资。陈庆甫为巨商，到泉州可能经营衢州瓷器。[2] 晋江陈埭丁姓回族祖先丁节斋于元初“自苏货贾于泉，卜居泉城”。惠安白奇郭姓回族一世祖“德广公，自杭来泉，依例占籍法石，为法石开基始祖”。

也有泉州商人徙居江浙的，如泉州两义士孙天富、陈宝生晚岁定居江苏太仓。元末明初泉州人朱道山徙居姑苏，他因“以宝货往来海上，务有信义，故凡海内外之为商者，皆推焉以为师”[3]。

（七）蕃商

宋元时期，许多外国人到泉州经营海外贸易，蒲寿庚是蕃商的代表。

蒲寿庚，其祖先为阿拉伯人，因经商到占城（今越南中南部）居住，后到广州定居，从事香料贸易。南宋时，其父蒲开宗由广州迁居泉州。蒲寿庚善于经营海外贸易，“擅蕃舶利三十年”，掌握海外贸易大权，拥有大量海舶和资产，“致产巨万，家僮数千”[4]。在元兵南下泉州时，蒲寿庚降元，保存了既得的经济利益，客观上使泉州免受战争的破坏，并使泉州港在元军占领当年即开港，泉州海外贸易继续发展。

宋末元初著名的阿拉伯海商佛莲，波斯湾巴林人，蒲寿庚之婿，侨居泉州，从事香料、珠宝贸易，在泉州拥有庞大的商船，“发海船八十艘”，死后家中珍珠130石。

宋代三佛齐人来泉州经商并定居泉州的很多，林之奇说：“三佛齐之海贾，以富豪宅生于泉者，其人以十数。”[5] 有的外国海商，“招诱”成绩卓著，还可以补官，如大食蕃商蒲罗辛“造船一只，般载乳香投泉州，市

① （元）陶宗仪：《辍耕录》卷23，《圣铁》。

② 季志耀：《试论浙西宋元窑址及其产品外销》，载《中国古代陶瓷的外销——1985年福建晋江年会论文集》，紫禁城出版社，1988年。

③ （明）王彝：《王常宗集补遗》，《送朱道山还京师序》。

④ 嘉靖《蒿城县志》卷8。

⑤ （宋）林之奇：《拙斋文集》卷15，《泉州东坂葬蕃商记》。

舶计抽解价钱三十万贯，委是勤劳，理当优异，诏蒲罗辛特补承信郎。”①

蕃商或杂处民间，或列居城南，还出现外国人聚居的蕃人巷。祝穆《方舆胜览》云：泉州“土产蕃货，诸蕃有黑白二种，皆居泉州，号蕃人巷。每岁以大舶浮海往来，致象犀、玳瑁、珠玑、玻璃、玛瑙、异香、胡椒之属。”为满足外国人子弟入学的需要，还开设蕃学，“大观、政和之间，天下大治，四方响风，广州、泉南请建番学”②。南宋绍兴三十一年（1161）至隆兴元年（1163），波斯人施那帷在泉州东坂创建穆斯林公墓，外国人的宗教信仰和风俗习惯得到尊重。北宋大中祥符二年（1009），伊斯兰教徒在泉州通淮街创建清净寺，其后又创建清净寺多处。北宋雍熙年间（984—987），印度僧人罗护那航海至泉州，蕃商竞持金缯珍宝以施。他在泉州城南买地建宝林院。至元十八年（1281），印度泰米尔商人圣班达·贝鲁玛获元廷恩准建印度教寺院。景教的寺院有兴明寺等。

三、泉州海商的人文性格

宋元时期，泉州海商甘冒风险，向海洋发展，进行国际贸易。泉州民谚“走海行船三分命”，说明从事海外贸易是多么危险，海上经常遭风，有的人葬身鱼腹。但在奋发图强和富有冒险精神的航海家面前，海洋不但没有成为人类文明的障碍，反而成为人类征服的对象。宋诗人刘克庄《泉州南郭二首》云：“闽人务本亦知书，若不耕樵必业儒。惟有桐城南郭外，朝为原宪暮陶朱。”“海贾归来富不赀，以身殉货绝堪悲。似闻近日鸡林相，只博黄金不博诗。”泉州海商不畏艰险，父亡子继，如元朝泉州海商陈宝生父思恭贾海而死，宝生继承父业，与孙天富继续从事海外贸易。

泉州海商冒险进取精神的传统，在明清时期得到进一步发展。明万历《泉州府志》云：“濒海之民，多以鱼盐为业，而射赢牟息，转贾四方，罟师估人高帆健舻疾榜击汰，出没于雾涛风浪中，习而安之，不惧也。”③

① 《宋会要辑稿》，蕃夷四之九四。

② （宋）蔡絛：《铁围山丛谈》卷2。

③ 万历《泉州府志》卷2，《风俗》。

宋元时期，泉州海商从事海外贸易具有高尚的商业道德，他们以信义为准则。元朝泉州海商孙天富、陈宝生长期从事海外贸易。他们对外国人能以孝友、信义化道之，取得外国人的信任，外国人称之为“泉州两义士”。他们以信义为重，彼此之间能“急难相援誓终始”，能互相信任，不存私心，“不稽其子本，无毫发私”，长期患难与共，长期合作。陈思恭死后，负市舶司系狱，其妻庄氏以“吾夫之信不可失”，倾家所有积蓄偿人，这是值得称道的大义之举。

泉州海商富于冒险勇于拼搏的人文精神，是海洋文化所具有的特性，其形成的原因，“除了因其面临大海的自然环境之外，其受阿拉伯穆斯林文化的影响，是一个不可忽视的重要因素”。[①] 阿拉伯人在泉州的活动长达数百年之久，阿拉伯人有优良的经商传统，对泉州人的人文性格产生了一定的影响。

泉州海商从事海外贸易，沟通中外政治、经济、文化交流，也起了重要作用。

北宋熙宁二年（1069），泉州商人黄慎去高丽，事先得到福建转运使罗拯令其通好，高丽国遣使随其来，恢复了中断43年的关系。北宋元祐四年（1089），高丽使节寿介到中国与宋朝通聘好，乘泉州海商徐戬的船。乾道三年（1167）占城使者搭福建海舶抵泉州。在高丽的福建商人很多，北宋末年“多闽人因贾舶至者”，高丽统治者“密试其能，诱以禄仕，或强留之终身”[②]。如高丽文孝王（1105—1122）时，泉州海商刘载被封为尚书右仆射。高丽显宗时，泉州商人欧阳征补封为左右拾遗。文宗时，泉州商人萧宗明被封为权知阁门祗侯等。他们为发展两国间的友好关系，起了一定作用。

南宋建炎元年（1127），两浙安抚使叶梦得委托泉州大商柳悦、黄师舜到高丽经商时，打听金朝动静，为政府决策提供情报。

有的泉州海商为高丽购买中国图书，雕造经板。元祐二年（1087），

① 陈支平：《福建六大民系》，福建人民出版社，2000年。

② 《文献通考》卷325，《高句丽》。

泉州海商徐戬“先受高丽钱物，于杭州雕造《夹注华严经》”①，载往高丽。熙宁八年（1075），泉州商人傅旋持高丽礼宾省帖，乞借乐艺等人。这些都促进了中朝两国的文化交流。

原载中国航海学会、泉州市人民政府编：《泉州港与海上丝绸之路》（二），中国社会科学出版社，2003年。

① （宋）苏轼：《东坡全集》卷56，《论高丽进奉状》。

泉州两义士与刘家港海上交通

太仓刘家港是元明时代我国漕运和海外交通的重要港口，在我国古代航海史和海外交通史上曾做出过重大贡献。

一、刘家港漕运与海外贸易

元朝统一全国后，京师粮食“无不仰给于江南”，每年需从江南运粮300万石供给京师。漕运最初是通过运河，但漕渠经常湮塞，且自江淮溯黄河而上，至中滦（今河南封丘）后，需转陆运180里至淇门（今河南浚县），入御河（今卫河），经直沽（今天津）转入白河达通州（今北京通县），再转陆运至大都。后改为河运与海路联运，但成效不大。至元十九年（1282），伯颜提出海运粮食的建议，朝廷命总管罗璧、朱清、张瑄等，造平底海船60艘，运粮4.6万石，从海道运至京师。第一次试航，“风信颇失时”，但比起河运的情况好多了。至元二十三年（1286）元朝政府在浏河镇北岸设立行泉府司，专管海运。至元二十八年（1291）正式建立海运都漕运万户府，由朱清、张瑄任海道都漕运万户。自此之后，海运粮食数逐年增加：至元二十七年（1290）1 407 400石，大德九年（1305）为1 843 300石，至大三年（1310）增至2 926 532石。天历二年（1329）为最高，达3 522 163石。

元朝海运的航线先后开辟三条，都是从太仓刘家港启航。第一条航线是至元十九年（1282）朱清和张瑄开辟，自刘家港北经崇明入海，沿通州海门县黄连沙头和万里长滩（今江苏海门东浅沙）开洋，靠近沿海山屿北行，抵淮安盐城县（今江苏盐城），历西海州海宁府东海县（今江苏连云港）、密州（今山东诸城）、胶州（今山东胶州市）海面，放灵山洋（今山东青岛以南海面），再东北行，至成山角（山东半岛东），然后西航，进入渤海，沿界河（今海河）至杨村码头（今河北武清），航程13 350里。这一航线沿途浅沙，航行不便，时间要长达几个月。第二条航线是至元二十九年（1292），朱清、张瑄因旧道“其路险恶”重新开辟。粮船过了长江口以北的万里长滩后，便离开近岸，过黑水洋至成山角，仍沿渤海南部西航，达界河口。这条航线绕过了近海沿岸的沙滩，需看太平洋自南向北的黑潮暖流，因而时间较短。第三条航线是至元三十年（1293），海运千户殷明开辟的新航线，从刘家港入海，至崇明三沙放洋东行，入黑水洋，至成山角转西由渤海南部达界河口。这条航线更直，更多利用黑潮暖流，时间更加缩短。自此以后，元海运皆取此道。①

元朝从太仓刘家港漕运粮食不仅供应京师，而且运到辽东，延伸至高丽。

至元二十二年（1285）十一月，忽必烈“敕漕江淮米百万石，泛海贮于高丽之合浦，仍令东京及高丽各贮米十万石，备日本”②。但次年正月忽必烈因江南动乱，罢征日本，这次海运计划未付诸实行。至元二十八年十月“以其国饥，给以米二十万斛”③。高丽忠烈王十七年（1291）六月“元遣海运万户黄兴、张侑，千户殷实、唐世雄，以船四十七艘载江南米十万石赈饥。世子尝奏比年国人征戍转饷失其农业，以致饥馑，故有是赐”。次年闰六月“元诏江南漕运万户徐兴祥等二人运米十万石来赈饥民，遭风漂失，唯来输四千二百石”④。元朝政府从江南经海道运粮食到高丽，规模相当大，使更多海员熟悉中国南方通高丽的航道，促进两国海外贸易的开展。

元朝航海技术比以前进步，但行船主要还是靠风力，安全没有保障。

① 韩儒林主编：《元朝史》上册，人民出版社，1986年，第421页；章巽：《我国古代的海上交通》，商务印书馆，1986年，第54-60页。

② 《元史》卷13，《世祖纪十》，中华书局，1976年，第281页。

③ 《元史》卷208，《高丽》，第4621-4622页。

④ ［朝］《高丽史》卷30，《食货志三·赈恤》。

在海上漕运粮食，“若乃纤云召阴，劲风起恶，洪涛腾沓，快帆摧撞，束手罔措。虽有紫荆乌婪之柂，如以一线引千钧于山岳震颓之地，重以冥礁浅滩，触即瓦解，千夫怖悚，命在顷刻”①。可见航路之险恶，经常发生漕船覆没，船工葬身鱼腹之事。如天历二年（1329）因“漕吏或自用，不听舟师言，趋发违风信，舟出洋已有告失败者。及达京师，会不至者盖七十万”②。人们在海漕途中遇到风险，即向天妃求救，“于是吁呼天妃，应答如响，光景赫然见于樯端。而舟中之人如婴之睹怙恃矣”③。又漕运副万户八十“监运，舟至三沙，飓风七日，遥呼于神，夜见神火四起，风恬浪静，运舟悉济”。至顺三年（1332）“押运至莱州洋，夜半风大作，祷之，见神像，转逆以顺”④。天妃在漕运中的作用，如刘基所说“国家建都于燕，始转粟江南，过黑水，越东莱、芝罘、成山，秦始皇帝之所射鱼妖蜃之市，悉帖妥如平地，皆归功天妃。故薄海州郡，莫不有天妃庙”⑤。

朝廷和地方官对天妃非常崇敬，每当粮船发运之前，要到太仓路漕天妃宫祭祀。“每先期祀天妃于郡城昆山路漕庙所，官属具集。公帅执事，斋祓宿庙下，周砥涤濯，随衅逆牲，奉币享神。之旦五鼓，乐既奏，公率掾属漕府官以下，恪虔致祷，拜兴肃然，罔敢怠哗”⑥。

元朝褒封天妃，多与漕运有关。元世祖至元十八年（1281）以庇护漕运封护国明著天妃，至元二十六年（1289）以海运藉佑加封显佑，大德三年（1299）以庇护漕运加封辅圣庇民，延祐元年（1314）以漕运遭风得助加封广济，天历二年（1329）以护漕大功，加封护国辅圣庇民显佑广济感助福惠徽烈明著天妃。在祭祀各地天妃庙的祭文中，一再颂扬天妃护漕之功绩。如《丁巳祭露漕庙文》云：

---

① （元）舍里性古：《天后宫记》，转引自《古代刘家港资料集》，南京大学出版社，1985年，第112页。

② （元）虞集：《道园学古录》卷6，《送祠天妃两使者序》。

③ （元）舍里性古：《天后宫记》，第112页。

④ （元）程端学：《四明续志》卷9，《祠祀·灵慈庙记》。

⑤ （元）刘基：《诚意伯文集》卷9，《台州路重建天妃庙碑》。

⑥ （元）朱德润：《存复斋文集》卷1，《江浙行省右丞岳石木公提调海漕政绩碑铭》。

三江控东南之会，舂艎夏舶，云集转输。圣神临之，济险拯危，实国家之所式凭，而官民之所仰赖也。今岁漕运，风澜恬然，护国之功，著于百世。谨奉香展牲，庸申昭谢，尚冀灵爽，垂休无極。

元朝许多天妃庙的创建与漕运有关。太仓刘家港是元朝漕运的集结地，元朝建的天妃宫有周泾桥北灵慈宫，至元二十九年（1292）海道万户朱旭“捐周泾之私地五十亩以基构焉，阅三年而栋宇以完，门庑殿寝，秩秩有严”①，现已无存。刘家河北岸路漕灵慈宫，至元二十三年（1286）建，“盖海舟岁当春夏运，毕集刘家港，而路漕实当港之冲，故天妃宫之在路漕者，显敞华丽，实甲他祠”，“当转漕之际，宰臣必躬率漕臣、守臣，咸集祠下，卜吉于妃，既得吉卜，然后敢于港次发舟”②。

太仓自朱清、张瑄开创海运，不仅成为漕运粮食的集结地，而且是海外贸易的良港。

元朝主持海上漕运的朱清、张瑄集团兼营海外贸易。朱清、张瑄“浚娄江达海，大通番舫，琉球、日本、高丽诸国咸萃焉。太仓初止数十家，至是称天下第一都会”③。自朱清、张瑄在太仓开创海运，“市民漕户云集，雾瀹烟火数里，久而外夷珍货棋置，户满万室”④。当时“海外诸番，因得于此交通市易，是以四关居民，闾阎相接，粮艘海舶，蛮商夷贾，辐凑而云集，当时谓之‘六国码头’”。“开海运，通直沽，舟师货殖，通诸蛮夷，遂成万家之邑。……是以官第甲于东南，税家漕户，番商贾客，云集阛阓；粮艘商舶，高樯大桅，集如林木；琳宫梵宇，朱门大宅，不可胜记。四方谓之‘天下第一码头’”⑤。

朱清、张瑄主持海上漕运，又兼营海外贸易，成为吴中喧赫的豪门富

① （元）舍里性古：《天后宫记》。
② （元）郑元祐：《侨吴集》卷11，《坛庙·重建路漕天妃宫碑》。
③ 嘉庆《直隶太仓州志》卷59，《杂缀》。
④ （明）钱谷：《吴都文粹续编》卷10，《新建太仓州碑记略》
⑤ 《古代刘家港资料集》，南京大学出版社，1985年，第155页。

户，“弟侄婿皆为大官，下至厮养，佩金虎银符者动以百计，田园宅馆遍天下。库藏仓庾相望，巨艘大舶，帆交番夷中，舆骑塞隘门巷”①。朱张之富有，民间流传说：“元载胡椒八百斛，未满朱张半间屋；石崇锦帐五十里，未比朱张半床褥。”②

当时与太仓贸易往来的国家有日本、朝鲜、阇婆、罗斛等国。明谈迁《枣林杂俎》谈到太仓至日本对马岛和早弥岛的航线，“自太仓、崇明出洋，载淡水，人日给六瓯，泊岛亦可汲，或未易泊。抵日本对马岛或早弥岛，将至，舟声三炮，岛人出迎，登货于邸主。延款一日，听岛主定直。华人多杂居者，亦好花木书籍”③。明郑若曾所著《日本图纂入倭针经图说》，介绍由中国去日本的航路，由“太仓使往日本针路”及“福建使往日本针路”。可见元明时太仓与日本的海外交通很发达。

刘家港是郑和下西洋的始发港和舰队回航的停泊处，刘家港天妃宫是郑和下西洋出海前祭祀和祈祷之所。

刘家港所属苏州府及其邻近地区，是经济发达、文化昌盛之邦，拥有郑和下西洋所需的粮食、苏杭色缎、纻丝纱锦、青瓷器、土布、土印花布及船用物资；拥有郑和舰队所需各种人才，有太仓卫军士费信、太仓卫右所副千户周闻、太仓卫百户刘兴；有熟悉夷情，懂得番语的江阴通事吴衍；有充当郑和舰队医士的常熟匡愚、嘉兴陈以诚和上海陈常等④。总之，刘家港在郑和下西洋中发挥了重大的作用。

元明时太仓海外交通发达，曾设市舶司管理海外贸易。至正二年（1342）在太仓设立庆元市舶分司。据明桑悦纂《太仓州志》载：“庆元等处市舶提举司，在武陵桥北。元至正二年提举脱脱造，今镇海卫治是也。”⑤ 上海人何敬德，居太仓事张瑄行舶司。

明朝朱元璋吴元年（1367）在太仓黄渡置市舶提举司，以陈宁为市舶

---

① 弘治《太仓州志》卷 8，《杂传》。

② 沈福伟：《苏州刘家港的变迁》，载《海交史研究》，1988 年 1 期。

③ （明）谈迁：《枣林杂俎》初集。

④ 张业希、吴奈夫：《古代刘家港资料集·前言》，南京大学出版社，1985 年，第 6 页。

⑤ （明）桑悦纂：《太仓州志》卷 4，《古迹》。

提举，至洪武三年（1370）“以海夷黠而令迁京师”，罢太仓黄渡市舶司，“凡番舶至太仓者，令军卫有司封籍其数，送赴京师”[①]。

二、宋元时期江浙与泉州海上交通

宋元时期，泉州与江浙海上交通很发达，有许多泉州海商到江浙经商。元仙游人林蒙亨《螺江风物赋》描述泉州港货物经仙游到达江浙淮湖等地贸易的盛况：

> 通道而南，城趋乎刺桐。胡椒、槟榔、玳瑁、犀象、殊香百品，异药千名，木棉之裘，葛布之筒，重载而来，轻赍而去者，大率贸白金而置青铜。……舳舻衔尾，风涛驾空。粒米之狼戾，海物之维错，遐琛远货，不可殚名者，辐辏于南北之贾客。……千艘挂禅，顺风扬帆，不数日而达于江、浙、淮、湖都会之冲。北方之人京尘渴肺，储金宝以待入浦之舟，而往来憧憧若此之类，言之不尽。[②]

泉州海商到江浙贸易的，如贩载布、苏木、香药、珍异到临安贸易的杨客[③]。宋代的明州“南则闽广，东则倭人，北则高句丽，商舶往来，物货丰衍”[④]。明州附近的普陀山“珠宫贝阙竞来还，泉客鲛人争献宝”[⑤]。泉州到温州经商的人很多，南宋著名诗人翁卷就有“远从刺桐里，来看玉甑峰”[⑥] 之诗句。

宋代，福建人到江浙经商，同时把福建民间信仰传播到江浙一带。南宋绍熙二年（1191），福建船邦的船长沈长询舍宅建天妃庙，作为祭祀天

① 《明太祖实录》卷49。
② （明）周瑛：弘治《兴化府志》卷32，《艺文志》引。
③ （宋）洪迈：《夷坚丁志》卷6。
④ 乾道《四明志》卷1，《分野》。
⑤ （宋）王象之：《舆地纪胜》卷11，引王益柔诗。
⑥ （宋）翁卷：《西岩集》，《送翁应叟归闽》。

妃和旅居明州的福建人岁时集会之所。开禧二年（1206）福建商人在澉浦镇东建医灵祠。闽商绘像传塑，奉祀吴真人，祈疗病者甚验。

江浙淮湖之贾客迁泉州者很多，林蒙亨《螺江风物赋》载，贾客“自远方而来徙泉者，复多于穴之蚁，巢之蜂”。晋江陈埭丁姓回族先祖丁节斋，于元初“自苏货贾于泉，卜居泉城”。三世祖丁夔（硕德）仍“商贩在外，往来于苏泉之间”。惠安百崎郭姓回族一世祖“德广公，自杭来泉，依例占籍法石，为法石开基始祖”。他们的子孙成为泉州两支主要的回族。

元朝杭州人张存在泉州贩舶。据《辍耕录》载：杭州张存，幼患一目，时称张眼子。至元丙子之后，流寓泉州，起家贩舶。越六年壬午回杭，自言于蕃中获铁一坑。

浙江衢县航埠镇万川村陈庆甫（1270—1338），字嗣宗。始祖康诚偕子随宋主南迁，至四世孙陈庆甫成巨富，府内商店货栈连城。至元间陈庆甫捐银5万两修建衢州城垣，自说这是前助福建泉州洛阳桥的余资。可见他在泉州经商，并助修洛阳桥。①

元末明初泉州人朱道山徙居姑苏，他因“以宝货往来海上，务有信义，故凡海内外之为商者皆推焉以为师”，他于明初“率群商入贡于朝”，明太祖嘉纳，赞“道山之能为远人先”。

陈思恭，浙江海盐人，来泉州经商，定居泉州，娶泉州庄氏为妻。其子陈宝生与孙天富皆泉州人，晚岁定居太仓。他们经商以信义为准则，取得外国人信任，外国人称他们为“泉州两义士”。

三、泉州两义士

太仓为元明时期漕运的集结地和海外贸易的重要港口，许多人因漕运和海外贸易的关系迁居太仓。

元朝开创海道漕运的重要人物，朱清，崇明姚沙人。张瑄，嘉定八

① 季志耀：《试谈浙西宋元窑址及其产品的外销》，载《中国古代陶瓷的外销》一九八七年福建晋江年会论文集，紫禁城出版社，1988年，第69页。

都新华村人，均徙居太仓，后为巨富。朱清幼年以捕鱼为生，张瑄幼年当过乞丐。朱清曾佣于杨姓大户，因不堪凌辱，愤杀杨氏而去。当时官府追捕甚急，他夺身亡命于海上，连续飘航三昼夜，直达山东半岛东北部之沙门岛，继而经常活动于北洋一带。后与张瑄结识，组织一支民间武装舰队，贩私盐，劫巨贾。在元军攻宋时，得悉朱、张"备知海道曲折"，令其部属为防海义民。元攻克临安后，丞相伯颜派遣朱清等"载守库藏等物以海道入京师，授金符千户"。后朱、张开辟海路漕运兼营海外贸易。

元朝迁居太仓的有：

朱明达，世居崇明，迁居太仓，官海漕至承信校尉、运粮正千户。

徐兴祖，由崇明徙居太仓，以海漕累官至运粮副万户，追封东海郡侯。

杭和卿，钱塘人，元开海运，徙居太仓，充漕户，家高赀。

何敬德，上海人，居太仓。事张瑄行舶司管钥。

随朱清、张瑄自崇明迁居太仓从事海运漕粮的有朱清的养子朱日新，刘必显（海漕副万户）、柏良辅、黄成、杨茂春、范文官等。①

泉州海商孙天富、陈宝生，晚岁居太仓。他们长期从事海外贸易，其所涉异国有高句丽、外若阇婆、罗斛，与夫东南诸夷，去中国无虑数十万里。他们以信义取信于异国，外国人称他们为泉州两义士。

陈宝生之父陈思恭，浙江海盐人，到泉州经商，娶泉州庄氏为妻，或云"赘为婿"，后到海外经商，客死于海外。陈宝生继承父业，从事海外贸易，晚岁定居太仓。孙天富亦泉州海商，晚岁定居太仓。弘治、光绪《太仓州志》均为他们立传。王彝撰《泉州两义士传》、高启作《泉州两义士歌》记其事。现抄录于下：

泉州两义士传

孙天富、陈宝生者，皆泉州人也。天富为人外沉毅而含弘，

① 沈福伟：《苏州刘家港的变迁》，载《海交史研究》，1988 年 1 期。

宝生性更明秀，然皆勇于为义。初宝生幼孤，天富与之约为兄弟，乃共出货泉，为贾海外。天富曰：“尔母一子唯尔，吾不忍尔远尔母，涉海往异域，吾其代子行哉。”宝生曰：“吾母即若母也。吾即远吾母惟君以为母，吾行又何忧焉!”于是两人相让，乃更相去留，或稍相辅以往，至十年百货既集，犹不稽其子本，两人亦彼此不私有一钱。其所涉异国自高句骊，外若阇婆、罗斛，与凡东南诸夷，去中国无虑数十万里。其人君臣男女，衣裳饮食，居止嗜好之物，各有其俗，与中国殊方。是时中国无事干戈，包武库中礼乐之化焕如也。诸国之来王者且飒蔽海上而未已，中国之至彼者如东西家然，然以商贾往，不过与之交利，而竞货两人者，虽亦务商贾，异国人见此两人者为人有特异也。自王化被海外且及百年，中国之人至彼如此两人者亦不多也。此两人者乃身往其地而亲其人，使其人皆见而信之有切于所传闻者。两人异姓也，长为兄，少为弟，如同气然。异国人曰彼兄若弟，非同胞者，吾同胞宜何如？宝生至言其母事则泣，天富亦母事。宝生母每慷慨为诸国人言其事，辄欷歔乃已。异国人曰：我与彼皆人也，人谁无父母夫妇子孙者，两人客万里裔夷，必服中国礼俗，言必称二帝三王周公孔子，又能道今国家圣德神功文章礼乐，与凡天下之人才。异国扵是益信吾中国圣王之道，海内外可共行也。异国有号此两人者，译之者曰“泉州两义士”也。中国之贤士大夫闻之，亦皆以为然云。天富字惟善，宝生字彦廉，今居吴之太仓，方以周穷援难为务。……①

高启：泉南两义士

泉南两士陈与孙，少小相约为弟昆。合踈成戚契谊重，异木缠结如同根。升堂握手出肺腑，交拜二母开罍樽。具舟期贾海外域，欲度夷僰穷昆仑。沧溟东望浸天烂，飓风怒搅波涛浑。天吴恍惚出怖客，掀舞蛟鳄飞鹏鹍。孙言陈宗惟汝在，远涉巨险吾宜

① （明）王彝：《王常宗集·续补遗》。

奔。汝亲头白倚门切，慎勿轻去违晨昏。相让不得乃更往，挂席遥指扶桑暾。望山行觅岛中国，卉服通译侏离言。寻烟暮投薜荔屋，趁墟昼集桄榔郜。逾年还家喜得宝，木难火齐并瑶琨。探囊用取两不较，彼我肩肩谁复论。急难相援誓终始，岁时燕庆烹羔豚。义风久已动殊俗，椎结相见知钦尊。我闻同气有争利，阋墙往往隳家门。及看结交喜岁晚，盟盘未撤渝情恩。管鲍居贫乃共济，余耳得势终相吞。若兹二子古亦少，简牍可使他年存。作歌为继王子传，薄俗视此应堪敦。①

《泉州两义士传》《泉南两义士歌》歌颂孙天富、陈宝生长期从事海外贸易，以信义为准则的高尚商业道德。他们对外国人能以孝友、信义化道之，取得外国人的信任，外国人见他们“彼兄若弟”，无不推崇备至，因称之为泉州两义士。

孙天富、陈宝生高尚的道德品质，这是他们获得成功的重要原因之一。他们以信义为重，彼此之间能“急难相援誓终始”，能互相信任，不存私心，“不稽其子本，无毫发私”，因此能长期患难与共，这种商业道德，在今天仍然有现实意义。孙天富在陈宝生之父死后，宝生幼孤，愿代其涉海往异域，后与之约为兄弟，共与货泉，到海外经商。陈宝生孝以奉母，悌以抚弟，晚岁携其母定居太仓，筑春草堂以奉养，敬恭其异母弟宝一。宝一殁后，抚育其子。陈宝生的这些优秀品德与其母的教子有方分不开。陈宝生之母庄氏是位值得称道的妇女。她识大体，明大义，是一位具有高尚情操的女性。陈思恭在娶庄氏之前已在海盐娶妻并生一子，留在外家。思恭来泉州时，遗钱四千缗赡之，后又贷其友石章钱五千缗。思恭死后，负市舶司系狱。庄氏以“吾夫之信不可失”，倾家所有积蓄偿人，这是值得称道的大义之行。庄氏还教育其子宝生敬养思恭前妻之子宝一。宝一殁，复抚育其子。

陈思恭在海外经商，客死他乡，庄氏旁无内外亲，她誓不再嫁，抚育

① 高启：《青邱高季迪先生诗集辑注》卷10，清雍正六年文瑞楼精刻本。

其子，自养其父母及死且葬，这期间她历尽艰辛，奉行孝道，所以乾隆《泉州府志》、道光《晋江县志》、弘治《太仓州志》都将她列入烈女传，太仓还为她立贞节堂。近人龚显曾《温陵遗书》节义集为她立“陈节妇传”。

原载《刘家港研究》，中国农业出版社，1995 年。

安平商人的崛起及其文化精神

人们常将安平商人与徽商相提并论，这是因为他们的势力相匹敌之故，明代历史学家何乔远说：“吾郡安平镇之为俗大类徽州，其地少而人稠，则衣食四方者十家而七，故今两京、临清、苏杭间多徽州、安平之人。第徽人以一郡，而安平人以一镇，则徽人为多。是皆离其室家，或十余年未返者，返则儿子长育，至不相别识。盖有新婚之别，聚以数日离者。”①

近年来对徽商的研究颇为热烈，有关徽商研究的专著、论文集、资料汇编等如雨后春笋，还多次召开专题学术讨论会，而安平商人的研究就显得比较沉寂，至今尚未见有关研究安平商人的专著，这就需深入调查，加强研究。

本文拟就安平商人的崛起和行商区域，安平商人的经商特点及其文化背景精神等作粗浅的探讨，敬请方家指正。

一

安平镇的安平港位于泉州南边的围头湾内，港口有白沙、石井两澳夹持成海门，港内海面开阔，是天然的避风良港。安海海陆交通发达，陆路北达泉州、莆田、福州，西通永春、德化，海路“南由东石、石井直通金

① （明）何乔远：《镜山全集》卷48，《寿颜母序》，陈节、张家壮点校，福建人民出版社，2015年，第1276页。

厦”，远可通东北亚的朝鲜、日本和东南亚各国，是闽南水陆交通枢纽之一。

南宋人谢履《泉南歌》云“州南有海浩无穷，每岁造舟通异域。”安海地处泉州之南，人稠地少，民以海为耕，商凭海为市，安海人素以尚贾善贸著称于世，在明代誉称为“安平商人”，盖安海当时称为“安平”。

安平商人早在唐代就航行海外贸易经商，至宋代，安海“东有旧市，西有新市，因竞利而后设镇，市曰‘安海市’，镇曰‘安海镇’。今市散处直街曲巷无非贸易之店肆，约有千余座，盖四方射利者所必趋，随处成交”①。随着泉州海外交通的发展，安海不仅成为贸易重镇，还有许多商人出海经商，到明代安平商人的泛海贸易活动达到鼎盛时期，清中叶以后安平商人开始走向衰微，但安平商人的历史成就及其文化精神为泉州社会的重新崛起奠定了重要的基础。

安平人既从事国内贸易又从事海外贸易，其行商区域广阔，足迹遍及大江南北，长城内外乃至西南夷地，海外则泛东西洋，李光缙云：“贾行遍郡国，北贾燕，南贾吴，西贾巴蜀，或冲风突浪，争利于海岛绝夷之镜。”② 何乔远也说“安平一镇在郡东南陬，濒于海上，人户且十余万，读书冠绅等一大邑，其民啬力耕织，多服贾两京、齐汴、吴越、岭南以外，航海贸诸夷，致其财力相生泉一郡人。”③ 其经商之地，择要介绍：

广州：广州从秦汉至明清都是我国对外贸易的大港，明清时期许多安平商人到广州经商，明伍荣辰“贾于粤”，黄维琼“祖及父客死于粤”，颜学理“贾于粤……矜然诺，金取予，得诸贾竖心，尝领官府贸易夷船，有龉龁亡者，旁一贾胡挺身相护，得无害归”④。

潮州：曾里守吾经商于潮，节妇陈氏环珪之夫黄椿“客死于潮，鬻簪珥间关，以归旅榇”。

① 《安海志》编辑小组：《安海志》卷3，《封域》。

② （明）李光缙：《景璧集》卷4，《史母沈孺人寿序》，江苏广陵古籍刻印社，1996年。

③ （明）何乔远：《镜山全集》卷52，《杨郡丞安平镇海汛碑》，福建人民出版社，2015年，第1370页。

④ 乾隆《泉州府志》卷60，《明笃行》。

上海：林瑞冈，清咸丰同治间经商于上海。

维扬：汪新娘之夫郑联桂客维扬，溺于水。

宁波：柯叔均由宁波往汶莱生理。

荆湘：曾友泉从兄伯贾闽广间，其后转荆湘，从业吴越，北极燕赵。

吴：王端父以贾客死吴中。

西南夷：节列陈氏，其夫高元近往西南夷以牟利。

澳门：郑芝龙母舅黄程“行贾香山澳”。

台湾：仅1638年从安海至台湾的商船共33航次，由台湾返回安海的船有17次，从台湾运入安海的商品是胡椒、鹿肉、鹿脯、日本银。从安海运往台湾的商品是生丝、白砂糖、瓷器和各种纺织品。

明清时期，安平人侨居海外情况，据洪少禄先生统计：明万历崇祯间，侨外者46人，其中吕宋43人，印尼等地3人。按姓氏分，颜氏15人，黄氏11人，陈氏13人，柯氏4人。清初顺治康熙间，侨外者81人，其中颜氏34人，陈氏12人，黄氏7人，柯氏10人，曾氏2人，洪氏1人。清中叶乾隆嘉庆间，侨外者60人，其中黄氏39人，颜氏11人，陈氏4人，柯氏3人，曾氏3人。清末咸丰光绪间，侨外者98人，其中黄氏68人，颜氏16人。[①] 安平人在海外的侨居地主要有：

菲律宾：安平商人的海外贸易以吕宋贸易居首位，“安平人俗好行贾，自吕宋交易之路通，浮大海趋利，十家而九，往岁夷酋发难，尽歼贾人，安平无一人得脱，讣至家，哭相闻，妇人女子不知其几人称寡”，如柯烈妇颜氏“既笄，归柯日蕃，柯与颜并里中著姓。安平人喜贾，少事诗书，挟重赀浮海岛外为业。巨姓子弟不免焉。是以吕宋癸卯九月四日之变，日蕃亦死夷中”[②]。这是西班牙殖民者在菲律宾对华侨进行的一次大屠杀，从1603年10月30日至11月12日，持续41天，共有25 000多华侨遇害，在此次屠杀中有17名安平人遇害：据安海《金墩黄氏族谱》记载有黄中和、黄磺、黄崇棣3人；安海《霞亭东房颜氏族谱》记载有颜嘉色、廷

① 洪少禄：《从安平诸氏族谱看明清侨外情况》，载《安海志》编修小组编：《安海志》卷12，《海港》。

② （明）李光缙：《景璧集》卷14，《柯烈妇传》。

彩、廷弼、廷铠、家盛等 6 人；安海《飞钱陈氏族谱》记载有陈典箴、献乐、懋芳、吾进、章宪、大钦、其悌 7 人；安海《存耕堂柯氏族谱》记载有柯占民 1 人。[①] 安平镇商李寓西、陈斗岩，首航吕宋，获巨利归。

印度尼西亚：陈士勋商于咬嚁吧而卒，黄万官"住三宝垅"，黄国坂"商殁泗水"，颜一浑卒顺塔洋，颜嘉冕"葬西洋旧港山"等。

马来西亚：黄桃官卒葬槟榔屿，柯史传，住潮州府城往柔佛，黄光店住吉兰丹，颜际偷卒小飞叻（霹雳）等。

新加坡：颜遇阳，殁葬实叻大杷摇山之麓，柯孙御殁实叻等。

泰国：颜嗣祥，卒于暹罗，黄光提卒于夷地通扣，黄镇官，葬暹罗宋卡等。

越南：柯兆（火晋），葬安南清厦。颜玺卒于占城，黄腾官"生长安南国，卒于安南国"。陈日照，李公蕴，系贸易于安南的著名海商，后成为安南王。[②]

柬埔寨：陈朝汉，殁真腊国。黄义舍，葬笨台金塔（金边）。

缅甸：郑金沙，"少经商仰光大埠"，其子郑古树，陈钖等在仰光经商。

文莱：柯叔均，由宁波往文莱生理。

日本：柯仲周，葬日本漳州寺后。据日本的《长崎荷兰商馆日记》记载，安平商船经常出没于长崎港，如 1641 年 6 月 26 日、7 月 1 日、7 月 4 日，就有安平海商郑芝龙的 3 艘货船开到长崎。

安平商人输出货物主要是从海外采购胡椒、木香、象牙、明珠、翡翠以及本地产吉贝、萱、纻、丝、锦、绮、荔枝、龙眼、柑等。

吉贝："以同安之棉花日来数千担，乡人收买以卖四方"，又从河南、太仓、温台等州有棉之处，岁买数千包，方足一年之出入，至冬月，人闲则入安溪、永春、德化贩卖，换来葛布等物，安海商人年买数千匹往高州、海南及交趾、吕宋等异国。

---

① 庄为玑、郑山玉等编：《泉州谱牒华侨史料与研究》，中国华侨出版社，1998 年，第 663-702 页。

② 韩振华：《宋代两位安海人的安南王》，载《安海港史研究》，福建教育出版社，1989 年，第 42-46 页。

纻，自永春、德化而来，织缕成布，富家收买千万匹，北上临清货卖，又到惠安收购北镇布、青山布，到安溪、漳州、长泰、潮阳、高州等处采购葛布，到两京、苏杭、临清、川陕、江广收购其地所出的丝绵、锦绮、氈布、靰鞡等。

乡人以村及荔枝、龙眼焙作干，运往温台、苏杭、两京、临清或异域番国发卖，多获厚利。

瓷器“自饶州来。福州乡人由福州贩而之安海或福州转入月港，由月港入安海。白瓷出德化”①。

三

泉州商人善于航海，勇于冒险，向海洋发展，进行国际贸易，从事海外贸易是很危险的，海上经常遭风，有人葬身鱼腹，但在奋发图强和富有冒险精神的航海者面前，海洋不但没有成为人类文明的障阻，反而成为人类征服的对象，宋人刘克庄《泉州南郭二首》云：“闽人务本亦知书，若不耕樵必业儒，唯有桐城南郭外，朝为原宪暮陶朱。海贾归来富不赀，以身殉货绝堪悲。似闻近日鸡林相，只博黄金不博诗。”

泉州海商冒险进取的精神，在明清时期得到进一步发展，明万历《泉州府志》云：“濒海之民，多以鱼盐为业，而射赢牟息，转贾四方，罟师估人，高帆健舻，疾榜击汰，出没于雾涛风浪中，习而安之，不惧也。”②明清时期，安平港是一个走私港口，“泉州之安海，漳州之月港，乃闽南之大镇也。人货萃聚，出入难辨，且有强宗世豪窝家之利，凡一乡防御之法，且不得施”，“漳泉之安海，诚成奸盗之渊薮”③。安平商人发扬勇于冒险的优良传统，从事海外贸易活动。

安平商人经商的特点：一是以农为本，农贾兼业，他们没有脱离土地的羁绊，认为“用贫求富，农不如贾。积德累行，贾不如农。……税驾于

① 《安海志》修编小组编：《安海志》卷11，《物类》。
② 万历《泉州府志》卷12，《风俗》。
③ 《明经世文编》卷205、卷283。

贾，而息肩于农，筑庐田间，锄云耕月，笠雨簑风，酿禾而醉，饭稻而饱，徐徐陶陶，春秋不知，荣枯不问”①。曾友泉就是“用本守末”的典型。他“自垂髫时，业已从伯兄贾闽、广间，其后转赀荆、湘，从业吴、越，北及燕、赵、岱之墟，……而珠玑、犀象、香药、丝枲、果布之凑，盖不数年，而公成大贾矣。公为贾用本守末，以文持武，智能权变，勇能决断，仁能取予，疆能有所守。乃其倾赀延士，设财役贫，盖有儒侠之风焉”②。

特点之二是贾儒兼营，从儒入贾。如：“赠公伟姿观，善心计，初治邹鲁家言，后乃弃去行贾。”③ 杨乔，“安平人，10 岁通经史大义，会父及伯兄继殁，仲兄遭宿疾，不任治生，乃辍儒之贾”④。陈洁“家贫弃儒就贾”。

安平商人中从儒入贾者，督其子女业儒，如伍荣辰，少攻举子业，数奇，始缀业为江湖计。欲成其子凤章，登贤书后，犹日夜课以咿唔，居粤多年，凤章登闽榜始归。也有先世为儒，后为贾，又业儒，如高宁“先世于宋最盛，自入国朝来，惟允元、允英以明经修行蒙辟举，后裔凌夷。”至宁之世乃发愤修业，博稽坟典，潜意研理，足迹不下楼者三年。

由于从儒入贾，他们有较高的文化修养，志趣高雅，或广置图书，或游心诗字，或习岐黄以济民。伍荣辰“及子登癵，闽榜始归。归后广置图书，凡经史文籍，目览手抄，老而不倦。”黄以载中年即以商付诸子，乐意笙箫，结襄阳耆旧之社，游心诗字，得右军潇洒之情，医习岐黄，以济斯民。

安平商人营商成功突显了其文化精神和重要特色。根据其营商的文化精神及其特色所反映的成功因素来看，主要有：首先，安平商人善于运用智力经商，如：“赠公伟姿观，善心计，初治邹鲁家言，后乃弃去行贾。与江少卿从弟愧泉公共本赀，江公守市门列肆；赠公征贵贱于吴越间，鬻绢帛丝缯以归。赠公观万货，目量手程，无尺寸爽。货出入所多所鲜，不

① （明）李光缙：《景璧集》卷 3，《寓西兄伯寿序》。

② （明）李光缙：《景璧集》卷 18，《祭曾友泉文》。

③ （明）李光缙：《景璧集》卷 14，《王母慈节史太孺人传》。

④ 乾隆《泉州府志》卷 59，《明笃行》。

具沽簿，久皆心识，灼数如列眉。年少江公远甚，人倚祭酒。两人遂称大贾，卒以致饶。”[①] 陈处士斗岩避乱入安平市，颜道谋许以季女，“多挈金钱财帛以畀之，处士藉以运筹鼓策。”陈斗岩之经商“其初斗智，最后争时，行财币如流水，若猛兽鸷鸟之发，曾虽与共用事，终不如之矣。故人或折阅，而处士收息反倍之”。[②] 曾里守吾“用束身从贾，然具有信断而大之，以好行其德，不离于儒术”，其服贾“本之以信，佐之以智，因之以天，以处厚为丈夫，以任运为明达。常舍竞而多奇中，中经折阅，亦无所苦，故始为末，继为中，而终以大”。[③] 钱峰洪治贾“无财时作力，少有财时斗智，既饶则争时”[④]。

其次，安平商人临财有信，拾金不昧为商之道，讲求信用，取信于人，诸商敬重。王瑞，父以贾客死吴中，稍长“拾弃掇残，贾行吴中，以继父业，所挟赀最下，能和煦袭人，临财有信，人爱而重之。诸挟厚资者，反不得与齿。”伍荣辰贾于粤，有客遗百金于其寓，越数日捡得呼还之。其人愿割半以谢，却之，自是诸商益加敬重。拾金不昧者还有陈洁，尝因市比絜得遗金珥，追其主还焉；陈足，有索金来籴者遗金，亟追还之。

第三，安平商人具备勤俭节约，乐善好施的优良品德。

安平商人善于经商，聚集资金，乐于行善，或捐资修路造桥，或赈济孤独鳏寡，或倡建堂庙，或置祀田、熟田。林瑞冈，清咸丰同治年间在上海经商，积资甚厚，性慈善，好施与，屡次受朝廷褒奖，他老年返乡后，光绪元年（1875）与其兄瑞佑倡建明善堂。明善堂之设，使“合镇贫乏之家，孤寡有月资，疾病有医药，死亡有棺椁，行李困乏资助，济急抚急”[⑤]。瑞冈捐白金五千元典商生息作为经常费用，他还踊跃乐捐，修路造桥。陈洁贫而弃儒就贾，嘉靖年间，倭寇侵扰，社会经济和人民生命财产

---

① （明）李光缙：《景璧集》卷14，《王母慈节史太孺人传》。

② （明）李光缙：《景璧集》卷14，《处士陈斗岩公传》。

③ （明）何乔远：《镜山全集》卷70，《曾里君墓志铭》，第1827页。

④ （明）李光缙：《景璧集》卷13，《钱峰洪公传》。

⑤ 林梁村：《明善堂碑记》，见《安海志》卷7，《广益》。

带来很大破坏，当时有数十家戚属与陈洁家一同避难，他“悉分资给之，经再岁不懈”，有的亲人被俘虏，他捐数十金为营脱身赎身，其邻有客粤者，家中母子不能治丧，他倾囊助其殡。向他借贷，悉推惠之。陈启文附宗人茂迁，自是渐裕，乃自置祀田、熟田各若干亩。

在勤俭节约方面，如颜理学，经商发财，对待别人不吝，恩被戚属，在婚丧方面也不吝，但自己饮食“服御必啬”。

总之，安平商人既积极发展海外贸易，又努力发展国内贸易，足迹踏遍海内外，在长期的经商过程中形成了自身的重要特点，其营商之道及其所展示的历史画卷，为泉州“爱拼敢赢”和儒商文化精神提供了重要的历史资源，在泉州对外经济交流和社会发展的过程中起到了重要的作用。

原载《黎明职业大学学报》，2007 年第 1 期。

略论闽台郊商

闽台关系源远流长，早在宋元时期就有贸易往来，近年在台湾澎湖等地发现许多宋元时期泉州地区外销瓷产品，就是闽台贸易的物证。其后，大批漳泉等地人移居台湾，他们对台湾经济的发展起了促进作用。同时也加强了海峡两岸的贸易往来。明中叶至清代闽台贸易更加繁荣，在闽台贸易中郊商起了很大的作用。现仅就郊行的类型、经营方式及其宗教活动等问题略述管见。

一

郊商就是经营郊行（或称舶交）的商人。

有人认为：郊行的商人以海为市，在海中舶上进行交易，所以称舶交。早在唐朝就有舶交的记载，韩愈《送郑尚书序》云："在海外杂国……扶南、真腊、于陀利之属……或时候风潮，蛮胡商人，舶交海中。"这是由于船舶巨大，或港口设备不足，以及政治、航管等原因，故在海中舶上进行交易。闽台的"郊商""北郊""上水""九八行"就是这种制度的遗存。①

也有人认为：因在郊区进行交易，故称行郊。② 宋元时期泉州城南界在现在涂门街，往南即为郊区。当时中外商人云集城南进行交易。宋代

① 陈存广：《泉州方言研究与"考本字"问题》，载《泉州方言》第5期，1988年12月。

② 陈泗东：《泉州湾宋船沉没原因及带有文字的出土物考证》，载《泉州文史》第4期。

“胡贾航海踵至，其富者赀巨万，列居城南”。雍熙间，印度僧啰护那，“航海而至，番商竞持金缯珍宝以施”。僧一不有，买隙地建佛刹于城南。还有印度人罗巴智力干父子“居泉之城南”。

泉州是宋元时期重要的对外贸易港口，货物吞吐主要靠水上交通，城南邻近江边，距港口近，交通便捷，中外商人在此进行交易，形成繁华的商业区，因在城郊，所以称行郊。

关于台湾的郊，何澂《台阳杂咏》云：

> 聚货而分售各店者曰郊。来往福州、江浙者曰北郊，泉州者泉郊，厦门者厦郊，统称三郊。

郊行的类型可分为二大类：一类以经营同种商品商人的同业行会；一类以贸易同一地区商人的行会。

以经营同种商品商人的同业行会如泉州的布郊、米郊、碗郊，台湾的米郊、糖郊、染郊、茶郊、布郊、油郊等。

以贸易同一地区商人的行会如泉州的鹿郊、淡郊、笨郊、宁郊、申郊、厦郊、大北郊（经营东北、华北），小北郊（经营申宁温福厦），厦门的台郊、鹿郊、广郊，台湾的郡城三郊、台南三郊（李献章认为南郊金永顺、北郊苏万利、糖郊李胜兴，连横认为南郊苏万利、北郊李胜兴、糖郊金永顺，伊能嘉矩认为三郊为南郊、北郊、港郊）、鹿港泉厦八郊（泉、厦、布、糖、油、簸、染、南郊）。

清末安海有香港郊。自香港被英人窃据后，世界各国倾销东方之洋货，以香港为转口，安海经营洋货的商人，设立香港郊，实为洋货代理商人。

二

郊南主要从事搜集本地土特产品运到外地销售，到外地采购本地所需货物。经营批发，有的采取直接贸易，有的采取转口贸易。闽台郊商贸易的主要物品，据黄叔璥《台湾使槎录》卷2《赤嵌笔记》载：

> 海船多漳泉商贾。贸易于漳州，则载丝绒、漳纱、剪绒、纸料、烟、布、草席、砖瓦、小杉料、鼎铛、雨伞、柑、柚、青果、橘饼，泉州则载瓷器、纸张，兴化则载杉板、砖瓦，福州则载大小杉料、干笋、香菇，建宁则载茶。回时载米、麦、菽豆、黑白糖饧、番薯、鹿肉，售于厦门诸海口，或载糖、靛、鱼翅至上海。小艇拨运姑苏行市，船回则载布匹、纱缎、绵、凉暖、帽子、牛油、金腿、色酒、惠泉酒。至浙江则载绫罗、绵绸、绉纱、湖帕、绒线，宁波则载棉花、草席。至山东贩卖粗细碗碟、杉枋、糖、纸、胡椒、苏木，回日则载白蜡、柴草、药材、茧绸、麦、豆、盐、肉、红枣、核桃、柿饼。关东贩卖乌茶、黄茶、绸缎、布匹、碗、纸、糖、面、胡椒、苏木，回日则载药材、瓜子、松子、榛子、海参、银鱼、蛏干。海壖弱丸，商旅辐辏，器物流通，实有资于内地。

泉州郊行与北方的贸易主要出口桂圆、糖、丹麻、锅鼎、农具等土特产品和手工业产品，入口北方棉花、大米、油、豆等。如泉州申宁厦郊派专人到大连、营口、牛庄、烟台、青岛等地，采购大豆、花生油、豆饼、乾味、冬粉、高粱酒等。

安海香港郊所经营，以干味食品为多，如牛筋、干鱼、鱼翅、海参以及干果杂货等，而以牛筋为大宗。港商从世界各地搜罗牛马诸筋，批运安海，再由港郊商人设工场加工，运销全国各地。

郊商不但销售本地土特产品，采购本地所需的产品，而且兼营本地“九八行”，和外地的“九八行”挂购，获得市场信息，委托代买代卖。

“九八行”的主要业务是为客户介绍商品，从中赚取佣金。它不购货和售货，每做成一笔生意，就按成交额向货主抽取百分之二的佣金，货主实得百分之九十八，所以称“九八行”。

泉州郊商多为官绅。清道光至同治年间，泉州官绅及其家属莫不开设行郊。如两广总督黄宗汉家（观口黄）、四川总督苏廷钰家（元祥苏）、翰林陈棨仁家（象峰陈）、状元吴鲁家（钱头吴）以及方厝埕王、后城何等。泉州宁波郊因参加聚会宴席上的人，都是穿花衣袍带圆顶帽有官阶的官绅，因而被人称为“五龙袍郊行”。

泉州郊商资金雄厚。宁波郊商自造大帆船（乌艚）一至数艘，共有40余艘行驶泉州宁波间。以宁波为转口，范围扩大到上海、杭州、温州、青岛、烟台、天津、大连、牛庄、营口等地。

郊行设有栈房，不但存自己的货物，也接受寄栈，收取寄栈费。在码头有自己的脚夫起栈。

郊商凭借官绅势力和雄厚的经济力量，垄断土特产品，如泉州的桂圆多为郊商垄断。他们采取拖延收购日期，操纵压价进行残酷剥削。

桂圆本来在立秋、处暑间就可出货，但郊商规定要白露后才开会，决定开秤日期。在开秤日未决定之前，任何人不得破例收购，违者要罚开筵桌或演戏。在收购中利用设秤骗重、货物折扣以及种种陋规进行盘剥。

郊商为了扩大营业，规定可以放货收账，米郊规定十天还半，半月还清；北郊一月还半，二月还清。设有收账簿，登记还款数目、日期。优待销路广、还款快的大户，可以欠新还旧。但五月节、中秋节、除夕，须全部还清，否则予以停放。①

清朝台湾商业繁盛，特别是1685年清政府规定厦门与鹿耳门两港对渡，1784年又开放鹿港与蚶江对渡，1788年淡水厅之八里岔口与蚶江对渡，1792年福州五虎门与淡水厅之八里岔对渡，使闽台贸易更加兴旺发达。为了争取同业商人的协作，商人们组织具有同业公会性质的商业组织“郊”。台湾各主要港口和市镇都有郊行组织。

台湾郊的起源，蔡国琳《台南三郊由来》云：

雍正三年入台交易，以苏万利、金永顺、李胜兴为始，配运于上海、宁波、天津、烟台、牛庄等处之货物者曰北郊。郊中有

① 泉州市工商联整理组：《近代泉州南北土产批发商史略》，载《泉州文史资料》第十四辑。

二十余号营商，群推苏万利为北郊大商。配运于金厦两岛，漳泉二州，香港、汕头、南澳等处之货物者曰南郊。郊中有三十余号营商，群推金永顺为南郊大商。熟悉于台南各港之采籴者曰港郊……港郊中有五十余号营商，共推李胜兴为港郊大商。由是商业日兴，积久成例，遂成三郊巨号。

台湾的郊商拥有很大的势力，他们主要从事将货物配运于闽粤香港等地。台湾各主要港口均有泉郊，专门从事同泉州做生意，鹿港泉郊最盛时商号达二百余家。北港也有泉州郊、厦门郊，澎湖有台厦郊。

《彰化县志》载：鹿港“街衢纵横，有大街三里许，泉厦郊居多，舟车辐辏，百货充盈”。

鹿港泉郊郊商与船户之间订有规约，若船货失事，赔偿有标准：“一、订船户如犯风水损失，有救起货额，船货两摊，其杉、磁、茶叶、药材，此无稽之货，例应不在摊内，应与船另议。二、订船户遭风失器具，惟桅、舵、椗三款，应就照货若干，船主应开七分，货客应贴船三分，其余细款，胡混难稽，不在贴款。三、订船户搁漏，货额湿损，缺本若干，货客应开七分，船主应贴货三分；船之修创，应费多少，船主应开七分，货客应贴三分。”①

台湾郊商大多控制在漳泉移民手中，这对促进闽台经济的发展起了一定的作用。

泉州移民成为著名的郊商很多，如晋江林慎亭，乾隆三十三年在南安水头开典铺，后移居台湾做生理。据《玉山林氏宗谱》载：“越年（乾隆三十四年）就典铺之本，再整淡水生理。作有三年，获息合余，复整鹿郊数年，亦甚得利。……再整兴裕、兴胜、万顺、淡鹿三号生理……所以数年之间，生息亦算不少。”② 台北谚语所云“第一好张德宝，第二好阿禄嫂，第三好马梢哥”，此为清代艋舺三富商。张德宝创始人张秉鹏、系惠安崇武人，

① 廖风德：《海盗与海难：清代闽台交通问题初探》，载《中国海洋发展史论文集》第三辑。
② 庄为玑、王连茂：《闽台关系族谱资料选编》，福建人民出版社，1985 年，第 442 页。

马悄哥晋江人，经营船头行业益兴号，均做泉郊、北郊生意致富。

从康熙到清季，台湾的郊行多兼营闽台间汇兑业务。“台汇”成为泉漳地区重要可靠的经济来源之一。①

三

泉州何时开始有郊行？有人认为元代开始在现在一堡街建造龙溪宫（今一堡宫）作为郊址，并奉祀妈祖。②

明清时期，泉州宁波郊组织宁波会馆，设在南门天妃宫，奉祀天妃。每年三月二十三日妈祖诞辰日，也是行东集会日，在天妃宫演戏十多天。

郊行郊址或会馆设在天妃宫，供奉妈祖，这是因为郊行交易的货物多系通过水路运输，为了祈求妈祖保护水上航行平安。

明清以前郊行组织的情况不得而知。明清时期，郊商成立同业公会，如泉州申宁厦郊同业公会，选举理事，聘请跑官府的“郊师”，设置处理日常事务的公务人员等。

郊行的主要职责之一即进行祭神、修庙等宗教活动和修城寨、渡头、义冢、立市平粜、施粥等社会公益事业。

在台湾，妈祖祭典由台湾三郊公办。每年三月二十三日妈祖诞辰，九月初九日妈祖升天举行两次。每当妈祖祭典日，必定在神前掷杯遴选炉主一名，头家若干名。他们同时兼任行郊的代表，即董理、协理。祭典即由三郊董事负责办理。

炉主与掌管香灯租等庙产和祠宇经常事务的董事不同，它的主要职责是主持该年的祭祀。在绕境或圣诞前几个月，就要拟定祭祀程序，分访绅商和神明会的信众代表，或召开会议摊派各社团的分担，磋商祭典事宜。一经决定，即须知会有关各地街庄庙宇，贴出香条，告示祭典日时，俾便准备敬拜，迎接或来刈香，并须设法使头家们去向信众劝募猪羊钱和做戏

① 韦庆远：《从族谱契约文书看清代闽台间的宗法关系》，载《史学集刊》，1989年第4期。

② 《近代泉州南北土产批发商史略》，载《泉州文史资料》第十四辑。

钱。到时便要筹办祭坛、仪式、牲醴与庆贺戏及统理绕境时的进行，安排阵头，指派点心等。直至圣诞祭典完满结束，移交新炉主为止。①

台湾三郊还从大陆运载到台湾的货物中按额抽钱，以为祭神的经费，除供妈祖祭祀外，开元寺（佛祖）、水仙宫（水神）、海安宫和义民祠祭祀都归其负责。

闽台郊商还捐资修建寺庙、佛塔、铸铜钟等宗教活动。

清嘉庆十九年（1814），台湾泉厦八郊协议，发起捐款，修建鹿港天后宫。嘉庆二十一年（1816），泉郊金长顺、厦郊金振郊、油郊施光昭、粮郊金□□、布郊金振万、南郊金振益等重修鹿溪圣母宫。同治八年（1869）厅宪孙公，进士蔡德劳，施同知与郊商士绅筹谋捐修鹿港天后宫。道光十四年（1834）泉郊金长顺、厦郊金振顺、泉厦郊行保合，布郊金振顺、糖郊金永兴、染郊金合顺、簸郊金长顺、油郊金洪福、南郊金进益重修鹿港天后宫。

咸丰十一年（1861），泉州宁郊金顺兴、淡郊金晋顺、笨郊金台顺、梧栖金万顺、厦郊诸宝号等重修泉州开元寺准提大殿。泉州开元寺内保存一小石塔构件，上刻有“鹿郊商捐资，锦里黄清文董事重修。道光四年立。”说明石塔系锦里（蚶江）鹿郊商人黄清文所修。

圣殿为祭祀海神之所。

同治九年（1870），台湾郡城三郊及福建各地官员、东山县及唉叻、香港、上海、宁波、乍浦、澎湖、台湾等地商号共同捐款重修东山县城关关帝庙。

道光十七年（1837），泉郡南外关浯江铺塔堂鹿郊46家公置铁钟。

晋江陈埭海光堂有光绪二十年（1894）宁郊建兴帮重修碑记和同治九年（1870）洋药帮丁姓弟子所捐铜钟。铭文如下：

光绪甲午岁季冬吉日

① 李献璋：《笨港聚落的成立及其妈祖祠祀的发展与信仰实态》（下），台湾《大陆杂志》第三十五卷第九期。

海阔无边转念慈航得渡

光涵万象遐观法界皆春

宁郊建兴邦重修，尘土张靖渠敬书。

同治岁次庚午桂月吉时撰

洋药帮丁姓弟子

浙宁涌江单顺得光厂敬造

丁姓弟子重新铸今将名号名字开列于左：（略）

郊商出资修建城寨、道头等。嘉庆八年（1803），厦门广郊、鹿郊、台郊及福建官员等捐款建盖大小担山寨城。

嘉庆二十三年（1818），泉州鹿郊、碗郊、苏福宁郊等捐款重修馆口道头。

台湾郊商置义冢，遇荒年立市平粜，设厂施粥，全活者以万计。

置义冢如鹿港敬义园为乾隆四十二年（1777）“浙绍魏子鸣同巡检王坦首捐倡，率绅士林振嵩及郊商等捐资建置旱园，充为义冢。仍以赢余捐项，置买店屋租业，择泉厦二郊老成之人为董事办理。”① 嘉庆二十三年（1818），泉郊金长顺，厦郊金振顺，布郊金振万，糖郊金永兴，簸郊金长顺，郊商郭光琛、南郊等重修敬义园。

立市平粜，设厂施粥如林文浚，泉州永宁卫人。少长渡台，置祀田恤族中寡妇无改适，且为延师育其孤，乡人德之。在彰化多建立倡造，县城改建文昌阁，重新白沙书院学署，新建鹿港文开书院、天后宫、龙山寺及咸水巷真武庙，各处津梁道路，或独建或倡捐，皆不吝多赀以成事。而功德最大者莫如赈饥一役。嘉庆丙子春夏之交，谷价骤昂，饥民夺食。文浚领率郊商殷户请于官，立市平粜，设厂施粥，沿海居民，全活者以万计。②

原载《福建文博》，1990年第1期。

① 《彰化县志》卷2，《规制志·养济》。

② 《彰化县志》卷8，《人物志·行谊》。

广东十三行中的晋江籍商人

清初对外采取闭关政策。康熙二十四年（1685），下令开海禁，开放广州、漳州、宁波、云台山（今连云港附近）为对外通商口岸，设立海关征税。乾隆二十二年（1757）起，通商口岸只限广州一处，对外贸易为公行所垄断。

公行始于康熙末年，乾隆二十五年（1760）正式被认可为合法的通商机关。公行不但负责输入货物的评价及买卖，而且成为清政府与外商的传递机关，凡货物的纳税、报关，均须由它经手。外商向中国政府的陈诉，亦须由它代呈，否则清政府不予受理。它又负责监督外国人的生活行动，既有商业的职能，又有政治、外交的职能。

十三行是“沿明之习”。明朝广东三十六行行商数目在13家左右，所以人们把它称为十三行。清代粤海关设立前后，把经营对外贸易的洋行统称为十三行。初成立时，由16家组成，此后屡有增减，最少时只有4家，最多时达26家，只有嘉庆十八年（1813）、道光十七年（1837）为13家。十三行商承接对外贸易业务时，需设馆接待外商，称“十三夷馆”。

十三行衰败的主要原因是：一是代理外商销售进口货物，因滞销亏本，拖欠税饷而破产；二是赊外商货物，或借外商高利贷而破产；三是受各级官府的敲诈而破产。1842年，中国近代史上第一个不平等条约《南京条约》签订后，公行制度即被取消。从此，中国对外贸易，由买卖双方直接进行。

十三行行商籍贯，多为广、泉、徽。潘同文、伍怡和、叶义成、潘丽泉、谢东裕、黎资元、颜泰为闽籍；刘东生为徽籍；卢广利、梁天宝、易孚泰、关福隆、黎西成为粤籍，其中晋江籍有怡和行伍氏家族、黎元行黎光华、泰和行颜时瑛。

怡和行系乾隆四十九年（1784）伍国莹开设之洋行。伍国莹之祖先为福建泉州府晋江县安海人，长期在武夷山做茶叶种植园主。至伍朝凤由闽入粤，籍隶南海。

乾隆四十二年至嘉庆六年（1777—1801）为怡和行的创业期，由伍国莹和伍秉钧主持。至乾隆五十一年（1786），伍国莹在20家行商中居第6位。伍秉钧时，贸易增长。嘉庆二年，居行商第4位，嘉庆五年升至第3位。

嘉庆六年至道光二十三年（1801—1843）为伍氏家族全盛期。由伍秉鉴、伍受昌、伍绍荣父子主持。嘉庆六年，伍秉钧病逝，由秉鉴继承。秉鉴，乳名亚浩，外国人称之为浩官。其间伍氏家业扩大，成为富甲天下的豪商。嘉庆十一年，公司贸易份额居第3位。嘉庆十二年居第2位，至嘉庆十四年居首位，嘉庆十八年列为总商之首。此后数十年间，一直居于行商首领地位。

道光二十三年至同治二年（1843—1863）伍绍荣（崇曜）主持时期，伍氏家族由盛转衰。伍家在经济上政治上进行广泛活动，成为中国买办势力的重要代表。伍崇曜死后，伍氏家族衰落下去。

伍氏家族拥有巨大资产，其中一小部分用于地方公益事业和文教事业。道光初年，伍家与广利行卢家合捐银10万两筑桑园围石堤，为当时珠江三角洲的一项大型水利工程。嘉庆年间，伍敦元等行商捐数千金，在洋行会馆设种洋痘局，鸦片战争后，洋痘局又得到伍崇曜的资助，“活婴无算”。广州西关下九甫《文澜院碑记》载，嘉庆十六年，伍怡和等十三行商捐赠公产，设立修濠公所，“更择数椽，创建书院，为士子会文之所”。《新建惠济东西仓碑记》载，道光十八年，伍崇曜捐银千万两和其他十三行商、官员等共修惠济东西仓。道光咸丰年间，伍崇曜出资延请谭莹代为校刻书籍《岭南遗书》62种343卷，《粤卷十三家集》180卷，《粤雅堂丛书》180种，《楚庭耆旧遗诗》774卷，王象之《舆地纪胜》200卷凡2400余卷，作跋200余篇。据道光十年《重修澳门妈祖阁碑记》记载，十三行商捐款重修澳门妈祖阁，其中伍诒光堂捐银210圆。林则徐与邓廷桢领导广东禁烟运动，在虎门创设木排铁链、添置炮台，伍绍荣等捐助经费10万两。1840年5月，伍绍荣等行商禀称，愿缴三年茶叶行用（从茶叶贸易中抽收的行商公所基金）以充防英经费。

广东十三行已成为历史陈迹，但仍留下一些十三行或行商家族有关的地名。

怡和大街，在宝顺路以东，仁济路以西，其地为伍氏怡和行旧址。

伍家园旧址，在龙溪涌以东，海幢寺以西，以潘家园隔溪为邻。伍氏入粤后居西关，寄籍南海，嘉庆八年于海幢寺及其西侧购地筑新居，名安海乡，即伍家园。其地在万松山麓，园中多青松，又称万松园。万松园主要为伍秉镛、秉监、元华、崇曜两代所建。伍园还建有伍氏宗祠，祠旁小巷即今伍家祠道。

广州西天地区蓬莱与思宁路交界处的颜家巷，为泰和行颜时瑛的别墅磊园旧址。

泰和行系颜亮洲开设之洋行。颜亮洲，原籍福建晋江县田中村人，明季颜容舒之子廷濬由福建晋江迁广东，籍贯南海县。颜亮洲，字淇瞻，号绰亭，又名德，西人因称之为颜德舍，雍正乾隆间承充泰和行商，为公行首领。《颜氏家谱》卷2《诰赠中宪大夫绰亭公暨淑配柯太恭人墓志铭》称其“少孤，壮岁贡入成均，未卒业，去而服贾，相羊家食，五十六年而卒……（柯太恭人）力劝公习计然书，会奉榷部檄，慕充十三家，与番汉通市，公乃投笔厕身其间，时则有若陈监州，叶比部皆公同事，然尤推公为领袖云。公在事急饷课，一权衡，平出入，开诚布公。产日饶而息以大。不十余年，拥巨资，成巨室，称城西甲乙之家焉”。乾隆十六年，颜亮洲去世，由其子时瑞经营，至乾隆二十八年，时瑞因病去世，由其弟时瑛经营。乾隆三十年，行商十分名表，首列潘同文，次列颜泰和。至乾隆四十五年，颜时瑛欠英商款达1 354 000元，泰和行以诓骗罪名被封，颜时瑛革去职衔，充军伊犁。《粤海关志》卷28云：“乾隆四十五年七月刑部会奏言，广东巡抚李湖等奏称，广东颜时瑛等借欠夷商银两，分别扣缴给还一折，奉硃批……查例载交结外国诓骗财物发远边充军等语，今行商颜时瑛、张天球明知借欠有例禁，仍不将每年所得行用余利樽节归还，任夷人加利滚算，显存诓骗之心，应如该抚等所奏，颜时瑛、张天球均应……革去职衔，发往伊犁当差……所有泰和、裕源行两商资财房屋交地方官悉行查明变价，除扣缴完饷钞外，俱付夷人收领。其余银两着落联名具保人潘文岩等分作十年清还。”颜时瑛所欠债款，按中国律例，利息不得超过本银一倍，照原本加一倍偿还。

颜时瑛在伊犁充军，至乾隆五十七年（1792）去世，草草暂葬于西安，后由其子颜斯秀从西安移葬回粤。

资元行系晋江籍黎氏所开设之洋行，雍正十年已任保商。资元行父子相传数十年，号称殷实，至黎光华担任保商，历年备办贡物，挪用外商货款填缴关税，负债渐多。至乾隆二十三年，黎光华去世，拖欠进口税饷，官府勒令其他保商赔缴，保商只好割出外商预付的茶叶价款代赔。乾隆二十四年，英商洪任辉呈文称，帮商黎光华拖欠公司货款5万余两，“伊子黎兆魁藉父身故，兜吞措偿；赴禀关宪，不恤。赴禀督宪，不怜。”法商味的哩禀帖也说，“上年黎开观（黎光华）身故，欠哩等弗兰西各夷商银九万两余，思控无益，忍待后图。”乾隆皇帝派钦差新柱、朝铨赴广东，会同总督李侍尧查办。因黎光华在广州的家产已被变抵偿还欠饷，新柱、朝铨等下令查抄其福建晋江原籍家产抵偿商欠，其余“按股均还，以示平允”。

原载《晋江史志》，2014年第2期。

关于真谛到梁安郡翻译《金刚经》问题

真谛到梁安郡，住建造寺翻译《金刚经》，又从梁安港“更装大舶，欲还西国”，这是关系到闽南佛教史和泉州海外交通史的重大问题，现略述管见，敬请方家指正。

一、真谛其人

真谛，梵音波罗末陀，又名亲依，梵音拘那罗陀，西天竺优禅尼国人。少时学通佛典三藏，尤精于大乘之说，后泛海至扶南国。梁武帝大同年间（535—545）派直后张汜送扶南国使返国，访求名德和大乘诸论，真谛随其来华，于中大同元年（546）到达南海郡（今广东南部）。太清二年（548）八月到建康（今南京），梁武帝深加敬礼，使住保云殿。方将从事翻译，时值侯景之乱，自承圣三年（554）后，辗转播迁于今浙江、江西、广东等地，至陈永定二年（558）到达晋安郡（今福州），住佛力寺，与前梁法侣僧宗、法准、法忍等重新核定所翻之经论。天嘉二年（561）从晋安郡到达梁安郡，住建造寺，翻译《金刚经》等。天嘉三年（562）九月“发自梁安，泛舶西引，业风赋命，飘还广州。后留居其地，翻经八载，至太建元年（569）圆寂。”

真谛在华时间 23 年，所译经论，据《续高僧传》载，共译经论记传 64 部 278 卷；《开元释教录》云，刊定译籍 49 部 142 卷，所撰义疏 19 部 134 卷。主要有《解节经》《金光明经》《摄大乘论》《俱舍论》《唯识论》

等。他讲述的《摄大乘论》为中土僧人弘传讲习，形成摄论学派。

无著的《摄大乘论》初译于北魏佛陀扇多，但它的流行，是在真谛重译并另译了世亲的《摄大乘论释》和自行解说为《义疏》之后。《摄大乘论》是瑜伽唯识学的奠基性著作，着重探究“心”的性质和“心”生万有的机制，以及人的认识过程和据此修持成佛的道路。①

真谛之学，先布闽越广州，智恺之功为首。及其死后，法泰传之建业，僧宗、道尼等弘之九江，曹毗传法于江都，智敫宣讲于循广。而靖嵩之北止彭城，道尼之入居长安，《摄大乘论》固已北被矣。但北方《摄大乘论》大师，靖嵩而外，实为地论学者之昙迁。②

二、关于梁安郡问题

真谛陈永定二年（558）到达晋安郡（今福州），天嘉二年（561）从晋安郡航行到梁安郡，天嘉三年（562）从梁安郡“泛舶西引”，“飘还广州”。可见梁安郡是南朝中外交通的重要港口，应系福州至广州之间的一个港口。

梁安郡在什么地方呢？《中国古今地名大辞典》“梁安郡”条云，南朝有三个梁安郡：一为南朝梁置，隋废，故治在今河南省固始县东北 70 里，今为梁安里；另一为南朝梁置，北齐废，故治在今湖北黄安县南。此两处梁安郡在内地，非真谛发舶之港。

汤用彤先生认为，梁安郡在海边，是南朝时印度与中国交通的重要港口。他说：“在中国之交通口岸则有四：一为广州。昙无竭西行求法归时，由此上陆。法显往天竺回国时，亦欲于此登岸。求那跋陀罗及真谛来华，均先抵广州。二为龙编，今安南之河内，为六朝交州之首都也。孙权黄武五年有大秦贾人字秦论到交趾，太守吴邈使人送诣权，权问论以方土风俗。宋时求那跋摩在爪哇，文帝使交州刺史泛舶迎之。三为梁陈之梁安郡

① 杜继文：《佛教史》，中国社会科学出版社，1991 年，第 213 页。
② 汤用彤：《汉魏两晋南北朝佛教史》，中华书局，1983 年，第 626 页。

（今地不可考）。真谛于此附大舶，欲西行回天竺。四为胶州一带。晋佛驮跋陀罗海行到中国，在东莱郡登岸。法显归时本欲到广州，忽遇风漂流抵长广郡。而宋元嘉中道普西行取经，在长广郡舶破伤足，遂以疾卒。东莱、长广俱近今日之胶州湾也。”① 但梁安郡的具体地点没有考证出来。

冯承钧先生《中国南洋交通史》认为梁安港是“传写之误”，但没有考证是由何郡传写之误。持此说者还有方拥先生，他说：梁安郡一名纯属无稽之谈。梁安郡很可能就是南安郡之误。其理由：①梁安郡与南安郡的“梁”在闽南话中读为 liong，白读 lhiu，“南”读 lam，均为舌辅音开头，不易区别，将“南”讹误为“梁”；②从南安的历史沿革看，梁天监中（502—509）析晋安郡置南安郡，陈时（557—589）仍为南安郡，隋开皇九年，改南安郡为南安县。②

章巽先生认为历史上确实存在一个梁安郡，故址在今福建省南安县的丰州。他指出，梁天监中析置的是梁安郡而不是南安郡，到天嘉五年（564）擒斩陈宝应，陈朝势力始及于福建境，改梁安郡为南安郡。《畿辅丛书》本《元和志》和金陵书局本《太平寰宇记》也都以为南安郡是陈朝所立的郡名。梁安郡存在的时间从天监年间到天嘉五年（502—564）。真谛在延福寺译经时梁安郡尚未改南安郡。③

廖大珂先生在章巽先生考证梁安郡在今南安丰州的基础上，进一步考定梁安郡的设置时间是在南齐中兴二年（502），而不在梁天监中（502—509），梁安郡在陈代改名南安郡。他根据唐初杨炯撰《唐恒州刺史建昌公王公神道碑》所记：“公讳义重，字元稚，其先琅琊临沂人也……祖僧兴，齐会稽令梁安郡守南安县开国侯，禄位千石，珪符王等，营室迥于羽仪，山河入于盟誓。父方赊，梁正阁主簿伏波将军梁安郡守，隋上仪同三司，以惠和之德，有文武之才……武德四年，诏公为江南道招讨使……诏除泉州都督，封建昌县男，食邑三百户……境接东瓯，地邻南越，言其实利，则玳瑁、珠玑。”按，碑文中梁安郡太守王方赊与真谛译《金刚般若波罗

① 汤用彤：《汉魏两晋南北朝佛教史》，中华书局，1983 年，第 267 页。
② 方拥：《拘那罗陀与泉州》，载《泉南文化》，1990 年第 1 期。
③ 章巽：《真谛传中之梁安郡》，载《中国水运史研究》，1987 年第 1 期。

蜜经》后记中的梁安郡太守王方赊，与《续高僧传·拘那陀罗传》中的梁安郡太守王方奢实为一人，应以碑文和真谛后记的王方赊为是。①

中国佛教协会编的《中国佛教》真谛传云："陈武帝永定二年（558），他再到豫章住栖隐寺，又转往晋安（今福建省晋江县）住佛力寺。……天嘉二年（561）从晋安搭乘小船到了梁安郡（今广东惠阳一带），住建造寺讲《解节经》等。"② 提出梁安郡在广东惠阳一带，章巽先生认为，这"纯属臆测"。方拥先生则认为梁安郡"似由惠阳'梁化郡'治所而出。"

我们认为梁安郡在今天福建南安丰州的结论是正确的。

三、关于真谛在建造寺翻译《金刚经》问题

据汤用彤先生研究，天嘉二年（561），真谛在建造寺译《解节经》一卷，《义疏》四卷。天嘉三年（562）因梁安太守王方奢之请，"于建造伽蓝"重译《金刚经》，"依婆薮（世亲）释论"出《经》一卷，《文义》（即《义疏》）十卷。③

真谛到南安建造寺翻译《金刚经》，在地方文献中有明确记载。北宋端拱间（988—989）曾会撰的《重修延福寺碑铭》云："古金刚经者，昔天竺三藏拘那罗陀，梁普通中汎海来中国，翻经兹寺。因取梵文，译正了义，传授至今，后学赖焉。"此处云真谛到中国的时间为梁普通中（520—527）可能系传闻之误。

真谛译《金刚经》的地点，曾会碑和乾隆《泉州府志》都讲得很清楚是在延福寺，而《金刚般若波罗蜜经》后记则云译于建造伽蓝，建造寺即为延福寺。

延福寺，西晋太康九年（288）建于南安丰州九日山西二里，是闽南最早的寺院。大历三年（768）移建于九日山南麓，唐会昌年间（841—845）唐武宗灭佛时，寺一度被废，至大中五年（851）恢复旧观。

① 廖大珂：《梁安郡历史与王氏家族》，载《海交史研究》，1997年第2期。

② 中国佛教协会编：《中国佛教》（二），知识出版社，1982年，第86页。

③ 汤用彤：《汉魏两晋南北朝佛教史》，中华书局，1983年，第620页。

延福寺原名建造寺，宋陈知柔《妙墨堂记》、明何乔远《闽书》、明万历《泉州府志》、清乾隆《泉州府志》均云“寺额欧阳詹所书”，陈知柔明确指出欧阳四门（詹）书“建造寺”额。

唐、五代诗篇中均称延福寺为建造寺，如唐张为《题建造寺》、周朴《建造寺》、五代刘乙《题建造寺》。周朴诗云：“建造上方藤影里，高僧往往似天台。不知名树檐前长，曾问道人岩下来。”说明至五代时，延福寺仍然称建造寺。

何乔远《闽书》和乾隆《泉州府志》称“大中五年赐名建造寺”，这是不对的。唐武宗会昌灭佛时，建造寺被废，大中五年恢复旧观，不是赐名建造寺。宋人陈知柔见到欧阳詹题建造寺额。欧阳詹生于天宝十四年（755），卒于贞元十六年（800），欧阳詹题建造寺额当在贞元十六年之前。如果说大中五年（851）才赐名建造寺，此时距欧阳詹去世已半个多世纪，赐名建造寺应在贞元十六年之前。

建造寺改名延福寺是在宋代，万历《泉州府志》、乾隆《泉州府志》说是宋乾德年间（963—967）陈洪进增建改名，而《闽书》则云为元丰年间（1078—1085）合为延福寺。

真谛译经的建造寺唐代仍称建造寺，至宋初改称延福寺。

真谛译《金刚经》的时间。成书于唐麟德元年（664）的《大唐内典录》云：拘那罗陀“陈氏永定元年丙子至太建初已丑，凡十四年，既怀游方，随所在便译。”成书于开元十八年（730）释智升的《开元释教录》也说：“谛从陈武永定二年戊寅至孝宣太建元年己丑更译《金刚般若经》等。”① 他们没有指明译《金刚经》的地点。

真谛在译《金刚般若波罗蜜经》后记中记载颇详：“西天竺优禅尼国三藏法师，号拘那罗陀，此云真谛，梁武皇帝远遣迎接，经游闽越，暂憩梁安，太守王方赊乃勤心正法，性爱人乘，仍于建造伽蓝请弘兹典，法师……即于壬午年五月一日重翻天竺定文……至九月二十五日文义都竟。”② 这里

① （宋）曾会：《重修清源郡武荣州九日山寺碑》，见陈国仕辑《丰州集稿》卷10。

② 章巽：《真谛传中之梁安郡》，载《中国水运史研究》，1987年第1期。

所云译《金刚经》的时间为壬午年，真谛在华时的壬午年即天嘉三年（562）。

真谛译《金刚经》的时间有三种不同的说法：曾会认为是梁普通中（520—527），《开元释教录》认为是陈永定二年至太建元年（558—569），《金刚般若波罗蜜经》后记认为是天嘉三年（562）。

真谛到达南海郡的时间是中大同元年（546）。所以曾会碑和乾隆《泉州府志》所说，真谛梁普通中（520—526）译《金刚经》是不对的。而《开元释教录》说永定二年至太建元年（558—569）译经是泛指真谛在华译经的时间，其中包括译《金刚经》。《金刚般若波罗蜜经》后记确切记载译该经的时间是天嘉三年（562）五月一日至九月二十五日，这是真谛写的后记，是真实可靠的。

四、真谛与泉州海外交通

泉州海外交通起始时间，有6世纪南朝末年说；唐武德年间（618—626）说；9世纪或稍早说；宋置市舶司（1087）以后诸说。

南朝末年说的根据是真谛在天嘉二年（561）从晋安郡（福州）到梁安郡（南安丰州），欲泛船往棱伽修国。天嘉三年（562）发自梁安，“汎舶西引，业风赋命，飘还广州”。通过上文论证和从当时海外交通的历史背景来考察，真谛来南安建造寺翻译《金刚经》和改乘大舶到棱伽修国是完全可能的。

从三国至南北朝时期，南方政局相对稳定，而北方连年战乱，生产力受到很大破坏，大批中原人民背井离家，迁徙到江南和东南沿海，带来北方先进的生产技术和科学知识，推动南方社会经济的发展，为航海业的发展提供重要的物质基础，促进海外交通发展。《宋书·夷蛮》载：“若夫大秦、天竺，迥出西溟，二汉衔役，特艰斯路，而商货所资，或出交部，泛海凌波，因风远至。又重峻参差，氏众非一，殊名诡号，种别类殊，山琛水宝。由兹自出，通犀翠羽之珍，蛇珠火布之异。千名万品，并世主之所虚心，故舟舶继路，商使交属。”《梁书·诸夷》也说：“海南诸国，大抵在交州南及西南大海洲上，相去近者三五千里，远者二三万里，其西与西域诸国接。……及宋、齐，至者有十余国，始为之传。自梁革运，其奉正朔，修贡职，航海岁至，逾于前代矣。”可见当时海外交通已相当发达。

西晋末年，中原人民大批移居泉州，经过100多年的开发，到南朝时，泉州的社会经济相当繁荣，为海外交通提供了物质基础。南朝时，泉州是海外交通的重要港口，有海船与海外诸国贸易往来，所以真谛欲回棱伽修国要到泉州换乘大舶。

唐代的泉州港已成为当时海外交通的重要港口。公元9世纪阿拉伯著名的地理学家伊本·胡尔达兹比赫在他所著的《道里邦国志》一书中，将泉州与交州、广州、扬州并列为我国对外贸易的四大港口。当时的泉州港“南海番舶”常到，“岛夷斯杂”，“市井十洲人”，“船到城添外国人”，说明海外贸易发达，许多外国人到泉州。为加强对泉州港海外贸易的管理，设“参军事四人，掌出使导赞”，管理海外往来的使节和商人。

唐朝的泉州是中外经济文化交流的重要港口。据明朝人何乔远《闽书》记载，唐武德年间（618—626）伊斯兰教四大贤来中国传教，大贤传教广州、二贤传教扬州、三贤四贤传教泉州。三贤四贤卒后葬于泉州东门外灵山，称圣墓。《闽书》虽无明确记载四大贤来华的路线，但他们传教的城市在东南沿海的港口城市，应系从海路而来。

唐朝的泉州港已进入繁荣时期，三贤四贤来泉州，不是泉州海外交通的开始。至于把宋朝在泉州设置市舶司以后作为泉州开港的时间就更值得商榷，正如李东华教授所指出，“惟论泉州开港在设置市舶司以后，应加更正。盖开港指有外人来此贸易，与设置市舶司并非一事。”①

原载《福建佛教》，1999年第1期。

① 李东华：《泉州与我国中古的海上交通》，台湾学生书局印行，1986年，第51页。

僧侣海商昭庆禅师

昭庆禅师，字显之，俗姓林，泉州晋江人。宋人秦观《淮海集》云：

> 师讳昭庆，字显之，俗姓林氏，泉州晋江人也。少跅弛以气自任，尝与乡里数人，相结为贾，自闽粤航海道直抵山东。往来海中者数十年，资用甚饶。
>
> 皇祐中，祀明堂，恩度天下僧。师为儿时，父母尝许为僧，名隶漳州开元寺籍。至是，辄谢诸贾，以财物属同产，使养其亲，徒手入寺，毁须发，受具戒。①

昭庆禅师因家庭贫困，少年时，双亲许将他送到漳州开元寺为僧。后结托乡里同产，从事海外贸易，航行于福建、广东、山东间，十数年后成为一名富商。皇祐间（1049—1053）祀明堂，恩度天下僧。他将自己的财产全部托于同产，用于赡养双亲，双手空空到漳州开元寺受戒为僧。

昭庆禅师谓其曹曰："出家儿当寻师访道，求脱生死。若匏系一方，乃土偶人耳。"于是离开漳州开元寺，遍参知识，至禾山楚才禅师会中，因看风幡话，忽然有悟，以为妙道尽于此矣。禾山楚才禅师，宋临江军人。"风幡话"说的是唐上元二年（675）初，慧能到广州法性寺。印宗法师正在此讲《涅槃经》，寺中悬幡，风吹幡动。一僧云：幡动，一僧云：风动。慧能云：非幡动风动，人心自动。印宗闻此竦然。慧能的见解是符

① （宋）秦观：《淮海集》卷33，《庆禅师塔铭》。

合中观学说的“真俗不二”的观点。诸法性空，风幡何有动静可言？所见风幡之动是世俗认识所致，故谓之心动。① 禾山楚才也有类似的语录。僧问：“佛令祖令，诸方并行，未审和尚如何？”师曰：“仙僧退后。”问：“如何是离凡圣底句？”师曰：“山河安掌上。”问：“抱璞投师，请师雕琢。”师曰：“不雕琢。”曰：“为什么不雕琢？”师曰：“弄巧反成拙。”②

昭庆禅师又见黄龙慧南禅师，“示以佛手驴脚因缘，辄漫不省，因服役左右，数年不去，始尽得黄龙之道”③。

黄龙慧南（1002—1069），俗姓章，信州（今江西上饶）人，“生而神异，童稚不群。道蕴夙机，发言骇众”。17 岁出家，19 岁受具戒，“遍历丛林，皆推上首”。后得石霜楚圆的“印可”，遂为楚圆法嗣。因“开山”于洪州（今江西南昌）黄龙山常恩禅院，因而被称为“黄龙慧南禅师”。

“佛手驴脚因缘”即“黄龙三关”。《建中靖国续灯录》载：

> 师室中常问僧出家所以，乡关来历。复扣云：人人尽生生缘处，那个是上座生缘处？又复当机问答，正弛锋辩，却复伸手云：我手何似佛手？又问诸方参请宗师所得，却复垂脚云：我脚何似驴脚？三十余年，示此三问，往往学者，多不凑机。丛林共目为三关。④

熙宁中（1068—1077）昭庆禅师游淮南，往来广陵、天长、高邮间。“凡三住道场：初高邮之乾明：次乌江之惠济，最后广陵之建隆。惟惠济僻在深山中，地有汤泉，人迹罕至。心乐居之。乾明、建隆，皆为檀越士大夫所强，遯之不获，非其好也。”⑤

昭庆禅师所得法，“广大微妙，又学术无不通达。其为人法，或以经

① 杨曾文《唐五代禅宗史》，中国社会科学出版社，1999 年，第 155-156 页。

② （宋）普济：《五灯会元》卷 15，《德山远禅师法嗣 · 禾山楚材禅师》，中华书局，1984 年，第 1001 页。

③ （宋）秦观：《淮海集》卷 33，《庆禅师塔铭》。

④ 转引自郭朋：《宋元佛教》，福建人民出版社，1981 年，第 65 页。

⑤ （宋）秦观：《淮海集》卷 33，《庆禅师塔铭》。

论，或以老庄，或以卜筮，或以方药，下至种种一切俗谛之事，随其根器示大方便，不独守古人言句而已。”① 他知识渊博，为人说法，以佛教经论、老庄哲学、卜筮、医药等，对不同根底、气质的人，用不同程度之谛，使之领悟，不独守古人言句。

自唐代以来，禅宗盛行于世，惟云门、临济二宗是时云门苗裔分据大刹，祖望淮浙上，临济之后，自江以北，惟昭庆禅师一人，云门之徒或不以为师然。师闻而笑曰：“此吾所以临济儿孙也。”

昭庆禅师晚岁多病，谢住持事，寓止高邮醴泉寺。元祐四年（1089）八月十六日说偈迁化，享年63岁。其徒智勤等22人与广陵檀越奉师灵骨于建隆寺建陵起塔而葬。明年智潭自广陵走京师，乞铭于太常博士秦观。士大夫执弟子礼者有龙图阁直学士孙觉莘老，乌江令承议郎阎木求仁等，与秦观、僧道潜相善。

孙觉，字莘老，高邮人。登进士第，调合肥主簿。嘉祐中（1056—1063），择名士编校昭文书籍，觉首预选，进馆阁校勘。历越州通判、知通州、广德军、湖州、福州、亳州、扬州、徐州、应天府，入为太常少卿、易秘书少监，哲宗即位兼侍讲，迁右谏议大夫。绍圣中（1094—1097），以觉为元祐党，夺其职，追两官。徽宗即位复官职。有文集、奏议60卷、春秋传15卷。

秦观，字少游，号太虚，高邮人。少豪隽慷慨，苏轼荐为太常博士，选国子编修。寻坐元祐党籍，编管横州，放还至苏州卒。善为文兼工诗词，著有《淮海集》，世称秦淮海。

释道潜，据《淮海集》载：“及师在惠济，某尝从故龙图阁直学士孙公觉莘老、钱塘僧道潜参寥，访师于汤泉山中。”《梦粱录》亦载：“道潜，字参寥，尝与苏东坡、秦少游两先生为密交……东坡守杭时，因参寥入智果精舍赋诗云：‘云崖有浅井，玉醴常半寻。遂名参廖泉，可濯幽人襟。’又作《参寥泉铭》，记之岁月。东坡爱其诗，尝称‘无一点蔬笋气味，体制绝似储光羲，非近世诗僧比。’崇宁末，老江湖。既示寂，有诗行于世，

① （宋）秦观：《淮海集》卷33，《庆禅师塔铭》。

句句清绝可传，法号曰妙总大师。”参寥泉，“元祐年间，此僧住上智果寺，寺有泉，东坡以僧之名为泉名。盖东坡《应梦记》云：仆在黄州，参寥自吴中来访，一日梦此僧赋诗，觉而记两句云：‘寒食清明都过了，石泉槐火一时新。’后七年，仆出守钱塘，此僧始卜居西湖智果院，院有泉出石缝间。寒食之明日，仆与客泛湖。自孤山来谒，参寥子汲泉钻火，烹黄檗茶，忽悟予梦诗兆于七年前，众客皆叹，遂书始末并题之，非虚语也。”①

据上引资料，道潜，字参寥，号妙总大师，俗姓武，蒲津人，卒于崇宁末（1106），是位诗僧。然《宋高僧传》云：“钱塘惠日永明寺释道潜，俗姓武，蒲津人也……汉南国王钱氏命入王府受菩萨戒，造大伽蓝，号慧日永明，请以居之。假号曰慈化定慧禅师，别给月俸以施之，加优礼也。建隆二年辛酉九月十八日示疾而终。”② 道潜卒年，《梦粱录》作崇宁末年（1106），《宋高僧传》作建隆二年（961），其中必有一误。若按《宋高僧传》所云，道潜卒于建隆二年（961），而昭庆禅师生于天圣四年（1026），此时距道潜圆寂65年，昭庆禅师不可能与道潜相善。若按《梦粱录》所载，道潜卒于崇宁末年（1106）而昭庆禅师卒于元祐四年（1089），应系同时代人，故《宋高僧传》所云道潜卒于建隆二年是错误的。

昭庆禅师从僧人而为海商与宋代社会各阶层都参与商业活动有关。泉州海商由本地商人、外地商人和外国蕃商组成。本地海商有舶商、散商、南外宗子海商、僧侣海商、海员水手等组成。僧侣为海商的有王元懋，“少时祇役僧寺，其师教以南蕃诸国书，尽能晓习。尝随海船诣占城，国王嘉其兼通番汉书，延以馆客，仍嫁以女. 留十年而归。所赍具百万缗，而贪利之心愈炽，遂主舶船贸易，其富不赀。”③

有的商人出家为僧。释文英，宋泉州人。俗姓苏，“往来商成都，富钜万。留意禅悦，忽若有悟，尽捐资。移书别妻子，祝发于嘉祐院。……

① （宋）吴自牧：《梦粱录》卷17，《历代方外僧》卷11，《井泉》，浙江人民出版社，1980年，第158页，第98-99页。

② （宋）赞宁：《宋高僧传》卷13《道潜传》，中华书局，1987年，第315页。

③ （宋）洪迈：《夷坚三志》己卷第6，《王元懋巨恶》。

师鸠工庀材，创建禅宇，凡为屋千楹，阐龙宫藏贝叶，规模恢敞，气象雄特……且请废寺之产于官，成三百亩，以备香积。”①

原载《晋江史志》，2015年第1期。

① （明）明河：《补续高僧传》卷23，《文英传》，《高僧传合集》，上海古籍出版社，1991年，第748页。

偰玉立在泉州的史迹与偰氏家族在高丽、朝鲜

高昌偰氏为回鹘人，其先世居偰辇杰河，因以偰为氏，在元代是一支显赫的家族。偰玉立的曾祖父岳璘帖穆尔，从成吉思汗征西辽有功，担任河南等地达鲁花赤（镇守官）。偰玉立的祖父合剌普华任宁海路达鲁花赤、广东都转运盐使，兼管广东地区海外贸易事务。偰玉立之父偰文质先后任广德路、吉安路达鲁花赤，谭州路总管，赣州路同知宣慰司事、副都元帅等职。偰玉立兄弟五人皆登进士第，偰玉立曾任泉州路达鲁花赤，在泉州多施惠政且留下许多史迹。偰玉立之侄、偰哲傒之子偰百僚东迁高丽，百僚之子长寿等多次代表高丽、朝鲜奉使明朝，为发展两国的友好关系做出了贡献。

一、偰玉立在泉州的史迹

偰玉立，字世玉，延祐五年（1318）进士，至正九年（1349），以正议大夫任泉州路总管，后升任达鲁花赤。吴鉴《清源续志·序》云：“至正九年，朝以闽海宪使高昌偰侯来守泉。”[①] 黄溍《合剌普华神道碑》载，偰玉立为福建路海道肃政廉访司事，[②] 苏继庼先生则云“福建路海道肃政廉访司事，疑即泉州路达鲁花赤之正称。”[③] 其实偰玉立并没有任过福建路

① （元）汪大渊著、苏继庼校释：《岛夷志略校释》，中华书局，1981 年，第 8 页。
② （元）黄溍：《金华黄先生文集》卷 25，《合剌普华神道碑》。
③ 《岛夷志略校释》，第 11 页。

海道肃政廉访司使，《闽书》《八闽通志》等地方志记载福建路海道肃政廉访司使都没有偰玉立。苏继庼先生所云“福建路海道肃政廉访司事，疑即泉州路达鲁花赤之正称”是不对的。福建闽海道肃政廉访司与宋提点刑狱略同，为监察机构，其职掌“询民瘼，察冤滞，纠劾诸不职者”①。官员有廉访使、副使各二员，佥事四员，经历、知事各一员，照磨兼管勾一员。而元朝于各行省、路、府、州、县、各提举司、各总管府、万户府、千户所、元帅府及宣抚、安抚、招讨诸司皆置达鲁花赤。达鲁花赤为蒙古语长官之义。

《新元史·偰文质传》《蒙兀儿史记·偰文爵（质）传》皆云至正年间任泉州路达鲁花赤者为偰朝吾（吾，《新元史》误作立）。陈尚胜先生亦云：“偰朝吾，曾任元朝翰林待制、同知济州（治所在今济宁）事，泉州达鲁花赤。”② 这是错误的，任泉州路达鲁花赤的是偰玉立而非偰朝吾。

偰玉立在泉州期间“筑城浚河，为捍御计。而复兴学校，修桥梁，赈贫乏，举废坠，政绩甚多，郡人立祠祀之”③。

偰玉立在泉州期间，元朝政权已日薄西山。至正十二年（1352），“江浙省以淮西盗起，命州郡浚城。于是监郡偰玉立命僚属议，东西北仍罗城，南仍翼城旧址，役僧道编氓分筑，高二丈一尺，周围三千九百三十八丈；东西城基广二丈四尺，外甃以石；南城基广二丈，内外皆石。为门凡七：东曰仁风、西曰义成、南曰德济、北曰朝天、东南曰通淮、西南曰临漳，濒溪水门曰南薰。门上各有楼，外环以濠，阔三丈七尺，深一丈八尺，潮汐通自西南，抵东北盘石而止”④。偰玉立为防止农民起义而修泉州城。

偰玉立重视教育和教化民众。至正十年（1350），他重修明伦、义道二堂及西庑斋舍、先贤祠。⑤ 泉州人陈成，字公美，“敦行孝义，不慕利

① （明）何乔远：《闽书》卷44，《文莅志》，福建人民出版社，1994年，第1112页。

② 陈尚胜：《偰长寿与高丽、朝鲜王朝的对明外交》，载黄时鉴主编《韩国传统文化·历史卷》，学苑出版社，2000年。

③ （明）黄仲昭：《八闽通志》卷37，《秩官·泉州府》，福建人民出版社，1990年，第1089页。

④ 《八闽通志》卷13，《地理·城池·泉州府城》，第340页。

⑤ 乾隆《泉州府志》卷13，《学校》。

禄，家居课子孙读书。至正间，年九十余，监郡偰玉立重其四世同居，六叶相见，因表其门曰‘高年耆德’，匾其居曰‘衍庆’”①。偰玉立对敦行孝义，不慕利禄，家居课子孙读书且四世同堂的陈成很尊重，赐匾额以教化民众。

至正九年，偰玉立监泉州，“临政之暇，考求图志”。有感于《清源前志》佚失，《后志》止于淳祐十年（1250），“顾是邦古今政治、沿革、风土、习尚，变迁不同，太平百年，谱牒犹有遗逸矣。今不纪，后将无征。遂分命儒士，搜访旧闻，随邑编辑成书”。请吴鉴等裁定删削，编为《清源续志》20卷，“以补清源故事”②。“顾以清源舶司所在，诸蕃辐辏之所，宜记录不鄙。谓余方知外事，属《岛夷志》附于郡志之后”③，这不但可以广士大夫之异闻，而且可以表达国朝的威德。

偰玉立在泉州期间，处理清净寺的财物，之后里人金阿里一新其寺。泉州通淮街清净寺，宋绍兴元年（1131）纳只卜穆喜鲁丁创建，到元朝阿合抹为没塔完里（都寺）“不任，凡供天给众具窜易无孑遗，寺因废坏不治。其徒累诉于官，墨司不决有年矣”。至正九年（1349），闽海宪佥赫德尔行部至泉，他为政清简，民吏畏服。摄思廉（主教）不鲁罕丁命舍剌普丁、哈悌卜领众分诉，宪会审察得情。正议大夫泉州路达鲁花赤偰玉立“为之征理复蔽旧物，众志大悦。于是，里人金阿里质以己赀，一新其寺”。吴鉴评论此事云：“奉政赫公，正议偰公，皆明经进士，其于是役，皆以大公至正之心行之耳，非慕其教者。偰公治泉有惠，期年之内，百废皆兴，而是寺之一新者，亦余波之及欤！谓非明使者与贤郡守，则兹寺之教坠矣。”（《重立清净寺碑》）。偰玉立处理清净寺财物得当，伊斯兰教徒很高兴，于是金阿里出钱重修清净寺。

偰玉立治泉有惠政，泉州人民在府治东和万安桥南立偰监郡祠祀之。在府文庙名宦祠中也奉祀偰玉立。

偰玉立工于汉诗，有《世玉集》行世。在监郡泉州期间，游历泉州开

① 道光《晋江县志》卷50，《人物志·孝友》，福建人民出版社，1990年，第1255页。
② 《岛夷志略校释》附吴鉴《清源续志序》，第8–9页。
③ 《岛夷志略校释》，《后序》，第385页。

元寺、清源山、九日山等名胜古迹，留下许多题刻。

泉州开元寺东塔第二层塔心题记云：

> 至正九年仲冬三日，陪中书直省舍人章宝伯昂，监郡偰玉立世玉，来登东塔。是日也，日南至，天气煦温，云祲清廓，山川城市，目极胜概。顾岁月之易驰，而会合之难能也，遂刻石勒以纪兹游。翰林修撰张翥仲举书。同游者释士住山崇会、古口、钱塘惟茂、枯林清果、崇晟、明极、高昌偰默温、偰里杰、偰里古、金台臧允、莆田欧阳世隆、清漳王子慕……①

至正九年冬，泉州监郡偰玉立陪中书舍人章宝、翰林修撰张翥登东塔留下的题记，由张翥书。同游者有住山和尚，还有高昌偰默温、偰里杰、偰里古，他们可能为偰玉立的亲属。

清源山瑞像岩有偰玉立题诗石刻：

> 至正庚寅重九后一日来游瑞像岩，访元鋆上人于寒山，不遇，谓往九日山去。自览天柱峰、罗汉山，俯视城廓，漫成一律题于石壁云：
>
> 飞锡穿云九日峰，洞门不锁与天通。
> 石塘冷却菩提月，庭树寒迎柏子风。
> 岩拥如来明瑞像，山排罗汉著晴空。
> 倚栏却望红尘道，谁识真机指顾中。
>
> 止庵道人高昌偰玉立书②

元代畏兀儿人的宗教信仰主要信奉佛教和基督教聂斯脱里派（景教），

① 王寒枫：《泉州东西塔》，福建人民出版社，1992 年，第 233 页。

② 许添源主编：《清源山志》，中华书局，2004 年，第 170 页。

少数畏兀儿人信奉摩尼教和其他原始宗教。[①] 偰氏家族成员撒吉思是畏兀儿王国宰相直普尔的孙子。撒吉思一词为景教徒常用之名。[②] 清源山瑞像岩偰玉立题刻自署止庵道人，偰玉立应系佛教徒。道人为和尚的旧称，《石林燕语》云："晋宋间佛教初行，未有僧称，通曰道人。"《南齐书·顾欢传》亦有"道士与道人（和尚）战儒墨，道人与道士辨是非"的记载。

偰玉立还有题清源洞诗：

洞府神仙去不还，清源紫帽耸高寒。
泉南佛国几千界，闽海蓬莱第一山。
夜月凤箫声隐隐，秋风鹤珮听珊珊。
瑶池岂隔尘寰路，更叩危岑最上关。

九日山有偰玉立题刻四处：西峰无等岩有至正十年奉政大夫监郡偰玉立题"泉南佛国"，八戒石有偰玉立题"玉立"。

九日山西峰有偰玉立题诗二首并序：

至正庚寅重九来登是山。昔有廓然亭、四贤祠，岁久荒芜，惟高士峰、秦君亭独存，而廓然复扁。豁然览眺，徘徊感慨而赋。

攀云晓上廓然巅，半岭回峦景豁然。
花县屯烟山郭里，金钲跃浪海门边。
四贤感慨祠空寂，九日登临菊自妍。
萍水偶逢须一笑，醉忘佳节是何年。

至正辛卯九月七日，偕浩然架阁吴君口口属曹祷雨复登。郡

① 陈高华：《元代新疆和中原汉族地区的经济、文化交流》，载《新疆历史论文集》，新疆人民出版社，1977年，第246页。

② 刘迎胜：《蒙元时代中亚的聂思脱里教分布》，载《元史及北方民族史研究集刊》第7辑。

士许允慕有诗纪游，率尔次韵。

口前紫帽带口回，峰上唐贤有筑台。
口口分驰仙口口，雨龙飞抱佛城来。
海天浩口口口口，野墅黄花酒一杯。
口口口口口口在，古今山泽孰怜才。

正议大夫监郡偰玉立题，至正癸巳冬县尹常瓒，住持释石塘志口。

九日山西峰还有至正九年偰玉立与孙文英等游山题刻。

至正己丑夏，余来守泉。明年春二月望，偕总管古襄孙文英才卿劭农于郊。时府判忻都仲实、推官沈公谅虚中、徐居正时中、知事郏士凯友元、照磨汪顺顺卿、晋江南安令白榆等咸在。因登九日山之高士峰。是日也，膏雨溉足，晴曦煦和。远观海屿之晏清，近览溪山之胜丽，遂搜三十六奇，访四贤遗迹，摩挲石刻，逍遥容与，赋咏而归，书以纪岁月云。高昌偰玉立世玉父题。

据陈允敦先生介绍，泉州“德济门”石匾三字“或许是元末泉州监郡偰玉立所书”。①

二、偰氏家族在高丽、朝鲜

高昌偰氏“以儒业起家，在江西时，兄弟五人同登进士第，时人荣之。且教子有方，为色目本族之首”②。许有壬亦云：“延祐设科，令六举，公六孙举辄中一人，唐宋盛时，儒家世科未有如偰氏一门兄弟之盛，天下

① 陈允敦：《泉州名匾录》，紫禁城出版社，1995年，第39页。
② （元）孔齐：《至正直记》，转引自《岛夷志略校释》，第11页。

传为美谈。”① 偰文质五子同登进士第：偰玉立延祐二年（1315）、偰哲笃延祐二年（1315）、偰朝吾至治元年（1321）、偰直坚泰定元年（1324）、偰列篪至顺元年（1330）。

偰氏家族中偰哲笃之子偰百僚即偰玉立之侄（参看偰氏世系表）东迁高丽。偰百僚曾官至翰林学士。红巾之乱，避地高丽，改名逊。高丽王颛在元朝时，与逊有旧。比至其国，见待甚厚，逊遂留寓不归。颛封逊为高昌伯。②《高丽史》亦载：“逊，顺帝时中进士，历翰林应奉文字、宣政院断事官，选为端本堂正字，授皇太子经。为丞相哈麻所忌，出守单州。居父忧，寓居大宁。红贼逼大宁，恭愍王七年避兵东来。王之在元也，侍从皇太子于端本堂与逊有旧，由是待之甚厚，赐第，封高昌伯，改封富原侯，赐田富原。九年卒。所著有《近思斋逸稿》行于世。”③ 偰逊有子五人：长寿、延寿、福寿、庆寿、眉寿，其中长寿八次作为朝鲜使臣，出使明朝，出色完成任务，屡受明太祖及朝鲜国王的嘉赏（表1）。

表1　偰长寿八次出使明朝情况统计

次数	出使年代	出使目的	资料来源
1	恭愍王二十三年二月（1373） 明洪武六年	判典农寺事偰长寿进贺千秋节。因有倭贼，未及发船	《高丽史》卷44
2	辛禑十三年（1387） 明洪武二十年	（二月）遣知密直事偰长寿如京师陈情。（五月）偰长寿还自京师	《高丽史》卷136
3	辛禑十三年（1387） 明洪武二十年	（闰六月）遣门下评理偰长寿如京师贺圣节。次年二月还自京师	《高丽史》卷137
4	辛禑十四年（1388） 明洪武二十一年	（七月）政堂文学偰长寿如京师，告禑逊位，请昌袭封，兼奏崔莹兴师攻辽之罪	《高丽史》卷137

① （元）许有壬：《至正集》卷54，《故嘉议大夫广东道都转运盐使赠通议大夫户部尚书上轻车都尉追封高昌郡侯哈喇布哈公墓志铭》。

② （清）屠寄：《蒙兀儿史记》卷54，《偰百僚》。

③ ［朝］郑麟趾：《高丽史》卷112，《偰逊》，杨渭生等编：《十至十四世纪中韩关系史料汇编》下册，学苑出版社，1999年，第852页。

续表

次数	出使年代	出使目的	资料来源
5	恭让王三年（1391） 明洪武二十四年	（九月）丙午，遣世子奭如京师贺正……赞成事偰长寿等从行	《高丽史》卷46
6	太祖康献王五年（1396） 明洪武二十九年	（十一月）遣陪臣偰长寿等赍鞍马礼物，赴京谢恩	《太祖康献王实录》 “五年十一月丁丑”条
7	太祖康献王七年（1398） 明洪武三十一年	太祖王七年九月，偰长寿受命出使明朝，通报朝鲜国王的新老交替。尚未启程，传来明太祖去世和建文帝即位的消息，于是偰长寿再次被任为朝贡使节，前往明朝。到达辽东，拒不接受偰长寿使国，返回朝鲜义州	《太祖康献王实录》 “七年九月丁丑”条
8	定宗王元年（1399） 明建文元年	偰长寿被任命为进香使往明朝。六月，回到朝鲜王京	《定宗恭靖王实录》 “元年六月丙寅”条

注：参考陈尚胜：《偰长寿与高丽、朝鲜王朝的对明外交》，载黄时鉴主编《韩国传统文化·历史卷》。

偰长寿“自事皇明，朝京师者八”，其实第一次“因有倭贼，未及发船”，第七次因洪武三十年（1397）明太祖重新规定“朝鲜国进贡三年一来”，而被拒于辽东，后返回朝鲜义州。实际上偰长寿出使明朝六次。

明朝曾两次遣偰斯出使高丽。偰斯“即（偰）逊之弟也”①。明朝“知（偰）逊、长寿父子有声于其国，使其宗人偰斯来”②。偰斯第一次使高丽为高丽恭愍王十八年（明洪武二年，1369），《高丽史》载：

> 夏四月壬辰，大明皇帝遣符宝郎偰斯赐玺书及纱罗段总四十匹。……斯以去年十一月发金陵，海道艰关，至是乃来。③

① 《高丽史》卷41，见《十至十四世纪中韩关系史料汇编》下册，第565页。
② 《蒙兀儿史记》卷45。
③ 《高丽史》卷41，见《十至十四世纪中韩关系史料汇编》下册，第565页。

偰斯第二次使高丽为恭愍王十九年（明洪武三年，1370），“五月甲寅，帝遣尚宝司丞偰斯来赐王命，王率百官郊迎”①。

在高丽和朝鲜王朝，偰氏家族作为使节出使明朝的除偰长寿外，还有偰眉寿、偰耐、偰振等。

明初，由于高丽和朝鲜政局复杂多变，明太祖朱元璋对高丽和朝鲜猜疑心理的加重，高丽和朝鲜出于对自身安全利益的考虑，主动派遣使节发展两国睦邻关系。中国移居高丽的偰长寿是奉使明朝的最佳人选，他八次被命出使明朝，在中国与朝鲜的外交关系中发挥了重要作用。诚如高丽名儒李穑《偰誢学、李判书商量进贡表文》诗所云：“回鹘文章是偰家，星山近岁擅词华。愧吾已老忌机久，纪事难精用字讹。凡马虽多非逐电，精金至少在淘沙。后生可畏我宜去，回首江村归路赊。”②

偰长寿在朝鲜曾主持司译院工作，为培养朝鲜的汉语和蒙古语翻译人才做出了贡献。偰长寿著《直解小学》，以华语解释小学，中国儒者“皆以为解说至当，敬慕不已”。该书作为朝鲜司译院的学习教材，闵文光等60人联名上书世宗王说：“今学者无他师范，唯以《直解》一部为习。”可见偰长寿的《直解》在朝鲜的影响至深。

高丽朝的官服制度，在前期模仿唐宋，中期模仿元朝，晚期模仿明朝。但便服尚未按明朝制度，高丽曾两次上表，请改衣冠之制，均未得到明太祖恩准。辛禑十三年即明洪二十年（1387），偰长寿奉使明朝，恳请明太祖，回国时“长寿服帝（明太祖）所赐纱帽、围领而来”。辛禑十三年六月，“始革胡服，依大明制，自一品至九品，皆服纱帽围领”③。

朝鲜李朝开国，李成桂登上王位，偰长寿“参谋议”，王赐“中兴功臣铁券，封忠义君”。后又授赐“定难功臣号”，官至判三司事。

偰长寿去世后，偰氏家族日渐衰落，其子孙未能得到朝鲜王朝的重视和擢用。世宗王二十三年（明正统元年，1441）闵光美等60人联名上书

① 《高丽史》卷41，见《十至十四世纪中韩关系史料汇编》下册，第567页。

② ［李朝］李穑：《软隐稿》卷34，《诗稿》，转引自陈尚胜：《偰长寿与高丽、朝鲜王朝的对明外交》。

③ 《高丽史》卷72，《舆服志》，见《十至十四世纪中韩关系史料汇编》下册，第673页。

世宗王“请录用其子，以慰死者”，但未被采纳。卞季良《访偰司艺称不遇》诗云：“崇桥池边渡小桥，萧条篱落杂蓬蒿。重来政怨还迷误，回首园林有鹤巢。”① 这些都说明，偰氏家族在朝鲜已日渐衰落。

偰氏世系表

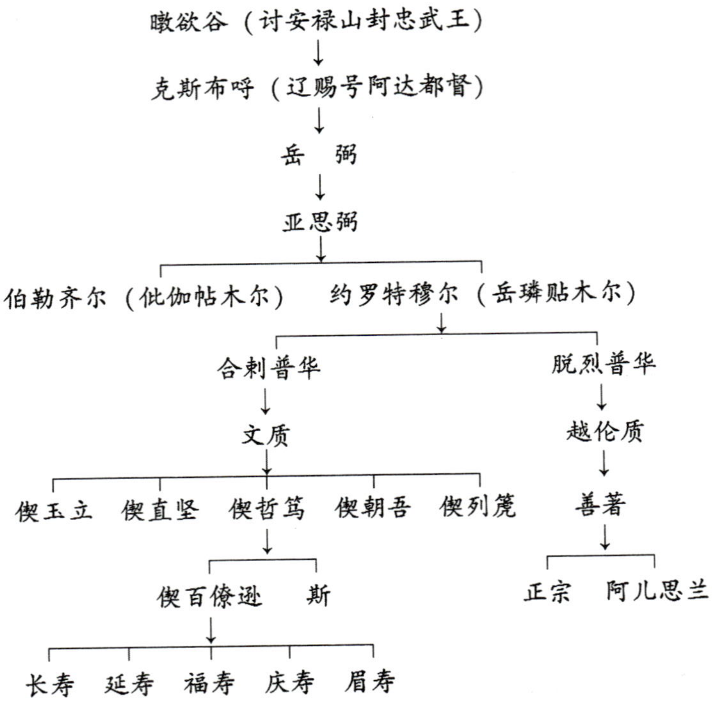

原载《海交史研究》，2007 年第 1 期（与胡家其合作）。

① ［李朝］卞季良：《春亭集》卷 3，转引自陈尚胜：《偰长寿与高丽、朝鲜王朝的对明外交》。

关于明代麻林使节卒于泉州问题

中国与非洲友好关系源远流长，双方使节互相访问，人民友好往来。明代郑和下西洋曾访问麻林（今肯尼亚），永乐年间麻林国王遣使进贡麒麟，轰动朝廷，大臣纷纷献赞诗以颂。关于麻林使节卒于泉州的传闻并非空穴来风。麻林等国使节到泉州，拟乘坐张谦奉使渤泥使船归国，麻林使节卒于泉州，但文献没有记载。

一、郑和下西洋曾访问麻林

麻林，在今肯尼亚东南部萨巴基河河口海港城市马迪林。[①] 有的认为在今坦桑尼亚的基尔瓦·基西尼瓦[②]，或云“基尔瓦明代档册中称作麻林”[③]。

郑和下西洋是否到过麻林？随同郑和下西洋的马欢《瀛涯胜览》、费信《星槎胜览》、黄省曾《西洋番国志》、《娄东刘家港天妃宫石刻通番事迹记》及长乐南山寺《天妃之神灵应记》碑等记载郑和下西洋经历的资料，都没有直接记载郑和下西洋曾访问过麻林。但《明史》卷304《郑和传》云：

① 张箭：《下西洋与非洲动物的引进》，载《郑和下西洋研究论稿》（上），台湾花木兰文化出版社，2013年，第152页。

② 孙光圻：《中国古代航海史》，海洋出版社，2005年，第403页。

③ 沈福伟：《郑和宝船的东非航程》，载《郑和下西洋论文集》（第一集），人民交通出版社，1985年，第173、170页。

和经事三朝，先后七奉使，所历……忽鲁谟斯、比剌、溜山、孙剌、木骨都束、麻林、剌撒、祖法儿、沙里湾泥、竹步、榜葛剌、天方、黎伐、那孤儿，凡三十余国。

说明郑和下西洋访问过麻林。

郑和曾两次访问麻林，即第四次、第五次下西洋。关于第四次下西洋访问麻林，冯承钧《中国南洋交通史》云："是役也，郑和所历之地不仅远至忽鲁谟斯，且抵非洲东岸麻林、木骨都束、不剌哇等国。"[①] 张维华先生认为"比盖据《明实录》所载入贡诸国而推断者"[②]。沈福伟先生也认为，郑和第四次下西洋1413年12月至1415年7月，大宝船直抵霍尔木兹，并去过亚丁、吉达，到过埃及的港口艾特伯。然后继续开往摩加迪沙、希腊瓦，而且深入到基尔瓦（基尔瓦，明代档册中称作麻林）。《明成祖实录》卷182列举1416年和明朝通使的国家中有木骨都束（摩加迪沙）、卜剌哇（布腊瓦）和麻林（基尔瓦），可以推断宝船一定去了那里访问，才招引了这些国家和中国发展外交和贸易关系。[③]

郑和第五次下西洋访问麻林。《明成祖实录》载："永乐十四年丁卯，古里、爪哇、满剌加、占城、锡兰山、木骨都束、溜山、南渤利、不剌哇、阿丹、苏门答剌、麻林、剌撒、忽鲁谟斯、柯枝、南巫里、沙里湾泥、彭亨诸国及旧港宣慰司使臣辞还，悉赐文绮袭衣，遣中官郑和等赉敕及锦绮纱罗彩绢等物偕往，赐各国王。仍赐柯枝国王可亦里印诺，并封其国之山为镇国山，上亲制碑文赐之。"[④] 据此，郑和第五次下西洋是护送各国使节回国，同时带着大明皇帝诏书及锦绮纱罗彩绢等物，前往赏赐各国国王，也包括麻林国王。

① 冯承钧：《中国南洋交通史》，上海古籍出版社，2005年，第97页。

② 张维华主编：《郑和下西洋》，人民交通出版社，1985年，第47页。

③ 沈福伟：《郑和宝船的东非航程》，载《郑和下西洋论文集》（第一集），人民交通出版社，1985年，第173、170页。

④ 《明成祖实录》卷183。

二、麻林国王贡麒麟

明永乐十三年，麻林国王遣使进贡麒麟。《明史》载：

> 麻林去中国绝远，永乐十三年遣使贡麒麟。将至，礼部尚书吕震请表贺，帝曰："往儒臣进五经四书大全，请上表，朕许之，以此书有益于治也。麟之有无，何所损益，其已之。"已而麻林与诸蕃使者以麟及天马、神鹿诸物进。帝御奉天门受之。百僚稽首称贺，帝曰："此皇考厚德所致，亦赖卿等翊赞，故远人毕。来继自今，益宜秉德迪朕不逮。"十四年又贡方物。①

关于麻林国进贡麒麟一事，《明成祖实录》载：（永乐十三年十一月）庚子（初七），"行在礼部尚书吕震奏，麻林国进麒麟将至……"壬子（十九日）"麻林国及诸番国进麒麟、天马、神鹿等物，上御奉天门受之，文武群臣稽首称贺"②。所载与《明史》同。

明永乐年间进贡麒麟的除麻林国外还有榜葛剌国、阿丹国。《殊域周咨录》云："礼部尚书吕震奏：麻林国进麒麟将至，请于至日率群臣上表贺。上曰：'往者翰林院修五经、四书、《性理大全》，书成，欲上表进贺，朕则许之。麒麟有无，何所损益，其已之。'……乃永乐甲午秋九月，西南夷有曰榜葛剌国以麒麟贡。明年秋复有曰阿丹国以麒麟贡。五六年间麒麟凡之至京师，烜赫昭彰，震耀中外，诚万世之嘉遇，而大平之上瑞也。"③

麒麟（长颈鹿）是非洲的特产，《星槎胜览·天方国》云"地产祖剌法"④，《娄东刘家港天妃宫石刻通番事迹记》也说："永乐十五年，统领

① 《明史》卷326，《外国传·麻林》，中华书局，第8451页。
② 《明成祖实录》卷270。
③ （明）严从简：《殊域周咨录》，余思黎点校，中华书局，1993年，第317页。
④ （明）费信原著，冯承钧校注：《星槎胜览校注》，中华书局，1954年，第73页。

舟师往西域，其忽鲁谟斯国进狮子、金钱豹、西马，阿丹国进麒麟，番名祖剌法。”① 麒麟番名祖剌法，《瀛涯胜览·阿丹国》云：“麒麟前两足高九尺余，长颈，后两足约高六尺，长㔆头抬颈一丈六尺，首昂后低，人莫能骑。头上二短肉角，在耳边。牛尾鹿身，蹄有三跲，扁口。食粟豆麵饼。”②

自古以来，中国人赋予麒麟神秘的色彩，龙凤龟麟称为四灵。麒麟是“圣天子出而王道兴”的吉祥征兆。又被象征杰出人才，汉代萧何在未央宫造“麒麟阁”藏天下奇书，养贤才之士。

永乐十二年（1414），榜葛剌派使臣进奉麒麟。当时作有“榜葛剌国贡麒麟图”，图中画一长颈鹿由一位进贡使臣牵着，画的上端有宫廷文书，书画家沈度撰写的《瑞应麒麟颂并序》歌功颂瑞云：“臣闻圣人有至仁之德，通乎幽明，则麒麟出，斯皆皇帝陛下与天同德，恩泽广被，草木昆虫，飞潜动植，皆得遂生，故和气融结，降生麒麟，以为国家万万年太平之征。臣度忝列待从，躬睹嘉瑞，百拜稽首，谨献颂曰：……仁哉兹兽，旷古一遇。照其神灵，登于天府，群臣欢庆，争先快睹……”

永乐十三年，麻林国贡麒麟，儒臣全幼孜献《瑞应赞》曰：

> 臣闻麒麟天下之大瑞也。帝王之德，上及太清，下及大宁，中及万灵，则麒麟见。又云天不爱道，地不爱宝，人不爱其情，则麒麟见。又云王者德洞淪冥，化及群动，则麒麟见。是则麟之出，必圣人在位，当天下文明之日，固不可及幸而数致也。……乃永乐甲午秋九月，西南夷有曰榜葛剌国以麒麟贡。明年乙未秋九月，有曰麻林国以麒麟贡。今年秋复有曰阿丹国以麒麟贡。五六年间麒麟凡三至京师，烜赫昭彰，震耀中外，诚千万世之嘉遇，而太平之上瑞也。……赞曰……是名麒麟，出应于天。待时而至，弗后弗先。万里来宾，载迈载驰……③

① （明）钱谷：《吴都文萃续集》卷28，《娄东刘家港天妃宫石刻通番事迹记》。

② （明）马欢原著，万明校注：《明抄本〈瀛涯胜览〉校注》，海洋出版社，2005年，第84页。

③ （明）严从简：《殊域周咨录》，余思黎点校，中华书局，1993年，第317-318页。

宣德八年（1433），古里、亚丹诸国遣使来献麒麟，群臣各为诗歌以献，明《内阁藏书目录》卷8收录有《瑞应麒麟诗》16册。

三、关于麻林贡使卒于泉州的问题

明太祖朱元璋吸收元朝海外用兵失败的教训，申谕不可轻易对海外用兵，彻底放弃元朝以武力胁迫外国归附的外交手段，而采取以“德”治天下，怀柔的和平外交方式。明成祖即位后，推行友好睦邻的外交政策，遣使四出。永乐元年九月“以即位诏谕安南、暹罗、爪哇、琉球、西洋、苏门答剌、占城诸国。上谕礼部曰‘今四海一家，正当广示无外，诸国有输诚来贡者，听尔。其谕之，使明知朕意。’”① 优待贡使提供沿途粮料、车马、医疗等服务。贡使所带私货，交易时得到免税优惠。据统计，洪武至正统年间出使次数和各国来朝次数如表1所示。

表1　洪武至正统年间出使次数及各国来朝次数统计

年号	出使次数	各国来朝次数
洪武	57	183
永乐	61	318
洪熙	41	10
宣德	17	79
正统	8	104

其中永乐朝来使：占婆18次，暹罗22次，满剌加15次，苏门答腊13次，爪哇15次，渤泥8次。②

明永乐朝有4个国家的国王先后7次来访，其中3个国王死于中国。永乐九年七月二十五日，满剌加国王拜里迷苏剌率其妻子及陪臣540余人

① 《明太宗实录》卷12上。

② 陈学文：《试论明永乐时的对外关系》，载《海交史研究》，1986年第2期。

入朝，九月十五日辞归。永乐十二年，拜里苏剌死，其子母干撒于儿沙，来向明成祖告讣。成祖命他袭满剌加王，并赐金币。永乐十七年，新王率妻子、陪臣等来中国谢恩。永乐二十二年，新王又死去。其子西里麻哈剌嗣位，又率妻子、陪臣来中国谢恩。

永乐十五年八月，苏禄东王巴都葛叭答剌、西王麻哈剌吒葛剌麻丁、峒王及妻巴都葛叭剌卜，各率其属及随从头目340余人来访。八月二十日，三世辞归，九月十三日，东王病逝于山东德州。明成祖遣官往祭，命地方官葬以王礼，赐谥号“恭定”。命其长子回国袭封，留王妃及东王次子和十名随从守墓，待三年丧满后回国。

永乐六年八月，渤泥王麻那惹加那来朝，十月一日病逝于会同馆，葬于南京安德门外石子岗，谥号“恭顺”。命其子遐旺袭王爵。

永乐十八年十月，国王干剌义亦敦奔率妻子、陪臣随张谦来贡方物。永乐十九年正月，辞归，四月间行达福建，卒葬于福州，谥号“康靖”。明成祖命其子继承王位，率众回国。[①]

为迎接各国贡使，于福建、浙江、广东设驿以馆之。永乐三年九月，“以海外诸番朝贡之使益多，命于福建、浙江、广东市舶提举司，各设驿以馆之，福建曰来远，浙江曰安远，广东曰怀远，各置驿丞一员”。永乐四年“命浙江、福建、广东市舶提举司，凡外国朝贡使臣往来，皆宴劳之”[②]。福建市舶司来远驿遗址在今泉州市车桥附近。

明代的泉州港仍然是中外使节进出的重要港口。

洪武三年（1370）八月，“命御史张敬之、福建行省都事沈秩往使（渤泥），自泉州航海，阅半年抵阇婆，又逾月至其国。王马合谟沙遣使从敬之等入朝，表用金，笺用银，字近回鹘，皆镂之以进”[③]。

永乐五年，郑和奏令福建镇守官重修泉州天妃宫。《泉州府志》载：永乐五年，以出使西洋太监郑和奏，令福建镇守官重新其庙。自是遣内官及给事中、行人等官，出使琉球、暹罗、爪哇、满剌加等国，率以祭告祈

① 晁中辰：《明代海禁与海外贸易》，人民出版社，2005年，第108-113页。

② 《明永乐实录》卷37，卷52。

③ 《明太宗实录》卷12上。

祷为常。[①] 永乐十三年，“少监张谦使渤泥，得乎州，发自浯江，实仗神庥，归奏于朝鼎新之”[②]。张谦奉使渤泥，从泉州天后宫前的浯江出发，到天后宫行香，祈求妈祖庇佑，平安归来后，奏于朝廷，鼎新泉州天妃宫。永乐十五年郑和第五次下西洋驻泊泉州港，到泉州灵山圣墓行香，祈求圣灵庇佑，立碑为记。碑云：“钦差总兵太监郑和，前往西洋忽鲁谟斯等国公干。永乐十五年五月十六日于此行香，望灵圣庇佑。镇抚蒲和日记立。”他也会到泉州天妃宫祈求妈祖保佑下西洋平安。

永乐十三年，麻林贡使拟从泉州归国。《明永乐实录》载：

> 永乐十三年八月庚申，赐苏门答腊、古里、柯枝、麻林诸国使臣宴。上谕行在礼曰：先王柔远人，厚往薄来。今海外诸蕃使臣将归，可遣官豫往福建，俟其至，宴践行。亦戒其毋苟简也。[③]

苏门答腊、古里、柯枝、麻林诸国使臣回国前永乐皇帝谕行在礼部臣，遣官福建，等到使臣到达，宴践行。时福建市舶司设于泉州，“遣官福建”即遣官福建市舶司所在地泉州。

有关永乐十三年麻林贡使卒于泉州的传闻并非空穴来风。

张谦是位外交家，多次奉使海外渤泥和古麻剌朗。永乐六年，渤泥国王麻那惹加那病逝于南京，敕封其子遐旺袭王位。遣中官张谦、行人周航护送遐旺等150余人返渤泥从故新二王之请，封长镇国之山，明成祖亲撰碑文由张谦勒刻其上。永乐八年九月，张谦等自渤泥返，渤泥王遣其叔等180余人随张谦来中国献贡。永乐九年，明成祖令张谦赐渤泥王锦绮、纱罗、彩绢120匹，其下皆有赐。永乐十年八月九日，渤泥王遐旺偕母及妻来中国，成祖命张谦、柳昌往福建（泉州）宴劳之。

永乐十五年九月，遣中官张谦赍敕抚谕古麻剌朗王翰剌义亦奔敦，赐之绒锦、纻丝、纱罗。永乐十八年八月，王率妻子、陪臣随张谦来朝贡方

① 乾隆《泉州府志》卷16，《坛庙寺观·天后宫》。

② 乾隆《泉州府志》卷16，《坛庙寺观·天后宫》。

③ 《明永乐实录》卷97。

物，礼之如苏禄国王。[1]

张谦奉使海外主要是护送渤泥、古麻剌朗国王，携带明成祖礼物赐渤泥、古麻剌朗国。古麻剌朗国王、渤泥王叔随张谦来明朝。至于一般使臣随张谦回国或出使中国，文献无载。永乐十三年苏门答腊、古里、柯枝、麻林等国使臣从泉州归国，适逢张谦奉使渤泥，他们可能乘坐张谦使船归国。传闻麻林使臣病逝泉州是可能的，只是地方文献没有记载。

元朝马八儿国王子孛哈里（或作不阿里）因与国王有隙，“乃书捐其妻孥宗戚故业，独以百人自随，偕使入觐”。奔于元，居泉州。元世祖赐以高丽蔡仁揆之女为妻，官以资德大夫中书右丞福建等处行省中书省事，后薨于京师，“以驿传负其榇归葬泉州”。此事在《景义公不阿里神道碑铭》中有记载，在泉州地方文献中不见记载。

泉州自洪武初设置市舶司，至成化八年（1472）市舶司迁福州的一百来年间，作为琉球朝贡的法定港口，大多数贡船按规定在泉州进行朝贡贸易。这期间肯定会有琉球贡使卒于泉州，但泉州地方文献不见有记载。

永乐十三年麻林贡使卒于泉州，不见地方文献记载不足为奇。

有研究者说：“《皇明大政记》等史籍记载，永乐十三年，麻林国使者随郑和下第四次西洋的宝船来中国献麒麟（长颈鹿），后又随郑和第五次下西洋宝船在永乐十五年回国。”[2] 郑和第四次下西洋归国为永乐十三年（1415）七月，第五次下西洋的时间为永乐十五年（1417）冬。麻林国使臣随郑和第四次下西洋宝船来中国是可能的，但随郑和第五次下西洋宝船回国是不可能的。因为外国使臣到中国一般停留一两个月，不可能在中国停留2年才随郑和第五次下西洋归国。

原载《闽南》，2015年第4期。

---

① 《明史》卷323，《外国传·古麻剌朗》。

② 马文宽、孟凡人：《中国古瓷在非洲的发现》，紫禁城出版社，1987年，第120页。

伟大的航海家王景弘

中国伟大的航海家郑和，从明永乐三年（1405）到宣德八年（1433）统领舟师三万人，前后七次出使西洋，访问了亚非三十余国，在我国和世界航海史上，谱写了光辉的篇章。

在郑和下西洋的航海活动中，王景弘也是主要的领导者，也是一位伟大的航海家。

王景弘，龙岩集贤里（今漳平市赤水镇香寮村）人。乾隆《龙岩州志》载：

> 王景弘，龙岩集贤里人，后分属宁洋。永乐间随太宗巡狩，有拥立皇储功，恩赐嗣子王祯世袭南京锦衣卫正千户。①

乾隆《漳州府志》、光绪《宁洋县志》记载同。据《龙岩县志》卷1《疆域志》载："明成化六年，析居仁、聚贤（即集贤）……五里置漳平县。"王景弘为明漳平县人。

郑和下西洋时，王景弘与郑和同为正使。《明史》载："永乐三年六月，命和及其侪王景弘等通使西洋。"② 这里明确指出王景弘和郑和同等地位。宣德六年（1431）立于长乐的《天妃灵应之记》、立于太仓刘家港的《娄东刘家港天妃宫石刻通番事迹碑》云："正使太监郑和、王景弘。"同

① 乾隆《龙岩州志》卷10，《人物上·中官》。
② 《明史》卷304，《郑和传》。

年，郑和为长乐三清殿铸的铜钟铭文也说："太监郑和、王景弘等同官军人等，发心铸造铜钟一口。"此处虽无明确指出王景弘与郑和同为正使，但与上述两碑联系起来考察，此处王景弘与郑和名字并列，应系指同为正使。又永乐七年（1409）郑和第二次下西洋时，途经锡兰山（今斯里兰卡），立布施碑，镌刻汉文、泰米尔文和波斯文三种文字。汉文云："大明皇帝遣太监郑和、王贵通昭告于佛世尊。"《七修类稿》载："永乐丁亥命太监郑和、王景弘、侯显三人往东南诸国，赏赐宣谕。"① 据陈学霖先生考证，王景弘在永乐朝以王贵通名著称。② 锡兰山布施碑与郑和并列的王贵通即王景弘。

王景弘为正使出使西洋证据确凿，但有些工具书，如新编《辞海》《福建名人词典》等介绍王景弘时，都说他是副使，这是与历史事实不相符的，应予纠正。

据谢方先生研究，王景弘是郑和下西洋宝船队中主管航海技术的最高负责人。预行福建广浙选用船师的人，可能就是王景弘。在王景弘的领导下，宝船队有一批训练有素的航海技术人员：火长、舵工、班碇手、铁锚手、搭材手、民梢、水手、阴阳官、阴阳生等，分别负责指挥航向航速，看针操舵、起落船锚、升帆落篷、摇橹划桨、铁木工匠，以及天文、气象、水文的观测、预报工作。③

从福建在郑和下西洋的地位和作用来考察，谢方先生对王景弘在郑和下西洋中的职责和作用的论述是正确的。

郑和下西洋所乘船舶，有的是在福建建造的。据《明成祖实录》记载："永乐元年五月辛巳，命福建都司造海船百三十七艘"，永乐二年"将遣使西洋诸国，命福建造海船五艘"④。下西洋前要来福建选取船师，《西洋番国志·序》说："始则预行福建广浙，选取驾船民梢中有经惯下海者

① 郎瑛：《七修类稿》卷 12，《三宝太监》。

② 陈学霖：《明王景弘下西洋史事钩沉》，载台北《汉学研究》，第 9 卷第 2 期，1991 年 12 月。转引自陈佳荣：《郑和、王景弘和三宝垅》，载《郑和研究》，1994 年第 2 期。

③ 谢方：《郑和》，新蕾出版社，1993 年。

④ 《明成祖实录》卷 27。

称为‘火长’，用作船师，乃以针经图式付与领执，专一料理。”郑和下西洋时，在长乐停泊，一方面等候风信、休整、检查维修船舶，一方面招聘舵工、火长、杂役、武装官兵，补充给养和赏赐之物，祭祀海神天妃。福建有各类人随同郑和下西洋，如长乐人舟师黄参、福清人阴阳官林贵和、莆田人百户柳兴、连江人试百户王通保、闽县人严观、连江人陈连生等。永春人刘孟福殉职于苏门答腊，泉州人白本头死于菲律宾。蒲寿晟之子蒲和日随郑和下西洋有功，加封泉州卫镇抚。随同郑和下西洋的泉州人，将晋江青阳石鼓庙顺正王的香火奉祀船上，“舟次恍惚，见其灵助，和还朝奏闻，敕封顺正王”①。

王景弘有丰富的航海经验。据明朝罗懋登《三宝太监西洋记通俗演义》说，有一次在海上航行，遇到一个旋成三五里的大水涡，如天崩地塌一般轰响。郑和不知其故，请问王景弘，王随即回答：这是个海眼泄水之处，名字叫尾闾。王景弘还善于总结自己的航海经验，著有《赴西洋水程》一书，详细记录他历次下西洋的航海路程，是珍贵的航海史资料，可惜已经失传。有的学者根据《殊域周咨录》云：“成化间，有中贵迎合上意者，举永乐故事以告，诏索郑和出使水程。”② 如李贽《续藏书》所云：“时朝廷好宝玩，中贵言宣德中尝遣太监王三保使西洋，获奇珍异货无算。帝乃命中贵至部，查王三保至西洋时水程。”③ 认为“所谓王景弘晚年专事《赴西洋水程》一说颇值商榷。”④

对王景弘在郑和下西洋中领导航海技术人员战胜狂风恶浪，顺利完成任务，明宣宗在《赐太监王景弘》诗中赞扬道：“昔时命将尔最忠，大船摩拽冯夷宫。驱役飞廉决鸿蒙，遍历岛屿凌巨谼。”

有关王景弘的生平事迹，由于史料记载很少，他死于何地，有不同说法：新编《辞海》《中外关系史辞典》《福建名人词典》等认为，王景弘明宣德九年（1434）又出使苏门答腊，后在爪哇去世。庄为玑、庄景辉、

① 乾隆《泉州府志》卷 65，《方外》。
② （明）严从简：《殊域周咨录》卷 8，余思黎点校，中华书局，1993 年，第 307 页。
③ （明）李贽：《续藏书》卷 16，《经济名臣 · 项史》，社会科学文献出版社，2000 年，第 369 页。
④ 陈佳荣：《郑和、王景弘和三宝垅》，载《郑和研究》，1994 年第 2 期。

王琦等认为王景弘死于国内，三宝垄的王三保墓纯属误传。①

王景弘是否到三宝垄，印尼的学者介绍说：当年郑和船队在沿中爪哇北岸航行期间，王景弘突然患重病，郑和船队在塞蒙安河河口登陆，为王景弘治病，十天后郑和船队继续西行，王景弘留在那里，教当地居民和华侨耕种、经商并向他们传播伊斯兰教。② 清乾隆四十八年（1783）王大海泛海爪哇，后居三宝垄，十载归国后撰《海岛逸志》卷 2《人物考略》云：

> 王三保者，明宣德时内监也。明宣宗好宝玩，因命王三保、郑和等至西洋采买宝物……而三宝垅有三保洞，俗云三保遗迹，极有灵应。每朔望士女云集，拜祷其处。

说明三宝垄有王景弘遗迹，王大海亲临其地，并记录下来。

有人说王景弘在宣德七年（1432）死于三宝垄，但明宣帝、英宗时，王景弘仍活跃在国内：《明宣宗实录》卷 115 载："宣德十年春正月……甲戌，敕行在工部及南京守备襄城伯李隆、太监王景弘等，南京工部，凡各处采办一应物料并营造物料，悉皆停罢。"《明英宗实录》卷 14 载：正统元年二月"己未，敕南京守备太监王景弘等及襄城伯李隆、参赞机务少保兼户部尚书黄福曰：朕夙夜拳拳，惟体祖宗爱恤百姓之心，一切造作悉皆停罢"。《明英宗实录》卷 35 载：正统二年十月"癸未，敕谕太子太保成国公朱勇。……曰：兹特命尔等同太监王景弘等，整点在京各卫及见在守备一应官人等，选拔精锐编成队伍，如法操练"。关于王景弘死于何地，我比较赞同陈佳荣先生的看法："王景弘曾在三宝垄养过病，晚年死于爪哇并葬在三宝垅。"③

① 庄为玑：《试论郑和与王景弘之死》，载《海交史研究》，1987 年第 1 期；庄景辉：《随从郑和下西洋的福建人员考》，载《泉州文史》，第 4 期，1986 年 12 月；陈琦：《王景弘简论》，载《海交史研究》，1987 年第 1 期。

② 孔远志：《郑和与印度尼西亚》，载南京郑和研究会编：《郑和研究论文集》第一集，大连海运学院出版社，1993 年。

③ 陈佳荣：《郑和、王景弘和三宝垅》，载《郑和研究》，1994 年第 2 期。

王景弘在郑和下西洋中成绩卓著，受到中外人民的崇敬。

文莱有一条“王总兵路”。杨新华先生认为：“根据诸多因素分析，这‘王总兵’应该就是王景弘。”① 这是纪念王景弘而命名，是中国文莱两国人民友好往来的历史见证。

印度尼西亚三宝垄有王景弘墓，后人题墓联云：

受命皇朝临海国，
留迹石洞庇人寰。②

纪念王景弘的庙宇有福建龙海市鸿渐村的二保庙。建造年代不详，“文革”中被毁，1986 年重建，供奉明出使西洋的郑和、王景弘二位正使，左侧黑红脸，右侧粉红脸，着战袍，戴太监帽。原庙前有楹联：

著千古之功勋职封太保，
济万代乎黎庶德重凤山。③

以王景弘名字命名的南海岛屿。南海诸岛自古就是中国的领土，南中国海自宋朝开始就受中国管辖。第二次世界大战期间，1939 年日本侵占了我国的西沙群岛和南沙群岛。1945 年日本投降后，根据 1934 年 11 月《开罗宣言》和 1945 年《波茨坦公告》，1946 年 10 月 29 日，中华民国政府派员接受西沙群岛和南沙群岛。1947 年，中国政府命令将南海诸岛划归广东省管辖。同年 11 月由内务部重新公布《南海诸岛新旧名称对照表》，统一确定南海诸岛中岛、礁、沙、滩的正式名称。为纪念明代郑和出使西洋，开拓海洋事业，以当时的永乐、宣德皇帝的年号，郑和下西洋主要人员郑和、王景弘和随员费信、马欢，明出使南洋使节、明太祖时出使南洋的赵述、明成祖时出使南洋的施晋卿、明出使婆罗的黄森屏、明开拓三佛齐的

① 杨新华：《王景弘》，载《郑和研究》，1995 年第 2 期。
② 陈方圆：《海外楹联集锦》，香港闽南人出版有限公司，1996 年。
③ 陈延杭：《国内第一座郑和庙调查》，载《海交史研究》，1990 年第 2 期。

杨道明、与郑和同时出使南洋的尹庆，明朝打败西班牙的林道乾、潘和五，清末民国被派往南海诸岛巡视和接管的舰艇永兴号、中建号、太平号、中业号舰，中业号舰长李敦谦、副舰长杨鸿庥和纪念接受时的广东省主席罗卓英（南威）的名字命名，被命名为景弘岛的是旧名辛科威岛。

王景弘在郑和下西洋活动中地位高，作用大。今后应继续搜集有关资料，进一步进行研究。

原载《王景弘与郑和下西洋》，香港天马图书有限公司，2004年。

略论古代中外船人的航海生活

舶人指船上的水手船工、商人等，他们的航海生活包括饮食、居住、医疗、娱乐活动、宗教活动等，现略加论述，敬请方家指正。

一、古代中外舶人的饮食

船在海上航行，海水卤咸，不可入口，食即令人泄，淡水十分珍贵，攸关生命。徐兢云："盖洋中不甚忧风，而以水之有无为生死耳。"① 元至元二十九年（1292），史弼、高兴征伐阇婆，经月不得登岸，船中乏水，军士失措。舟至爪哇杜板，海滩有一小池，甘淡可饮，传云是圣水。传言史弼、高兴二人拜天祝曰："奉命征蛮，天若与之则泉生，不与则泉无。"祷毕，奋力揞枪海滩，泉水随枪插处涌出，水味甘淡，众饮得全。此殆天赐也，至今存焉。② 可见淡水对航海者至关重要。

船上设水柜以蓄淡水。"凡舟船将过洋，必设水柜，广蓄甘泉，以备食饮。"③ 水柜有木制，也有铁铸。道光《厦门志》载："船内水柜、鼎、灶等物，俱生铁铸成。"④ 水柜安装在船舱底部，"唯于底安灶与水柜，正当两樯之间也"⑤。有的用桶装淡水，《职方外纪》云："海中最难得水，

① （宋）徐兢：《宣和奉使高丽图经》卷33，《供水》，商务印书馆，1937年，第114页。

② （明）马欢原著，万明校注：《明钞本〈瀛涯胜览〉校注》，"爪哇国"条，海洋出版社，2005年，第18-19页。

③ 《宣和奉使高丽图经》卷33，《供水》，第114页。

④ 道光《厦门志》卷5，《船政略·番船》，鹭江出版社，1996年，第142页。

⑤ 《宣和奉使高丽图经》卷34，《客舟》，第117页。

须装淡水千余桶，以足千人一年之用，他物称是。”① 有的船上设水舱，李鼎元《使琉球记》载：“稍后为水舱，凡四井。”② 井为面积单位，一华井为 13.987 平方米。③ 有的船水舱、水柜、水桶兼用，《中山传信录》载：“一号船，水舱四，水柜四，水桶十二，共受水七百石。二号船水舱二，水柜四，水桶十二，共受水六百石。”④ 有的用竹子装淡水，“芦苇叫做竹。我们用棍杖穿通各节，只留下最下面的一节，把水灌进去，用塞头塞住，我们就用这种方法，取到了多达两吨的淡水运到船上”⑤。泉州海船第 7 舱为水舱，庄为玑先生说：“泉州货船结构第 7 舱叫中垛，用途装水用。每隔舱板最底部留有一个 12 厘米×12 厘米的方孔，为平时洗船舱沟通污水至中垛，以便排出船之外。”⑥ 清代荷兰船有甜水井，应系水舱。屈大均《广东新语》载：“贺兰船亦尝至广州，予得登焉。舶腹凡数重，缒之而下，有甜水井、菜畦。”⑦ 在大规模航海活动船队中有专门运水的水船，随郑和下西洋的巩珍撰的《西洋番国志·自序》就说：“水船载运，积贮仓储，以备用度，斯乃至急之务，不可暂弛。”⑧

船舶携带的淡水和柴木有限，因此需沿途补充。据《两种海道针经》记载，尖笔罗、钓鱼台、龟山、麻录水可取柴水。《岛夷志略》“淡洋”条云：“舶人经过，往往乏水，则必由此汲之，故曰淡洋。”⑨ 《东西洋考》引用《星槎胜览》“灵山”亦云：“往来贩舶于此樵汲”⑩ 以济日用。宋使船进入高丽海域，高丽人以瓮载水，各以茶米酢之。船舶中途断水，等待天上下雨补充淡水。

---

① ［意］艾儒略原著，谢方校释：《职方外纪校释》卷 5，中华书局，1996 年，第 156 页。

② （清）李鼎元著：《使琉球记》卷 3，韦建培校点，陕西师范大学出版社，1992 年，第 67 页。

③ 胡文中：《地名单位“井”考》，载《羊城今古》，2002 年第 7 期。

④ （清）徐葆光：《中山传信录》，台湾文献丛刊第 306 种，台湾银行，第 5-6 页。

⑤ ［荷］威·伊·邦特库：《东印度航海记》，姚楠译，中华书局，1982 年，第 57-58 页。

⑥ 庄为玑：《泉州宋船结构的历史分析》，载《厦门大学学报》，1977 年第 4 期。

⑦ （清）屈大均：《广东新语》卷 18，《舟语·洋舶》，中华书局，1985 年，第 482 页。

⑧ （明）巩珍：《西洋番国录》，向达校注，中华书局，1961 年，第 6 页。

⑨ （元）汪大渊原著，苏继庼校释：《岛夷志略校释》，中华书局，1981 年，第 237 页。

⑩ （明）张燮原著：《东西洋考》，谢方点校，中华书局，1981 年，第 174 页。

清人李增阶《外海纪要》记载了蒸海水为淡水的方法："可汲海水置锅内，上架酒甑，如造酒法，炽火煮之，则水气升腾，甑内侧孔流出，即成淡水，可食矣。"①

船上储备的淡水时间不能太长，必须更换。《日本考》云："水味不同，海水咸不可食，食即令人泄，故彼国开洋，必于五岛取水。将近中国过下八山、陈钱之类，必停船换水。所以欲换者，冬寒尚可耐久，若五六月，蓄之桶中二三日即坏，虽甚清洌，不能过数日也。"日本船员"煮泉一二沸，置之缶，能令宿而不坏，然亦不过半月，久则不能也"②。荷兰船员遇"水柜水垢浊，以沙矾虑之复清，悬釜而炊"③。

船上淡水实行配给制，水柜钥由专人管理司启闭。李鼎元《使琉球记》云："取淡水满四井止。井各受二百石。封锢之，以钥交陈都司司启闭。"④ 法显《佛国记》云："遂经七十余日，粮食水浆欲尽，取海咸水作食。分好水，人可得二升，遂便欲尽。"⑤ 日本圆仁《入唐求法巡礼行记》云："今日始主水司，以水仓水充舶上人；官人已下，每人日二升；傔从已下水手已上，日每人一升半。十八日，改食法，日每人糒一升，水一升。"⑥《日本考》云："凡倭船之来，每人带水四百斤，约八百碗，每日用水六碗，极其爱惜，常防匮乏也。"奉使琉球封舟，其"舟中仅二使盥漱，余止限给与饮食"，或"命亲丁启闭，人置名签，验签给水，日二次，涓滴不妄费也。"⑦

船上的食物有大米、面、家畜、鸟、鱼、海龟、蔬菜、水果、酒等。其来源有启航时带去的，有在海上抓捕的鱼，有到岛上补充的食物，在船

---

① （清）李增阶：《外海纪要》，"蒸海水法"，见《厦门海疆文献辑注》，厦门大学出版社，2010年，第221页。

② （明）李言恭、李杰原著：《日本考》卷1，《倭船》，汪向荣、严大中校注，中华书局，2000年，第29页。

③ （清）屈大均：《广东新语》卷18，《舟语·洋舶》，第482页。

④ （清）李鼎元：《使琉球记》卷3，韦建培校点，第67、68页。

⑤ （晋）法显原著，郭鹏注释：《佛国记注译》，"回向广州"条，长春出版社，1995年，第143页。

⑥ ［日］圆仁撰：《入唐求法巡礼行记》卷1，顾承甫、何泉达点校，上海古籍出版社，1986年，第45页

⑦ 《日本考》卷1，《倭船》，第29页。

上种植蔬菜、酿酒、豢养猪等，有的使船还受到外国的馈食。

宋朝朱彧《萍洲可谈》记舟人捕鱼云：“商人言舶船遇无风时，海水如鉴。舟人捕鱼，用大钩如臂，缚一鸡鹜为饵，使大鱼吞之，随其行半日方困，稍近之，又半日，方可取，忽遇风，则弃。或取得大鱼不可食，剖腹求所吞小鱼可食，一腹不下数十枚，枚十数斤。”① 抓捕白角儿鱼，其鱼“善窥飞鱼之影，伺其所向，先至其所，开口待啖，恒相追数十里，飞鱼急，辄上人舟，为人得之，舟人以鸡羽或白练飘扬水面，上著利钩，白角儿认为飞鱼跃起，吞之，便为舟人所获。”② 有的张网在内陆的水中捕鱼，捕到好鱼，其肉结实，还有其他的鱼，有些状如大马哈鱼，味美而肥。船员们脱下衬衣，张布在流水中，把鳗鱼捕捉在衬衫内，其味极佳。③ 钓鱼也是获得食物的手段之一，万历年间出使琉球的萧崇业《使琉球录》载：“余二人倚艕而观，一篙工谓有鱼数头逐舟游。夷梢熟海者，往来常具钩饵行。于是垂六物取之，辄获鲜鳞二，颔下中数创，尚跳跃不即僵。顾其色青绿，闪烁有光耀，较中国恒鱼异。余欲生之，旋间，僵不可放也矣。庖人强烹之，味果佳。第终诧，不欲多食也。”万历间出使琉球的夏子阳《使琉球录》也载：“过姑米山，有二巨鱼逐舟，漳人戏垂钓，获一重可二百余斤。余闻，亟令释之，时为众蹂躏，业已先仆，遂入舟人釜中，殊为快恨。”④

船员到岛上补充大米、牛奶、牲畜、水果，采取蚝和螺，棕梠树叶，捕鱼、海龟、鸽子等。“我们每天上岸，用铜铃、汤匙、铜柄小刀和有孔小珠等交换牛、羊、大米和牛奶”，“我们再到大船停泊的那个岛上，又获得了一些柠檬、苹果、牛奶、大米和香蕉”。到岛上采集小蚝和螺，“每人采集盈袋”。“我们又找到了棕榈树，其树梢柔嫩，如同灯心草的心，我们也把这些东西割下来，把可供食用的带回去”。“命令八人张网在内陆的水

① （宋）朱彧：《萍洲可谈》卷 2，大象出版社，2006 年，第 149 页。

② ［意］艾儒略著，谢方校释：《职方外纪校释》卷 5，第 151 页。

③ ［荷］威·伊·邦特库：《东印度航海记》，姚楠译，第 57-58 页。

④ （明）萧崇业：《使琉球录》，转引杨邦勇、谢必震：《略论清代中国人使琉球的航海生活》，载《海交史研究》，2012 年第 1 期。

中捕鱼”。“我们大约弄到了两百只（鸽子）”。“我们在小船内装了大约一百只海龟，运到大船上”①。

在船上种植蔬菜，《伊本白图泰游记》载：水手们“并在木槽内种植蔬菜鲜姜”②。屈大钧也见到荷兰船上有菜畦。船上带耕种工具。张学礼《使琉球记》云：“前朝旧例，封舟出海，恐漂流别岛不能复回，随带耕种工具。”他们带耕种工具不是在船上耕种，而是怕船漂流到别岛，耕种以自给。

船上养猪、家禽，酿酒。周去非《岭外代答》云，木兰舟“中积一年粮，豢豕，酿酒其中”③。郭汝霖《重编琉球录》记载，奉使琉球的封舟养家禽牲畜。

奉使海外的使船入境奉使国能得到馈赠食品。宋宣和五年（1123），路允迪、傅墨卿、徐兢等奉使高丽，“使者入境，而群山岛、紫燕洲三州，皆遣人馈食……食味十余品，而面食为先，海错尤为珍贵”④。

船上家禽和动物的吃法和保藏方法。鸽子或煮或烤吃，“我们大约弄到了二百只（鸽子），或煮或烤，给病员吃，也给健康人吃”。“我们用大马士革葡萄干同这些海龟一道煮来吃，这种葡萄干，我们从荷兰带来很多”。“用木棒烤鸟，把龟肉中熬出的油脂涂在上面，其味鲜美，食之堪称一乐”。胡椒“可用作吃蚝的良好调味品，也可大大地暖胃”。晒干或浸在醋里保藏食物，“我们业已大量储备了一切东西，有海龟和鸟类，还有鱼，那是船员捕来晒干的。我们在舱内有了一整桶的野鹅，浸在醋里，是半生半熟的，另外还存有大量的鱼，浸在醋里保藏”⑤。

唐朝时波斯船养鸽以报平安。李肇《唐国史补》云：“舶发之后……海船必养白鸽为信。舶没，则鸽虽数千里亦能归也。”⑥ 段成式《酉阳杂俎》亦云：“波斯船上多养鸽，鸽能飞行数千里，辄放一只至家，以为平

① ［荷］威·伊·邦特库：《东印度航海记》，姚楠译，第57-58页。
② ［摩］伊本白图泰：《伊本白图泰游记》，马金鹏译，宁夏人民出版社，1985年，第491页。
③ （宋）周去非：《岭外代答》卷6，屠友祥校注，上海远东出版社，1996年，第121页。
④ （宋）徐兢：《宣和奉使高丽图经》卷33，第114页。
⑤ ［荷］威·伊·邦特库：《东印度航海记》，姚楠译，第57-58页。
⑥ （唐）李肇：《唐国史补》卷下，古典文学出版社，1957年，第63页。

安为信。”①

船上还有机杼、市场。木兰舟“一舟容千人，舟上有机杼市井，或不遇便风，则数年而后达，非甚巨舟不可至也”②。《职方外纪》亦云，船上“亦有市肆，贸易货物”。

船舶的中层一般为住人，有房舱、官舱和商人舱。《伊本白图泰游记》载：“中国船海员六百，战士四百。船上造有甲板四层，内有房舱、官舱和商人舱。官舱内的住室附近有厕所，并有门锁，旅客可携带妇人女婢，闭门居住。”③《职方外纪》亦载：海船“其上近地平板一层则舶内中下人居之，或装细软切用等物……前后各建屋四层，以为尊贵者之居，中有甬道，可通头尾，尾复建水阁，以为纳凉之处，以俟贵者之游息”④。宋朝奉使高丽的使船分兵甲宿棚和桥屋。桥屋，使者各以阶序分居之。《宣和奉使高丽图经》云：“其下即兵甲宿棚。其次一仓，装作四室。又其后一仓，谓之庨屋，高及丈余，四壁施窗户，如房屋之制，上施栏楯，彩绘华焕，而用帘幕增饰。使者官属，各以阶序分居之。”⑤ 一般商人以陶瓷器相套，夜卧其上，《萍洲可谈》云：“舶船深阔各数十丈，商人分占贮货，人得数尺许，下以贮物，夜卧其上。货多陶器，大小相套，无小隙地。”⑥ 荷兰船员睡软床，《广东新语》云：“张锦绷白毡而卧，名曰软床。”⑦

二、船上的医疗

船上的医疗条件差，经常会生病或死人，船上最忌人死于舟中。《萍洲可谈》载：“舟人病者忌死于舟中，往往气未绝便卷以重席，投水中，

---

① （唐）段成式：《酉阳杂俎》前集卷16，中华书局，1981年，第154页。

② （宋）周去非：《岭外代答》卷6，“木兰舟”条，屠友祥校注，上海远东出版社，1996年，第122页。

③ ［摩］伊本白图泰：《伊本白图泰游记》，马金鹏译，第491页。

④ ［意］艾儒略原著，谢方校释：《职方外纪校释》卷5，第156-157页。

⑤ （宋）徐兢：《宣和奉使高丽图经》卷34，第117页。

⑥ （宋）朱彧：《萍洲可谈》卷2，第149页。

⑦ （清）屈大均：《广东新语》卷18，第482页。

欲其遽沉，用数瓦罐贮水缚席间，才投入，群鱼并席吞去，竟不少沉。”[①]或将病者送弃山边，《夷坚志》载，宋泉州商客余，时常持诵救苦观音菩萨，饮食坐卧，声不绝口，人称为余观音。“然是行也，才离岸三日而得疾，旋即困忌。海舶中最忌有病死者。众就山缚茅舍一间，置米菜灯烛并药饵，扶余入处，相与诀别曰：‘苟得平安，船回至此，不妨同载’。余悲泣无奈，遥望普陀山，连声念菩萨不已。众尽闻菩萨于空中说法，渐觉在近，见一僧左手持锡杖，右手执净瓶，径到茅舍，以瓶内水付余饮之，病豁然脱体，遂复还舟。”[②] 日本船员的处置方法亦同，《入唐求法巡礼行记》载：开成四年五月二日，“水手一人，自先沉病，将临死。未死之前，缠裹其身，载艇送弃山边。送人却来云：‘弃着岸上，病人未死，乞饭水’，语云‘我病若愈，寻村里去。’舶上之人莫不惆怅”[③]。甚至把死人、死人骨骸扔进海里。《东印度航海记》载：“十八日，我们把前一天晚上死去的一个人抛入海里。”[④]《鄂多立克东游录》记载把死人骨骸扔进海里，“船上足有七百人，连同船员和商人在内。偶像教徒有这样的习惯，入港前他们要搜查整个船舱，以弄清船上有什么东西，如果发现有死人骨骸，他们就马上扔进海里，因为他们说船上有这些东西将招来死亡的大祸”[⑤]。闽南航海者的民俗与此不同。船在海上航行若遇浮尸，又称“好兄弟”“人客公”“头目公”，不论认识与否，都要放下工作，进行打捞。尸体打捞上船后用帆布盖住，打捞时，取布将船的“龙目”遮住，用棕缞衣盖住船头的头巾，桅杆上悬挂一件棕缞衣作记号，别的船见到，也用布遮住“龙目”，以防凶煞不吉的事发生。运载尸体的船进港时，其他船烧金银纸，放鞭炮，驱除晦气，辟邪迎祥。渔民如打捞到尸骨，必须捡拾运回，集中放在海滩边的万善宫内，定期进行埋葬或火化。

船上有医官，主一舶之疾病。奉使琉球的封舟有两名医生同行，备药

① （宋）朱彧：《萍洲可谈》卷2，第149-150页。

② （宋）洪迈：《夷坚三志》己卷第2，《余观音》，中华书局，1981年，第1318页。

③ ［日］圆仁：《入唐求法巡礼行记》卷2，顾承甫、何泉达点校，上海古籍出版社，1986年，第57页。

④ ［荷］威·伊·邦特库：《东印度航海记》，姚楠译，第91页。

⑤ ［意］鄂多立克：《鄂多立克东游录》，何高济译，中华书局，1981年，第49页。

物，防疾病。船在海上航行，时有颠簸，不习水性者会晕、呕吐、昏迷欲倒。夏日酷热，易中暑生病。冬日严寒，“持舵时身为咸水所拍，北风裂之”。医生用“蜜半斤、淡酒三十斤、防风、当归等药末半斤，煎汤浴之；一夕而愈矣”①。

船长期在海航行，由于没有补充新鲜的食品和蔬菜，很多船员患坏血病。达·伽马率葡萄牙船队在海上长期航行，160 名船员中约有 100 人患坏血病死去。维尔霍记述云：“我们逗留在海上，总共三个月缺三天，因为常常碰到无风和逆风。我们大家都生着重病，牙床肿得很厉害，以至全部牙齿都被包住，因而我们不能吃东西，脚也浮肿起来了，又在身上出现了大脓疮。这些脓疮使健壮男人即使没有什么别的病，也变得虚弱，以至死亡。”麦哲伦率西班牙船队开创环球航行也发生坏血病。“起初，牙床开始浮肿；接着开始出现牙齿松动、脱落，嘴里出现脓肿，疼痛难忍。”②

由于船上会发生死人，“舢板上有一名制造棺材的工匠”③。

三、船上的宗教活动

舶人在船上的宗教活动主要有奉请神灵上船供奉，放彩船禳人船之灾，当船遇险时祈求各种神灵庇佑。

船在江河湖海航行，为保证船航行平安，舶人信奉各种船神。

船神，据唐朝段公路《北户录·鸡骨卜》载：“船神呼为孟公、孟姥，其来尚矣。”后来航海者和商旅杂祀水神、地方神为船神，如妈祖、观音、关帝、玄天上帝、三官大帝、水仙、拏公、尚书、鲁班、柔懿夫人、顺正王、萧太傅、普庵祖师、周宣王、杨令公、老仙人、圣姑娘娘、台湾倪神、住吉大神、霹雳神等。《顺风相送》中《地罗经下经祝文》呼请的神

① 转引杨邦勇、谢必震：《略论清代中国人使琉球的航海生活》，载《海交史研究》，2012 年第 1 期。

② 张箭：《从〈佛国志〉的断句和航海病辨法显“航海美洲”》，载《海交史研究》，2012 年第 2 期。

③ ［荷］威·伊·邦特库：《东印度航海记》，姚楠译，第 43 页。

灵有：指南祖师、轩辕黄帝、周公圣人、阴阳仙师、青鸦仙师、鬼谷子、孙膑、袁天罡仙师、杨救贫、王子乔、李淳风、陈抟、郭朴仙师、历代过洋知山知沙知浅知屿礁精通海道灵山认澳望斗牵星古往今来前传后教流派祖师、罗经二十四位向尊神大将军、定针童子、转针神童、神针大将、夹石大神、下针力士、走针神兵、水盏神者、换水神君、罗经坐向守护尊神、鲁班大师、天妃、茅竹篊仙师、杨奋将军、最旧舍人、白水都公、林使总管、千里眼顺风耳部下神兵、山神、土地、里社正神、今日下降天神、纠察使者、虚空过往神仙、当年太岁尊神、地方守土之神等。①

古代航海者为禳人船之灾，有放小舟、彩船之举。宋朝徐兢《宣和奉使高丽图经》云："每舟各刻木为小舟，载佛经糗粮，书所载人名氏，纳于其中，而投诸海，盖禳压之术一端耳。"② 陈洪照《吧游纪略》记载更详细：至七洲洋，"乃具牲馔、笼钱，陈于木板，投诸海而焚之，以祀海神。继鸣金鼓，焚楮帛，以祀所过名山之神。"至烟筒大佛山"先以木板编竹为小船，帆月杂色彩纸，陈牲馔、香烛、金钱以祭。祭毕，将牲馔等物置小船中，放诸海以厌之。其小船瞬息不见，则过此平安，谓之放彩船"。至昆仑，"必设馔祭如七洲洋"③。放彩船时，敲锣打鼓，唱《送彩歌》。

当船遭风浪时，不同宗教信徒采取不同方式祈求神灵保佑，有的投生猪羊等，汪楫《使琉球录》载："薄暮过郊，风涛大作，投生猪羊各一，泼五斗米粥，焚纸船，鸣钲击鼓，诸军皆甲露刃，俯舷作御敌状，久久适息。"

海神妈祖是航海保护神，当船遇险时，舶人祈求妈祖保佑。

郑和下西洋时乞求妈祖保佑，郑和云："海洋之状，变态无时"，"值有险阻，一称神号，感应如响，即有神灯烛于帆樯，灵光一临，则变险为夷。舟师恬然，咸保无虞。"④

---

① 向达校注：《两种海道针经》，中华书局，1961 年，第 23 页。

② （宋）徐兢：《宣和奉使高丽图经》卷 34，第 119 页。

③ （清）陈洪照：《吧游纪略》，引自陈佳荣：《陈洪照〈吧游纪略〉——清初记述爪哇的另一要籍》，载《海交史研究》，1994 年第 2 期。

④ （明）郑和：《通番事迹记》，见钱谷：《吴都文萃续集》卷 28，《道观》。

册封琉球使途中祈求天妃保佑。嘉靖十三年（1534）册使陈侃、高澄，万历七年（1579）萧崇业、谢杰，万历三十年夏子阳、王士祯，崇祯元年（1628年）杜三策、杨伦以及清康熙二年（1663）张学礼、王垓，康熙二十二年汪楫、林麟焻，康熙五十八年海宝，徐葆光等，封舟或“发漏，水满舱中”；或桅、樯、舵拆，舵叶失去，舵索断，龙骨半断；或针路错，几至落漈，几触礁等。他们“呼祷”“虔祷”，“为文以告”“请立碑”或“捐千金购（楠木）刻神像”。虔祷之后，“忽有红光烛舟”“二雀集舟”“二燕一蜻蜓飞绕船左右”“水面忽见神灯异雀来集”，之后，风平浪静，导船航行。

佛教徒在海上遇险时，作法、颂佛经、称念十方佛、观世音菩萨，或向神明立誓，许以饰塔庙，设水陆道场为谢。

法显到印度求法，附海船归国，“值暴风水入，众皆惶惧，即取杂物弃之。显恐弃其经像，唯一心念观世音，及归命汉土众僧，舶任风而去，得无伤坏”[①]。宋泉州海商余客者，“常时持诵救苦观世音菩萨，然是行也，才离岸三日而得疾，……余悲泣无奈，遥望普陀山，连声念菩萨不已。众尽闻菩萨于空中说法，渐觉在近，见一僧左手持锡杖，右手执净瓶，径到茅舍，以瓶内水付余饮之，病豁然脱体，遂复还舟”[②]。

唐开元二十九年（741）释不空等附昆仑舶离南海，行至诃陵国界，“遇大黑风，众商惶怖”，不空右手执五股菩提心杵，左手持《般若佛母经》夹，“作法诵《大随求》一遍，即时风偃海澄”。又遇大鲸出水，喷浪若山，甚于前患。“众商甘心委命，空同前作法，令慧巧诵《婆竭龙王经》，逡巡，众难俱息。”[③] 南朝宋印度僧人求那跋陀罗，泛海师子国时，中途淡水断绝，举舶忧惶。跋陀曰：“‘可同心并力念十方佛，称观世音，何往不感。’乃密诵咒经，恳到礼忏。俄而信风暴至，密云降雨，一舶

① （梁）慧皎：《高僧传》卷3，《宋江陵辛寺释法显》，汤用彤校注，中华书局，1992年，第87页。

② （宋）洪迈：《夷坚三志》己卷2，第1318页。

③ （宋）赞宁：《宋高僧传》卷1，《唐京兆大兴善寺不空传》，中华书局，1987年，第7页。

蒙济。”①

中国和印度船员在海上遇到天气骤变或担心海盗时，向伊斯兰教什叶派创始人阿布·伊斯哈格许愿，祈求保佑。当船平安抵大陆时，要向道堂交纳许愿金。《伊本白图泰游记》载：“中国的乘客们，习惯上每遇气候骤变或担心海盗时，便对阿布·伊斯哈格许愿，把每个人所许的愿记录下来，一俟安抵大陆，道堂的仆役到船上来取。凡从中国或印度来的商队都会有几千个第纳尔的许愿金。”②

四、船上娱乐活动

船在海上长期航行，险象环生，危机四伏，在船上也有娱乐活动以减轻精神压力。

船上有练武、游戏、作剧的场所。《职方外纪》载：“地平板之外则虚，其中百步以为扬帆习武游戏作剧之地。”③

泉州湾宋代古船船舱中出土木制象棋子共20枚，正如陈泗东先生《泉州湾古船行》所云“象棋残子落船头，舟师以此消闲暇”。古船出土印刷品残片一件，有“且了浮生一载”。陈泗东先生从形容、音韵、词语等方面考证，可能是宋词宋诗，是船员长年和惊涛骇浪作斗争，生命没有保障，过着飘浮生活，当到达故乡，明年又将继续远帆的生活写照。④

酒是能暂时调剂海商水手心理的一种饮料。《岭外代答》载：木兰舟“酿酒其中，置死生于度外……人在其中，日击牲酣饮，以忘其危”⑤。泉州湾宋代海船出土的小口瓶，许清泉先生认为是船员装酒用的。⑥

当船舶经过艰难困苦的历程平安后，举酒相庆。万历年间萧崇业出使

① （梁）僧佑：《出三藏记集》卷14，《求那跋陀罗传》，中华书局，1995年，第547-548页。

② 马金鹏译：《伊本白图泰游记》，第491页。

③ ［意］艾儒略原著，谢方校释：《职方外纪校释》卷5，第156页。

④ 陈泗东：《泉州湾宋船沉没原因及带有文字的出土物考证》，载《泉州文史》，第4期（1980年）。

⑤ （宋）周去非：《岭外代答》卷6，第121页。

⑥ 泉文：《泉州湾宋代海船有关问题的探讨》，载《海交史研究》，1978年第1期。

琉球，迷失方向，见山时“舟中之人无不拍手大欢，各排愁破虑，举觞慰劳，称见山酒云”。嘉靖年间李鼎元使团在大鱼夹舟助行时，也有“舟人举酒相庆”。嘉靖四年，赵文楷奉使琉球，在航海中作《渡海放歌行》《五月七日开洋》《舟出五虎门》等诗篇。赵文楷说：“舟至大洋，从人皆惧，吐者相枕藉，因登舟后将台，歌以作其气。”[①]

当路允迪奉使高丽使船到达竹岛时，适逢中秋节，“夜静水平，明霞映带，斜光千丈，山岛林壑，舟楫器物，尽作金色。人人起舞弄影，酌酒吹笛，心目欣快，不知前有海洋之隔也”[②]。《东印度航海记》记载船上过复活节的情况，“那天下午，我们在船上宰了一头水牛和一头猪，因为第二天要庆祝复活节。十六日复活节，……中国帆船上的人都到我们船上来听布道，并留在船上吃午餐，吃牛肉”[③]。

舶人有时在船上垂钓，捕捉海鸥消遣。舶人在船上有娱乐活动，但不能私带赌具赌博。《浙江嘉兴平湖县给商船示约、崎馆海商条约》一书中记载发给乾隆七年（1742）十二月二十一日出航的“浙嘉平字第拾号商陈子、船户梅万盛实贴”商船示约共六条，其中第三条是“商人舵手无论在洋还是在船，均不得私带赌具赌博，不许嫖妓争奸与酗酒打降等事”[④]，违者将受到惩处。

原载《闽台文化研究》，2015年第4期。

① 转引杨邦勇、谢必震：《略论清代中国人使琉球的航海生活》，载《海交史研究》，2012年第1期。

② （宋）徐兢：《宣和奉使高丽图经》卷36，第125页。

③ ［荷］威·伊·邦特库：《东印度航海记》，姚楠译，第93页。

④ 王振忠：《清代前期对江南海外贸易中海商水手的管理——以日本长崎唐通事相关文献为中心》，载《海洋史研究》（第4辑），社会科学文献出版社，2012年，第166页。

海上丝绸之路上的中国船员

海上丝绸之路是连接东西方的通道，也是沟通人类物质文明和精神文明的通道，船舶是沟通这条通道的工具。船员是船舶的驾驶者，大致可分为技术人员、后勤人员和武装人员。

一、技术人员

（一）海师

海师，又称海导师，在海上导引舟船。《岭外代答》云："舟师以海上隐隐有山辨诸番国，皆在空端，若曰往某国。"望见飞鸟，知其近岸，"泛海至东莱，遇猛风柁折，垂以长索，船乃复正，海师望见飞鸟，知其近岸，须臾至东莱"①。隋海师何蛮发现琉求（台湾）。大业元年（605），"海师何蛮等每春秋二时，天清风静，东望依希似有烟雾之气，亦不知几千里。三年，炀帝令羽骑尉朱宽入海求访异俗，何蛮言之，遂与蛮俱往，因到琉求国，言不相通，掠一人而返"②。

---

① 《宋书》卷 76，《朱修之》，上海古籍出版社，1986 年，第 223 页。
② 《隋书》卷 81，《琉求国》，上海古籍出版社，1986 年，第 218 页。

（二）纲首

纲首，又称都纲，即船长，全权指挥选择水手，货物买卖，船舶航行。副纲首，即副船长，协助纲首管理船上事务。北宋崇宁四年（1105）的《李充公凭》记载有纲首李充和有关对纲首犯法的处置。元《至元市舶则法》第七条公验内容云：“公验开具本船财主某人、纲首某人、直库某人、杂事某人、部领某人、人伴某人”等。

（三）火长

火长的出现是我国航海技术和造船技术的发展和指南针发明与堪舆罗盘结合应用到航海中的结果。火长的名称与我国古时对磁石的认识和我国传统的二十四方位分位法有密切的关系。① 火长熟知罗经之法，掌管罗盘，负责计测日月星位，掌更漏、驶船针路，“波路壮阔，熟听指挥”。

火长又称火儿，火儿出现在南宋初，绍兴十二年（1142）九月，户部惩治违禁人员中提到火儿：“契勘客贩腊茶，辄装上海船，经由海道，虽已承指挥，依绍兴五年正月二十七日指挥，贩物人并船主、梢工并皆处斩，水手、火儿各流三千里，皆刺配千里外州军牢城。元（原）保人各徒三年，分送五百里外州军编管。”② 南宋运送马匹的马船“每只用招梢四人，摇橹四枝，用伙儿四名”③。南宋以后，随着海外交通的发展，火儿名称为火长所代替。

火长又称海师、船师。《桯史》云：“建炎航海之役，张俊既战而弃鄞。兀术入之。即日集贾舟，募濒海之渔者为向导，将遂犯跸，而风涛稽天，盘薄不得进。兀术怒，躬命巨艘，张帆径前。风益猛，自度不习舟楫，桅舞舷侧，窘惧欲却而未脱诸口也。遥望大洋中隐隐一山，顾问海师

---

① 刘义杰：《“火长”辨正》，载《海交史研究》，2013 年第 1 期。

② 《宋会要辑稿》，《食货三一·茶法杂录》下。

③ 《宋公要辑稿》，《兵二三·川马纲》。

此何所，对曰：‘阳山’。兀术慨然叹曰：‘昔唐斥境，极于阴山，吾得至此，足矣。’遂下令反棹。”① 明巩珍云：“始则预行福建、广、浙，选取驾船民梢中有经惯下海者，称为火长，用作船师。乃以针经图式付与领执，专一料里，事大责重，岂容怠忽。”② 这里说将火长用作船师。

火长又有番火长、西洋火长、琉球火长、高丽火长等。

番火长出现在郑和下西洋时，他们是熟知西洋海道的外国火长，帮助中国火长熟知西洋航道。永乐五年（1407）九月，奖赏使西洋官军旧港擒贼有功者中有番火长。永乐九年八月奖赏郑和第三次下西洋官军在锡兰山作战有功人员中有番火长、火长等。③ 西洋火长，《海国图志》载：顺治朝以后，“每有厦门巨艚，船载万余石，赴葛剌巴及钹马廊埔头。但因水程甚远，沙礁无数，必有西洋火长，用浑天仪、量天尺，较日出时刻离水分度，用罗经刻漏沙，以同大小顺逆较更数，始知为某处”④。

琉球火长，册封琉球使的封舟到达琉球海域，由琉球火长引航。《中山传信录》载：“接封陪臣正议大夫陈其湘，率其国火长主针，用乙辰针，三更半。”⑤

高丽火长，熟悉高丽日本航道的火长。至元十八年（1281）二月，“赐征日本善射军及高丽火长水军钞四千锭”⑥。

（四）斗手

斗手，缘篷绳攀登于船桅之上，负责占风望向的水手。“故手足伶俐，精力强壮，方胜斗手之任。然又必有胆以充之”。上桅时“须带一丈多长之布，将身系缚，不惟身安心稳，两手皆可运动”⑦。

① （宋）岳珂：《桯史》卷5，《阳山舒城》，中华书局，1981年，第55-56页。

② （明）巩珍：《西洋番国志·自序》，向达校注，中华书局，1961年，第6页。

③ 《明成祖实录》卷71、卷118。

④ （清）魏源：《海国图志》卷13。

⑤ （清）徐葆光：《中山传信录》卷1，《前海行日记》。

⑥ 《元史》卷11，《世祖本纪》，中华书局，1976年，第230页。

⑦ （清）林君升：《舟师绳墨》，“斗手事宜”，《厦门海疆文献辑注》，厦门大学出版社，2013年，第243、239-241页。

（五）舵工

舵通“柁”，是操纵船舶航行方向的设备，至迟在东汉时已经使用舵。《释名》云：“其尾曰柁。柁，拖也。在后见拖曳也。且言弼征船使顺流不他戾也。”舵是由桨演变而来的。舵的作用，如《岭外代答》所说：“虽有恶风怒涛，截然不动，如以一丝引千钧于山岳震颓之地，真凌波之至宝也。”①

舵工在船上管操舵。宋《江天楼阁图》中的江船上画有舵工在顶棚上操舵，顶棚上设拱形篾棚，可为舵工遮风避雨。②《东西洋考》云：“司舵者为舵工，亦二人更代。”③ 舵工又称柂师，唐时运粮船有柂师四人。舵工掌舵的地方，唐朝称楼，明清称舵舱，在神堂之下。

关于舵工的人数，册封琉球使的封舟有舵工16名。谢杰《虞台倭纂》载：“余使琉球，用伙长八人，舵工十六人。”萧崇业、谢杰《使琉球录》亦云：“伙长七名，舵工十六名……以上俱漳州人。”林君升《舟师绳墨》有《舵工事宜》认为：“舵者，犹人之心也；缭、斗、碇，犹人之四肢也；船上众兵，犹人之百骸也。心若主持得正，则四肢百骸，皆得其道；心若主持不正，则四肢百骸，尽失其宜。故一船着力，全在舵工。”舵工须“知天之时，就地之势，因人之力”④。

（六）梢工

梢是操纵航向的属具，是用一根整木制成的，其长度约等于船长的70%。

---

① （宋）周去非：《岭外代答》卷6，“器用门·柁”，屠友祥校注，上海远东出版社，1996年，第124页。

② 席龙飞、宋颖：《船文化》，人民交通出版社，2008年，第354、377页。

③ （明）张燮：《东西洋考》卷9，《舟师考》，中华书局，1981年，第171页。

④ （清）林君升：《舟师绳墨》，第243、239-241页。

梢工，船上掌梢者。宋泉州海商李充的公凭载：“商贩人前去诸国，并不得妄称作奉使名目，及妄作表章，妄有称呼，并共以商贩为名……诸商贾贩诸番间（贩海南州人及海南州贩人，贩到同）应抽买辄隐避者（谓曲避作匿，托故易名，前期传递，私自赁易之类），纲首、杂事、部领、梢工（令亲戚管押同），各徒两年，配本城。”①

（七）桨手

桨是推动船舶行进的工具，又称櫂、楫、扎。《释名》中《释船》云：“在旁拨水曰櫂。櫂，濯也。濯于水中也，且言使舟櫂进也。又谓之札，形似札也。又谓之楫，楫，捷也。拨水使舟捷疾也。”桨柄伸进舷板上的圆孔，行船时桨手站着划桨推动船前进。《伊本白图泰游记》中“中国船只”云：“这种船船桨大如桅杆，一桨旁聚集十至十五人，站着划桨。”

（八）篙工

篙由长竹竿或长木制成，利用篙撑水底或岸边地物，按照力的作用与反作用原理，可使船向用力的相反方向前进。《释名·释船》云：“所用斥（撑）旁岸曰交（篙）。一人前，一人还，相交错也。”左思《吴都赋》云“篙工楫师，选自闽禺”。篙工又称篙师，杜甫诗有“篙师暗理楫”之句。

（九）橹手

橹是推动船舶前进的工具，橹在公元前1世纪已经问世，它的外形有点像桨，但比较大，支在船尾或船侧的橹担上，入水的一端剖面呈弓形，另一端系在船上。用手摇动橹担绳，使伸入水中的橹板左右摆动，形成推动力，推动船的前进。船帆橹兼用，风顺则扬帆，风急则荡橹。橹手有1

① ［日］《朝野群载》卷20，《大宰府·大宋国客事》。

人、2人、6人，也有10人、20人、30人。

（十）碇手

船舶在水上航行，有行有止。行靠篙、纤、桨、橹等，止靠系泊工具，碇就是系泊工具。

碇手，掌管启下锚碇，有头碇、二碇，“碇手在船功最多，一人唱声百人和”。碇手启、下碇时，要唱和助声势。泉州湾宋代海船出土的木牌签有“丘碇水记”应即姓丘碇手的木牌签。林君升《舟师绳墨》中《碇手事宜》指出，抛碇之法有三：一看地之深浅；一看流之缓急；一看风之顺道。

（十一）亚班

亚班又称鸦班，阿班，也称一迁、二迁、三迁，又作一仟、二仟、三仟，司桅索。船上亚班住的舱称亚班舱。桅最早的用途是悬挂旗帜，汉代开始使用风帆，桅的作用是张帆。一仟管大帆、二仟管第二帆、三仟管第三帆。

（十二）缭手

缭手有大缭、二缭，管船上缭索。缭手居住的船舱称缭公舱。泉州湾宋船出土的木牌签“张绊”，绊即绳子，张绊为管船上绳索的船员。林君升《舟师绳墨》中《缭手事宜》云：缭手“务必和衷协力，方克有济”，还论述缭手操作事宜。

（十三）押工

押工，船上木工，修理船中器物。

（十四）舰匠、风帆匠等

舰匠、风帆匠、索匠、铁锚匠、木艌匠、搭材匠等，指船上风帆、索、铁锚、艌料等修理工匠。

（十五）阴阳官

阴阳官的职守是卜休咎、占吉凶，预测航海前程之安危、推算讨伐蕃国之利钝等。

随同郑和下西洋的阴阳官有林贵和，“贵和通《易》，善卜筮之说。国朝永乐间，五从中贵人泛西海，入诸夷邦，往还辄数年，竟无恙，考终于家”①。

（十六）工社、老大

工社，船上水手。大船百人，中船六七十人，小船三四十人。老大，水手头目。水手住的地方称麻力，又称麻离、麻肋，在大船上分为二层，或在官厅两旁的若干舱房，也称通铺舱。泉州湾宋代海船出土的木牌签有“吴兴水记”“丘碇水记”“陈小工记”“张什”“张绊”“杨工”“尤工”“三九工”等，这些是船上船员水手用来标明自己货物的标签。

（十七）舢板工

舢板工，掌管舢板船，用以装卸货物及乘客上下。

① 刘铭恕：《郑和航海事迹之再探》，载《中国文化研究汇刊》，1943 年第 3 卷，见《刘铭恕考古文集》下卷，河南人民出版社，2013 年，第 856 页。

二、后勤人员

1. 部领

部领，又称招头，船舶各部分的负责人。《李充公凭》《至元市舶则法》载有对船上部领及其犯法的处罚。

2. 总管

总管，又称总官、总杆，统管舟中事务。

3. 杂事

杂事，又称事头，管理船上日常事务的后勤人员。《李充公凭》载有杂事和有关杂事犯法的处罚。《至元市舶则法》《延祐市舶则法》载有杂事（事头）和有关杂事犯法的处罚。

4. 财富

财富，又称财附，司书簿会计，掌管货物买卖和每日账目。

5. 直库

直库，又称择库，司战具，管大鼓。

6. 总埔

总埔，又称总铺，管炊事，司伙食。

7. 香工

香工，又称司香，负责向船神供献香火、花果，掌朝夕之礼拜。

8. 医官医士

船上有医官，主一舶之疾病。郑和下西洋的船队有医官医士 180 员，明清册封琉球使团成员中有内科医生一人，外科医生一人。刘铭恕先生考得随郑和下西洋医官三人：陈以诚，号处孟，枫泾人，善书画，尤精于医，“永乐间应选隶太医院，累从中使郑和往西洋诸国，擢院判”；彭正，字恩直，太平府人，“永乐间，以良医再使西洋”；陈常，字用恒，上海人，“永乐十五年遣使下西洋，常以医士从，历洪熙宣德间凡三往返”[①]。

9. 棺材匠

据《东印度航海记》载，船上有一名制造棺材的工匠。

10. 理发师

据《东印度航海记》载，中国船员的头发很长，“他们的头发长得那么长，以致有许多人站起来时，头发一直拖到小腿上，他们把它搓得像一根辫子，盘在头上，用一枚簪穿进去使它牢固，簪旁还有一只梳子”。但外国船上是有理发师的，同书载，理发师倒也和我们一起去船板上。

三、武装人员

古代商船上可以携带防船家事、兵器和武装人员以防海盗。《李充公凭》记载的防船家事有锣一面、鼓一面、旗五口。随船防盗工具兵器之数，并置历抄上，俟回日照点，不得少欠。《至元市舶则法》第十条“海商所用兵器并铜锣作具，随住船具数申报，属依例寄库，起舶日给”。

宋代商船的防船家事为锣、鼓、旗，并有防盗工具兵器。元代则可带兵器并铜锣作具。但回国后武器交有关部门寄存，起航日再领出。《延祐市舶则法》除上述规定外，为防止走私武器，规定“多余将带，同私贩法”。

《岛夷志略》记载，船上携带武器以防海盗。“回舶之际，至吉利门，舶人须驾箭棚，张布幕，利器械以防之”[②]。

元代中国船只有武装人员，《伊本白图泰游记》载：“中国船只分三类……其中海员六百，战士四百，包括弓箭手和持盾战士以及发射石油弹战士。”

郑和下西洋船队的人员，据明钞本《瀛涯胜览》记载有：“官校、旗

---

① 刘铭恕：《郑和航海事迹之再探》，载《刘铭恕考古文集》下卷，河南人民出版社，2013年，第858页。

② （元）汪大渊：《岛夷志略校释》，苏继庼校释，“龙牙门”条，中华书局，1981年，第214页。

军、勇士、力士、通士、民梢、买办、书手，通共计二万七千六百七十员名；官八百六十八员、军二万六千八百二名。正使太监七员、少监十员、监丞五员。内官内使五十三员、户部郎中一员、都指挥二员。指挥九十三员、千户一百四十员、百户四百三员。教谕一员、阴阳官一员、舍人二名、余丁一名。医官、医士一百八十名。”① 祝允明《前闻记》“下西洋”条记载：“官校、旗手、火长、舵工、班碇工、通事、办事、书算手、医士、铁锚、木艌、搭材等匠、水手、民梢人等，共二万七千五百五十员名。”

船上的技术人员包括火长、舵工、班碇手、水手、民梢、阴阳官、铁锚匠、木艌匠、搭材匠等。

船上外交、贸易、总务、后勤人员包括：户部郎中、通事、买办、书算手、教谕、舍人、医官医士等。

船上军事护航人员包括：都指挥、指挥、千户、百户、官校、旗军、勇士等。

正使太监、副使太监、监丞、少监、内官等是船上掌管航行、外交、军事、贸易等重大行动的决策和指挥的领导人。

明清册封琉球使团内官员、船员、从役和军士组成。

官员、正副册封使、千总、守备各一人或千户、百户二人或省祭之人等。

1. 船员

正伙长（主针盘罗经事）

副伙长（经理针房兼主水鮈长绠三条，候水浅深）

正副柁工（主柁兼管勒肚二条）

正副椗（主椗四门，行船时主绢布篷）

正副鸦班（主头巾顶帆，大桅上一条龙旗及大旗，登樯瞭望）

正副杉板工（主杉板小船，行船时主清风大旗及头帆）

① （明）马欢原著，万明校注：《明钞本〈瀛涯胜览〉校注》，海洋出版社，2005年，第5-6页。

正副缭手（主大帆及尾送布帆，缭母棕，缭木索等物）

正副直库（主大帆插花、天妃大神旗，又主运载）

押工（主修理椗及行船时大桅千斤坠一条）

香工（主天妃、诸水神座前油灯、早晚洋中献纸及大帆尾缭）

头阡（主大桅，率索大椗索，盘绞索，大橹车绳）

二阡（主大桅率副椗索、盘绞索、大橹车绳）

三阡（主大桅率三椗索，盘绞索，车子数根）

正副总铺（主饭柴米事）

2. 从役

家人（其中正使二十名，副使十五名）

书办二名，老排一名，巡捕二名，吹鼓手八名，长班四名，厨子四名，门子二名，舰匠二名，皂隶八名，舱匠四名，健步四名，风帆匠二名，轿伞夫二十名，索匠二名，引礼通事二员，铁匠二名，内科医生一人，裁缝二名，外科医生一人，糊纸匠二名，道士三名，裱褙匠一名，糙饼匠一名，侍诏一名。

军士：除前述官员中的千总、守备外，乃从福建沿海的梅花、定海、万安驻军中挑选一百至二百名士兵不等。①

上述人员中属于船上技术人员的有：正副伙长、正副柁工、正副椗、正副鸦班、正副杉板工、正副缭手、正副值库、押工、头阡、二阡、三阡、舰匠、舱匠、风帆匠、索匠、铁匠等，具体分工职责明确。

四、船员管理

宋朝船员水手多为离开家乡的农民，“大抵海船之家，少中上户，轻生射利，仅活妻孥者皆是”②。其人数“阔二丈，梢工二人，招头一人，碇手三人，水手二十七人；二丈一尺以上，梢工、招头各二人，碇手三人，

① 见谢必震：《明清册封琉球论略》，载《海交史研究》，1991 年第 1 期。

② （宋）廖刚：《高峰集》卷 5，《漳州到任条具民间利病五事》。

水手三十三人”①。

清朝船上水手人数众多，较大型商船在50人以上，中型船40人以上，小船30人左右。东南沿海的水手数以万计，“闽海港澳共360余处，每澳渔船百数十只不等，合计舵水不下数万人”②。厦门“舵水人藉此为活者以万计”③。船员水手的来源，一种是客商自带上船的，如载有2 000元的货物，可带水手一名；载有4 000元的货物，可带水手二名，以此类推。另一种是船长雇募的，须取具保结，赴海关办理执照。④ 鸦片战争以后，外国轮船大量涌入中国，以低廉的价格从上海、香港、东南沿海等地招募船员。船员大都来自失业船工、流入城市的破产渔民、农民和手工业者。船员在船上干的是生火、水手、舵 工、铜匠、侍役及厨工、杂工等活，工作繁重，劳动条件恶劣，收入微薄。⑤

船员水手，不但是船舶的驾驶者，而且也是海外贸易的直接参与者。其参与方式是在船上专门留有一定数量的货舱，搭载船员的货物。

据《宝庆四明志》载，市舶司抽解时，“海南、占城、西平、泉、广船，不分纲首、杂事、梢工、贴客、水手，例以十分抽一分”。⑥ 杂事、梢工、水手即是船上船员，他们从事海外贸易活动，所以“例以十分抽一分”。泉州湾宋代海船出土的木牌签中“吴兴水记”“丘碇水记”“陈小工记”“张什”“张绊”“杨工”“尤工”“三九工”等就是船员携带货物的标识。

元代，船员水手也参与海外贸易活动，其经营方式是在海船上留给一定的舱位，搭载他们的货物。《至元市舶则法》第8条规定梢碇水手、搭客人等，“乘时怀袖，偷藏贵细货物上岸博易物件”即是渗泄，许人告捕。可见船员载有自己的货物。

明清时期，船员中，火长、财富既领工资又载货物，舵工、碇工、水

---

① （宋）梁克家：《三山志》卷4，《海船户》。

② 《重纂福建通志》卷87。

③ （清）周凯：《厦门志》卷15，《风俗记》，鹭江出版社，1996年，第512页。

④ 陈希育：《中国帆船与海外贸易》，厦门大学出版社，1991年，第283页。

⑤ 席龙飞、宋颖：《船文化》，人民交通出版社，2008年，第354、377页。

⑥ （宋）罗濬：《宝庆四明志》卷6，《叙赋下·市舶》。

手仅可载货物。“每一航程中火长领工资银币二百元，并自载货物五十担；财富工资一百元，自载货物亦五十担。另外其他人员则无工资，仅可以使用一定的吨位装载货物。大致舵工十五担，碇工九担，水手七担。”①

市舶司代表政府对船员进行管理、处罚和优恤。“市舶司给朱记，许用笞其徒，有死亡者籍其财。”②《李充公凭》云：“本州令，给杖一条，印一颗。”市舶司给朱记，本州令给杖、印，代表市舶和州长官，在海上处置船员的权力。

船上船员“人结五人为保”。《至元市舶则法》第十一条云：“海商每船募纲首、直库、杂事、部领、艄工、碇手，具名呈市舶司，申给文凭，船请公印为记。人结五人为保。”而宋《李充公凭》载将船员分为三甲，每甲人数不等，一甲20人，二甲25人，三甲18人。“在船人私自犯，准纲法坐之”，在处罚违规舶货避抽买时“同保人备偿”，买易货物而辄不注籍者，杖一百，“同保人减一等”。

清康熙四十六年（1707），颁布对出海船舶编甲，连环保结进行管理。《晋江县志》载：“覆准闽省渔船，准与商船一体往来。欲出海洋者，将十船编为一甲，取具连环保结：一船有犯，余船尽坐。桅之双单，并从其便。嗣后造船，责成船主取澳甲户、族里长、邻右保结：倘有作奸，事发，与船户同罪。”③

对船员的处罚，《李充公凭》载：应抽买辄隐避者（谓曲避作匿，托故易名，前期传递，私自赁易之类），纲首、杂事、部领、梢工（令亲戚管押同）各徒二年，配本城。在船人私自犯，准纲法坐之，纲首、部领、梢工、同保人不觉者，杖一百以上。

元《至元市舶则法》对妄称遭风被劫事故，搬动船货，送所属究部，断没施行。船舶在沿岸非正常停泊，走私货物；或有舶商之家接应，辄取贵重细货不抽解，即是渗泄，许人告捕。犯者杖107下，货物全部没收充公，告捕人得三分之一。《延祐市舶则法》处罚更重，规定“妄称风水不

① 田汝康：《中国帆船贸易与对外关系史论集》，浙江人民出版社，1987年，第24、20页。
② （宋）朱彧：《萍洲可谈》卷2。
③ 道光《晋江县志》卷5，《海防志》，福建人民出版社，1990年，第99页。

便，转折买卖，许诸人首告。得实，舶商，船主、纲首、事头、火长各杖一百七下，同船艄水等各杖七十七下。船物尽行没官，没官物内一半付告人充赏”。

元朝对舶商艄水等实行优恤，免除杂役。《至元市舶则法》第 18 条云：“舶商艄水人等，皆是赶办课程之人，落后家小，合示优恤，所在州县并与免除杂役”。《延祐市舶则法》有相似规定，但删去“所在州县，并与免除杂役”，将“合示优恤”改为“常加优恤”。

总之，自古以来中国船员甘冒风险，勇于拼搏，驾驶船舶，奋战在海上丝绸之路，而且直接参与海外贸易，对推动海上丝绸之路的发展和沟通人类物质文明和精神文明做出了伟大的贡献。

原载《闽南》，2017 年第 1 期。

宗教信仰与多元文化

福建海洋文化与佛教的传播

佛教僧侣通过海上丝绸之路最早来福建弘法者首推南朝时印度高僧拘那罗陀。他应梁武帝之请，从扶南（今柬埔寨）泛海到广州，然后到建康（今南京），他将翻译佛经时，值侯景之乱。拘那罗陀辗转播迁今江苏、浙江、江西、广东等地，天嘉二年（561）到达梁安郡（今南安丰州），住建造寺，翻译《金刚经》等。天嘉三年九月“发自梁安，泛舶西引，业风赋命，飘还广州”①。后留居其地，翻经八载，至太建元年（569）圆寂。

北天竺沙门阇那崛多，于北周武成元年（559）经于田、鄯州等地到长安，住草堂寺，周明帝延见，谈论佛法，并建造四天王寺供居住，译出《大乘同性》《大云请雨》等经6部15卷。周武帝灭佛时被迫回国，中途为突厥所留。隋开皇四年（584），文帝应昙延等30余人之请，遣使延请他东来，住大兴善寺从事传译，译出《佛本行集经》《大方等大集护经》等39部192卷。“隋滕王遵仰戒范，奉以为师，因事尘染，流摈东越，又在瓯闽，道声载路，身心两救，为益极多。至开皇二十年，便从物故。”②滕王瓒，字恒生，其子纶，字斌籀，“炀帝即位，尤被猜忌。纶忧惧不知所为，呼术者王琛而问之。琛答曰：王相禄不凡，乃因曰滕即腾也，此字足为善应。有沙门惠恩、崛多等颇解占侯。纶每与交通，常令此三人为度

① 释道宣：《续高僧传》卷1，《拘那罗陀传》，《高僧传合集》，上海古籍出版社，1991年，第110页。

② 释道宣：《续高僧传》卷2，《隋西京大兴善寺北贤豆沙门阇那崛多传》，《高僧传合集》，上海古籍出版社，1991年，第115页。

星法。有人告纶怨望咒诅，帝命黄门侍郎王弘穷治之”[①]。由此可见，阇那崛多因滕王纶被治罪，流摈东越，又在“瓯闽道声载路”，“为益极多”。瓯闽系指福建，阇那崛多晚年曾到福建。《闽书》载：

有潭渊然，涎沫时沸，凌波数丈，则雷霆风雨，暴不可避，潦涨数月，田庐漂溺，民甚患之。隋开皇三年，梵僧阇那崖多曰：“此龙变也。宜峻佛祠镇之。”后十年建寺，潭波帖妥，耆艾目曰清潭。[②]

隋印度僧人阇那崛多到福建传播佛教，“道声载路”。

唐文宗时有天竺僧人般若怛罗三藏来福州传授佛法。日本僧人圆珍，唐大中七年（853）八月，乘唐朝商船离开日本，第六天到达连江县，入福州开元寺，会见般若怛罗三藏，受传梵学和密教，且得到诸部的经疏三百余卷。[③]

唐朝印度高僧智亮来泉州弘法，住开元寺，因他四时都袒一膊，称袒膊和尚，后移居戴云山。他长期在泉州弘法，能写汉诗，现存诗一首云：“戴云山顶白云齐，登顶方知世界低。异草奇花人不识，一池化作九条溪。”泉州开元寺支院有以其所居名袒膊院。智亮居开元寺十余年而逝，唐大中十二年（858）九月十一日，其徒泥亮肉身于大殿，为州人福。宋绍兴间（1131—1162），开元寺发生火灾，独供奉智亮肉身的大殿存。唐末印度声明三藏到福州雪峰寺，闽帅王审知令玄沙师备与之相见。[④]

西域僧朝悟大师，居泉州开元寺，有异行，既去，寺僧刻木为像奉之，人称“木头陀”，亦称“挑灯道者”。西域人龚志道，“来福州雪峰山参义存禅师，剪发为头陀。后结庵于邵武”[⑤]。

---

① 《隋书》卷44，《滕穆王纶传》，上海古籍出版社，1986年，第146页。

② （明）何乔远：《闽书》卷30，《方域志·福宁州·松山》，福建人民出版社，1994年，第731页。

③ ［日］村上专精：《日本佛教史纲》，杨曾文译，商务印书馆，1999年，第83页。

④ 释道元：《景德传灯录》卷18，《福州玄沙宗一大师》，成都古籍书店，2000年，第346页。

⑤ 沈瑜庆、陈衍：《福建通志》，《高僧传》卷1。

一、到福建或经福建往西域求法的外国僧人

唐朝新罗僧人慧轮，“自本国出家，翘心圣迹，泛舶而陵闽越，涉步而届长安，奉敕随玄照师西行，以充侍者”①。慧轮由海路到中国，经闽浙而届长安，于麟德二年（665）随玄照到印度求法。

高丽僧元表，唐天宝中（742—755）来中国，后往西域“瞻礼圣迹”，返回中国后，负《华严经》到宁德支提石室居住。《宋高僧传》载：

> 释元表，本三韩人也。天宝中来游华土，仍往西域，瞻礼圣迹，遇心王菩萨指示支提山灵府，遂负《华严经》八十卷，寻访霍童，礼天冠菩萨，至支提石室而宅焉。先是此山不容人居，居之必多霆震猛兽毒虫，不然鬼魅惑乱于人。……表赍经棲泊，涧饮木食，后不知出处之踪矣。于时属会昌搜毁，表将经以花榈木函盛，深藏石室中。迨宣宗大中元年丙寅，保福慧评禅师素闻往事，躬率信士迎出甘露都尉院，其纸墨如新缮写，今贮在福州僧寺焉。②

宁德支提山为天冠菩萨住地，《华严经》云：“东南有处名山，号曰支提，从昔以来，诸菩萨众于中止住。现有菩萨名曰天冠，与其眷属、诸菩萨众一千人，俱常在其中，而演说法。”元表从西域归来后，携带《华严经》到支提山居住，历尽艰辛。后值会昌灭佛，元表用花榈木函盛《华严经》深埋于石室中。大中元年（847），保福慧评禅师迎出甘露都尉院，其纸墨如新缮写。元表对保护佛教经典《华严经》不受破坏做出了贡献。

唐福建僧人雪峰义存是一位影响很大的禅师，身边的弟子多达 1 700

① （唐）释义净：《大唐西域求法高僧传》卷上，中华书局，1988 年，第 101 页。
② （宋）释赞宁：《宋高僧传》卷 30，《唐高丽国元表传》，中华书局，1987 年，第 743 页。

人，其中著名的有福州玄沙寺的师备、越州洞岩的可休、信州鹅湖的智孚、泉州招庆寺的慧棱、福州鼓山的神晏等，外国留学生有高丽灵照禅师、玄讷禅师，新罗大无为禅师等。

高丽灵照禅师，得法后在杭州龙华寺传法，《宋高僧传》载：

> 次杭州龙华寺释灵照，本高丽国人也。重译而来，学其祖法，入乎闽越，得心于雪峰。苦志参陪，以节俭勤于众务，号照布衲焉。千众畏服，而言语似涉岛夷。性介特，以恬淡自持。①

玄讷禅师，“高丽人也，初住福清道场，传象骨之灯，学者归慕”“师住福清二十年，大阐玄风，终于本山”②。福清寺是五代泉州刺史王延彬为高丽僧玄讷建。玄讷在该寺住 20 年，“大阐玄风”，并终老该寺。五代时，福清寺著名的禅师有师巍通玄禅师、行钦广法禅师等。福清寺保留至今，是中朝人民友好往来的历史见证。

雪峰义存法嗣中还有新罗国大无为禅师。义存弟子慧棱法嗣中有新罗龟山和尚、澄观禅师、重峰禅师。义存的另一弟子玄沙师备在福州玄沙院传法，四方禅者闻风而至，从学弟子数百，其中有高丽、日本僧人。

高丽慧目山和尚，讳玄昱，俗姓金，为泉州同安人章敬和尚（俗姓谢，讳怀晖）的法嗣。高丽僧统义天（文宗第四子）入宋，曾就学于净源（晋江人）之门，归国后从高丽寄回许多《华严经》的章疏，帮助中国华严宗的复兴。

唐贞元二十年（804），日本留学僧空海随遣唐使船来唐，途中遇台风，漂流至长溪（今霞浦）赤岸登陆。后从福州经杭州、苏州、淮阴、洛阳到长安，历访长安高僧名德学习密宗。空海于元和元年（808）乘遣唐舶返国，盛弘密教，成为日本真言宗的开山祖。

---

① （宋）释赞宁：《宋高僧传》卷 13，《晋永兴永安院善静传附灵照》，中华书局，1987 年，第 313 页。

② （宋）释道元：《景德传灯录》卷 19，《泉州福清玄讷禅师》，成都古籍书店，2000 年，第 377 页。

日本僧人圆珍、丰智、闲静等于大中七年（853）随唐人钦良晖的商船入唐，在福州连江登陆。圆珍在福州开元寺从南天竺僧般若怛罗学习悉昙，在越州开元寺向良谞学习天台教义，在长安向青龙寺法全学习密教，于大中十二年（858）由台州乘唐人李延孝的商船返国弘法。

元朝日本僧人无梦一清，“入元谒雪峰的樵隐”。古镜明千，“参雪峰的樵隐悟逸，樵隐移居灵隐时随去，继承了他的法统”。友山士偲也曾在福州雪峰寺住过。无文元选，“参福州大觉的古梅友”。大拙祖能，“与同伴数十人入元，到达福州长乐县”，在福州参无言宣、东阳辉等。[①]

福建僧人到日本弘法的有唐泉州超功寺僧昙静。据日本人淡海真人元开著《唐大和尚东征传》记载，随从鉴真渡日弘法的14位弟子中有泉州超功寺僧昙静。昙静在日本担任传戒师，对佛教在日本的传播起了一定作用。

元代福建名僧明极楚俊等于大德元年（1297）从福州乘船到日本，历住建长、南禅、建仁等寺。他们宣传禅风，对日本上流社会的精神生活起了感化的作用。日本建武元年（1334）明极楚俊住南禅寺时，该寺奉敕为天下第一山。[②]

明崇祯元年（1628），明朝名僧觉海到日本长崎，漳州籍船主为建福济寺（俗称漳州寺，又称泉州寺）。该寺第一代至第七代住持多为泉州籍僧人担任，他们是觉海、蕴谦戒琬、慈岳定环、东澜宗泽、喝浪方净、圣垂方炳（独文）、全严广昌、大鹏正鲲，其中全严广昌为延平县人，其他均为泉州府人。

崇祯二年（1629），福州籍船主建崇福寺（俗称福州寺），以超然为开山主，第一代至第十一代住持均为闽僧担任，他们是超然、百拙如理、道者超元、即非如一（雪峰）、千呆性安、化林性英、玉冈海崐、大衡海権、别光寂透、义胜寂威、道本寂传、伯珣照浩，多数为福州府人。

清顺治十一年（1654），福清黄檗山万福寺住持隐元率弟子大眉性善、

① ［日］木宫泰彦：《日中文化交流史》，胡锡年译，商务印书馆，1980年，第439、440、448、418页。

② ［日］木宫泰彦：《中日交通史》，陈捷译，山西人民出版社，2015年，第514页。

慧林性机（独知）、独湛性知、独湛性莹、独吼性狮、商源性派、慈岳琛、独言、良演、恒修、无上、喝禅、惟一等30人东渡日本，在京都宇治开创黄檗山万福寺，弘扬黄檗宗风，门徒500多人，受戒者3 000多人。宇治黄檗山自隐元隆琦开山之后，住持人多为闽僧，他们是木庵性瑫、慧林性机（独知）、高泉性激、千呆性安、悦山道宗、圣垂方炳（独文）、大鹏正鲲等。此外，和高泉到日本的有晓堂、岫贤、东澜泽、西意。千呆性安弟子月潭、澹林、雪堂、玉冈，还有泉州人东岸、福州鼓山寺僧一贯全严等。

福建僧侣到东南亚弘法。清光绪三年至十五年（1877—1889），福州西禅寺微妙法师，多次前往新加坡、马来西亚、菲律宾、缅甸、泰国弘法。福州鼓山涌泉寺妙莲法师，到南洋弘法，并在马来西亚槟城创建极乐寺。惠安僧贤慧、性慧兄弟，俗姓萧，光绪十八年（1892）全家往印度，在南印度学佛6年，后往新加坡弘法，开山双林寺，双林寺成为福州西禅寺的庙院。福州西禅寺在东南亚的庙院还有马来西亚槟城双庆寺、越南观音寺、舍利院等，福州鼓山涌泉寺庙院有马来西亚槟城极乐寺等。

南安雪峰寺僧转初、转逢、转道、转解、转物等相继到南洋弘法，其中转物法师曾住持马来西亚观音寺，转解在新加坡创普济、香莲二寺，转物住持新加坡龙山寺等。

福建僧人到国外求法的有唐泉州僧人智宣，慕义净之举，于唐末沿陆上丝绸之路，渡流沙到印度求法，于后梁开平元年（907）五月回到开封，进献辟支佛骨、贝叶梵经等。清光绪十八年（1892）惠安僧人贤慧、性慧到南印度学佛6年，后往新加坡弘法。

二、外国僧人在福建建造的寺院

五代南唐保大十六年（958），三佛齐国镇国将军以贩卖香药到福建漳州建一座普济院，落成以后，在法堂梁上以番书题名。①

北宋雍熙间（984—987），天竺僧人罗护那航海到泉州，在城南建宝林院，这是外国人在泉州建的唯一的佛教寺院。

唐末五代高丽僧玄讷来泉州求法，为雪峰义存门徒，泉州刺史王延彬为他建福清寺。玄讷在福清寺住20年，并终老该寺。该寺现在保存完好。

在中外佛教友好交往中，外国的佛像等也传入福建。福州庆成寺藏有高丽所献铜佛像、石笋、小木塔。宋梁克家《三山志》载：

> 怀安庆城寺，州东。本王延曦之第，即伪位，天福七年，乃施为永隆金身罗汉禅寺。皇朝祥符三年三月，东封西祀毕，赐今额。高丽铜像（铜佛三，一为人所攘，后木刻代之；胡僧八；状膜者罗汉十八；侍立胡奴及僧各一。石碑径二尺，高丈余，上刻无量寿、文殊、普贤像及楼阁之状。东小殿深沙神一，旁立僧一、童一。）石笋（高五尺，东西植于庭西廊，有板记。）小木塔（藏于西殿，皆闽王时高丽所献。）②

漳州南山寺藏经殿供奉的汉白玉佛像高2米，重2 000公斤，系光绪九年（1883）寺僧向海外华侨募化，从缅甸请来的。

三、传译佛经活动和文化科技交流

印度高僧拘那罗陀，应梁武帝之请，到中国弘传佛教，翻译许多佛经，曾住南安丰州延福寺翻译《金刚经》。

日本、朝鲜僧人和海商把佛经、佛教著作和经版带到日本和朝鲜。

后唐天成三年（928），“新罗僧洪庆自闽府航载《大藏经》一部至礼

① 《古今图书集成》，《职方典》卷1105，《漳州古迹考》，转引自林仁川：《福建对外贸易与海关史》，鹭江出版社，1991年，第22页。

② （宋）梁克家：《三山志》卷33，《寺观类・怀安庆成寺》。

成江，王亲迎之，置于帝释院”[1]。

宋元祐二年（1087），泉州海商徐戬，先受高丽财物，于杭州雕造《夹注华严经》等2 900余片，用海舶载去交纳。

宋朝时日本僧人庆政上人侨居泉州，于嘉定十年（1217）回国时，带回福州版大藏经，还从泉州带回“南蕃文字”的波斯文书。日本宫内厅图书寮所藏福州版大藏经的《大涅槃经》卷33的版心中有“日本国僧庆政舍”的题记。在《大方广佛华严经》卷23的版心有“日本国僧庆政舍，周正刀”的题记。《大般涅槃经》卷36的版心中有“日本国僧行一舍版十片”的题记。高山寺旧藏的《波斯文书》的前言中写有：“此是南蕃文字也，南无释迦如来，南无阿弥陀佛也，两三人到来舶上望书之。尔时大宋嘉定十年丁丑于泉州记之。”[2] 这些是庆政上人从福建带回去的，对日本译经事业和中国印刷术的传播起了促进作用。

元朝有许多福建刻工从福州乘船到日本，住京畿地方，其中著名的有莆田人俞良甫、福州南台人陈孟千、陈伯寿，江南人陈孟荣等。他们雕刻《宗镜录》《传法正宗记》《唐柳先生文集》《昌黎先生文集》等，对中日文化交流和日本出版事业的发展做出了贡献。

在泉州开元寺东西塔、洛阳桥南北端的金刚宝塔、九日山舍利塔、石狮关锁塔等宋代建筑以及福州鼓山大罗汉台、漳浦县沙西镇土楼村海月岩刻有印度古文字兰查体或悉昙体或中文“唵嘛呢叭咪吽”六字真言。六字真言是观音为使众生脱离六道轮回所发的心咒。佛教徒认为，六字真言刻在建筑物上，五方佛会常住于斯，用法力保护建筑物，福佑行人，捐助修建的人也会因此积德，取得成为菩萨的资格。[3]

五代泉州招庆寺僧静、筠二禅师编的《祖堂集》是现存最早的禅宗灯录。高丽高宗三十二年（1245），《祖堂集》12卷被收入高丽版大藏经，其版现藏于韩国伽耶山海印寺。《祖堂集》自宋以后即在中国失传，韩国

① ［朝］郑麟趾：《高丽史》卷1，《世家·太祖》，转引自杨渭生等编著：《十至十四世纪中韩关系史料汇编》下册，学苑出版社，2002年，第6页。

② ［日］木宫泰彦：《日中文化交流史》，胡锡年译，商务印书馆，1980年，第347页。

③ 张保胜：《梵文石刻在泉州》，载《泉州文史》第9期，1986年，第11页。

海印寺的藏本直到近代才发现，它是研究中国禅宗史和禅宗在朝鲜半岛传播史的珍贵资料。

福建雕塑家在日本雕造许多佛像。同安人方贵峰（号三官）应邀到长崎造像，崇福寺的佛像、韦驮像，福济寺的佛像，都是他雕塑的。泉州安海人范道生，字石甫，到长崎雕塑崇福寺的佛像、十八罗汉、观音、弥勒、达摩、韦驮像等。泉州开元寺镇国塔的基座雕刻的佛传图，故事大多取材于古印度，但图画人物和周围环境全部汉化，是中印雕刻艺术相结合的产物。

建筑方面的交流，如塔。塔，称窣堵波或浮图，用以藏舍利和经卷等，平面以方形、八角形为多。塔起源于印度，随着佛教传入中国，其用途由贮藏舍利、经卷，扩大为表彰功德、作纪念、为众生荐福和江海上的航标等。福建著名的石塔有泉州开元寺的镇国塔、仁寿塔（俗称双塔）、福州崇妙保圣坚牢塔（乌塔）、福州马尾罗星塔、石狮关锁塔（俗称姑嫂塔）、六胜塔（俗称石湖塔）、长乐三峰寺塔、福清瑞云塔、莆田释加文佛塔等。

日本黄檗山万福寺、长崎唐三寺以及各地修建的黄檗宗寺院，由渡日中国僧人设计，监督施工，采用中国明清建筑式样。崇福寺的三门是在中国雕成后，运到长崎装置的。

黄檗宗僧侣渡日时，多携名家书画，日本宇治黄檗山万福寺成为明清珍贵书画的美术馆。黄檗宗高僧隐元、木庵、即非三人被日本称为“黄檗三绝”；悦山的书法有“书悦山”之称；大眉、慈岳、东澜善草书；大鹏善写意画，尤善画竹，也长于篆刻，著有《印章篆说》流传于世；逸然禅师，向以善画佛教人物著称；高泉、独湛、卓峰亦善画；雪机善书画；喝浪擅长墨画等，他们对日本书画艺术的发展都产生了一定的影响。

外国僧人在福建留下书法珍品的如漳浦县清泉岩有印度僧人左书狂草《般若波罗蜜多心经》石刻。

在东渡日本的高僧中以宇治万福寺的独立（杭州府人）医术最高。福建长乐籍的马荣宇，移居长崎后，与日本女子通婚，其子北山道长向化外和独立学医，后到大阪开业行医。他医术高超，医德高尚，享有盛名，著有《北山医案》《北山医话》《方考评议》等，为传播中国传统医学做出贡献。漳州籍的高寿觉移居长崎，其子高天漪师从独立学医，著有《养生篇》。沙县人卢君玉，其孙卢草硕，在长崎行医，对中国本草学造诣很深，著有《药性集要》，被誉为日本锁国时代本草学的鼻祖。

黄檗宗僧侣常吃的唐式点心、隐元豆腐、唐豆腐、胡麻豆腐、黄檗馒头等中国风味的食品对日本烹调法有一定的影响。

陶瓷与人类生活关系密切，中国的制瓷技术通过中外人民的友好交往传播世界各地。南宋嘉定六年（1223），日本人加藤四郎随禅僧道元入宋，到福建德化学习制瓷技术，回国后在濑户烧制，为日本制瓷技术开辟了新纪元。

军持，原为印度佛教徒用以贮水饮用和净手的水瓶，早在公元4世纪传入我国和南洋群岛，在晋朝法显的《佛国记》中有详细的记载。在泉州，唐代开元寺僧文称使用过军持。宋元时期，东南亚等地穆斯林广泛使用军持。为适应这种需要，晋江磁灶和德化大量生产军持外销，体现了宋元时期泉州与东南亚地区的文化交流。

中国丝绸的外传，一是通过商人运载出去，二是佛教徒出国求法取经带去赠送，如“运期以京还达交趾，告诉道俗，蒙赠小绢数百匹”。这样把中国丝绸传到国外。中国丝绸的外传对世界文明有重大的贡献，在改善当地人民服饰的同时，也促进了我国丝绸业的发展。

中国的茶树是由日本入宋僧荣西带回日本肥前种植，然后向其他地区移植的，荣西还写了《吃茶养生记》。此后，饮茶之风广为流传，成为日本人民的生活习惯。

在中外科技文化交流史上，佛教僧侣是起过一定作用的，应给予一定的历史地位。

原载《福建海洋文化研究》，海峡文艺出版社，2009年。

闽南的海洋文化与海外交通著作

闽南山多地少，可耕面积少，为解决人口对耕地的压力，主要途径就是向海上发展，正如明代学者顾炎武所说："海者，闽人之田也。"南宋谢履《泉南歌》云："泉州人稠山谷瘠，虽欲就耕无地辟。州南有海浩无穷，每岁造舟通异域。"①

闽南海岸线长，港湾曲折，沿海岛屿星罗棋布，为发展海上交通提供了优越的条件。闽南人又素有海上交通的优良传统和勇于冒险、奋发图强、开拓进取的精神。宋人刘克庄《泉州南郭二首》云："闽人务本亦知书，若不耕樵必业儒。惟有桐城南郭外，朝为原宪暮陶朱。海贾归来富不赀，以身殉货绝堪悲。似闻近日鸡林相，只博黄金不博诗。"② 这首诗正是这种勇于拼搏冒险精神的写照。

明清时期，闽南人的拼搏精神进一步发扬光大。明人谢肇淛说，漳泉人"东则朝鲜、东南则琉球、吕宋，南则安南、占城，西南则满剌迦、暹罗，彼此互市，若比邻然。又久之，遂至日本矣。夏去秋来，率以为常，所得不赀，什九起家。于是射利愚民，辐辏竞趋，以为奇货"③。而泉州"濒海之民，多以鱼盐为业，而射赢牟息，转贾四方，罟师估人，高帆健舻，疾榜击汰，出没于雾涛风浪中，习而安之，不惧也"④。漳州月港的民风也是"饶心计与健有力者，往往就海波为阡陌，倚帆樯为耒耜，凡捕鱼

① （宋）祝穆：《舆地纪胜》卷130，《福建路泉州》。
② （宋）刘克庄：《后村大全集》卷12，《泉州南郭二首》。
③ （明）谢肇淛：《五杂俎》卷4，《地部一》。
④ 万历《泉州府志》卷2，《风俗》。

纬萧之徒咸奔走焉。盖富家以赀，贫人以佣，输中华之产骋彼远国，易其方物以归，博利可十倍，故民乐之。虽有司密网，间成竭泽之鱼，贼奴煽殃，每奋当车之臂，然鼓世相续，吃苦仍甘。亦既习惯，谓生涯无逾此耳。方夫趋舶风转，宝货塞途，家家歌舞赛神，钟鼓管弦连飚响答，十方巨贾竞骛争驰，真是繁荣世界”①。《厦门志》说：“服贾者，以贩海为利薮，视汪洋巨浸如衽席。”②

闽南人勇于拼搏的开拓精神最具海洋文化的特质。闽南人崇尚商贾，儒贾兼营，以儒入贾。在商业活动中，善以智力经商，卒成大贾。李光缙“兄伯自其王父繇吾儒林，徙安平。安平人多行贾，周流四方。兄伯年十二，遂从人入粤。……时为下贾。已徙南澳，与夷人市，能夷言，收息倍于他氏，以故益饶，为中贾。吕宋澳开，募中国人市，鲜应者，兄伯遂身之大海外而趋利，其后安平人效之，为上贾”③。安平商人陈斗岩之经商“其初斗智，最后争时，行财币如流水，若猛兽鸷鸟之发，人虽有共用事，终不如之矣”④。曾里守吾“是用束身从贾”，“好行其德，不离于儒术”，其经商“本之以信，佐之以智，因之以天，以处厚为丈夫，以任运为明达，常舍竞而多奇中……故始为末，继为中，而终以大”⑤。

由于闽南海外交通发达，古代有许多重要的海外交通著作在闽南问世，作者或询诸中外商人，或亲历海外，记载海外物产、风土人情和中外贸易，总结航海经验等。

宋元时期，泉州海外交通发达，是世界著名的贸易港，中外客商云集，货物堆积如山。反映当时海外交通的重要著作有宋叶廷珪的《海录碎事》和《南蕃香录》、赵汝适的《诸蕃志》、元汪大渊的《岛夷志略》等。

叶廷珪，字嗣忠，瓯宁（建瓯）人，北宋政和五年（1115）进士，绍兴十八年（1148）以兵部郎中知泉州军州。他在泉州任职期间，“为政清

---

① 崇祯《海澄县志》卷15，《风俗志》。

② 道光《厦门志》卷15，《俗尚》。

③ （明）李光缙：《景璧集》卷3，《寓西兄伯寿叙》。

④ （明）李光缙：《景璧集》卷14，《处士陈斗岩公传》。

⑤ （明）何乔远：《镜山全集》卷70，《曾里君墓志铭》。

静简易”，编《海录碎事》，著《南蕃香录》。

《海录碎事》编成于绍兴十九年（1149），共22卷，是一部中型的类书。它的特点是辑集群书中的“新奇事，未经前人文字中用者于一编，分门别类，标立词目，以便寻检”，共有16个部581个门，每一门收标目数条至数十条不等。它是一部收集故书杂记群籍中新鲜词语的汇典。

《海录碎事》有重要的史料价值，卷12“市舶门”引用《市舶录》5条之多，均为唐宋市舶司情况和海交史的宝贵文献。《市舶录》共3卷，赵思协撰，是记述唐宋时我国市舶司的惟一官书，但几乎没有人提到它，失传已久，在《海录碎事》中保存零金屑玉，不乏史料上的珍贵价值。

《南蕃香录》是绍兴二十一年（1151）叶廷珪知泉州军州事兼泉州市舶司提举时所撰。“适园丛书”中《新纂香谱》叶廷珪序云：“余于泉州职事，实兼舶司，因蕃商之至，询究本末录之，以广见闻，亦君子耻一物不知之意。”《南蕃香录》原书已不存，但在南宋末年陈敬编的《香谱》中保存了它的内容，是研究海外交通史的参考资料。

赵汝适，字伯可，宋宗室，嘉定十七年（1224）九月任福建路市舶司提举，宝庆元年（1225）七月兼权知泉州，十月兼知南外宗正事。在任期间积极发展海外贸易，宝庆元年著成《诸蕃志》。

赵汝适写《诸蕃志》的目的和经过，可见于其自序中：“国朝……置官于泉、广，以司互市，盖欲宽民力而助国朝，其与贵异物穷侈心者乌可同日而语。汝适被命此来，暇日阅诸蕃图，有所谓石床、长沙之险，交洋、竺屿之限，问其志则无有焉。乃询诸贾胡，俾列其国名，道其风土，与夫道里之联属，山泽之蓄产，译以华言，删其秽渫，存其事实，名曰《诸蕃志》。海外环水而国者以万数，南金象犀珠香玳瑁珍异之产，市于中国者，大略见于此矣。噫！山海有经，博物有志，一物不知，君子所耻，是志之作，良有以夫！”该书记载了海外58个国家和地区的方位、山川、途程、风土、物产等，凡记载我国与这些国家的航线、日程、方位，多以泉州为基准。书中还记载了经泉州港进出口的商品、进口香料的应用及对泉州的影响、外国人在泉州的情况等。

汪大渊，字焕章，江西南昌人，元代航海家，两次由泉州浮海周游世界。第一次是泰定四年（1327）到至顺二年（1331），第二次是至顺三年（1332）到至元三年（1337）。第一次归来后，他以纪实体裁整理出游历笔记，记录游历东南亚、南亚和西亚一些国家和地区的见闻。第二次航海中，又记下大量见闻，回国后，在第一次游历笔记的基础上，用新的资料进行修改和补充，使内容更加丰富，直到1349年才完成，名“岛夷志”，应吴鉴之约，附于《清源续志》之后。不久，汪大渊回故乡南昌，将书名改为“岛夷志略”，刻印单行本“以广其传”。

《岛夷志略》涉及国家和地区220多个，是上承宋代周去非《岭外代答》、赵汝适《诸蕃志》，下接马欢《瀛涯胜览》、费信《星槎胜览》等书的一部重要著作，后人给予它很高的评价。《四库全书总目》说：“诸史外国列传秉笔之人，皆未尝身历其地，即赵汝适《诸蕃志》之类，亦多得于市舶之口传。大渊此书，则亲历而手记之，究非空谈无征者比。”马欢在《瀛涯胜览》自序中说：“余昔观《岛夷志》，载天时气候之别，地理人物之异，慨然叹曰：‘普天下何若是之不同耶！’……余以通译番书，忝被使末，随其所至，鲸波浩渺，不知其几千万里，历涉诸邦，其天时、气候、地理、人物，目击而身履之，然后知《岛夷志》所著不诬。……于是采摭诸国人物之妍媸，壤俗之同异，与夫土产之别，疆域之制，编次成帙。”费信所撰《星槎胜览》、巩珍所写《西洋番国志》，许多内容则是从《岛夷志略》抄过来的。

明清时期，闽南人海外交通著作很多。有张燮的《东西洋考》、吴朴的《渡海方程》、陈伦炯的《海国闻见录》、王大海的《海岛逸志》、陈洪照的《吧游纪略》、程日炌的《噶喇吧纪略》和《噶喇吧纪略拾遗》、黄可垂的《吕宋纪略》、潘鼎珪的《安南纪游》、蓝鼎元的《论南洋事》、潘荣的《中山八景记》等，这些都是研究海上交通史和东南亚等国历史的重要参考资料。

明清时期，闽南人撰写的海外交通著作有以下几个特点：

其一，多数系作者根据亲身经历而撰写。

陈伦炯，字资斋，同安县人，出身宦门，其父陈昂曾随施琅远征澎湖、台湾。并受施琅之命“出入东西洋，招访郑氏（郑成功）有无遁匿遗人”①。陈伦炯“幼为水手”，“其游踪东极日本，西极波斯湾，中国沿海岸线，周历不下数十次”②。加之他“博通群书，尤留心外国夷情土俗及洋面针更港道。尝扈从问及外夷情形，对答了了，与图籍吻合”③。《海国闻见录》就是他根据亲身经历及询诸海外“估客”而写成的。

王大海，字碧卿，号柳谷，龙溪（今龙海）人。幼读诗书，因应试不第，于乾隆四十八年（1783）泛海爪哇。后居三宝垄，赘于华人甲必丹家，“舌耕之暇，采风问俗，举诸番之胜概异状一一志之”④。十载归来后撰《海岛逸志》。

程日炌，字逊我，漳浦人，“少丧父母，以家贫多债，思偿父债，当隆冬盛寒，北风迅发，浮海而南，过七洲，经交趾，历柬埔寨、暹罗各港口，至地盘洋……流徙外国，杂佣作度日。……居数年，拮据积累，遂归。……因发愤力学，登乾隆甲子科”⑤。应同乡蔡新询问，在京作《噶喇吧纪略》，归家后复作《噶喇吧纪略拾遗》。

陈洪照（1710—1773），字章成，号寄庐，德化浔中镇人。少年勤奋好学，举岁进士，精通汉唐古文。壮岁随商船赴印度尼西亚，寄居本县华侨黄甲家。他广交华侨各界人士，往咬留吧、万丹、三宝垄“询悉夷邦掌故，凡气候、疆域、人物、风俗俱熟睹而详记之”。归国后著《吧游纪略》。⑥

黄可垂，字章夫，号毅轩，漳州壶屿人。年 15 岁“佐其伯祖远客汶来，历往暹罗、苏禄、吕宋，继复客台湾者数载，居厦岛者又数载。凡海外诸胜地。靡不毕览”，“其阅历者既久，其留心于记载者亦广”⑦，因作《吕宋纪略》。

---

① （清）陈伦炯：《海国闻见录·原序》。

② （清）梁启超：《中国近三百年学术史》。

③ 民国《同安县志》卷 30，《人物录》。

④ （清）王大海：《海岛逸志》刘希程序，香港学津书店，1992 年。

⑤ 《漳州府志》卷 49，《程日炌传》。

⑥ 陈佳荣：《陈洪照〈吧游纪略〉——清初记述爪哇的另一要籍》，载《海交史研究》，1994 年第 2 期。

⑦ 《吕宋纪略·王大海跋》，见《海岛逸志》。

潘鼎珪，字子登，晋江人。他“天才明敏，下笔千言”，著诗文 20 余卷。康熙二十七年（1689）冬，他因事到广东高凉（今广东阳江），海舟遇风飘至越南万宁州江平港。从江平买“土舟”，抵华封，后到轩内、都城等地。归国后，“谨因昔所阅历，稽其舆图，参以闻见，详为诠次”，著《安南纪游》，记其山川、风土之大略。①

吴朴，字子华，一字华甫，诏安人。博学多才，对天文地理、古今事变，无不涉心。嘉靖年间随林希元远征安南，机宜多出其谋，然有功无酬，反因故下狱，遂潜心著书立说，他汇集明民间水路薄，加以整理综合，编纂而成《渡海方程》。吴朴虽不是海商，但他积极主张开放海禁。

张燮（1574—1640），字绍和，又字理阳，号汰沃，又号石户农、石户主人、海滨逸史、蜚遁老人，龙溪（今龙海）石码人。张燮出身于士大夫世家，自幼聪敏，长则博览群书，21 岁中举，他看到父亲“以不善事长官论罢士”，30 岁就退隐故乡，以“遍游吴越三楚”和著述为乐。他广泛采录政府的邸报、档案文件，参考了前人和当代人的许多笔记和著作，并采访船户、水手和商人的实地见闻，写成《东西洋考》。

潘荣（1418—1496），字尊用，龙溪（今龙海市）人，明天顺七年（1463）以吏科给事中为正使册封琉球。在琉球期间，应琉球大夫程均、文达的邀请，到八景地览胜，作《中山八景记》抒发情怀，又多处借景物比喻、揭示琉球社会的历史风貌。

其二，闽南人撰写的海外交通著作都有明确的目的，有的为宣扬统治者的功德，有的是作为通商指南，有的是有感于前人著作之不足或应朋友的询问而作。

陈伦炯撰写《海国闻见录》的目的，一是记载清圣祖及作者先辈的教诲，二是使担任海疆职务的人知道“防御搜捕之扼塞”，三是使经商的人知道“备风潮，警寇掠”，宣扬清朝统治者“保民恤商之德”②。

王大海有感于程日炌《噶喇吧纪略》“志其方土颇详，而人情未尽

① 道光《晋江县志》卷 56，《明文苑・潘鼎珪传》。

② （清）梁启超：《中国近三百年学术史》。

也”，因而“谨录所见所闻，及其方土人情一一与夫一言一行之可传者，悉表而出之，以为正人心、扶世道之小补乎”①。

乾隆五年（1740）十月九日，荷兰殖民主义者在印度尼西亚吧达维亚（今雅加达）大规模屠杀华侨，有1.6万华侨惨遭杀害，600多处华侨住宅被烧毁，死难华侨的鲜血把吧达维亚的溪流都染红了，故此事件被称为红溪事件。清政府视华侨为“自弃化外”，惨遭杀害系“孽由自作”，置之不问。但华侨没有屈服，他们拿起武器同印度尼西亚人民联合起来进行抗荷战争. 迫使荷兰东印度公司改变对华侨的某些政策。红溪事件后，闽大吏上其事请禁南洋商贩，以困荷兰。内阁学士方苞，以蔡新留心经济，致书询问。蔡新向曾亲历吧境的同乡程日炌询问，于是程日炌著《噶喇吧纪略》以献。②

明代万历年间（1573—1620），漳州的对外贸易十分发达，海澄知县陶铭和漳州府督饷别驾王起宗，先后延请张燮编写一部综述漳州与东西洋各国贸易情况的通商指南。后张燮编写了《东西洋考》。

其三，闽南人撰写的海外交通著作，具有较高的参考价值，学术界给予了很高的评价。

梁启超将陈伦炯与徐霞客、梁质人誉为“探险的实测地理学者”，认为徐霞客为西南探险家，梁质人为西北探险家，陈伦炯为航海探险家。③

陈伦炯的《海国闻见录》全书分上、下两卷。上卷包括《天下沿海形势录》《东洋记》《东南洋记》《南洋记》《小西洋记》《大西洋记》《昆仑记》《南澳气记》；下卷包括《四海总图》《沿海全图》《台湾图》《台湾后山图》《澎湖图》《琼州图》。它是一部综合性的海岸地理和世界地理著作。《四库全书总目》对它的评价是：“凡山川之扼塞，道里之远近，沙礁岛屿之夷险，风云气候之测验，以及外番民风、物产，一一备书。虽卷帙无多，然积父子两世之阅历，参稽考验，言必有证。视剿传闻而述新奇。据故籍而谈形势者，其事固区以别矣。”

① 《海岛逸志·王大海自序》。

② 陈育崧：《〈噶喇吧纪略〉著者考》，《海岛逸志》，第193页。

③ （清）梁启超；《中国近三百年学术史》。

《海国闻见录》中的《天下沿海形势录》系统地概括了我国北起渤海湾南达北部湾，包括台湾、海南两大岛屿在内长达32 000多千米的海岸线的海岸地貌、水文、航运、海防以及丰富的经济、民族、民俗等人文地理现象，内容翔实可靠，为今天世界地理研究和教学提供了有价值的参考资料。

《东洋记》叙述了日本、朝鲜和琉球等国的海道、人物、风土、政治制度和自然概况。《东南洋记》《南洋记》叙述了我国台湾岛以及菲律宾、摩鹿加群岛、西里伯岛的海道、物产、政治、宗教、风俗、侨情等，还记载了18世纪我国与西方国家航海技术发展情形。《小西洋记》《大西洋记》介绍了南亚、中亚、西亚、非洲以及欧洲各国地理大势、民族分布等。《昆仑记》《南澳气记》内容过于简略，但在《南澳气记》的记述中证明了“千里石塘，万里长沙”是我国神圣的领土。①

《海国闻见录》的问世为我国人民了解世界各国地理面貌，对东西方思想、经济和文化的交流起到了促进作用，在我国地理学发展史上也起了很大作用。

自鸦片战争以后，我国有关世界地理的著作，如魏源著《海国图志》中之《筹海篇》、蔡方炳著《广治平略》中之《海防篇》等，大都是在《海国闻见录》的基础上撰写的。徐继畬《瀛环志略》中的日本部分就是在《东洋记》的基础上写成的。

《海国闻见录》1828年被德国汉学家克拉普洛特译成法文，在巴黎出版。

周学恭对《海岛逸志》的评价是“足补志乘所未备，与《西域录》互相发明”。著名的中外关系史专家姚楠认为“惟王大海旅居爪哇多年，其记述的全面性、系统性与真实性，相对来说，应该较其他各书更胜一筹”②。

1849年，英国人麦都思将《海岛逸志》译成英文。他认为“本书作

① 陈代光：《陈伦炯与〈海国闻见录〉》，载《地理研究》，1985年第4期。

② 《海岛逸志》周学恭序、校注者序。

者与其多数同胞一样，是一位富有学问和观察力的人”，“书中对于欧洲人的习俗，所作奇特的叙述，也许会使西方读者感到有趣，可以说明中国人对外国的想法”。

张燮的《东西洋考》共12卷，记载了海外诸国主要是东南亚各国的沿革、事迹、形势、物产和交易等情况，特别是西方殖民者掠夺和奴役东南亚人民的历史。这是我国与西方殖民者在海外接触的最早资料之一，是中外关系史的重要资料。

《东西洋考》保存了大量明代后期漳州地区对外贸易和商品经济发展的资料。其中《饷税考》篇中具体记述当时出入漳州月港的船舶、货物的种类以及税务机构、税务标准和督饷职官等。《税珰考》篇中记述了福建税监宦官高寀无恶不作、横征暴敛、鱼肉商民的罪行和福建地方官发起驱高运动并取得胜利的经过，这反映了明代后期东南沿海地区资本主义的萌芽。

《东西洋考》中的《舟师考》对有关航海技术和地理知识，如航程、航路、针路、水深、气象、潮汐等都有详细的记载。这是作者根据沿海舟师们多年航海的实践经验写成的，是我国劳动人民航海经验的总结，对研究航海史、海上交通有重要的参考价值。

《东西洋考》中详细记载了台湾的地理环境、人民生活、经济状况、风俗习惯等，这是关于台湾高山族的较详细的资料。

《东西洋考》的发表，引起了西方学者的注意。1877年，荷兰汉学家W. P. Groenveldt格伦威尔德（1841—1915）发表了他汇编的《根据中文文献考论马来群岛及满剌加》，对《东西洋考》部分内容做了翻译和介绍。

吴朴的《渡海方程》刻印于明嘉靖十六年（1537），是我国第一部刻印的水路簿。它是根据15世纪上半叶多次远航的民间商船水路簿编纂成书的，对当时和后代海上交通起着提供借鉴的作用。记载的范围南由刘家港往西洋直至忽鲁谟斯，北由刘家港直至朵颜三卫鸭绿江尽处。

德化人陈洪照著《吧游纪略》后，乾隆二十五年至二十八年（1760—1763）德化教谕邵武人朱仕玠编修《小琉球漫志》“多宗其说”。从《小琉球漫志》所引数段，可见《吧游纪略》对研究清初南海交通史、华侨史和印度尼西亚史有一定参考价值。

明清时期，闽南人的海外交通著作也存在一些问题：

《东西洋考》的作者张燮从未到过海外，书中的记载因而出现张冠李戴和失实之处。如把渤泥（在今加里曼丹岛北部）误与大泥（今泰国马来半岛中部）北大年一带相混、把大食国资料置于哑齐条中等。

《东西洋考》仅从漳州一地来看海外贸易和海外诸国，不够全面。明代市舶司设于宁波、泉州、广州三地，书中对泉州、广州两地的外贸情况，无一语涉及；马来半岛以西的地方，亦付阙如。且《东西洋考》是在地方官主持下编修的，带有官方的色彩，对当时的官员有溢美之词，又盲目颂扬明王朝的闭塞保守，夜郎自大，对海外一些国家、地区人民的习俗有歪曲和丑化之处。[①]

由于受当时地理知识的限制，《渡海方程》中把从太仓刘家港至朵颜三卫鸭绿江尽处的路程长短，说成与从刘家港至忽鲁谟斯的路程长短一样，同是四万余里。又承袭元朝人的错误说法，称忽鲁谟斯在云南之外。[②]

《海岛逸志》存在的问题，则正如姚楠教授所指出："由于种种主客观原因，书中错误疏漏，甚至牵强附会之处，也屡见不鲜。"

原载《炎黄文化研究》第一辑，大象出版社，2004 年，与李秀梅合作。

① （明）张燮：《东西洋考》，谢方"前言"，中华书局，1981 年。

② 田汝康：《〈渡海方程〉——中国第一本刻印的水路簿》，载《中国帆船贸易与对外关系史论集》，浙江人民出版社，1987 年。

试论宋元时期的祈风与祭海

祈风是宋代市舶司主持的一种典礼，也是市舶司的职责之一。南宋后期两次出知泉州的真德秀在其所撰的《祈风文》中说："惟泉为州，所恃以足公私之用者，蕃舶也。舶之至时与不时者，风也。而能使风之从律而不愆者，神也。是以国有典祀，俾守土之臣，一岁而再祷焉。"① 南安九日山祈风石刻中有"遵令典祈风于昭惠庙""祷回舶南风，遵彝典也""遵故事也""舶司岁两祈风""彝典云乎哉"等语，由此可见，祈风乃是宋代的一种制度。

宋代最高统治者有祈雨、祈晴、祈雪、祈风之举，祈风是地方官吏主持的一种典礼。

勤劳勇敢的中国人民在几千年前已能操舟行驶在大海上。随着海外交通的发达，造船技术也进步，但在茫茫的大海中航行，往往要靠信风，"北风航海南风回"②。由广州出发的船舶"去以十一月、十二月，就北风。来以五月、六月，就南风"③。当时人们对天时的变化不能完全掌握，于是把希望寄托于神灵的保佑。祈风的目的是为了祈求顺风，求得旅途平安。祈风由市舶司主持，反映了宋朝政府对海外贸易的重视。

林之奇于绍兴年间任泉州市舶使，在他的《拙斋文集》中有《祈风文》《祈风舶司祭文》等记载祈风的文章。④ 李邴的《水陆堂记》详细地

① （宋）真德秀：《西山先生真文忠公文集》卷5。
② （宋）王十朋：《提舶生日》，见《宋王忠文公文集》卷31。
③ （宋）朱彧：《萍洲可谈》卷3。
④ （宋）林之奇：《拙斋文集》卷19。

记载南安九日山祈风的盛况。真德秀的《祈风文》、王十朋的《提举延福祈风道中有作次韵》《提舶生日》等诗，赵汝适的《诸蕃志》，朱彧的《萍洲可谈》等是研究宋代祈风的珍贵资料。

一、宋代祈风的类型与地点

祈风有不同类型，主要有由市舶司主持的祈风典礼、外国伊斯兰教徒的祈风、民间商人的祈风和战争祈风四种类型。现简述如此。

（一）市舶司主持的祈风

宋代的广州和泉州是我国对外贸易的主要港口，广州和泉州均有市舶司主持祈风的记载。

广州市舶司祈风的记载不但没有像泉州市舶司在南安九日山留有祈风石刻，也不见有类似林之奇、真德秀的《祈风文》，仅在《萍洲可谈》中有记载，兹录于下：

> 舶船去以十一月、十二月，就北风，来以五月、六月，就南风。……海中不唯使顺风，开岸就岸风皆可使，唯风逆则倒退尔，谓之使三面风。逆风尚可用矴石，不行。广帅以五月祈风于丰隆神。①

可见广州官方祈风是五月，其海神是丰隆神，是由兼任广州市舶司的长官挂帅主持的。

泉州祈风有较多的记载，林之奇、真德秀、王十朋、李邴等均有诗文记载泉州祈风。泉州市舶司祈风地点在南安九日山延福寺通远王祠并留有祈风石刻，现尚留存十段。

① （宋）朱彧：《萍洲可谈》卷2。

其他港口均不见有关官方祈风的记载。

（二）外国伊斯兰教徒的祈风

广州是唐宋时期重要的贸易港口，许多外国人留居广州，他们把所在国的宗教信仰和风俗习惯也带来我国。广州就有外国伊斯兰教徒祈风的记载。

广州的怀圣寺是伊斯兰教建筑，它建于唐代。宋代外国伊斯兰教徒就在怀圣寺祈风。

据南宋方信孺云："蕃塔始于唐时，曰怀圣寺塔，轮囷直上，凡六百十五丈，绝无等级，其颖标一金鸡，随风南北。每岁五六月，夷人率以五鼓登其绝顶，叫佛号，以祈风信，下有礼拜堂。"① 岳珂的《桯史》亦云："岁四五月，舶将来，群獠入于塔，出于窦，啁哳号呼，以祈南风，亦辄有验。"② 可见怀圣寺香塔是外国伊斯兰教徒祈风的地方。

其他港口尚不见有外国人举行祈风的记载。

（三）民间商人的祈风

古代航海主要依靠信风，航海者远涉重洋，他们希望求得顺风，航海平安。他们在沿海许多地方举行祈风，这是民间自发的祈风。宋代民间举行祈风的地方主要有：

琼州贞利侯庙。据《诸蕃志》记："昌化在黎母山之西北，即古儋州也。…… 城西五十余里，一石峰在海洲巨浸之间，形类狮子，俗呼狮子神，实贞利侯庙，商舶祈风于是。"③

万安军在黎母山之东南，城东有舶主都纲庙"人敬信，祷卜立应，舶舟

---

① （宋）方信孺：《南海百咏 · 咏番塔》，转引自陈高华、吴泰：《宋元时期的海外贸易》，天津人民出版社，1981 年。

② （宋）岳珂：《桯史》卷 11，《番禺海獠》。

③ （宋）赵汝适：《诸蕃志》卷下。

往来，祭而后行"。[①] 明洪武三年，同知乌肃以能御灾捍患，请敕封为新泽海港之神。祀忌豕肉，往来船只，必祀之，名曰番神庙。[②]

莆田祥应庙，五代时已有祠宇。宋大观元年部使者始列神之功状于朝，次年赐号曰祥应。宣和四年封显惠侯。"泉州纲首朱舫，舟往三佛齐国，亦请神之香火虔奉之。舟行迅速，无有艰阻，往返曾不期年，获利百倍。前后有贾于外番者，未尝有是，咸皆归德于神，自是商人远行，莫不来祷。"[③]

惠安大蚶庙：据云昔海涛汹涌，有物轮囷高大如屋，乘潮而至，乡人忌之，为立庙。海商祈风亦能分帆南北。[④] 其祈风始于何时不得而知。

莆田崎头乡罗仙庙：罗仙庙建于宋初。据云"莆崎头乡海中漂巨木数百根，尽题罗字号，乡民获之，斧削，字愈见，相顾惊异。数日，见一峩冠黄袍，屹立山下，呼众告之白：'我罗仙子也，行来居此。'言毕不见，于是乡为建庙。海商祈风，分帆南北。"[⑤] 罗仙庙既建于宋，其祈风可能亦自宋始。

金门太武岩：据载太武岩寺在太武山，祀通远仙翁，宋咸淳间建。……旧志《通远仙翁传》："通远仙翁，宋时人，其先永春乐山隐士，后仙去，人称白须公。初封通远王，嘉祐间以祷雨有验，加封善利王，寻加广福、显济，咸淳中降真浯洲海印岩，辄著灵响，岛居者始作祠祀之。祠西有倒影塔，夜每放火，舟人遥望，以为指迷海道，祈风祷雨悉奇应。"[⑥]

（四）战争祈风

祈风不仅祈求商旅平安，而且用于战争，祈求顺风，以求胜利。

---

① （宋）赵汝适：《诸蕃志》卷下。

② 《古今图书集成·职方典》卷1380；引《琼州府志》，转引自方豪：《宋泉州等地之祈风》，载《文史哲》，1951年2期，台北版。

③ （民国）《福建通志》卷9，《金石志·石八》。

④ 嘉靖《惠安县志》卷10，《典祀》。

⑤ 《闽书抄》，《方外志》。

⑥ 《金门县志》卷3，《名胜》。

绍兴三十一年冬，“浙西马步军副总管李宝与金舟师遇于密州胶西县陈家岛，大败之。…… 金舟泊唐家岛，宝舟泊石臼山，相距三十余里而北风日起，宝忧之。…… 宝伺金未觉，遣（曹）洋与裨将黄端祷于石臼神祈风助顺，夜漏将尽起碇，南风渐应，众喜，争奋。俄顷，簿敌船，鼓声震叠，金人失措。金帆皆以油缬为之，舒张如锦绣，绵亘数里，忽为波涛卷聚一隅，窘蹙无复行次。船中有火起者，宝命以火箭射之，着其油帆，烟焰随发，延烧数百艘”①。他们认为这次战争的胜利是“神（东海之神）之助顺，为有功矣。”②

二、从南安九日山祈风石刻研究宋代的祈风制度

南安九日山祈风石刻为我们研究宋代祈风制度提供了珍贵的资料。下面就宋代祈风的日期、地点、参加的官员、仪式等问题分述如下。

（一）宋代祈风的日期

宋代祈风的日期为每年夏冬两次。夏季祈风泉州通常为四月，广州为五、六月。夏季刮南风，商舶从南蕃回航，此风吴人叫舶趠风。据说这是海外船舶祇于神而得之，乘此风到江浙间也。苏东坡吴中诗有“三旬已过黄梅雨，万里初来舶趠风。”③ 冬季刮北风，商舶顺风南下，祈风时间为十月，十一月或十二月。

一年两次祈风见之于林枅祈风石刻。石刻云“舶司岁两祈风于通远王庙”，时间为夏四月和冬十月。

据宋人林之奇说，“夫祭有祈焉、有报焉。祈也者，所以先神而致其祷报也者，所以后神而答其赐。祈不可以为报，而报不可以为祈，自古然也。而舶事之岁举，事祀典于神则异乎，是于夏之祈，有冬之报。于冬之祈，有

① （清）毕沅：《续资治通鉴》卷135。
② （元）脱脱等：《宋史》卷102，《礼志五》。
③ （宋）陈岩肖：《庚溪诗话》卷下，见《百川学海》2册。

夏之报。”[①] 一年两次祈风如其所述为夏祈冬报，冬祈夏报。祈，用酒、脯醢，报如常祀。[②]

南安九日山现存宋祈风石刻十方，是泉州市舶司官员举行祈风典礼后留下的文字记载。其中记载夏四月祈风者四次：颜颐仲等祈风石刻为淳祐癸卯（1243）孟夏乙丑；章梀等祈风石刻为嘉定癸未（1223）孟夏二十六日；方澄孙等祈风石刻为宝祐戊午（1258）四月戊申；加上淳熙十五年林枅祈风石刻共四次，均为夏四月。

冬季祈风者七次：虞仲房等祈风石刻为淳熙元年（1174）季冬甲午；司马伋等祈风石刻为淳熙十年（1183）闰月（十一月）；倪思等祈风石刻为嘉泰辛酉（1201）十一月；赵师耕祈风石刻为淳祐丁未（1247）仲冬；谢埴等祈风石刻为宝祐丁巳（1257）仲冬；赵希怿等祈风石刻云“霜日熙明”，时间当系冬季；加上林枅祈风石刻共七次。冬季祈风时间为十月、十一月或十二月。

南安九日山现存最早的祈风石刻是南宋孝宗淳熙元年虞仲房祈风石刻。至于市舶司举行祈风的下限，九日山祈风石刻中的咸淳二年赵希怿祈风石刻是目前所知有纪年的最后一次。此时距南宋之灭亡仅十几年。

（二）南安九日山祈风的地点

关于南安九日山祈风的地点，或笼统称祈风于“此山”（赵希怿石刻），“延福寺”（方澄孙石刻）；或云祈风于“延福寺通远祠下”（虞仲房石刻），“延福寺通远善利广福祠下”（司马伋石刻），“昭惠庙”（倪思石刻、谢埴石刻），“昭惠祠”（章梀石刻）。总之，祈风地点为九日山延福寺之通远善利广福祠。

关于海神通远王，《闽书抄》云：神永春乐山隐士也。居台峰，后仙去，著灵响，人祠之，呼翁爹。唐咸通中，山僧欲建寺，求材乐山，遇一

---

① （宋）林之奇：《祈风舶司祭文》，见《拙斋文集》卷19。

② 《宋史》102，《礼志五》。

翁白须指其处，得杞、楠，梦许护送。一夕材乘涨下，众神之，作灵岳祠名殿神运。宋封神通远王，赐额昭惠。嘉祐中泉大旱，守蔡忠惠祷雨辄应，奏加封善利王，寻加号广福、显济。① 故石刻中有通远祠、昭惠庙、通远善利广福祠之称。

（三）参加祈风典礼的官员

祈风是由宋代市舶司主持的，参加祈风典礼的官员有地方长官和市舶司的官员。

参加祈风典礼的市舶司官员，据石刻中记载有：提舶、提舶寺丞、舶幙、权舶干、监舶、提举缣事等。

参加祈风典礼的地方军政官员有：郡守、典宗、宗正、统军、总管、别驾、左翼权军、邑令尹等。

祈风是市舶司为蕃舶求顺风而举行的典礼。蕃舶应包括外国人运载货物来中国贸易的船只和中国航行于海外诸国的商船。既然祈风是为他们祈求顺风而举行的典礼，中国商人和外国商人当然要参加这一典礼。

但是现存九日山祈风石刻中不见有中国商人和外国商人的名字，这可能与中国传统的轻商思想有关。中国的官员不齿与商人为伍，故不列中外商人之名。

（四）祈风的仪式

南安九日山祈风时“车马之迹盈其庭，水陆之物充其俎，成物命不知其几百数焉”②。祈风之盛况可见一斑。

祈风的仪式，虽无明文，但《宋史·礼志》云：“州县祭社稷，奠文宣王，祀风雨，并如小祀。”③ 小祀的仪式如酺神之祀，“若外州者即略依荣

① 《闽书抄》，《方外志》。

② （宋）李邴：《水陆堂记》，见《泉州府志》卷7，《山川》。

③ 《宋史》卷98，《礼志一》。

礼。其仪注，先择便方除地，设劳缵为位。营缵谓立表施绳以代坛。其致斋、行礼、器物，并如小祀。先祭一日致斋，祭日设神坐内向，用尊及笾一、豆一，实以酒醢，设于神坐左。又设罍洗及篚于酒尊之左，俱内向。执事者位于其后，皆以近神为上。蔫神用白币一丈八尺在篚。将祭，赞祀官拜，就盥洗讫，进至神坐前，上香，奠币。退诣罍盥洗，实以酒，再诣神坐前奠爵，读祝，再拜，退而瘗币”①。祈风典礼的仪式大概与此差不多。其祝文如林之奇的《祈风文》曰：

象齿南龟，远出岛舶。以舟为趾，重译罔隔。沙阜石幢，涩如芒刃。以风为翼，万里一瞬。勃勃蓬蓬，怒号瀛海。以海为墟，立谈而改。羽盖云车，邈然浩荡。以礼为介，厥应如响。惟风必期，岁有常信。今虽袭礼，匪常之徇。吏之守职，两年为期。官满则去，位难出思。神所庙食，与天地通。民享利泽，厥望不穷。某也终更，行且还里。席神芘庥，日既久矣。神之歆否？愿以风卜。商舶之衍，亦某之福。桂酒椒浆，为舶预请，指望飚南，留神引领。②

真德秀的《祈风祝文》云，“引领南望，日需其至，以宽倒垂之急者，唯此而已。神其彰厥灵，俾波涛晏清，舳舻安行，顺风扬帆，一日千里，毕至而无梗焉。”《祈风文》大体都是祈求海神保护，船舶顺风。

祈风典礼结束之后“散胙饮福，觞豆杂进，喧呼狼藉”。虽然有绍兴四年僧慧邃禅师作水陆堂于延福寺之左“自是凡祈谢于此者，其牲饔牢饱鱻蒿之费，易之为‘水陆会’，救物命，岁不知几千万”③。但事实上祈风典礼后之“饮福”并没有因慧邃禅师设“水陆”会而废止。淳祐三年颜颐仲祈风石刻就有“礼成饮福”的记载。

这些官僚们在酒足饭饱之后，就游览名胜，或游憩于怀古堂，谒姜公

① 《宋史》卷103，《礼志六》。

② （宋）林之奇：《祈风舶司祭文》，见《拙斋文集》卷19。

③ （宋）李邴：《水陆堂记》，见《泉州府志》卷7，《山川》。

墓，游莲花峰；或登山瞻石佛，访隐君亭；或待潮泛舟而归。

市舶司的职责是“引贾胡之往还，斡泉货之低昂”①，主持祈风典礼，犒设蕃商，“岁十月提举司大（犒）设蕃商而遣之，其来也当夏至之后，提举司征其商而复护焉”②。每年十月犒设蕃商筵宴经费“依例破官钱二百贯文”，这正是“下碇有税，而阅货有燕”③，以示朝廷招徕远人之意。

三、祈风与祭海

祈风与祭海都是为了祈求航海平安，宋代祈风、祭海同时举行，如泉州市舶司在九日山主持祈风典礼，而郡守到真武庙祭海神。《泉州府志》载：真武庙“在府治东南石头山上，宋时建，为郡守望祭海神之所”④。庆元二年又建顺济宫于“笋江巽水二流之汇，蕃舶客航聚集之地”⑤，当系蕃舶客航奉为海神天妃而建。

天妃姓林，名默娘，莆田湄洲屿人，生于北宋建隆元年，据云雍熙四年升化。最早立祠的是她的故乡莆田湄洲圣墩，时间是北宋天圣年间，这与元朝人黄仲元所云，圣墩庙距大德年间重修时“几三百祀”⑥ 正合。庆元二年在当时对外贸易港口泉州建立天妃宫，淳熙五年仙游枫亭建天妃庙。南宋时在杭州市舶司侧建顺济圣妃庙，是知南宋时已封为妃。“其妃之灵著多于海洋之中，佑护船舶，其功甚大，民之疾苦，悉赖帡幪”⑦，可见南宋时杭州市舶司已奉顺济圣妃为海神。

宣和四年给事中路允迪使高丽，舟危神护以归，请于朝赐庙额“顺济”。绍兴二十五年封崇福夫人，绍熙元年以救旱大功褒封灵惠妃。⑧

宋时由于天妃始兴，故海神通远王不受其影响。宋代对天妃不断赐封

① （宋）林之奇：《到任谢宰执》，见《拙斋文集》卷11。
② （宋）周去非：《岭外代答》卷3，《航海外夷》。
③ （宋）林之奇：《到任谢宰执启》，见《拙斋文集》卷11。
④ 乾隆：《泉州府志》卷16，《坛庙寺观》。
⑤ 乾隆：《泉州府志》卷16，《坛庙寺观》；引隆庆《泉州府志》。
⑥ （元）黄仲元：《圣墩顺济庙新建蕃釐殿记》，见黄仲元《四如先生文集》卷1。
⑦ （宋）吴自牧：《梦粱录》卷14，《外郡行祠》。
⑧ （清）林清标：《敕封天后志》卷上，《褒封》。

号，其影响不断扩大，敬者日增，后遂凌驾一切海神之上。

元代市舶司已不再举行祈风，只有祭海。不断给女神加封，至元五年八月，封泉州神女号护国明著灵惠协正善庆显济天妃①，这是封天妃之始。至治元年五日“海漕粮至直沽，遣使祀海神天妃”②。此后又有几次加封号和遣使祀海神天妃。

元朝规定，凡名山大川，忠臣义士在祀典者，所在有司主之。对海神天妃祭祀的礼仪有明文规定：“皇庆以来，岁遣使赍香遍祭，金幡一合，银一锭，付平江官漕司及本府官，用柔毛酒醴，便服行事。祝文曰：‘维年月日，皇帝特遣某官等，致祭于护国庇民广济福惠明著天妃。’”③ 可见元朝统治者对天妃特别崇敬。

元之后对天妃的信仰遍及中国沿海各地，沿海各县都有天妃庙。随着华侨的南进，海神天妃的信仰也带到南洋群岛。正如《闽中金石略》所云：“今则大舳小舸，群奉天后，涛山浪屋之中，声响昭灼，立专祠，锡徽称，问所为昭惠祠者，盖不能举其名矣。”④

祈风与祭海是两种不同形式的典礼。如前所述祈风是有宋一代，市舶司为蕃舶祈求顺风举行的一种典礼。而对海神的祭祀是“自三代圣王莫不祀事”⑤。

祈风的动机是祈求船舶在海上安全航行，而祭海除祈求海神保护航海安全之外，也有其他动机，如天禧元年三月“以不雨，祷于四海”⑥；熙宁九年春正月“遣使祭南岳，告以南伐”⑦；元至治元年五月海漕粮至直沽，遣使祭海神天妃。

祈风是由市舶司官员和地方官吏主持的典礼，尚不见朝廷派专使，而祭海有时由朝廷派专使。

---

① 《元史》卷10，《世祖本纪》。

② 《元史》卷27，《英宗本纪》。

③ 《元史》卷76，《祭祀五·名山大川忠臣义士之祠》。

④ （清）陈棨仁：《闽中金石略》卷4。

⑤ （唐）韩愈：《祭南海神庙碑》，见《昌黎集》卷31。

⑥ 《宋史》卷8，《真宗本纪》。

⑦ 《宋史》卷15，《神宗本纪》。

宋代的祈风，泉州市舶司是祭海神通远王，广州是祭海神丰隆神。祭海是祭四海之神，宋元之后祭海神天妃。

祈风、祭海都带有迷信色彩，但这反映了封建统治阶级对发展海外贸易的重视和外商来华贸易的关怀，客观上对发展海外贸易起了促进作用，这也是中外人民友好往来的反映。

原载《海交史研究》，1983 年总第 5 期。

略论舶（舟）人的宗教活动

舶人即舶上诸人，《入唐求法巡礼行记》云：“不久之会，雷电斗鸣，闻之耳塞，电光之辉，不堪瞻视，大雨似流，惊怕牵难，舶上诸人不能出入。”① 舟人即舟中之人，《宣和奉使高丽图经》载：“惟见远波起伏，喷豗汹涌，舟楫振撼。舟中之人，吐眩颠仆，不能自持，十八九矣。”② 舶人又指水手船工，《岛夷志略》云：“回船之际，至吉利门，舶人须驾箭棚，张布幕，利器械以防之。”③ 舟人亦指水手船工，《齐东野语》：“余生长泽国，每闻舟子呼造帆曰欢……陆放翁入蜀，闻舟人祠神。”④ 舶人指商人，巴南巴西“地产细绵布，舶人以锡易之。”又“每岁与打网国相通，贸易通舶人。”⑤ 舟人指商人，《石林燕语》云：“熙宁二年，朝廷始命两浙、福建等路转运司招接高丽入贡，时舟人傅旋至彼国，述朝廷之意。”⑥ 他们奉请神灵上船供奉，在船上及沿途进行祭祀活动，平安到达目的地要答谢神灵。

一、船上的宗教活动

舶人在船上的宗教活动有请船神上船，放小舟、彩船以禳人船之灾。

---

①（唐）圆仁：《入唐求法巡礼行记》卷2，上海古籍出版社，1986年，第60页。

②（宋）徐兢：《宣和奉使高丽图经》卷34，《海道一·蓬莱山》。

③（元）汪大渊原著，苏继庼校释：《岛夷志略校释》，中华书局，1981年，第214页。

④（宋）周密：《齐东野语》卷20。

⑤（元）汪大渊著，苏继庼校释：《岛夷志略校释》，第335、146页。

⑥（宋）庞元英：《文昌杂录》卷5。

当船遇险时，举行宗教仪式，祈求神灵保佑。

（一）船神保护航海平安

船在江河湖海航行，为保证船安全航行，舶人信奉船神。

船神，据唐朝段公路《北户录·鸡骨卜》云："船神呼为孟公、孟姥，其来尚矣。"宋朝袁文《瓮牖闲评》称：《北户录》载段公路云"南方除夜将发船，皆杀鸡，择骨为卜占吉凶，以肉祀船神，呼为孟翁、孟姥。"梁简文《船神记》说："船神冯耳。"《五行书》也说："下船下拜，三呼其名，除百忌，又呼孟公、孟姥。"《骈雅·释天》："孟公，船神也。"据上说，船神有三：一名冯耳；一名孟公孟姥；一名玄冥。冯耳疑为冯夷之误。"冯夷得之，以游大川。"刘思真云，"玄冥为水官，死为水死。冥、孟声相似，或云冥父冥姥，因玄冥也。"①

妈祖是航海保护神，舶人虔诚信奉。早在南宋时，船上就开始供奉妈祖。开禧元年（1205），朝廷征调福建长乐、福清、闽县等地船只抗击金兵。船上供奉妈祖香火，从东南沿海入长江，战金兵于花靥镇，再战紫金山，三战解合肥之围，"神以身现云中，着旗帜，军士勇张，凯奏以还"②。

奉请妈祖上船仪式相当隆重，船舶启航之前，"海员们从船上的神龛取出海上女神'妈祖'的塑像列队携到寺庙并献上祭品，以祈求航行得以一路平安。这种对寺庙的礼拜经常伴随戏剧的演出，而全体海员共享已经作为祭品之用的酒以及盘碟上的肉、鱼、菜。事毕，这尊塑像携回船上，在一阵紧锣和炽烈的鞭炮声中，锚被拉起，帆篷被扯起，接着这艘超载的船只徐徐驶出海洋"③。

船上供奉妈祖的位置，在后梢的舵楼内，设娘娘神龛，龛前放香炉和

---

① （清）姚福均：《铸鼎余闻》卷4，《船神》，转引自宗力、刘群：《中国民间诸神》，河北人民出版社，1987年，第672页。

② （宋）丁伯桂：《咸淳临安志》卷73，《顺济天妃庙记》。

③ ［荷］伦纳德·包乐史著：《荷兰东印度公司时期中国对巴达维亚的贸易》，温广益译，载《泉州文史》第8期。

海针（针路簿）。神龛两侧贴红纸对联“子午分南北，卯酉定东西，”横批为“显灵佑民”①。敕封琉球使坐的封舟，“舟后作黄屋二层，上安诏敕，尊君命也，中供天妃，顺民心也”②。供船神的船舱，闽广人称“官厅”，舟山、宁波人称“圣堂舱”。小钓船在睡舱中设神龛，呼“阿量格”。神龛内有一木刻的船关菩萨，旁站顺风耳、千里眼。龛上方的雕柱刻祥云瑞色，富贵牡丹等吉祥图案，龛前放一只香炉。③

张燮《东西洋考》说：协天大帝（关羽）、天妃、舟神，“凡舶中来往，俱昼夜香火不绝。特命一人为司香，不他事事。舶主每晓起，率众顶礼。每舶中有惊险，则神必现灵以警众，火光一点，飞出舶上，众悉叩头，至火光更飞入幕乃止。是日善防之，然毕竟有一事为验。或舟将不免，则火光飏去不肯归”④。《顺风相送》“谨请娘妈歌”云：

谨　请

五更起来鸡报晓，请卜娘妈来梳妆。
梳了真粧缚了髻，梳了倒鬓成琉璃。
身穿罗裙十八幅，幅幅裥裥香麝香。
举起凉伞盖娘妈，娘妈骑马出游香。
东去行香香人请，北去行香人来迎。
去时金钗插鬓边，到来银花插殿前。
愿降临来真显赫，弟子一心专拜请。
湄洲娘妈降来临，急急如律令。⑤

泉州沿海有一昼夜祭海神仪式，以请妈祖庇佑出海平安，道士要写“妈祖表式”：

① 刘兆元：《海州湾船俗》，载叶大兵编：《中国渔岛民俗》，温州市民俗文化研究所编印，1993年7月，第234页。

② （明）陈侃：《使琉球记》。

③ 叶丽娅：《渔船装饰民俗浅谈》，载叶大兵编：《中国渔岛民俗》，第59页。

④ （明）张燮：《东西洋考》卷9，《舟师考·祭祀》。

⑤ 向达校注：《两种海道针经》，中华书局，1961年，第47页。

职位　姓名　诚惶诚恐，稽首顿首百拜。

上言：伏以莆田土主，湄洲显迹，膺九重之诏命，誓以庇民，有祷皆通，无求不应。臣今奏为福建至平安事，臣 谨具表文一通，俯拜恭维敕封护国庇民妙灵昭应弘仁普济天后圣母娘娘圣前，威容显赫，灵应昭彰。舟楫有难，或现光火于牙樯；或乘香气于流中，能转风息浪于顷刻之际。惟我天地诚能褒奖，保护舟船平稳，俾官民以同安、使帆风快便、舟车顺行，凡在海洋之中，永赖扶持之力。谨具表进奉谢以闻。臣诚惶诚恐，稽首顿首，再拜谨言。

天运　年　月　日　职位　再拜上表

表叹

伏以大道无私，善以光中影，真仙非远，应如谷里之声。臣等向来念行道礼，朝真怀念功德，皈依流至平安事。伏愿三界临轩，诸天降驾，纳兹昭答之功，巧锡安居之庆。船户叶吉、眷属均安，出入平安。供蒙吉利为上，良因志心称念大慈大悲　紫清降福天尊　福先无量天尊　长生保命天尊　大道不可思议功德。①

妈祖是航海者乞求保护的神灵，古代造船时，首先造船模送到妈祖庙，通过筊杯征询妈祖的意愿，如果妈祖同意，就将船模留在妈祖庙里，然后动工造船，这样造出来的船就能得到妈祖的保佑。如果在海上遇到危险，请求妈祖保护，化险为夷，要按照被保护船的模型，制作船模，供奉在附近的妈祖庙，希望继续得到妈祖的保护。我国许多妈祖庙供奉船模，如山东长岛县庙岛天后宫、威海天后宫、石岛天后宫、辽宁东沟县大孤山天后宫、庄河县天后宫、天津天后宫、泉州天后宫、香港白堂天后宫、澳门妈祖阁、台湾台南鹿耳门圣母庙等。

航海者和商旅奉祀船神，也杂祀水神、地方神，《顺风相送》中《地

① 林胜利：《泉州水神祭祀中的道教形式》，载《泉州道教文化》创刊号（1993年），第7-8页。

罗经下针神文》呼请的神灵有：指南祖师、轩辕黄帝、周公圣人、阴阳仙师、青鸦仙师、鬼谷子、孙膑、袁天罡仙师、杨救贫、王子乔、李淳风、陈抟、郭朴仙师、历代过洋知山知沙知浅知深知屿知礁精通海道寻山认澳望斗牵星古往今来前传后教流派祖师、罗经二十四位向尊神大将军、定针童子、转针童郎、神针大将、夹石大神、下针力士、走针神兵、水盏神者、换水神君、罗经坐向守护尊神、鲁班大师、天妃、茅竹篊仙师、杨奋将军、最旧舍人、白水都公、林使总管、千里眼顺风耳部下神兵、山神、土地、里社正神、今日下降天神、纠察使者、虚空过往神仙、当年太岁尊神、地方守土之神等。[①]

航海者奉请船上的神祇有妈祖、关帝、观音、玄天上帝、三官大帝、水仙、拏公、尚书、鲁班、柔懿夫人、顺正王、萧太傅、普庵祖师、周宣王、杨令公、老仙人、圣姑娘娘、台湾倪神、住吉大神、霹雳神、莆田祥应庙之神等。

闽广海船主要供奉妈祖，“船型较大的则另加关云长、杨令公、观世音、顺风娘娘以及鲁班。偶像为木雕，或漆绘甲青冠带，或者绣衣锦袍”[②]。船神“有男的，如鲁班，因他是造船的祖师爷。有关羽，因他刚毅勇猛，受到渔夫尊敬，也有杨甫老大，是个捕鱼能手。有女的，如妈祖、观音，还有寇承御”[③]。

清同治五年（1866），赵新为册封琉球正使，册封尚泰王，在《灵迹》中云，迎请天后、尚书、拏公各神像在封舟保护诏敕。遇暴雨，臣等谨焚香默祷天后、尚书、拏公，并本船所供奉苏臣各神前。

尚书即陈文龙，福建兴化人。宋咸淳五年（1269）廷试第一，官参知政事，知兴化军，为贼所执，不屈而死。明永乐中以救护海船封为水部尚书。拏公即拿公，姓卜名偃，邵武拿口人。唐末书生，因晨起见二鬼投蛇蝎于井，因阻止汲者，自饮井水以救一乡，因成神。苏臣，姓苏名碧云，

① 向达校注：《两种海道针经》，第23页。

② 张一芳：《神话传说与船的信仰和禁忌》，载叶大兵编：《中国渔岛民俗》，温州市民俗文化研究所编印，1993年7月，第184页。

③ 金涛：《东亚海神信仰考述》，载《民间文学论坛》，1997年第3期。

福建同安人，生于明天启年间，读书乐道，不求仕进。晚岁移居海岛，洞悉海道，海舶蒙指引平安。殁后，于海面屡著灵异，兵商各船，均祀香火。

泉州海船供奉的船神，除妈祖、通远王外，还有顺正王、关帝、晏公、玄天上帝、萧太傅、普庵祖师、倪神、柔懿夫人等。

顺正王，姓黄（一作王），名志，广东潮阳人。宋嘉定十三年（1220）显化于青阳山石鼓庙，里人建庙奉祀。明永乐中，里人有从郑和下西洋者，奉香火以行，舟次恍惚，见其灵助，和还朝奏闻，敕封顺正王。[①] 关公为海上保护神，明万历年间，泉州陈姓船主到东山关帝庙进香，恭请关帝像、香火到船上奉祀。后来，他将船上奉祀的关帝像送到台湾凤山，兴建文衡殿，成为台湾南部较早的关帝庙。[②] 晏公，名戌子，宋末江西临江府清江镇（也称樟树镇）人，是位善良的水神，保护江河航行平安，凡遇风波汹涛，商贾叩投即见，舟船稳载，绳缆坚牢，风恬浪静。玄天上帝，“相传海中舟楫颠危时，向北呼之，则有光如炬，船藉以安”[③]。晋江深沪船民修造船时，恭请玄天上帝至船厂，出海时把玄天上帝请到船上，保护航海平安。泉港萧厝出海的船只挂萧太傅令旗，能保护海上航行平安。[④] 普庵祖师，名印肃，宋袁州宜春人，“相传江海船舶供奉普庵可免灾厄”[⑤]。倪神，轶其名，生长海滨，熟识海道，为海舶总管，殁而为神，舟人咸敬祀之。[⑥] 柔懿夫人为开漳圣王陈元光的第三女怀玉，在战斗中壮烈牺牲，封为柔懿夫人。明永历十五年（1661），郑成功率军挺进台湾，驱逐荷夷，东山县铜钵村的年轻人随军作战，行前恭请柔懿夫人神像到战船上，祈求保佑，凯旋时，毕恭毕敬把神像送回原庙。[⑦]

有的泉商请外地神祇为船神，宋泉州纲首朱纺，舟往三佛齐国，请莆

---

① 乾隆《泉州府志》卷 65，《方外》。

② 孙英龙：《台湾关帝文化发祥地——东山关帝庙》，载台湾省各姓渊源研究学会编《台湾源流》，1997 年第 6 期。

③ 嘉庆《同安县志》，《坛庙》。

④ 萧德清：《萧厝人敬奉萧太傅》，载《泉州道教文化》第 8、9 期，第 89 页。

⑤ 吴永猛：《澎湖宫庙小法普唵祖师之探源》，载（台湾）《慧炬》第 354 期，第 23 页。

⑥ 连横：《台湾通史》下册，商务印书馆，1983 年，第 414 页。

⑦ 李天寿：《东山岛妈祖庙的“大妈”“二妈”》，载《莆田乡讯》，1995 年 4 月 18 日。

田祥应庙“神之香火虔奉之。舟行神速，无有艰阻，往返不期年，获利百倍。前后有贾于外番者，未尝有是，咸皆归德于神。自是，商人远行，莫不来祷”①。

浙江舟山地区，每艘渔船上都有间供奉船关菩萨的“圣堂舱”。在大对，背对船一般供男菩萨，在全塘，溜网船和构构船供女菩萨。传说男菩萨为关云长，故称“船关老爷”；女菩萨为宋朝寇承女，故名“圣姑娘娘”。在船关老爷两侧供千里眼和顺风耳。杭州地区，渔船供奉周宣王像，司航行。黄海渔民船供奉老仙人，由火头端饭伺候。②

有的船民视山川为船神，“在船诸人，各披发蹲舷，以空手作拨棹势，假口为钲鼓声，如五日竞渡状，即樯倾柁折，亦可破浪穿风，疾飞抵岸”③。

唐朝，山东半岛的船神有住吉大神和霹雳神。日本僧人圆仁乘坐的船在登州海上遇到风浪，“祀祠船上霹雳神，又祭船上住吉大明神，又为本国八幡等大神及海龙王，并登州诸山岛神等，各发誓愿。雷鸣渐止，风起东西，下碇系居”④。

世界各民族信奉各自的海神和船神：

希腊海神波赛冬，希腊神话说他是宙斯的兄弟，与宙斯一同推翻他们的父亲克洛诺斯，两人平分宇宙，由波赛冬掌管海洋。

欧洲信奉海神圣母玛利亚，启航前在船上向玛利亚祷告。如18世纪中叶，一个税吏在法国船上向玛利亚祷告：

> 伟大的神啊……你们是天与地，风与海的主宰。命令你们的所造之物善待我们吧！你们使诺亚在洪水到来时免受损害……你们让圣徒彼得在海上行走没有下沉；你们还使圣徒保罗在三次沉船事件中保住性命。在风暴来临时拯救我们吧！……圣母玛利

① 蒋维锬：《莆田〈祥应庙记〉碑述略》，载《海交史研究》，1994年第1期。

② 李露露：《妈祖信仰》，学苑出版社，1994年，第55、57页。

③ （清）范咸：《重修台湾府志》卷19，《杂记·寺庙》。

④ （唐）圆仁：《入唐求法巡礼行记》卷2，第61-62页。

亚！海洋之星（Stella Maris）！……我们发誓，每天都呼求你们。被上帝赐予力量的天使，住在天堂的神灵，指引我们的船舶和生命吧！……防止我们被攻击；赐给我们风和日丽的好天气，免得狂风暴雨使你们发怒。①

印度海神双马童，婆罗门教、印度教神名，能使沉船获救。

伊斯兰信徒在海上航行时祈祷真主保佑，或向阿布·伊斯哈格道堂进供。

泉州通淮街清净寺石砌墙上刻有阿拉伯文《古兰经》第31节经文“难道你不知道吗？船舶在海中带着真主的恩惠而航行。”第32节经文“当山岳般的波涛笼罩他们的时候，他们虔诚地祈祷真主。”说明元代或元代以前，祈祷真主护佑航海者的仪式在泉州清净寺举行。②《伊本白图泰游记》记载：他们在海上遇到危险时，“我们向安拉祈祷”，“不久安拉赐以顺风”。有的穆斯林在谢赫阿布·伊斯哈格墓前“他们诵读《古兰经》和赞词，并为来客在谢赫阿布·伊斯哈格的墓前祈祷，只要安拉允诺，就会如愿以偿”③。

日本庵美、冲绳和南方诸岛普遍信仰的航海保护神是姐妹神。姐妹神形成于远古时期，源于母系氏族社会。

日本的船神许多地方都是有神体，造船者在船下水前将其放入桅杆筒内，叫“请神入船”或“移入神性”等。船神的神体是妇女的头发（尤其船主妻子为佳），一对男女偶像，十二文钱或两个色子。明代以后，冲绳一带开始供奉妈祖神像，妈祖成了日本人的船神娘娘。朝鲜的船神娘娘，俗称船城隍、船成主或船城主等。朝鲜的船神也有神体，即把女性用品，如表示衣物的布片、偶人、古钱等，放入桅杆穴内。每当渔船出海，

① ［德］普塔克：《海神妈祖与圣母玛利亚之比较》，载李庆新主编《海洋史研究》（第四期），社会科学文献出版社，2012年，第265-266页。

② 陈达生：《宋元时期泉州穆斯林祈风祭海之踪迹》，载《海交史研究》，1986年第1期。

③ ［摩］伊本白图泰著，马金鹏译：《伊本白图泰游记》，宁夏人民出版社，1985年，第565、172页。

渔民就向船城隍祈祷，预祝渔船平安。①

（二）放彩船

古代航海者为禳人船之灾，有放小舟、彩船之举。徐兢《宣和奉使高丽图经》云：“每舟各刻木为小舟，载佛经糗粮，书所载人名氏，纳于其中，而投诸海，盖禳厌之术一端耳。”② 汪大渊《岛夷志略》云，“舶至其所，则舶人斋沐三日。其什事，崇佛讽经，燃水灯，放彩船，以禳本船之灾，始度其下。”③ 张燮《东西洋考》多次提到放彩船：乌猪山，“上有都公庙，舶过海中，具仪遥拜，请其神祀之。回用彩船送神”；灵山，“山顶一石块似佛头，故名灵山。往来贩船于此樵汲，崇佛诵经，燃放水灯彩船，以禳人船之灾”④。佚名《顺风相送》亦载：“乌猪山，请都公上船，往回放彩船送者”，“灵山大佛，山有香炉礁，往回放彩船”⑤。陈洪照《吧游纪略》记载更详细：至七洲洋，“乃具牲馔、笼钱，陈于木板，投诸海而焚之，以祀海神。继鸣金鼓，焚楮帛，以祀所过名山之神”。至烟筒大佛山，“先以木板编竹为小船，帆用杂色彩纸，陈牲馔、香烛、金钱以祭。祭毕，将牲馔等物置小船中，放诸海以厌之。其小船瞬息不见，则过此平安，谓之放彩船”。至昆仑，“必设馔祭如七洲洋”⑥。

宋元时期，放彩船是刻木为舟，舶人斋沐三日，载佛经糗粮，崇佛讽经，书所载人名氏，纳于其中，而投诸海，燃水灯，放彩船。明清时期，以木编竹为小船，帆用杂色彩纸，陈牲馔、香烛、金钱以祭。祭毕，将牲馔等物，置船中，放诸海以厌之。放彩船时，敲锣打鼓，唱《送彩歌》云：

---

① 金涛：《东亚海神信仰考述》，载《民间文学论坛》，1997 年第 3 期。

② （宋）徐兢：《宣和奉使高丽图经》卷 34，《沈家门》。

③ （元）汪大渊：《岛夷志略》，第 223 页。

④ （明）张燮：《东西洋考》卷 9，《舟师考》。

⑤ 向达校注：《两种海道针经》，第 33-34 页。

⑥ 陈洪照：《吧游纪略》，引自陈佳荣：《陈洪照〈吧游纪略〉——清初记述爪哇的另一要籍》，载《海交史研究》，1994 年第 2 期。

上谢天仙享醮筵，四凶作吉永绵绵。
诚心更劝一盅酒，赐福流恩乐自然。
彩船到水走如龙，鸣锣击鼓闹喧天。
诸神并坐同歆鉴，合家（社）人口保平安。
造此龙船巧妆成，诸神排列甚分明。
相呼相唤归仙去，莫在人间作祸殃。
一谢神仙离乡中，龙船到此浮如龙。
鸣锣击鼓喧天去，直到蓬莱第一宫。
二送诸神离家乡，街头巷尾无时场。
受此筵席欢喜去，唱起龙船出外洋。
三送神居他方去，歌唱鼓乐乐希夷。
亦有神兵火急送，不停时刻到本司。
锣鼓声兮闹葱葱，竖起大桅挂风帆。
装载货物满船去，齐声喝瞰到长江。
锣鼓声兮闹纷纷，殷勤致意来送船。
拜辞神仙离别去，直到蓬莱入仙门。
红旗闪闪江面摇，画鼓咚咚似海漂。
圣母收毒并摄瘟，合家（社）老少尽逍遥。①

这是首禳祭仪式所唱的歌，展现“送彩船”的热闹场面。

（三）船遇险祈求神灵保佑

当船在海上遇到危险时，不同宗教信徒采取不同方式，祈求神灵保佑。祈求的神灵有海神妈祖，佛教的佛、菩萨，伊斯兰教的伊斯哈格等。

① ［英］科·大卫：《英国图书馆藏有关海上丝绸之路的一些资料》，OR12693115《送彩科仪》，乾隆己丑年（1769）手抄件。

海神妈祖是航海保护神，当船遇到灾难时，舶人祈求妈祖保佑。

郑和下西洋祈求妈祖保佑，郑和云："海洋之状，变态无时"，"值有险阻，一称神号，感应如响，即有神灯烛于帆樯，灵光一临，则变险为夷。舟师怡然，咸保无虞。"①

明建文二年（1400），李詹奉使朝鲜，乘船渡渤海时，舟至登州海口，海水结冰，"舟人皆畏惧，与朴评理望天妃于乔房，香火以祷，掷杯珓袭告。夜半潮退，忽焉冰解，迟明乘三板登岸，乃知感应神妙如此"。归国途中，船至沙门岛，又因待风而停泊，还到旅顺天妃宫祈祷。②

永乐十九年（1421），钦差内使张源往榜葛剌国，在镇东洋中，舟遭大风，掀翻欲溺，舟中喧泣。源急叩天妃求佑。言未毕，忽见狂风旋舞，中有赤旗飞扬，须臾霰下，风平浪静。③

册使琉球使途中祈求天妃保佑。嘉靖十三年（1534）册使陈侃、高澄，万历七年（1574）萧崇业、谢杰，万历三十年（1597）夏子阳、王士祯，崇祯元年（1628）杜三策、杨伦以及清康熙二年（1663）张学礼、王垓，康熙二十二年（1683）汪楫、林麟焻，康熙五十八年（1719）海宝、徐葆光等，封舟或"发漏，水满舱中"；或桅、樯、舵折，舵叶失去，舵索断，龙骨半断；或针路舛错，几至落漈，几触礁等。他们"呼祷""虔祷""为文以告""请立碑"，许"捐千金购（楠木）刻神像"。虔请之后，"忽有红光烛舟""二雀集舟""二燕一蜻蜓飞绕船左右""水面忽见神灯异雀来集"，之后，风平浪静，导船航行。

元朝漕运江南粮食以济京师，通过海路运粮。在海上航行"若乃纤云召阴，劲风起恶，洪涛腾沓，快帆傕撞，束手罔措。虽有紫荆乌婪之柁，如以一丝引千钧于山岳震颠之地，重以冥礁浅滩，触即瓦解，千夫怖悚，命在顷刻，于是吁呼天妃，应答如响，光景赫然，见于樯端。而舟中之人如婴之睹怙恃矣"④。天历二年（1329）漕运副万户八十"监运，舟至三

---

① （明）郑和《通番事迹记》，见钱谷《吴都文粹续集》卷28，《道观》。

② 陈尚胜：《明朝初期与朝鲜海上交通考》，载《海交史研究》，1997年第1期。

③ 《天妃显圣录》之《东海护内使张源》。

④ （明）郎瑛：《七修类稿》卷50，《奇谑类·天妃显应》。

沙，飓风七日，遥呼于神。夜见神火四起，风恬浪静，运舟悉济”。至顺三年（1332）“押运至莱州洋，夜半风大作，祷之，见神像，转逆以顺”①。

明洪武初，“海运风作，漂泊粮米百万石于落漈，万人号泣待死矣。大叫天妃，则风回舟转，遂济直沽”。又“吾杭永乐中百户郭保，海运遭风，一旦昼如夕者，似三昼夜矣。舟人泣天妃，许以立庙，顷刻遂见天日”②。

佛教信徒在海上遇险时，作法、颂佛经，称念十方佛、观世音菩萨，或向神明立誓，许以饰塔庙，设水陆会为谢。

唐开元二十九年（741），释不空等附昆仑舶离南海，行至诃陵国界，“遇大黑风，众商惶怖”，不空右手执五股菩提心杵，左手持《般若佛母经》夹，“作法诵《大随求》一遍，即时风偃海澄。”又遇“大鲸出水，喷浪若山，甚于前患。众商甘心委命，空同前作法，令慧巧诵《娑竭龙王经》，逡巡，众难俱息”③。南朝宋印度僧人求那跋陀罗，泛海师子国时，中途淡水断绝，举舶忧惶。跋陀曰：“可同心并力念十方佛，称观世音，何往不感。乃密诵呪经，恳到礼忏。俄而，信风暴至，密云降雨，一舶蒙济”④。有常颂《金刚经》者，遇到危险时获救。宋淳熙五年（1188），王元懋使行钱吴大作纲首，凡火长之属，一图帐三十八人，同舟泛洋，一去十载。获息数十倍。其徒王五儿“遽兴悖心，戕吴大以下二十一人，惟宋六者常颂《金刚经》，肩背中刀坠水，身把柁尾，哀鸣求生。五儿持刀断其指，复坠水，如有物承其足，冥冥不知昼夜，如此七八日，抵潮阳界上岸求乞。凶徒易以小舡回泉州，至水陾泊岸”⑤。

宋朝李邴得李伯时观音画像，苏轼书《普门品》系之赞偈者以荐先，募刻印施之。临江士人胡克中得其归，舟值风，绝矴，惧覆溺，胡夜起发

① （元）舍里性古：《灵慈宫原庙记》，弘治《太仓州志》卷10。
② （元）程端学：《四明续志》卷9，《祠祀·灵慈庙记》。
③ （宋）赞宁：《宋高僧传》卷1，《唐京兆大兴善寺不空传》。
④ （南朝梁）释慧皎：《高僧传》卷3，《宋京师中兴寺求那跋陀罗传》。
⑤ （宋）洪迈：《夷坚三志》己卷第6，《王元懋巨恶》。

经诵祈护，俄而恍惚，若有胡僧登舟，麾一赤晴马，去之者，舟遂定。旦视他舟，或不免也。胡乃复求本，广施之，以报冥护。[①] 宋泉州海商余观音在海船得病，观音救治。《夷坚志》载：

泉州商客七人：曰陈、曰刘、曰吴、曰张、曰李、曰余、曰蔡，绍熙元年六月，同乘一舟浮海。余客者，常时持诵救苦观世音菩萨，饮食坐卧，声不绝口，人称为余观音。然是行也，才离岸三日而得疾，旋即困忌。海船中最忌有病死者，众就山岸缚茅舍一间，置米菜灯烛并药饵，扶余入处，相与诀别曰："苟得平安，船回至此，不妨同载。"余悲泣无奈，遥望普陀山，连声念菩萨不已。众尽闻菩萨于空中说法，渐觉在近，见一僧左手持锡杖，右手执净瓶，径到茅舍，以瓶内水付余饮之，病豁然脱体，遂复还舟。[②]

伊斯兰教什叶派创始人阿布·伊斯哈格，中国和印度人在海上遇到气候骤变或担心海盗时，向阿布·伊斯哈格许愿，祈求保佑。当船舶平安抵大陆时，就要向道堂交纳许愿金。《伊本白图泰游记》载："中国的乘客们，习惯上每遇气候骤变或担心海盗时，便对阿布·伊斯哈格许愿，把每个人所许的愿记录下来，一俟安抵大陆，道堂的仆役到船上来取，凡从中国或印度来的商人都会有几千个第纳尔的许愿金。"[③]

许仁，燕人，泉州司马。"存心正直，爱民如子，殁而神灵"，泉州人建虎头山庙祀之。明万历年间，"有黄廷南者，自粤中航海归闽，船阁浅，呼神明拯护，幸无事"[④]。此神明就是虎头山庙奉祀的许燕。

---

① （元）释大圭：《紫云开士传》卷1，《释法宣》。

② （宋）洪迈：《夷坚三志》己卷2，《余观音》。

③ ［摩］伊本白图泰著，马金鹏译：《伊本白图泰游记》，第172页。

④ 乾隆《泉州府志》卷16，《坛庙寺观》。

二、沿途祭祀神灵

船舶在海上航行，为祈求平安，沿途祭祀各种神灵，举行祈风典礼。对客死他乡的亲人，延请僧道，设道场，为之招魂，荐冥福。

（一）沿途祭祀神灵

宋宣和四年（1122），给事中路允迪、中书舍人傅墨卿、提辖徐兢等奉使高丽。归国后，徐兢撰《宣和奉使高丽图经》，对航行中沿途祭祀神灵作了记载：招宝山，“先期遣中使武功大夫容彭年，建道场于总持院七昼夜，仍降御香，寅祝于显仁助顺渊圣广德王祠……中使关弼登招宝山焚御香，望洋再拜”。沈家门，“是夜就山张幕，扫地而祭，舟人谓之祠沙，实岳渎主治之神，而配食之位甚多。”梅岑宝陀院灵感观音，“是夜，僧徒焚诵歌呗甚严，而三节官吏兵卒，莫不虔恪作礼”。海驴焦，“使副具朝服，与二道官望宫阙再拜。投御前所降《神霄玉清九阴总真符录》，并《风师龙王牒》《天曹直符》《引五岳真形》与《止风雨》等十三符讫，张篷而行”。黄水洋，“舟行至此，则以鸡黍祀沙，盖前后行舟，遇沙多有被害者，故祭其溺死之魂云。”蛤窟，“山之脊有龙祠，舟人往还必祀之”①。建道场，降御香，在东海龙王庙宣读祝文，祭拜蛤窟龙王祠。礼拜灵感观音，投御前所降《神霄玉清九阴总真符录》等。进行祠沙，祭祀岳渎之神和亡灵。

辞沙又称祠沙，是福建、广东、台湾等地舶人，出海前或途中举行的仪式。所谓辞沙，“必祷于海岸，得吉而后敢济”或云“凡使外国者，具太牢祭于海岸沙上，故谓之辞沙”② 或云“凡济者必祷，谓之‘辞沙’，以祠在沙上故云”③。《宣和奉使高丽图经》记载的祠沙为祭祀岳渎之神和

---

① （宋）徐兢：《宣和奉使高丽图经》卷34，《海道》。

② （清）王应华：《重修赤湾天妃庙记》，见康熙《新安县志》卷12，《艺文志》。

③ （清）屈大均：《广东新语》卷6，《海神》。

亡灵。广东、香港、澳门举行的辞沙是将“太牢去肉留皮，以草实之，祭毕沉于海”①。这种仪式延续至今，每逢天妃圣诞或远航，往往几家合资，烤制一头整猪，抬至庙前供奉。② 宋赵汝适《诸蕃志》载，海南岛万安船主都纲庙，“人敬信，祷卜立应，舶舟往来，祭而后行”③。《东西洋考》载：乌猪山“上有都公庙，船过海中，具仪遥拜，请其神祀之。”七州山七洲洋，“船过，用牲粥祭海厉，不则为祟”。独珠山，俗称独猪山，“有灵伯庙，往来祭献”。灵山，“往来贩舶于此樵汲，崇佛诵经，燃放水灯彩船，以禳人船之灾”。都公庙，相传为华人，从郑和下西洋，自海外归，卒于南门亭，后为水神。“舟过南亭，必遥请其神，祀之舟中。至舶归，遥送之去”。文莱浮纳招庙，神为明初押工、总管、直库三人，阵亡合葬于此。“贾舶到，必屠牛烹鸡，并献茉莉花、红花、梳篦等物以祭。舟中有人不拜则病。彼国人将行贾，亦献花礼神。得利回，取双鸡系刀于足，俾斗墓前。鸡死，即以谢神”④。《顺风相送》亦载：湄州山，“系天妃娘娘出身祖庙，往来宜献纸祭祀”。七州洋“往回三牲酒醴粥祭孤”。独猪山，“往来祭海宁伯庙”⑤。琼州昭应庙，又名番神庙，“其神名曰舶主，明洪武三年，同知乌肃以能御灾捍患，请敕封为新泽海港之神，祀忌豚肉，往来船只必祀之，名曰番神庙”⑥。

长乐演屿昭利庙，祀唐观察使陈岩长子延晦，宋宣和四年（1122）给事中路允迪奉使高丽，“海遇风涛，赖神以济”。后来，航海者多祀之。长乐济州庙，“舟人往来率祈祷于此”⑦。

土地神作为航海保护神，英国伦敦大英图书馆收藏的《安船酌献拜》记载，船舶行驶到晋江沿海必须祭拜“围头妈祖、永宁天妃、松系土地、大队（坠）妈祖”，“松系土地”即祥芝土地。可见土地和妈祖都是航海

① 嘉庆《新安县志》卷23，《新建赤湾天妃宫庙后殿记》。

② 江山、沈思：《试论妈祖神话在港澳深地区的影响》，载《妈祖研究论文集》，鹭江出版社1989年，第115页。

③ （宋）赵汝适：《诸蕃志》卷下。

④ （明）张燮：《东西洋考》卷9，《舟师考》；卷5，《文莱》。

⑤ 向达校注：《两种海道针经》，第32-33页。

⑥ （清）陈梦雷：《古今图书集成·方舆汇编·职方典》卷1380，《琼州府部》。

⑦ 同治《长乐县志》卷18，《祠祀》。

保护神。

永乐十五年（1417）郑和第五次下西洋时，曾到泉州灵山圣墓行香，祈求圣灵庇佑，且立碑记云：

> 钦差总兵太监郑和，前往西洋忽鲁谟斯等国公干。永乐十五年五月十六日于此行香，望灵圣庇佑。镇抚蒲和日记立。

郑和祈求的灵圣即伊斯兰教的创始人穆罕默德先知。

有的宣读诏书，以求平安。明万历三十四年（1606），夏子阳、王士祯为册封琉球使，晋江人王元卿为从客。在归国途中，遭遇风浪，王元卿镇定自若，取出诏书，向船头宣读，不久风平浪静，平安归来。

（二）祈风保平安

古代船舶在海上航行，主要依靠风力的驱动，如果遇到狂风，船舶难以航行，甚至会发生船舶倾覆，触礁等海难，航海者希望求得顺风，就向海神、风神和其他神灵祈风保平安。

宋代泉州地方官十分重视祈风典礼，南宋两度出知泉州的真德秀在《祈风文》中说："惟泉为州，所恃以足公私之用者，蕃舶也。舶之至时与不时者，风也。而有使风之从律而不愆者，神也。是以国有典礼，俾守土之臣，一岁而两祷焉。"①

广东澄海县樟林港风伯庙祈风。尹佩绅在《樟林镇鼎建风伯庙碑记》云："澄邑居海之濒，贾海渔船藉舟楫以为生业。其驾巨舰，张高桅，往来于鲵渊鳀壑鲸涛蜃蜃之间，而一息千里者，惟神有以助之。"又《风伯庙祀祭香灯章程碑记》云："夫建庙者何？祈风者也。建于樟林者何？澄滨大海，民多业于海，樟林尤河海交会之墟，闽商浙客，巨舰高桅，扬帆挂

① （宋）真德秀：《西山先生真文忠公文集》卷5。

席，出入往来之处也。”①航海者向樟林港风神庙祈风，祈求顺风平安。

宋代的广州和泉州是我国对外贸易的重要港口，广州和泉州均有市舶司主持祈风的记载。

广州市舶司主持祈风典礼，《萍洲可谈》载：

> 船舶去以十一月、十二月，就北风；来以五月、六月，就南风……海中不唯使顺风，开岸就岸皆可使，唯风逆则倒退尔，谓之使三面风。逆风尚可用矴石不行。广帅以五月祈风于丰隆神。②

广州官方祈风时间是五月，其海神是丰隆神，祭祀典礼由兼任广州市舶司的长官广帅主持。

泉州市舶司官员向海神通远王祈风。通远王，永春乐山隐士也，居乐峰，后仙去，著灵响，人祠之，呼翁爹。唐咸通中，山僧欲建寺，求材乐山，遇一翁白须指其处，得杞、楠，梦许护送，一夕材乘涨下，众神之，作灵岳祠，名殿神运，宋封通远王，赐额昭惠。嘉祐中，泉大旱，守蔡忠惠祷雨辄应，奏加封善利王，寻加号广福、显济。③通远王是地方保护神，大旱时郡守向他祷雨，又是海神，地方官、市舶司官员和民间航海者向他祈风，保佑海上顺风，航行安全。

宋代泉州地方官向海神通远王祈风，由主管海外贸易的市舶司主持祈风典礼。参加祈风典礼的有：市舶司官员提舶、提舶寺丞、舶幞、权舶干、监舶、提举缫事，地方军政官员郡守、典宗、宗正、统军、总管、别驾、左翼权军、邑令、尹等。

祈风时间，每年举行两次，夏季为四月，冬季为十月、十一月或十二月。夏季刮南风，商舶从南蕃回航；冬季刮北风，商船顺风南下。

祈风地点在南安九日山延福寺昭惠庙。南安九日山现存祈风石刻十

① 林远辉、张应龙：《潮州漳林港历史初探》，载暨南大学《中外关系史研究集刊》（1986年），第36页。

② （宋）朱彧：《萍洲可谈》卷2。

③ （明）佚名：《闽书抄》，《方外志》。

方，是研究宋代祈风制度的珍贵文物。

民间航海者也向通远王祈求保佑，宋人王国珍云："吾泉以是德公为多，凡家无贫富贵贱，争像而祀之，惟恐其后。以至海舟蕃舶，益用严格。公尝往来于烈风怒涛间，穆穆瘁容于云表。舟或有临于艰阻者。公易危而安之，风息涛平，舟人赖之以灵者十常八九。"①

金门太武岩寺，祀通远仙翁，岛居者祈风祷雨应验。通远王"咸淳中降真浯洲海印岩，辄著灵响，岛居者始作祠祀之。祠西有倒影塔，夜每放火，舟人遥望，以为指迷海道，祈风祷雨悉奇应"②。

民间祈风的神灵还有：惠安大蚶庙，"昔海涛汹涌，有物轮囷，高大如屋，乘潮而至，乡人异之，为立庙。海商祈风，亦能分帆南北"③。莆田崎头大罗仙庙，建于宋初，"海商祈风，分帆南北"④。海南岛昌化贞利庙，"商舶祈风于是"⑤。

伊斯兰教徒举行祈风，祈求航海平安。

广州怀圣寺，建于唐代，是伊斯兰教建筑，宋代外国伊斯兰教徒在怀圣寺塔祈风。最早记载外国人在怀圣寺光塔祈风的是成书于1192年岳珂的《桯史》："窣堵波，高入云表，式度不比它塔，环以甓为穴址，累而增之，外而加灰饰，望之如银笔，下有一门，拾级以上，由其中而圆转焉如旋螺，外不复见。其梯磴每数十级一窦。岁四五月，舶寻来，群獠入于塔，出于窦，啁哳号哭，以祈南风，亦辄有验。绝顶有金鸡甚巨，以代相轮。"⑥ 方信孺《南海百咏》曰："番塔，始于唐时，曰怀圣塔，轮囷直上，凡六百十五丈，绝无等级，其颖标一金鸡，随风南北。每岁五六月，夷人率以五鼓登绝顶，叫佛号，以祈风信。下有礼拜堂。"外国伊斯兰教徒，每年四五六月在番塔祈南风。登上塔顶，叫"佛号"，"啁哳号哭"，

---

① （宋）王国珍：《安平志》（校注本）卷8，《寺庙志·昭惠庙记》，中国文联出版社，2000年，第278页。

② （清）林焜熿：《金门县志》卷12，《仙释》。

③ 嘉靖《惠安县志》卷10，《典祀》。

④ （明）佚名：《闽书抄》，《方外志》。

⑤ （宋）赵汝适：《诸蕃志》卷下。

⑥ （宋）岳珂：《桯史》卷11，《番禺海獠》。

就是诵经祈祷。

葡萄牙人在澳门望人庙祈风。澳门望人庙，又称风汛庙或风顺庙，西人称为老楞佐堂，为澳门最早的天主教堂之一，始建于1588年，供奉葡萄牙人的航海保护神老楞佐，初期设有风汛旗杆，是在澳门天主教徒祈风的地方。印光任、张汝霖《澳门纪略》卷下《澳蕃篇》云："西南则有风信庙，番舶既出，室人日跂其归，祈风信于此。"又云"其俗以行贾为业，……凡一舶货值巨万。家饶于财，辄自置舶……资微者附之，或数十主同一舶。每岁一出，出则数十家之命系焉……计当返，则妇孺绕舍呼号，以祈南风。脱卒不返，相率行乞于市，乞者常千人。"廖赤麟《澳门竹枝词》亦云："郎趁哥斯万里间，计程应近此时还。望人庙外占风信，肠断遥天一发山。"① 祈风仪式是由在家妇孺绕庙"呼号"即诵经，以祈南风。

祈风不仅祈求航海平安，而且用于战争，祈求顺风，以求胜利。南宋绍兴三十一年（1161）冬，浙西马步军副总管李宝与金舟遇于密州胶西县陈家岛，大败之。"金舟泊唐家岛，宝舟泊石臼山，相距三十余里，而北风日起，宝忧之……宝伺金人未觉，遣（曹）洋与裨将黄端祷于石臼神祈风，夜漏将尽起碇，南风渐应，众喜，争奋。俄顷，薄敌船，鼓声震垒，金人失措。金帆皆以油缬为之，舒张如锦绣，绵亘数里，忽为波涛卷聚一隅，窘蹶无复行次。船中有火起者，宝命以火箭射之，着其油帆，烟焰随发，延烧数百艘。"② 他们认为打败金兵，是"神之助顺，为有功矣"③。

（三）其他

对遭风船没，客死异乡的人，延请僧道，设道场，为之招魂，荐冥福。

吴邀娘，黄朝庆妻。夫东渡经商，遭风，人船俱没。闻讣哀恸，"为

① （清）廖赤麟：《澳门竹枝词》，转引自章文钦：《澳门与中华历史文化》，澳门基金会出版，1995年，第188页。

② （清）毕沅：《续资治通鉴》卷135，岳麓书院，1992年，第851页。

③ 《宋史》卷102。

招魂哭奠，延僧道，设道场，荐冥福。”李味娘，章双立妻。立往外国营生，“舟回遭风沉没。氏闻讣，请诸姑为招魂哭奠，矢志孀守”①。

吴邀娘、李味娘为遭风沉船而死的丈夫举行“招魂”就是引水魂。这是为死于水上或客死异乡的游子举行的一种宗教仪式，使他们的灵魂能归于故乡。

三、答谢神灵

船舶受神灵保佑，返航后答谢神灵有建庙、送匾联、船模、设水陆道场、演戏等方式。朝廷和地方官员也有答谢海神的祭祀，如泉州市舶司在九日山通远王祠举行祈风典礼，每年举行两次，于夏之祈，有冬之报；于冬祈，有夏之报。《宋史》云：“周官太祝掌六祝之辞，以事鬼神，示其福祥，于是历代皆有禬禜之事，宋因之。有祈有报，祈用酒脯、醢，郊庙社稷，或用少牢，其报如常祀，或亲祷诸寺观。”② 而商贾市于南海暨番夷者，每岁之春冬，祈谢于九日山昭惠庙。

（一）建庙答谢神灵

受海神等保佑，建庙答谢神灵的人包括商人、船长、使节、军官、居民等。

商人三宝，船到湄洲，遇一怪坐椗不动，到妈祖祠拜祷，其椗立起。“乃插香一瓣于祠前石间。祝曰：‘神有灵，此香为证，愿显示征应，俾水道安康，大获赀利归，即大立规模以答神功，迨泛舟海上，或遇风涛危急，拈香仰视，咸昭然护庇”③。三年后，安全回航，造湄洲妈祖庙。明万历年间，福建商船在广东香山县海上遇飓风，在危急之时，见妈祖立于山

① 道光《晋江县志》卷64，《列女传》。
② 《宋史》卷102，《礼志五·祈报》。
③ （清）林清标：《敕封天后志》，“起椗”条。

侧，船遂平安，因而立庙祀天妃。[①] 宋绍熙二年（1191），福建船长沈法询，在海上航行蒙天妃救护，舍宁波舍宅，创建灵慈宫，又募众捐资乃成。清道光三年（1823），经营琉球生理的赵广利、郑玉和等“航海往来，全赖天后神灵庇荫”，在福州水部关外太保铺佥建琼水球商天后宫，“供奉香火，以昭诚敬”[②]。

郑和下西洋沿途祭祀天妃，平安归来后修建天妃宫答谢。

永乐五年（1403），郑和使古里、满剌加还，言神多感应，新建南京龙江天妃庙，遣太常寺卿朱焯祭告。同年，郑和奏令福建守镇官，重修泉州天妃宫。永乐十三年（1411），郑和等奏建长乐南山行宫、天妃宫、三清观，以为官兵祈报之所。永乐十七年（1415），郑和重修南京仪凤门外天妃宫。永乐间，郑和创建长乐广石天妃宫，邵武卫官兵从郑和下西洋，“舟楫颠危，赖神以济”，归来后建郡武天妃庙。宣德五年（1430），郑和移师泊于娄东刘家港天妃祠下，思昔数次皆仗神明护助之功，修饰天妃宫。宣德六年（1431），郑和等率领兴平三卫指挥千百户并府县官员诣湄洲屿买办木石，修整妈祖庙等。

广东赤湾天妃宫，“永乐八年，钦差大臣中贵张源使暹罗，始立庙”[③]。泉州天妃宫，“永乐十三年，少监张谦使渤泥，得乎州，发自浯江，实仗神庥，归奏于朝鼎新之”[④]。琉球那霸下天妃宫，万历年间册使夏子阳、王士祯立。久米村上天妃宫，嘉靖间册使郭汝霖建，姑米山天妃宫，册使周煌建。

元代妈祖的神职兼司漕运守护神，许多妈祖庙的创建与漕运有关。江苏太仓灵慈宫，至元二十九年（1292），海道万户朱旭建。直沽天妃宫，“泰定间，弗戒于火，福言于都漕万户府，朝廷发官帑钱使更作焉”[⑤]。

广东赤湾天后宫，“往岁盗贼披猖，蔓延滨海郡邑……官弁稽首祷祀

---

① 道光《香山县志》卷1，《舆地》。

② 傅衣凌：《福州琉球通商史迹调查》，载《傅衣凌治史五十年文编》，厦门大学出版社，1989年。

③ 康熙《新安县志》卷12，《重修赤湾天妃庙记》。

④ 乾隆《泉州府志》卷16，《坛庙寺观》。

⑤ 雍正《天津县志》卷20，《河东大直沽天妃宫碑记》。

于后……惟神助顺……海氛荡平，海宇清晏……乃偕同官捐赀倡首，卜吉兴工”①。

许多民间信仰庙宇乃居民答谢祈祷多应，著灵响而建。

惠安顺济庙，“三国吴时有黄将军兴及妻曹氏葬于此，常有云霞覆顶，居民祈禳多应，因立庙江滨祀之”。南安官田陈郎庙，祀陈叔宝之子，“屡著灵响，乡民即其地立庙祀之”。南安田帅祠，祀唐镇帅田某，“甚著灵响，民藉其庇立庙祀之。”②

（二）设水陆道场答谢

海商在海上遭风涛之厄，必呼神明，指天日立誓，许以饰塔庙，设水陆会为谢。如果欺骗神灵，必受惩罚。泉州杨客，“为海贾十余年，至赀二万万。每遭风涛之厄，必叫呼神明，指天日立誓，许以饰塔庙，设水陆为谢。然才达岸，则遗忘不省，亦不复纪录。绍兴十年，泊海洋，梦诸神来责偿，杨曰：‘今方往临安，俟还家时，当一一赛答，不敢负。’神曰：‘汝那得有此福？皆我才尔。心愿不必酬，只以物见还。’杨甚恐”。③ 以后，杨的库房失火，价值四十万缗的货物全部烧光。杨自杀。

（三）送匾、联、船模答谢

台湾台南大天后宫，“慈航福庇”匾，道光二十二年（1842）闽浙总督怡良敬献。附记云：“壬寅（道光二十二年）冬，使者以公干奉命渡台，舟至大洋，狂风甚作，亟祷天后尊神，立即风和浪静，安抵台阳。神之佑人，曷其有极，谨献额言，用伸答谢。”另一匾“与天合德”，光绪元年（1875），候补知县王金诚、王瑞民，候补同知何澂，候补府经历字实敬献。附记云：“光绪乙亥五月，澂等随侍王大中丞由省渡台，舟次南日，

① 嘉庆《新安县志》卷23，《记序》（下）。

② 乾隆《泉州府志》卷16，《坛庙寺观》。

③ （宋）洪迈：《夷坚丁志》卷6，《泉州杨客》。

飓风大作，莫能前。于是相率祷之，感荷神慈默佑，安抵嵌城，敬献此额，以志灵贶”。

天津天后宫，盛宣怀撰对联云：

击楫溯黄流，但求利济澄清，不惜艰难凭造化；
翔舷来翠羽，幸赖神灵呵护，敢云忠信涉波涛。

盛宣怀奉命视察黄河水灾，舟行遇大风，祷妈祖护救，忽有翠鸟群绕帆桅，风浪随息，得庆生还，故撰此联以献。

航海者在海上遇到危险时，祈求妈祖保佑，化险为夷，就要按照被保护船的模样，制作船模，供奉在附近的妈祖庙答谢，希望今后继续得到妈祖的保佑。

（四）演戏酬神

演戏酬神是祭祀神灵的重要形式，当船舶在海上遇险祈求神灵保佑而平安，就要演戏以酬谢。康熙三十六年（1697），泉州移民乘船渡台湾，途中遭风，同行 7 艘木船沉没 6 艘，其中一艘因吴姓 3 岁之子佩带关圣帝君神像，关帝显灵而获安全航抵安平港。同行弟子演戏 49 天，以谢神恩。

综上所述，舶人通过请船神、放彩船，在船上祈求神灵保佑，沿途祭祀神灵，祈风等活动，祈求神灵保佑航海平安。平安返航后，建庙宇，送匾、联、船模，设水陆会，演戏等答谢神灵，祈望继续得到神灵保佑。

原载《海交史研究》，2015 年第 1 期。

略论海上丝绸之路的保护神

行驶在海上丝绸之路的古代帆船，容量比陆上丝绸之路的骆驼大得多，而且通道不会受战争等人为因素所阻。古代船舶在海上航行主要靠风力，海上风云变突，危险性大，经常发生船翻人亡的海难。人们对这些自然现象既无法完全掌握，又无法用科学方法解释，在心理上产生畏惧，因此寻找各种神灵作为海上航行的精神支柱。有的把地方神作为航海保护神，各种宗教信徒，把他们信仰的神作为航海保护神，统治阶级为巩固自己的统治地位，对有的神加以渲染、进行褒封，列入国家祀典。因此在海上丝绸之路上有众多保护神。

一、以妈祖为代表的海上保护神

我国古代有许多直接从江、河、海幻化而来的河神和海神，属于自然崇拜，进而把他们动物化，如海神的形象多为半人半动物形。《山海经》中东海神禺虢、南海神不廷胡余、西海神弇兹、北海神禺强，都是人面鸟身，珥蛇而践蛇。

秦汉时期，漂洋过海的人渐多，将海神列入祀典。隋唐时期，海外交通发达，海外贸易迅速发展，对海神祭祀日渐重视，统治阶级有封四海龙王之举。唐天宝十年正月，以东海为广德王，以南海为广利王，以西海为广润王，以北海为广泽王。立春日祀东海于莱州；立夏日祀南海于广州；立秋日祀西海、河渎并于河府中，西海就河渎庙望祭；立冬祀北海、济渎并于孟州，北海就济渎庙望祭。宋仁宗康定元年加东海为渊圣广德王，南海为洪圣广利王，西海为通圣广润王，北海为冲圣广泽王。[①]

宋元时期出现人格化的海神妈祖等。

妈祖，姓林名默。福建莆田湄洲人，生于北宋建隆元年（960）三月二十三日，卒于雍熙四年九月初九。相传她经常拯救海上遇险的船只，为乡亲行医看病，死后为神。为纪念她，在她“升化”的地方湄洲建庙宇祭祀。宋朝在妈祖的故乡莆田及泉州、杭州等地建庙奉祀。沿海各地的渔民和航海者把妈祖奉为航海保护神，从北起丹东、营口、秦皇岛、天津、南京、上海、宁波、福州、广州、北部湾，陆续建有妈祖庙。人们不仅把妈祖视为海上保护神，而且视为江河湖的保护神，在江西景德镇、九江，湖南芷江，贵州镇远，云南昆明及四川等地也建庙奉祀。妈祖信仰还通过华侨传播到世界各地，在日本、美国、菲律宾、马来西亚、朝鲜、越南、缅甸等地均有妈祖庙。

妈祖信仰在宋朝宣和以前只在妈祖的故乡莆田，当时把妈祖当女巫来膜拜，认为她能够保护航海安全和保护人们免于水旱、疾病、战争、海寇之灾，是一位多功能的神祇。

北宋宣和年间，妈祖从民间得到朝廷的承认，确立了海神的地位。正如明朝人丘濬所说：“中国地尽四海，自三代圣王，莫不有祀事。在宋以前，四海之神各封以王爵，然所祀者海也，而未有专神。宋宣和中，朝遣使航海于高句丽，挟闽商以往，中流适有风涛之变，因商之言，赖神以免难，使者路允迪以闻，于是朝中始知莆之湄洲屿之神之著灵验于海也。”[②]

元朝统一全国后，京师粮食“无不仰给于江南”，每年需从江南运粮三百万石。漕运最初通过运河，后因海运耗资较少，改由海道运抵直沽卸存，再经通惠河转运北京。

由于漕运在元朝经济生活中至关重要，朝廷对保护海上航运安全的天妃特别崇敬。《元史》载：“凡名山大川，忠臣义士在祀典者，所在有司主之。惟南海女神灵惠夫人，至元中，以护海运有奇应，加封天妃神号，积

① （清）陈梦雷：《古今图书集成·神异典》卷28。

② （明）丘濬：《天妃宫碑》，见《丘文庄公集》卷5。

至十字，庙曰灵慈。直沽、平江、周泾、泉、福、兴化等处，皆有庙。皇庆以来，岁遣使赍香遍祭。”① 皇帝派专使祀海神天妃，如至治元年五月、至治三年二月，海漕粮至直沽，遣使祀海神天妃。至元二年九月，海运粮至京，遣使祭天妃。天历二年，皇帝遣使祭淮安庙、平江庙、路漕庙、杭州庙、越庙、庆元庙、台州庙、永嘉庙、延平庙、闽宫、莆田白湖庙、湄洲庙、泉州庙。

明朝海神妈祖继续得到朝廷的重视，在出使外国的使船中“舟后作黄屋二层，上安诏书，尊君命也，中供天妃，顺民心也”②。使臣登舟必先迎请天妃。郑和下西洋和出使日本、东南亚的使节，有许多天妃显圣保佑的记载，为了报答神庥，他们或立庙、或修庙、或捐金置田供祀。

随着海外交通的发展，海外贸易成为国家重要的财政收入，统治阶级为了巩固自己的政权，对妈祖不断赐封，加之妈祖故乡莆田的官员积极向皇帝宣扬妈祖灵验的故事，海神妈祖神格不断提高，封号不断晋升，妈祖从地区性海祀上升为全国性海神。

二、地区性的海上保护神

各地区祈求的海上保护神很多，他们大多以当地的神灵作为航海保护神。出航前祈求神灵保佑顺风、平安，平安归航后要答谢神灵庇佑。

福建泉州多祈求海神通远王。宋人王国珍云：“吾泉以是德公为多，凡家无贫富贵贱，争像而祀之，惟恐其后。以至海舟番舶，益用严恪。公尝往来于烈风怒涛间，穆穆瘁容于云表。舟或有临于艰阻者，公易危而安之，风息涛平，舟人赖之以灵者十常八九。”③

海神通远王，据《闽书抄》云：“神永春乐山隐士也。居乐峰，后仙去，著灵响，人祠之，呼翁爹。唐咸通中，山僧欲建寺，求材乐山，遇一翁白须指其处，得杞、楠，梦许护送，一夕材乘涨下，众神之，作灵岳

① 《元史》卷76，《祭祀志》。
② （明）陈侃：《使琉球录》。
③ （宋）王国珍：《昭惠庙记》，新编《安海志》卷20，《庙堂》。

祠。名殿神运，宋封神通远王，赐额昭惠。嘉祐中，泉大旱，守蔡忠惠祷雨辄应，奏加封善利王，寻加号广福、显济。”① 通远王是地方保护神，大旱时郡守向他祷雨，他又是海神，地方官、市舶司官员和民间航海者向他祈风，保佑海上顺风，航行安全。

宋代泉州地方官吏十分重视祈风典礼，南宋后期两度出知泉州的真德秀在其所撰的《祈风祝文》中说：“惟泉为州，所恃以足公私之用者，蕃舶也。舶之至时与不时者，风也。而能使风之从律而不愆者，神也。是以国有典祀，俾守土之臣，一岁而两祷焉。”②

宋代泉州地方官向海神通远王祈风的形式：

泉州主管海外贸易的机构市舶司主持祈风典礼。参加祈风典礼的市舶司官员有：提舶、提舶寺丞、舶幙、权舶干、监舶、提举缫事等。地方军政官员有：郡守、典宗、宗正、统军、总管，别驾、左翼权军、邑令尹等。

祈风时间，每年举行两次，夏季为四月，冬季为十月、十一月或十二月。夏季刮南风，商船从南蕃回航，冬季刮北风，商船顺风南下。

祈风地点在南安九日山昭惠庙。祈风时的盛况是“车马之迹盈其庭，水陆之物充其俎，戕物命不知其几百数焉”③。祈风典礼结束之后“散胙饮福，觞豆杂进，喧呼狼藉”。这些官僚在酒足饭饱之后，游览名胜，或游憩于怀古堂，谒姜公墓，游莲花峰；或登山瞻石佛，访隐君亭，然后待潮泛舟而归。

南安九日山现存祈风石刻十方，是泉州海外交通史的重要文物，也是研究宋代祈风制度的珍贵资料。④

宋代泉州市舶司官员在九日山主持祈风典礼，郡守到真武庙望祭海神，其目的都是祈求保护海上顺风、平安。

金门太武寺亦祀通远王，祠西影塔为航标，夜每放火，舟人遥望，以

---

① 《闽书抄》《方外志》。

② （宋）真德秀：《西山真先生文忠公文集》卷5。

③ （宋）李邴：《水陆堂记》，《泉州府志》卷7，《山川》。

④ 李玉昆：《试论宋元时期的祈风与祭海》，载《海交史研究》，总第3期（1983年）。

为指迷海道，“祈风祷雨悉奇应”①。

惠安大蚶庙，昔海涛汹涌，有物轮囷，高大如屋，乘潮而至，众异之，为立庙，“海商祈风，亦能分帆南北”②。

莆田祥应庙，五代时已有祠宇，航海者多请其香火而虔奉之。北宋时泉州纲首朱舫“舟往三佛齐国，亦请神之香火而虔奉之。舟行神速，无有艰阻，往还曾不期年，获利百倍。前后有贾于外番者，未尝有是，咸皆归德于神。自是商人远行，莫不来祷”。③

莆田崎头乡罗仙庙，建于宋初，亦为海商祈风之所。“海商祈风，分帆南北。”④

长乐演屿昭利庙，祀唐观察使陈岩长子延晦，宋宣和五年给事中路允迪使高丽，“海遇风涛，赖神以济”，后来航海者多祀之。长乐的济川庙“舟人往来率祈祷于此”⑤。

海南岛昌化贞利侯庙，“商舶祈风于是”⑥。万安舶主都纲庙，香火很盛，“人敬信，祷卜立应，舶舟往来，祭而后行”⑦。

还有都公庙，相传为华人，从郑和下西洋自海外归，卒于南亭门，后为水神。“舟过南亭，必遥请其神，祀之舟中。至舶归，遥送之去。”⑧

文莱的浮纳招庙，神为明初押工、总管、直库三人，阵亡合葬于此。“贾舶到，必屠牛烹鸡，并献茉莉花、红花、梳篦等物以祭。舟中有人不拜则病。彼国人将行贾，亦献花礼神。得利回，取双鸡系刀于足，俾斗墓前。鸡死，即以谢神。”⑨

福建、广东、台湾等地船工、渔民出海之前有举行“辞沙”。所谓辞

① 《金门县志》卷12，《仙释》。
② 嘉靖《惠安县志》卷10，《典祀》。
③ 《福建通志》卷9，《金石志》。
④ 《闽书抄》《方外志》。
⑤ 《长乐县志》卷8，《祠祀》。
⑥ （宋）赵汝适：《诸蕃志》卷下。
⑦ （宋）赵汝适：《诸蕃志》卷下。
⑧ （明）张燮：《东西洋考》卷9，《舟师考·祭祀》。
⑨ （明）张燮：《东西洋考》卷5，《文莱》。

沙，即“必祷于海岸，得吉而后敢济”①。或云“凡使外国者，具太牢祭于海岸沙上，故谓之辞沙”或云“凡济者必祷，谓之‘辞沙’，以祠在沙上故云”②。

辞沙早在宋代已有，所祀者岳渎。《宣和奉使高丽图经》载：“是夜，就山张幕，扫地而祭，舟人谓之祠沙，实岳渎主治之神，而配食之位甚多。每舟各刻木为小舟，载佛经糗粮，书所载人名氏，纳于其中，而投诸海；盖禳厌之术一端耳。”“以鸡黍祀沙，盖前后舟过沙，多有被害者，故祭其溺死之魄。”③

三、宗教信徒祈求的海上保护神

各种宗教信徒把该教信奉的神作为航海保护神。下面以佛教、伊斯兰教和道教加以说明。

佛教徒有的把佛、观音作为航海保护神，有的以诵经禳灾。

船在海上航行，沿途祈求佛的保佑，如舶至灵山，舶人斋沐三日，崇佛诵经，燃水灯，放彩船，以禳本船之灾。④

有的把观音菩萨作为护港神和海上保护神。

在印度尼西亚巨港附近曾发现青铜制和石雕的观世音像。在苏门答腊中部岛上的太巴奴利发现刻有相当于公元 1024 年款识的青铜观音像，当地居民把观音作为护港神来崇拜。⑤

在海中航行时遇到风浪或其他灾难，恳求观音保佑。如印度僧人求那跋陀罗泛海师子国时，中途淡水断绝，举舶忧惶。跋陀让全船人同心协力，念十方佛，称观世音。他密诵咒经恳到礼忏。不久果然密云降雨，一

① 王应华：《重修赤湾天妃庙记》，见康熙《新安县志》卷 12，《艺文志》。

② （清）屈大均：《广东新语》卷 6，《海神天妃条》。

③ （宋）徐兢：《宣和奉使高丽图经》卷 34，《沈家门》；卷 39，《海道六》。

④ （元）汪大渊：《岛夷志略》，《灵山条》。

⑤ 张维持：《从出土陶瓷论证古代中国与马六甲海峡的交通》，载《古陶瓷研究》，1982 年第一辑。

船蒙济。[①] 徐兢《宣和奉使高丽图经》云：梅岑宝院灵感观音殿“海舶往来，必诣祈福，无不感应”[②]。

也有以诵经禳灾。唐开元二十九年不空等附昆仑舶离南海，至诃陵国界，遇大黑风，众商惶怖，不空右手执五股菩提心杵，左手持《般若佛母经》夹，作法诵《大隋求》一遍，即时风偃海澄。后又遇大鲸出水，喷浪若山，不空作法。令慧䛒诵《婆竭龙王经》，众难俱息。[③]

伊斯兰教信徒在海上航行时祈祷真主护佑，或向阿布·伊斯哈格道堂进供，或举行祈风。

泉州通淮街清净寺创建于北宋大中祥符二年（1009），修于元至大三年（1310），现存正门楼和礼拜大殿是元代重修的遗物。石砌墙上刻有阿拉伯文《古兰经》，其中有祈祷真主护佑海上航行的内容。如刻《古兰经》第31章《鲁格曼》第31节经文“难道你不知道吗？船舶在海中带着真主的恩惠而航行。”第32节经文“当山岳般的波涛笼罩他们的时候，他们虔诚地祈祷真主。”这说明元代或元代以前，祈祷真主护佑航海者的仪式已是泉州通淮街清净寺内所举行的宗教仪式的一项内容。[④] 伊本白图泰在游记中记载：他们在海上航行遇到危险时，“我们向安拉祈祷”，“不久，安拉赐以顺风”[⑤]。

有的穆斯林在谢赫阿布·伊斯哈格墓前祈祷，对他许愿。《伊本白图泰游记》中载：他们诵读《古兰经》和赞词，并为来客在谢赫阿布·伊斯哈格的墓前祈祷，只要安拉许诺，就会如愿以偿。……中国的乘客们，习惯海上遇气候骤变或担心海盗时，便对阿布·伊斯哈格许愿，把每人所许的愿记录下来，一俟安抵大陆，道堂的仆役到船上来取。[⑥]

明朝伟大航海家郑和下西洋时，曾到泉州灵山伊斯兰圣墓行香，祈求灵圣庇佑航海平安，且立有碑。碑曰：“钦差总兵太监郑和前往西洋忽鲁

---

① （梁）释慧皎撰，汤用彤校注：《高僧传》卷3。
② （宋）徐兢：《宣和奉使高丽图经》卷34，《梅岑》。
③ （宋）赞宁：《宋高僧传》卷1。
④ 陈达生：《宋元时期泉州穆斯林祈风祭海之踪迹》，载《海交史研究》，1986年第1期。
⑤ 马金鹏译：《伊本白图泰游记》，宁夏人民出版社，1985年，第565页。
⑥ 马金鹏译：《伊本白图泰游记》，宁夏人民出版社，1985年，第172页。

谟斯等国公干，永乐十五年五月十六日于此行香，望灵圣庇佑。镇抚蒲和日记立。”说明伊斯兰教徒到灵山圣墓祈求航海平安由来已久，郑和下西洋特地到此寻求庇佑。

海南岛的昭应庙又名番神庙，往来船只祭祀，忌豚肉，应系清净寺。《琼州府志》载：“昭应庙在州东北三十五里莲塘港门，其神名曰舶主。明洪武三年，同知乌肃以能御灾捍患，请勅封为新泽海港之神，祀忌豚肉，往来船只必祀之，名曰番神庙。”① 广州是唐宋时期重要的贸易港口，许多外国人侨居广州，他们把所在国的宗教信仰和风俗习惯也带来我国。广州的伊斯兰教徒在怀圣寺番塔举行祈风。

南宋方信孺云：“番塔，始于唐时，曰怀圣塔。……每岁五六月，夷人率以五鼓登其绝顶，叫佛号，以祈风信，下有礼拜堂。”② 岳珂的《桯史》亦云：怀圣寺“后有窣堵坡，高入云表，式度不比它塔……岁四五月，舶将来，群獠入于塔，出于窦，啁晰号呼，以祈南风，亦辄有验。”③ 元至正十五年（1350）郭嘉撰的《重建怀圣寺碑》也说：“中海内外，窣堵表雄，乃立金鸡，翘翼半空，商舶是脉，南北其风。”④《广州蒲氏家谱》则云光塔为航标。谱云：“公讳哩咕喇……时叔祖玛哈咮，玛哈嘆二公，倡筑羊城光塔，俾昼则悬旗，夜则举火，以便市舶之往来。”⑤

广州伊斯兰教徒在番塔祈风为每年四五月，五鼓时，登塔顶，“叫佛号”“啁晰号呼”，应即颂《古兰经》，以祈南风。

道教是中国土生土长的宗教，形成于东汉末年，渊源于古代的巫术和秦汉时的神仙方术。道教是多神教，认为万物有灵，它接受古代信仰的天神、地祇、人鬼，再加上神仙系统，又吸收儒家的先王圣贤和佛教的阎王鬼卒，形成庞杂的神道系统。航行于海上的人们，祈求道教诸神的保佑。奉使外国的使节，沿途要到龙王祠降香、宣祝文、投符箓，如徐兢奉使高

① 《古今图书集成·方舆汇编·职方典》卷 1380，《琼州府部》。
② （宋）方信孺：《南海百咏》卷 1。
③ （宋）岳珂：《桯史》卷 11，《番禺海獠》。
④ 张星烺编，朱杰勤校：《中西交通史料汇编》第 2 册。
⑤ 转引自方豪：《宋泉州等地之祈风》，载台大《文史哲学报》，1951 年第 3 期。

丽时“先期遣中使武功大夫容彭年建道场于总持院七昼夜，仍降御香，宣祝于显仁助顺渊圣广德王祠”，行至海驴礁时“使副具朝服，与二道官望阙再拜，投御前所降神霄玉清九阳总真符箓，并风师，龙王牒、天曹直符，引五岳真形与止风雨等十三符讫”①，然后张篷而行。

道教祈求的海上保护神，从《顺风相送》的《地罗经下针神文》和《指南正法》中的《定罗经中针祝文》中可见其神之多。现录《顺风相送》中《地罗经下针神文》：

伏以神烟缭绕，谨启诚心拜请，某年某月今日今时四直功曹使者，有功传此炉内心香，奉请历代御制指南祖师，轩辕黄帝，周公圣人，前代神通阴阳仙师，青鸦白鹤仙师，杨救贫仙师，王子乔圣仙师，李淳风仙师，陈抟仙师，郭朴仙师，历代过洋知山知沙知浅知深知屿知礁精通海道寻山认澳望斗牵星古往今来前传后教流派祖师，祖本罗经二十四向位尊神大将军，向子午酉卯寅申巳亥辰戌丑未乾坤艮巽甲庚壬丙乙辛丁癸二十四位尊神大将军，定针童子，转针童郎，水盏神者，换水神君，下针力士，走针神兵，罗经坐向守护尊神，建橹班师父，部下仙师神兵将使，一炉灵神，本船奉七记香火有感明神敕封护国庇民妙灵昭应明著天妃，暨二位侯王茅竹篆仙师，五位尊王杨奋将军，最旧舍人，白水都公，林使总管，千里眼顺风耳部下神兵，擎波喝浪一炉神兵，海洋屿澳山神土地里社正神，今日下降天神纠察使者，虚空过往神仙，当年太岁尊神，某地方守土之神，普降香筵，祈求圣杯。或游天边戏驾祥云，降临香座以蒙列坐，谨具清樽。伏以奉献仙师酒一樽，乞求保护船只财物，今日良辰下针，青龙下海永无灾，谦恭虔奉酒味初伏献再献酌香醪。第二处下针酒礼奉先真，伏望圣恩常拥护，东西南北自然通。弟子诚心虔奉酒陈亚献，伏以三杯美酒满金钟，扯起风帆遇顺风。海道平安往回大

① （宋）徐兢：《宣和奉使高丽图经》卷34，《海道》。

吉，金珠财宝满船盈荣，虔心美酒陈献。献酒礼毕，敬奉圣恩，恭奉洪慈，俯垂同鉴纳伏望愿指南下盏，指东西南北永无差，朝暮使船长应护往复过洋行正路，人船安乐，过洋平善，暗礁而不遇，双篷高挂永无忧。火化钱财以退残筵。奉请来则奉香供请，去则辞神拜送。稽首皈依，伏惟珍重！①

从上文可以看出，他们敬请诸多神灵，乞求保护船只财物，金珠财宝满船盈荣，乞求顺风，海道平安，往回大吉，希望暴风疾雨不相遇，暗礁沉石莫相逢。

原载《中国与海上丝绸之路》——联合国教科文组织海上丝绸之路综合考察泉州国际学术讨论会论文集，福建人民出版社，1991 年。

① 向达校注：《两种海道针经》，中华书局，1961 年，第 23-24 页。

郑和下西洋与泉州宗教

郑和下西洋与泉州关系密切。郑和曾到福建招聘舵工、火长、杂役、武装官兵等。永乐十五年（1417），郑和曾到泉州灵山圣墓行香，到天妃宫祈求妈祖保佑航海平安，并奏修泉州等地天妃宫。郑和随行人员有泉州人，有的留居海外，成为早期的华侨。本文拟探讨郑和到泉州灵山圣墓行香和到天妃宫祈求妈祖保佑的原因及其作用。

一、郑和的宗教信仰

郑和的祖先最初来自西域地区，世代信奉伊斯兰教，他的祖父和父亲都到过伊斯兰教圣地麦加朝觐，被称为“哈只”，郑和是位伊斯兰教徒。

郑和又信奉佛教，曾经受过佛教徒的戒仪。据姚广孝（法名道衍）永乐元年为刻本《佛说摩利天支经》写的序记载：

> 今菩萨戒弟子郑和，法名福善。施财命工部刊印流通，其所得胜报，非言可尽矣。一日怀香过余请题，故告以此。①

据此，郑和曾受过佛教的菩萨戒，而且有法名叫福善，应该是个地道的佛教徒。

① 宫慧如：《郑和的宗教信仰与出使条件考析》，载南京郑和研究会编：《郑和研究论文集》第一辑，大连海运学院出版社，1993年，第269页。

郑和是位佛教徒，还可以从以下题记得到佐证。云南省图书馆藏的《大藏经》中《沙弥尼离戒文》的《施印大藏经发愿文》永乐十八年（1420）郑和写的题记说：“大明国奉佛信官太监郑和，法名福吉祥。……凡奉命于四方，经涉海洋，常叨恩于三宝。自他俱利答报，四恩均资，三界有法，有情同缘种智者。”《优婆赛戒经》卷7后的题记也说：“（郑和）累蒙圣恩，前往西洋等处公干，率领官军宝船，经由海洋，托赖佛天护持，往回有庆，经置无虞。常怀报答之心，于是施财，陆续印造大藏尊经，舍入名山，流通诵读。”据邓之诚《骨董琐记全编·骨董三记》记述，郑和从明永乐五年（1407）至宣德五年（1430）的20多年里，先后造大藏尊经十一藏，舍入国内各大禅寺，如南京的灵谷禅寺、天界禅寺、静海禅寺、鸡鸣禅寺、牛首山佛窟禅寺、云南五华寺、福建长乐南山三峰塔寺、镇江金山禅寺、北京皇后寺等处流通供奉。①

郑和既信仰伊斯兰教又信仰佛教，在下西洋中起了积极的作用。

著名的明史专家吴晗先生指出：明朝政府选派郑和出使西洋，是因为“当时南洋的许多国家信仰回教，而郑和也是回教徒（但同时信仰佛教），选派这样的回教徒到信仰回教的地方去，就可以减少隔阂，办好事”②。郑和随行人员中信奉伊斯兰教的有马欢、郭崇礼、西安羊市大清真寺掌教哈三、泉州蒲寿庚后裔蒲日和、泉州清净寺伊玛目（教长）夏不鲁罕丁的次孙夏文南等。③

郑和信奉佛教，对所到过的佛教国家开展活动时，发挥了积极的作用。郑和在出使途中，每到一个佛教国家，就向寺院施舍财物。锡兰（今斯里兰卡）是一个佛教国家，永乐七年（1409）郑和第二次下西洋途经锡兰山，向当地寺庙布施金银钱币、丝绢、铜香炉和烛台等物，立《布施锡兰山佛寺碑》，刻有汉文、泰米尔文和波斯文三种文字，该碑现在仍保存在斯里兰卡科伦坡博物馆。郑和这一友好行动受到当地居民的欢迎。

---

① 宫慧如：《郑和的宗教信仰与出使条件考析》，载《郑和研究论文集》第一辑，第270页。

② 转引自宫慧如：《郑和的宗教信仰与出使条件考析》，载《郑和研究论文集》第一辑，第271页。

③ 黄秋润：《浅析〈敕谕〉保护伊斯兰教与郑和的关系》，载《郑和研究》，1999年第4期。

二、郑和来泉州圣墓行香

伊斯兰教徒在海上航行时祈祷真主护佑，或在谢赫阿布·伊斯哈格墓前祈祷、或举行祈风，郑和则到泉州灵山圣墓行香。

泉州通淮街清净寺创建于北宋大中祥符二年（1009），元至大三年（1310）重修，现存正门楼和礼拜大殿是元代重修的遗物。石砌墙上刻有阿拉伯文《古兰经》，其中有祈祷真主护佑海上航行的内容。如刻《古兰经》第31章《鲁格曼》第31节经文："难道你不知道吗？船舶在海中带着真主的恩惠而航行"；第32节经文："当山岳般的波涛笼罩他们的时候，他们虔诚地祈祷真主"①。

有的穆斯林在谢赫阿布·伊斯哈格墓前祈祷许愿。《伊本白图泰游记》记载：

> 他们诵读《古兰经》和赞词，并为来客在谢赫阿布·伊斯哈格的墓前祈祷，只要安拉允许，就会如愿以偿。这位谢赫阿布·伊斯哈格甚受印度和中国人的崇敬。中国的乘客们，习惯在气候骤变或担心海盗时，便对阿布·伊斯哈格许愿，把每人所许的愿记录下来，一俟安抵大陆，道堂的仆役到船上来取，凡从中国或印度来的商人都会有几千个第纳尔的许愿金。②

伊本白图泰所记载的中国和印度的穆斯林在阿布·伊斯哈格墓前祈祷，保佑航海平安。在船上遇到气候骤变或担心遇到海盗时，也会向阿布·伊斯哈格许愿，祈求保佑。当船舶安抵大陆时，就要向道堂的仆役交纳许愿金。阿布·伊斯哈格，库法人，伊斯兰教什叶派的创始人。他们相信穆罕默德为神灵和先知。

① 陈达生：《宋元时期泉州穆斯林祈风祭海之踪迹》，载《海交史研究》，1986年第1期。

② ［摩洛哥］伊本白图泰：《伊本白图泰游记》，马金鹏译，宁夏人民出版社，1985年，第172页。

广州是唐宋时期重要的贸易港口，许多外国人留居广州，他们把所在国的宗教信仰和风俗习惯带来我国。广州就有外国伊斯兰教徒在怀圣寺祈风的记载。南宋方信孺《南海百咏》载：

> 番塔，始于唐时，曰怀圣塔，轮囷直上，凡六百十五丈，绝无等级，其颖标一金鸡，随风南北。每岁五六月，夷人率以五鼓登其绝顶，叫佛号，以祈风信，下有礼拜堂。①

岳珂的《桯史》亦云：“后有窣堵坡，高入云表，式度不比它塔……岁四五月，舶将来，群獠入于塔，出于窦，啁哳号呼，以祈南风，亦辄有验。”②

郑和在永乐十五年（1417）第 5 次下西洋时，曾到泉州灵山圣墓行香，祈求圣灵庇佑，且立碑为记。碑文云：

> 钦差总兵太监郑和前往西洋忽鲁谟厮等国公干，永乐十五年五月十六日于此行香，望灵圣庇佑。镇抚蒲和日记立。

关于郑和到泉州灵山圣墓行香一事，清嘉庆二十三年（1818）福建全省陆路提督军门漳州总镇西蜀马建纪撰的《重修温陵圣墓碑记》载：“明永乐钦差太监郑和前往忽鲁谟斯，行香于此，蒙其保佑，立碑记。”同治十年（1871）提督福建全省陆路军务执勇巴图鲁盐亭江长贵撰的《重修泉州灵山回教先贤墓碑》也载：“明永乐钦差太监郑和出使西洋，道此蒙庇，曾立碑记。”

灵山圣墓是唐武德年间（618—626）伊斯兰教门徒的墓，何乔远《闽书》载：

---

① （宋）方信孺：《南海百咏》卷 1，《番塔》。

② （宋）岳珂：《桯史》卷 11，《番禺海獠》，中华书局，1981 年，第 126 页。

自郡东南折而东，遵湖冈南行为灵山。有默德那国二人葬焉，回回之祖也。回回家言：默德那国有吗喊叭德圣人，生隋开皇元年，圣真显美，其国王聘之，御位二十年，降示经典，好善恶恶，奉天传教，日不晒暴，雨不湿衣，入火不死，入水不溺，呼树而至，法回而行。门徒有大贤四人，唐武德中来朝，遂传教中国。一贤传教广州，二贤传教扬州，三贤、四贤传教泉州，卒葬此山。然则二人，唐时人也。二人自葬是山，夜光显发，人异而灵之，名曰圣墓，曰西方圣人之墓也。①

灵山圣墓是西方圣人之墓，即伊斯兰教先贤之墓，郑和到此行香，祈求圣灵庇佑。正如中国穆斯林在阿布·伊斯哈格墓前祈祷一样，为祈求穆罕默德先知的庇佑。

明朝建立后，朱元璋首先提出对西域和海外各国不使用武力或以武力相威胁，主张实行“厚往薄来”的政策，在经济上对西域及海外各国大加赏赐，派遣使臣到西域及海外各国发展友好关系。

明成祖即位后，社会生产力快速发展，国力强盛，更加积极开展广泛友好外交活动。郑和下西洋是明朝最重要的友好外交活动，在政治上建立和发展同东南亚、南亚、西亚和非洲的友好关系，密切了中外经济文化的往来，开创了世界航海史的新篇章。

明朝统治者对外采取友好的外交政策，对国内的伊斯兰教采取利用和保护的政策。明太祖朱元璋即位之初，即亲撰《至圣百字赞》，称赞伊斯兰教和穆罕默德。明成祖下敕谕保护伊斯兰教。泉州清净寺有《敕谕》石刻，全文如下：

敕谕

大明皇帝敕谕米里哈只。朕惟能诚心好善者，必能敬天事上，劝率善类，阴翊皇度。故天赐以福，享有无穷之庆。尔米里

① （明）何乔远：《闽书》卷7，《方域志》，福建人民出版社，1994年，第165-166页。

哈只，早从马哈麻之教，笃志好善，导引善类，又能敬天事上，益效忠诚，眷兹善行，良可嘉尚。今特授尔以敕谕护持。所在官员军民一应人等，毋得慢侮欺凌。敢有故违朕命，慢侮欺凌者，以罪罪之。故谕

永乐五年五月十一日

该敕谕有书卷一幅，原藏扬州回回堂伊玛目兰晓阳家，现藏北京民族文化宫，全长1.03米，宽0.72米，用汉文、蒙文、波斯文三种文字书写。朱江先生认为："米里哈只其人，曾经于公元十五世纪初叶，拿着永乐皇帝的这封《敕谕》，沿着淮南运河北上西安，又沿着江南运河南下到泉州，至今在西安与泉州的清真寺里都留有这封《敕谕》的刻石。"① 除了西安与泉州清净寺有永乐《敕谕》石刻外，在福州清真寺也发现有《敕谕》石刻②，只是个别文字略有不同。

三、郑和奏修泉州等地天妃宫

郑和下西洋时曾奏令福建镇守官修建泉州天妃宫，此事在泉州地方志中均有记载。万历《泉州府志》载：

永乐五年，使西洋太监郑和奏，令福建守镇官重新拓之，而宫宇益崇。③

乾隆《泉州府志》亦载：

永乐五年，以出使西洋太监郑和奏，令福建守镇官重新其庙。自是节遣内官及给事中、行人等官，出使琉球、暹罗、爪

① 朱江：《海上丝绸之路的著名港口——扬州》，海洋出版社，1986年，第103页。
② 陈达生：《泉州伊斯兰教石刻》，宁夏人民出版社、福建人民出版社，1984年，第7页。
③ 万历《泉州府志》卷24，《坛庙》。

哇、满剌加等国，率以祭告祈祷为常。①

海神妈祖是古代航海者祈求保佑的主要神祇。古人驾着木船，凭借自然风力，依靠信风航行，海上风云变幻莫测，经常有遭到风浪等自然灾害而葬身大海的危险，航海的安全成为航海者的一个主要问题。当时对天气的变化不能完全掌握，于是就把希望寄托于神灵的保佑。

海神妈祖姓林名默，莆田湄洲屿人。她经常为老百姓行医看病，在海上抢救遇险的渔民等。世代以渔业为生的湄洲屿人民，经常在海上遇到风险，只要高声呼唤妈祖的名字，她就会赶来救援。北宋天圣年间（1023—1032），在妈祖的故乡湄洲首先建祠敬奉妈祖。庆元二年（1196），在当时主要对外贸易港口泉州建立天妃宫。南宋首都杭州市舶司侧也建顺济圣妃庙，奉祀天妃。沿海各地的渔民和航海者把妈祖奉为海上的保护之神。在我国漫长的海岸线上，北起丹东、秦皇岛、天津、烟台，南到上海、宁波、福州、广州、澳门等地，都建有天妃宫，甚至内地的景德镇、贵州镇远、湖南芷江等地，也建有天妃宫。随着海外交通的发展，华侨的外出谋生，妈祖信仰也传播世界各地，朝鲜、日本、越南、新加坡、菲律宾、印尼等国也建有天妃宫。

海神妈祖不但得到航海者的奉祀，而且受到统治阶级的封号褒扬。北宋宣和五年（1123）封顺济夫人，绍熙三年（1192）晋封灵惠妃，元至元十八年（1281）封天妃，清康熙十九年（1680）封天上圣母，康熙二十三年（1684）封天后。宋宣和四年（1122）路允迪奉使高丽，中途遇风，八舟七溺，独路允迪所乘舟神降于樯，平安归来，奏闻朝廷，赐妈祖顺济庙号。此后凡从海路出使的使节都要到天妃宫祭祀，并且在使船上敬奉天妃。

郑和所处的明代，中国的造船技术更加进步，航海经验更加丰富，但在海上航行仍然经常受到风浪的袭击而船沉人亡。祈求神灵保佑是郑和完成下西洋的精神支柱，郑和既乞求伊斯兰教的保佑，也乞求佛教的保佑，

① 乾隆《泉州府志》卷16，《坛庙·寺观》。

同时乞求海神妈祖等神灵的保佑。

郑和下西洋前，沿途要祭祀天妃，平安归来后要酬谢天妃。

郑和使古里、满剌加诸番还，言神多感应。永乐五年（1407），新建南京龙江天妃庙成，遣太常寺少卿朱焯祭告。永乐七年（1409），郑和第三次下西洋，内官尹璋往榜葛剌国公干，祷神求显应。遣郑和与太常寺卿朱焯诣湄洲山致祭，加封天妃为护国庇民妙灵昭应弘仁普济天妃。

永乐五年（1407），郑和责令福建镇守官重修泉州天妃庙。永乐十三年（1415），郑和奏建福建长乐南山行宫、天妃宫、三清观，以为官军祈报之所。永乐十七年（1419），郑和第六次下西洋归来后，为报答天妃灵佑之功，重修南京仪凤门外天妃宫。据郭汝霖《广石庙碑记》载，长乐广石天妃庙“旧传自永乐内监下西洋时创焉”。

宣德五年（1430），郑和出使西洋，舟师泊于娄东刘家港天妃祠下，思昔数次皆仗神明护佑之功，修饰天妃宫。宣德六年（1431），郑和率领兴平三卫指挥千百户并府县诣湄洲屿买办木石修整庙宇。

随同郑和下西洋的官军，因受天妃庇护，回到驻地立天妃宫。如福建邵武天妃宫即永乐间邵武卫官军从郑和下西洋，舟楫颠危，赖神以济，归后立庙。

郑和把下西洋的经过立碑于天妃宫：永乐十四年（1416），明成祖御制《弘仁普济天妃宫碑》立于南京天妃宫，对天妃护佑“遣使敷宣教化于海外诸番国”加以褒扬；宣德五年（1430），郑和立《娄东刘家港石刻通番事迹碑》于刘家港天妃宫；宣德六年（1431），立《天妃之神灵应记》于长乐天妃宫。

上述三碑是研究郑和下西洋的重要资料。《天妃之神灵应记》详细记载郑和下西洋的史实，其内容可补明史之不足。碑文记载郑和下西洋的时间和前六次航海经历、宝船船只、人员编制、修船设备等。碑文所列内官：正使郑和、王景弘，副使李兴、朱良、周茂、洪保、杨真、张达、吴忠，都指挥朱真、王衡，可补《明史》之疏略，且可知郑和和王景弘都是正使。

郑和屡次祭祀天妃，修建天妃宫，把下西洋的经过立碑于天妃宫，这是因为海神天妃是当时航海家的精神支柱，又是顺应下西洋水手和兵士等众人信仰海神天妃的心理，仰求神佑，以辅人力，以达到民众对下西洋的支持。

四、郑和到泉州的目的

泉州是历史悠久的文化古城，中世纪著名的国际贸易大港，世界各国的商人、旅行家、僧侣及各行各业的外国人汇集于此，带来了佛教、伊斯兰教、基督教、印度教、摩尼教和犹太教文化，他们和中国本土的儒教、道教、民间信仰互相辉映，故有“世界宗教博物馆”之誉。

郑和到泉州除进行宗教活动，到灵山圣墓行香，到天妃宫祭祀海神妈祖外，也有物色各方面的人才、采购物品等目的。

郑和第四次下西洋初次到忽鲁谟斯（今伊朗），在以后的下西洋中，越过了忽鲁谟斯到达阿拉伯半岛，甚至远到非洲东岸的木骨都束（今索马里）、麻林地（今肯尼亚）等。阿拉伯半岛和东北非是伊斯兰教盛行的地区。泉州是伊斯兰教圣地，宋元以来，许多阿拉伯人来泉州贸易，有的居留泉州与本地人通婚。泉州有许多通晓阿拉伯语言、文字、了解阿拉伯国情民俗的人。为了友好地访问这些伊斯兰国家，因此到泉州来物色这方面的通事等人才。

泉州海外交通发达，泉州人到世界各地经商，拥有一批熟悉西洋航路和熟练掌握航海技术的人才和修造船舶的匠师。郑和到泉州来物色这方面的人才充实其下西洋的队伍。

泉州是大宗货物的集散地，泉州生产质美价廉的瓷器、丝绸、茶叶等，郑和到泉州来采购货物，作为赠送沿途各国的礼品。

原载《郑和下西洋与福建》，福建人民出版社，2004 年。

海上丝绸之路与泉州多元文化

海上丝绸之路是连接东西方的通道，也是沟通人类物质文明和精神文明的重要通道。泉州是海上丝绸之路的起点之一，它在中世纪世界文明交流史上占有突出的地位。泉州文化体现了多元文化的特点，本文拟从舟船文化与闽越文化，多种宗教信仰并存与多元文化，海外交通著作与海洋文化等方面加以论述。

一、舟船文化与闽越文化

泉州造船历史悠远。早在春秋战国时期，福建先民“水行而山处，以船为车，以楫为马，往若飘风，去则难从”①。隋唐时期，南方沿海的扬州、福州、泉州、广州与交州是著名的海船建造基地。福建造的海船，一艘可容数千石。唐代我国海船具有船身巨大，结构坚固，载重量大，抗风力强的特点。

宋元时期，泉州造船业发达，宋人谢履《泉南歌》云：“州南有海浩无穷，每岁造舟通异域。”② 泉州是当时重要造船基地之一。民营造船业也很发达，“漳、泉、福、兴化，凡滨海之民所造舟船，乃自备财力，兴贩牟利”③。泉州还造了许多战船。《太平寰宇记》将“海船”列为泉州土产

① （汉）袁康：《越绝书》卷8。

② （宋）王象之：《舆地纪胜》卷134，《福建路·泉州》，泉州地方志编纂委员会办公室《泉州方舆辑要》，1985年，第58页。

③ 《宋会要辑稿》，刑法二之一三七。

上贡。福建、泉州所造海船质量居全国之首。宋人吕颐浩云："南方木性与水相宜，故海舟以福建船为上，广东、西船次之，温、明船又次之。"[①]北方金朝人也来请福建人打造战船。宋朝时朝廷经常派人到福建招募海船和舟师。建炎三年（1129）春，监察御史林之平奉命至福州、泉州招募海船，当年十月即有大舟自闽中至（明州海域）者 200 余艘。[②]

元代，泉州仍然是全国的造船中心，至元十六年（1279），以征日本，敕扬州、湖南、赣州、泉州四省造船 600 艘；至元十七年（1280），福建行省移泉州，造船 3 000 艘，敕耽罗发材木给之；至元十九年（1282），敕平滦、高丽、耽罗及扬州、隆兴、泉州兴造大小战舰 3 000 艘等。至元二十九年（1292），元世祖忽必烈命泉府司太卿亦黑迷失、福建行省左丞高兴等，率海船 500 艘，军士 2 万人（实际 5 千人），由泉州港出发，远征爪哇。至元二十八年（1291）意大利旅行家马可波罗奉忽必烈之命，护送阔阔真公主远嫁波斯。忽必烈下令"备船十三艘，每艘具四桅，可张十二帆"，从泉州扬帆起航，这些四桅大船是泉州建造的。[③] 摩洛哥旅行家伊本白图泰说："大船有十帆至少是三帆……每一大船役使千人"，"此种巨船只在中国的剌桐城建造，或在隋尼凯兰即隋尼隋尼（广州）建造"[④]。

宋元时期，泉州所造的海船，无论从坚固性、稳定性、适航性，特别是水密隔舱的安全设施，可增强海船的抗沉性能，加强船体的坚固性，在当时世界造船业中，都是先进的技术。1974 年泉州湾后渚港发掘的宋代海船，为研究当时先进的造船技术提供了宝贵的实物资料。

泉州舟船文化源远流长，宋元时期，泉州造船业的发达，是传承闽越人善于造船和水上交通的优良传统。

闽越族是我国古代东南百越地区族群的一支，其聚居地以福建为主，兼有浙南、赣东、台湾等地。闽越"处溪谷之间，篁竹之中，习于水斗，便于用船"。闽越人是一支善于造船和水上交通的民族，他们所造和使用

---

① （宋）吕颐浩：《忠穆集》卷 2，《论舟楫之利》。

② （宋）李心传：《建炎以来系年要录》卷 30。

③ 陈延杭：《〈马可波罗游记〉中剌桐海船的探讨》，载《海交史研究》，1992 年第 2 期。

④ 马金鹏译：《伊本白图泰游记》，宁夏人民出版社，1985 年，第 486 页。

的船主要有独木舟、舠鹩船、方舟、戈舟、楼船、舲等。舠鹩船，《越绝书》云："越人呼船为须虑长，即舠鹩也。"《正字通》载："船小而长曰舠鹩。"据《太平寰宇记》载："船头尾尖高，当中平阔，冲波逆浪，都无畏惧，名曰了鸟船。"

舠鹩船外形酷似鸟，一方面因古越人对鸟的崇拜，另一方面是古越人观察水鸟在水面浮游的形态，参拟造船。其船体如鸟，头狭尾宽，桨橹在后部推进。从镎于、铜提筒和铜鼓等青铜器上的船纹看，船头画有鸟的眼睛，有羽人操船和作战，船上有鸟的纹饰，这些都可以看到舠鹩船的踪迹。①

舠鹩船适航于我国南方，后代仍延续使用。《梁书》载："及王师次于南洲，贼帅侯子鉴等率步骑万余人于岸挑战，又以鹩舠千艘并载士，两边悉八十棹，棹手皆越人，去来辄袭，捷过风电。"直到宋代，福建泉州沿海仍使用舠鹩船。后来的福船和广船的尖底船便于在海上航行，应是受舠鹩船的影响。

二、多种宗教并存与多元文化

泉州海外交通发达，是海上丝绸之路的起点，外国商人、旅行家、僧侣等汇集于此，带来了佛教、伊斯兰教、基督教、印度教、摩尼教、犹太教等，它们和中国本土的道教、民间信仰等共同并存，相互辉映。

佛教通过海上丝绸之路进行传播。首先到泉州弘法的是南朝时印度高僧拘那罗陀。他应梁武帝之请，泛海到广州，然后到建业（南京），又到南安丰州延福寺翻译《金刚经》。唐时来泉州弘法的有印度高僧智亮。北宋雍熙间（984—987），天竺僧人罗护那航海至泉州，在城南建宝林院。

伊斯兰教在唐朝武德年间传入泉州，三贤四贤圣墓至今犹存。宋元时期，许多阿拉伯人来泉州，于北宋大中祥符二年（1009）在泉州通淮街创建清净寺，到元朝，泉州有清净寺六七座。

① 陈延杭：《古越族的舟船文化与中华木帆船的形成》，载《海交史研究》，1991年第2期。

基督教分别沿陆路和海路传入泉州。陆路从北京沿运河南下，海路沿海上丝绸之路东来。元代泉州有也里可温（景教）兴明寺，大德十年（1306），吴咹哆呢嗯为管领泉州路也里可温掌教官兼兴明寺住持。方济各会由约翰·孟德高维奴在1294年传入北京，然后由他派驻剌桐主教。派驻剌桐的主教有哲拉德、裴莱格林、安德烈·佩鲁贾、詹姆思、佛罗伦斯和小级教僧人威廉·甘勃尼。1322年，意大利方济各会士鄂多立克从海路到中国，在广州登陆，再到泉州。元代泉州有方济各会教堂三所，一所为亚美尼亚妇人出资所建。

印度教在北宋之后由海路传入泉州。泉州印度教属南印度湿婆派，建有规模宏大的寺院——番佛寺。泉州发现印度教石刻300多方，有各种故事石刻、龛状石、神像、神殿台基石及各种形式的柱头、柱础、梁楣、门楣、门框石、须弥座等。

摩尼教在唐会昌年间（841—845）由呼禄法师由中原传入泉州。宋元时期，福建成为摩尼教的活动中心，摩尼教也从海上丝绸之路传入泉州，泉州草庵摩尼教寺是世界珍贵的摩尼教遗迹。

宋元时期，泉州有犹太教，1326年泉州方济各会主教安德鲁给罗马教皇的报告中说："犹太人及萨拉森人改信吾教者至今无一人。"

外来宗教与本土宗教在泉州并存，体现泉州文化的多元化特点。许多外来宗教与本土宗教中的神灵成为海上丝绸之路的保护神，这又是泉州宗教文化的特点。

船在江河湖海上航行，为了保证航行安全，船民信奉船神。后来，行船者及商旅多杂祀水神、地方神等。有的外来宗教也成为保护航行安全的神灵。

观音菩萨是位大慈大悲、救苦救难的菩萨。观音能"祈晴祷雨，逐疫驱瘟。八闽有活佛之称，重绎救波臣之厄，固已灵昭中外，福披人天矣"①。

---

① 《安平志》（校注本）卷8，《寺庙志·龙山寺》，郑怀陔《重修安海龙山寺后殿疏》，中国文联出版社，2000年，第272页。

观音有护航的功能。“宋朝李邴得李伯时观音画像、苏轼书《普门品》，系之赞偈者以荐先，募刻印施之。临江士人胡克中得其归，舟值风，绝矴，惧覆溺，胡夜起发经诵祈护，俄而恍惚，若有胡僧登舟，麾一赤晴马，去之者，舟遂定，旦视他舟，或不免也。胡乃复求本，广施文，以报冥护。”①

观音也作为护港神，在中外港口建庙奉祀。在印度尼西亚巨港附近曾发现青铜制和圆雕的观音像。在苏门答腊中部岛上的太巴奴利发现刻有公元1024年款识的青铜观音像。当地居民把观音作为护港神来崇拜。② 徐兢《宣和奉使高丽图经》载：梅岑宝院灵感观音殿，“海船往来，必诣祈福，无不感应”③。绍熙五年（1194）十月，宋朝福州僧人法信“诣泉州海岸礼观世音”④。这些都说明，人们把观世音作为护港神奉祀。

伊斯兰教徒在海上航行时祈祷真主保佑，或在谢赫阿布·伊斯哈格墓前祈祷、或到泉州圣山圣墓行香、或举行祈风等。

泉州涂门街清净寺，创建于北宋大中祥符二年（1009），元至大三年（1310）重修，现存正门楼和礼拜大殿是元代重修的遗物。石砌墙上刻有阿拉伯文《古兰经》，其中有祈祷真主护佑海上航行的内容。如刻《古兰经》第31章〈鲁格曼〉第31节经文“难道你不知道吗？船舶在海中带着真主的恩惠而航行”。第32节经文“当山岳般的波涛笼罩他们的时候，他们虔诚地祈祷真主”⑤。

有的穆斯林在谢赫阿布·伊斯哈格墓前祈祷，对他许愿，保佑航海平安。在船上遇到气候骤变或担心遇到海盗时，也会向阿布·伊斯哈格许愿，祈求保佑。当船舶平安抵达时，就要向道堂的仆役交纳许愿金。阿布·伊斯哈格，库法人，伊斯兰教什叶派的创始人。他们认为穆罕默德为

---

① （元）释大圭：《紫云开士传》卷1，《释法宣》，上海辞书出版社，2011年，第70页。

② 张维持：《从出土陶瓷论证古代中国与马六甲海峡的交通》，载《古陶瓷研究》，1982年第一辑。

③ （宋）徐兢：《宣和奉使高丽图经》卷34，《海道一》，见杨渭生等编：《十至十四世纪中韩关系史料汇编》上册，学苑出版社，1999年，第132页。

④ （宋）洪迈：《夷坚三志》己卷2，《福僧法信》。

⑤ 陈达生：《宋元时期泉州穆斯林祈风祭海之踪迹》，载《海交史研究》，1986年第1期。

神灵和先知。

明朝伟大的航海家郑和下西洋时，曾到泉州伊斯兰教圣墓行香，祈求圣灵庇佑航海平安。伊斯兰教徒到灵山圣墓祈求航海平安由来已久，郑和下西洋特地到此寻求庇佑。

广州是唐宋时期我国重要的贸易港口，许多外国人侨居广州，他们把所在国的宗教信仰和风俗习惯也带来我国。广州的伊斯兰教徒在怀圣寺番塔举行祈风，每年四五月，登塔顶，“叫佛号”“啁唽号呼”，应即颂《古兰经》，以祈南风，祈求航海平安。

海南岛的昭应庙，又名番神庙，往来船只祭祀，祀忌猪肉。洪武三年（1370），同知乌肃以“能御灾捍患，请敕封为新泽海港之神”①。番神庙，其神名舶主，祭祀忌猪肉，应系伊斯兰教徒，成为护港之神。

道教是中国土生土长的宗教，它形成于东汉末年，源于古代的巫术和秦汉时的神仙方术。道教是多神教，认为万物有灵，它接受古人信仰的天神、地祇、人鬼，加上神仙系统，又吸收儒家的先王圣贤和佛教的阎王鬼卒，形成庞杂的神道系统。

航行于海上的人们，祈求道教诸神的保佑。奉使外国的使节，沿途要到龙王祠降香，宣祝文，投符箓。如徐兢奉使高丽时，“先时派中使武功大夫容彭年建道场于总持院七昼夜，仍降御香，宣祝于显仁助顺渊圣广德王祠”。行至海驴礁时，“使副具朝服，与二道官望阙再拜，投御前所降《神霄玉清九阳总真符箓》，并《风师龙王牒》《天曹直符》《引五岳真形》与《止风雨》等十三符讫”②。然后张篷而行。

玄天上帝信仰源于古代的星辰崇拜与动物崇拜，汉代衍变为北方之神，到宋代出现玄武人格化的图像，“披发黑衣，杖剑蹈龟蛇，从者执黑旗”③。玄天上帝信仰者把它视为海神、水神、地方守护神，传说它能治病、救灭火灾、旱能降雨、能保佑舟楫平安。

---

① 《古今图书集成·方舆编职方典》卷1380，《琼州府部》。

② （宋）徐兢：《宣和奉使高丽图经》卷34，《海道一》。见杨渭生等编：《十至十四世纪中韩关系史料汇编》上册，第132页。

③ （宋）赵彦卫：《云麓漫钞》卷9，中华书局，1996年，第148页。

宋朝时，泉州海外交通发达，海外贸易兴盛，为祈求船舶顺风平安，市舶司官员和地方官既到九日山通远王庙祈求顺风，也到法石真武庙望祭海神，同时祈求妈祖保佑。

道教祈求的海上保护神，从《顺风相送》中的《地罗经下针神文》和《指南下法》中的《定罗经中针祝文》中可见其神之多。他们敬请诸多神灵，乞求保护船只财产，金珠财宝满船盈荣，乞求顺风，海道平安，往回大吉，希望暴风疾雨不相遇，暗礁沉石莫相逢。

民间信仰神灵庞杂繁多，功能众多，信徒广泛，许多民间信仰成为海上保护神。

妈祖，姓林名默，福建莆田湄洲人，生于北宋建隆元年（960）三月二十日，卒于雍熙四年（987）九月初九日。她经常拯救海上遇险的船只，为乡亲行医看病，死后尊奉为神。沿海各地的渔民和航海者把妈祖奉为航海保护神，而且奉为行走在江河湖的保护神，随着华侨和商人的足迹，妈祖信仰传播到世界各地。随着海外交通的发展，海外贸易成为国家重要的财政收入，统治阶级为了巩固政权，对妈祖不断赐封，妈祖的神格不断提高，从地区性海神上升为全国性海神。

泉州地方性海神通远王，据《闽书抄》载：神永春乐山隐士也。居乐峰，后仙去，著灵响。人祠之呼翁爹。唐咸通中，九日山建寺，得其帮运木材，建灵岳祠神运殿奉祀，宋封通远王，赐额昭惠，成为地方保护神，大旱时郡守向他祷雨；又是海神，“吾泉以是德公为多，凡家无贫富贵贱，争像而祀之，惟恐其后。以至海舟番舶，益用严格。公尝往来于烈风怒涛间，穆穆瘁容于云表。舟或有临于艰阻者，公易危而安之，风息涛平，舟人赖之以灵者十常八九”[①]。宋朝泉州市舶司官员、地方官和民间航海者，在通远王庙举行祈风典礼，祈求保护航海平安。

航海者将民间信仰神祇请到船上供奉，保护航海平安。

顺正王，姓黄（一作王）名志，广东潮阳人，宋嘉定十三年（1220）

① 《安平志》（校注本）卷 8，《寺庙志·昭惠庙》；王国珍：《昭惠庙记》，中国文联出版社，2000 年，第 278 页。

显化于青阳石鼓山，里人建庙奉祀。明永乐中，里人有从中官郑和下西洋者，奉香火以行，舟次恍惚，见其灵助。郑和还朝后奏闻，敕封顺正王。①

普庵祖师，名印肃，宋袁州宜春人。他以独特禅风和生前消灾除病灵验脍炙人口而深受景仰崇奉。闽台等地均有普庵信仰，“大致江南，尤其是江西、福建一带有普庵禅师的信仰，相传江海船舶供奉普庵可免灾厄”②。

宋泉州纲首朱舫，舟往三佛齐国，请莆田祥应庙神“之香火而虔奉之。舟行神速，无有艰阻，往返曾不期年，获利百倍。前后有贾于外番者，未尝有是，咸皆归德于神，自是商人远行，莫不来祷”③。

有的地方把王爷信仰中的萧太傅作为海上保护神、船神供奉。在泉港区萧厝，出海的船只都挂萧太傅令旗，这样可以保佑海上航行平安。④

三、海外交通著作与海洋文化

中世纪的泉州是世界贸易大港，中外商人、旅行家、传教士等云集于此，他们不仅进行商品交易、科技、文化、宗教交流，而且有许多重要的海外交通著作在此问世，有许多西方游记记录了泉州港的兴盛繁荣。

在泉州问世的海外交通著作，作者或询诸商人，或亲历海外。这些著作，记载海外国家的物产、风土人情、中外贸易，总结航海经验，为研究海外交通史、外国历史提供了重要的参考资料。同时，许多外国旅行家、商人、传教士到中国许多城市，包括泉州，他们的著作对西方了解神奇的东方，对研究中世纪世界史，中外关系史具有参考价值。

意大利旅行家马可波罗（1254—1324）于1271年随其父亲、叔父经两河流域，伊朗高原，越帕米尔而东来，1275年到达上都，得到元世祖忽必烈的信任重用，先后仕元十七年，游历几遍中国。1292年，马可波罗奉

① 乾隆《泉州府志》卷65，《方外》。
② 吴永猛：《澎湖宫庙小法的普唵祖师之探源》，载（台湾）《慧炬》，第354期（1993年）。
③ 蒋维锬：《莆田〈祥应庙记〉碑述略》，载《海交史研究》，1994年第1期。
④ 萧德清：《萧厝人敬奉萧太傅》，载《泉州道教文化》，1995年第8、9期。

命护送阔阔真公主远嫁波斯，从泉州港启航，经苏门答腊、印度等地到达波斯。1295 年回到家乡威尼斯。1298 年，在威尼斯与热那亚战争中被俘，于狱中口述东方见闻，由同狱作家鲁思梯谦笔录成书，叫《东方见闻录》即《马可波罗游记》。它第一次向欧洲人揭开了神奇的东方世界之谜，打开了中古时代欧洲人的视野，激发了一代又一代西方航海家、旅行家、商人、传教士等对东方世界的向往。同时也是研究我国元朝历史和地理、研究 13 世纪中国造船文明与航海文明的重要史籍。

《马可波罗游记》记载：刺桐（泉州）是世界最大港口之一，这里船舶往来如梭，大批商人云集，货物堆积如山，德化瓷器物美价廉。

伊本白图泰（1303—1377）是中世纪伟大的穆斯林旅行家。他出生于摩洛哥的丹吉尔，21 岁时去麦加朝圣，开始了周游各国的旅行，他曾三次出游、四访麦加，行程达 12 万千米，历时 28 年。1346 年，他以印度苏丹使者的身份来我国广州、泉州、杭州和元大都等地游历，考察了中国的民情风俗。伊本白图泰将旅途的奇闻讲给人听，他死后由穆罕默德·伊本·朱赞·凯洛比记录成《伊本白图泰游记》。它对研究中世纪世界史、蒙古史、中亚史、中外关系史有重要参考价值。

《伊本白图泰游记》记载：泉州是世界最大港之一，港内停有大艟克约百艘，小船多的无数。他看到驰名中外的刺桐缎和瓷器等。

到泉州游历考察并留下游记有还有：意大利鄂多立克的《鄂多立克东游录》，意大利马黎诺里的《马黎诺里游记》等。他们对研究中世纪中西交通史和蒙古史，以及泉州海外交通史有一定参考价值。

反映宋元时期泉州海外交通的重要著作有：宋叶廷珪的《海录碎事》《香录》、赵汝适的《诸蕃志》、元汪大渊的《岛夷志略》等。

叶廷珪，字嗣忠，瓯宁人。北宋政和五年（1115）进士，绍兴十八年（1148）以兵部郎中知泉州。叶廷珪在泉州任职期间，“为政清静简易”，编《海录碎事》，著《南蕃香录》。

《海录碎事》是一部中型的类书。它的特点是辑集群书中的“新奇事，未经前人文字中用者于一编，分门别类，标立词目，以便寻检”，是叶廷珪在四五十年间借书、读书、摘录而编成的。《海录碎事》中保留有唐宋市舶司情况和海外交通的宝贵资料。

《南蕃香录》，绍兴二十一年（1151）叶廷珪任泉州军州事兼泉州市舶司提举时撰。叶廷珪序云："余于泉州职事，实兼舶司，因蕃商之至，询究本末，录之以广异闻，亦君子耻一物不知之意。"它是研究海外交通史的参考资料。

福建路市舶司提举赵汝适在泉州期间，询问中外商人，参考有关图籍，写成《诸蕃志》。该书记载海外58个国家和地区的方位、山川、途程、风土、物产地，凡记载我国与这些国家的航线距离、日程、方位，多以泉州为基准，记载经泉州港进出口的商品，进口香料的应用及对泉州风俗的影响。

《岛夷志略》的作者汪大渊，江西南昌人，两次由泉州浮海至南洋诸国，归来后撰成《岛夷志略》，附于泉州地方志《清源续志》之后。该书记载220多个国家和地区的疆域、土产、风土人情以及经泉州港进出口的商品，泉州人到海外经商，外国人到泉州纹身等情况。

泉州文化是中华民族传统文化的组成部分，随着泉州海外交通的发展，中外经济的交流，泉州的文化体现出中外多元文化互相交流、互相推动、互相融合的特色。我们要继承中华民族优良的传统文化，从多学科、多角度进行综合研究，为泉州的经济建设服务。

原载李冀平等主编《泉州文化与海上丝绸之路》，中央文献出版社，2007年。

综述与评说

近年中国市舶司制度研究综述

对市舶司制度的研究，由来已久，日本藤田丰八的《宋代市舶司及市舶条例》和桑原骘藏的《蒲寿庚考》，是研究宋代市舶司的专著。最近陈高华、吴泰的《宋元时期的海外贸易》和其他一些论文也探讨了历代市舶司制度，但意见颇有分歧。现将近年有关研究情况作一简单介绍。

一、唐代市舶司建地及其他问题

唐朝，首先在广州设立市舶司。设置时间历来有不同看法。桑原骘藏认为，《天下郡国利病书》的说法绝不足信。“（顾）炎武虽为清代考证之祖，而喜为杜撰，每不可凭。此段之独樯舶、牛头舶等，明明剿袭《宋史》百八十六《食货志》下‘互市舶法’条。而贞观十七年云云，又《宋会要》绍兴十七年之记事也。以后为前，宁非大谬，况唐称道不称路。三路舶司之称，北宋末期以后始有之。遑论贞观哉”。（桑原骘藏著，陈裕菁译《蒲寿庚考》）。林萌《关于唐五代市舶机构问题的探讨》（《海交史研究》总第4期，1982年）一文说，桑原氏只是不同意顾炎武贞观十七年设市舶使的看法，并没有否认唐代已设市舶使。他曾多次提到唐代已设市舶使。至于设司的时间，据《新唐书》柳泽传，开元中市舶使周庆立献奇器，泽劾之。又据《册府元龟》云“柳泽开元二年为殿中侍御史、岭南监选使。会市舶使右威卫中郎将周庆立、波斯僧及烈等，广造奇器异巧以进”，桑原认为“是其事在开元二年，而其时已有市舶使，固甚明矣”。

关于唐朝市舶司的建地问题。林士民《古代的港口城市——宁波》，袁元龙、洪可尧《宁波港考略》，林瑛《明州市舶史略》（《海交史研究》总第3期，1981年）、林萌《关于唐五代市舶机构问题的探讨》，顾敦信《扬州在唐代国际交往中的地位》（《海交史研究》总第4期，1982年）、朱江《海上丝绸之路的著名港口——扬州》（海洋出版社，1986年）认为，唐朝泉州、明州、扬州已设市舶司。王冠倬《唐代市舶司建地初探》（《海交史研究》总第4期，1982年）则认为，唐代泉州、明州、扬州未设市舶司。

建司说依据有三：一是顾炎武《天下郡国利病书》；二是唐文宗大和八年上谕；三是民国版《同安县志》。朱江认为，一是大和八年上谕里有明确的记载，二是宋宝庆年间编撰的《四明志·叙赋下·市舶》里有唐代扬州"市舶使总其征收"的记载，又日本人圆仁所写《入唐求法巡礼行记》里"勾当日本国使"是淮南"节度使李相公"的下属。节度使领有市舶使的职事，"勾当大使"某种意义上说，和广州以右威卫中郎将周庆立为市舶使是属于同一个性质的问题。王冠倬则认为，顾炎武将《宋史》《宋会要》的材料作了某些更动而合并转引在《天下郡国利病书》中。在转引时，他把宋代海船状况写成唐代海船状况，把"绍兴十七年"错搞成"贞观十七年"，把时间一下子提前了五百余年，又把"先是绍兴十四年……故有是诏"一段删去，从而使人弄不清十七年下诏的由来。宋高宗诏书中说的三路市舶司指广东、福建、两浙三路，搬到唐代也是对不上号的。唐文宗大和八年谕中所说岭南、福建具体所指乃是广州和泉州。谕文进一步证实了广、泉、扬三地是外国商人来华贸易的重要场所。但是，有蕃商的活动并不等于一定设立市舶司。民国版《同安县志》说唐泉州曾建司，系转抄《天下郡国利病书》，虽然不符合历史事实，但总算有所依据；至于唐代在杭州也曾建置市舶司之说，则更无依据可言。《鄞县通志》的作者，在撰稿时做了手脚，删掉原文中标示特定地域概念的"汉扬州、交州之城，东南际海"一句，用移花接木将"海外杂国贾舶交至"的盛况归到明州城下，又进一步把广州设司改为在明州设司。

唐代广州市舶使的人选，藤田丰八认为多是宦官，并断定周庆立亦是宦官。桑原骘藏则认为宦官充任市舶使只是特殊情况。邓端本《唐代广州市舶管理的几个问题》（《岭南文史》1987 年 1 期）根据《资治通鉴》卷二二三胡三省注云“唐置市舶使于广州以收商舶之利，时以宦者为之。”苏莱曼《东游记》、《旧唐书》卢奂传、卢钧传等记载，广州市舶使一般多为太监充任，许多市舶使还是皇帝的心腹太监，只有在特殊情况下，才由节度使直接掌握市舶。即使由节度使掌握市舶，也必须与太监互相勾结。

关于唐代市舶管理中的禁榷制度问题。藤田丰八认为李肇《唐国史补》中“禁珍异”就是禁榷。邓端本认为唐代的市舶管理处于初级阶段，很不健全，其职责范围仅收税务、宫市、进奉和监督番商贸易。禁珍异，应是禁止奢侈品进口的意思，不是禁榷。舶货禁榷制度应始于宋太宗时期。

二、宋朝市舶制度的研究

宋朝先后在广州、杭州、明州、泉州、密州板桥镇等地设市舶司，在秀州华亭县和通惠镇、温州、江苏江阴县设市舶务或市舶场。广州市舶司举足轻重，设司最早。关于广州市舶司的设置时间，历来看法不一：有开宝二年说和开宝四年说。清代顾炎武《天下郡国利病书》认为：“宋太祖开宝二年置司于广州。”《宋史·食货志》载，太祖开宝四年“置市舶司于广州，后又于杭、明州置司”，开宝四年说中，设置月份也有分歧，《宋史》潘美传说：“（开宝四年二月）克广州，擒（刘）𬬮送京师，露布以闻，即日令美与尹崇珂同知广州兼市舶使”。而《续资治通鉴长编》则说：“（开宝四年六月）壬申，初置市舶司于广州，以知州潘美、尹崇珂并兼使，通判谢玭兼判官。”《宋会要辑稿》也认为“太祖开宝四年六月，令同知广州潘美、尹崇珂充市舶使，以驾部员外郎通判广州，谢玭兼市舶判官。”关履权《宋代广州的外商》（《学术研究》1985 年 2 期）认为，潘美克广州俘刘𬬮是开宝四年二月。开宝四年四月潘美、尹崇珂同知广州，未言及兼市舶使事，五月初三潘美等仍未兼任广州市舶使。《宋会要辑稿》《续资治通鉴长编》开宝四年六月说是可信的。宋朝如此迅速在广州建立市舶司，一方面说明了统治阶级对海外贸易的重视，另一方面说明广州对外贸易发达。近几年来研究广州市舶司的文章主要有：余思伟《广州市舶司的历史沿革及其在对外贸易中的作用和影响》(《海交史研究》总第5期1983年)、邓端本《唐代广州市舶管理的几个向题》《宋代广州市舶司》(《岭南文史》1987年1期、1986年1期)。

宋代泉州市舶司比广州、杭州、明州迟百年左右，其原因何在？傅宗文《宋代泉州市舶司设立问题探索》(《福建论坛》1983年3期）认为，北宋初至元祐二年的百余年间，因泉漳地区发生农民起义，朝廷实行严厉的禁榷法和舶货仓买制度，北宋政府和高丽关系冷淡，泉州至汴京陆路交通险阻。王安石变法派人物，市易司大臣吕嘉问反对在泉州设司，广、杭、明三州排斥泉州等原因。到哲宗元祐年间，泉州人口增长，工商业和海外资易发展，王安石变法被废，“元祐更化”开始，所以在泉州设司。陈高华《北宋时期前往高丽贸易的泉州舶商——兼论泉州市舶司的设置》(《海交史研究》总第2期1980年）认为，北宋泉州海商的贸易活动十分活跃，对于政府的市舶收入有很大的影响，新市舶法规只存于广州市舶一处，船舶“往复必使东诣广”，不利于泉州海商的贸易活动，也直接影响政府的市舶收入，所以在泉州增设市舶司。

漆侠《宋代市舶抽解制度》(《河南大学学报》1985年第1期）认为，宋代市舶司是开宝四年在广州建立的，但此后相当长时间对外舶未实行抽解，到太宗淳化二年才开始抽解，但各时期抽解办法不同：淳化二年“十分取二”，到真宗、仁宗时“十取其一”，神宗熙宁初年“十五取一”，宋徽宗崇宁以后恢复熙宁以前的“十取其一”，宋高宗绍兴六年以前的抽解是细色十取其二，粗色十五取一，绍兴十四年抽解四分，至绍兴十七年又恢复绍兴六年以前的制度。

蒲寿庚是宋末泉州市舶司提举，对泉州海外交通贸易的发展起过一定的促进作用，过去国内外学者据《宋史》“擅蕃舶之利三十年”之说，认为他在南宋提举市舶司三十年，陈自强《“蒲寿庚宋末提举市舶三十年”说考辨》(《中国史研究》1983年1期）就南宋委任市舶司的惯例和蒲寿宬卸梅州太守返回泉州的时间，考证了蒲寿庚在南宋出任市舶司不过7个月，实际上是在南宋擅蕃舶利30年。

三、元朝市舶司的研究

元朝市舶司的主要职掌是：管理海外贸易，对进口货物监督抽解，土货蕃货抽分有别，实行单抽和双抽。对单抽和双抽，王冠倬《元代市舶制度简述》（《中国历史博物馆馆刊》1979 年）认为："舶货进口要抽解，内地商人从海商手中购买舶货要再抽解，是为双抽。土产品无第一次之抽解，只在出卖时上税，所以是单抽。"孙文学《元朝市舶制度论》（《内蒙古大学学报》1987 年 1 期）不同意这种看法，认为"单抽是指粗货十五分取一、精货十分取一的制度，双抽是加倍征收，即粗货十五分取二以上（含十五分取二）、精货十分取二以上（含十分取二）的制度"。说"土产品无第二次抽解，只在出卖时上税"叫做单抽，是把"抽解"与"抽税"混为一谈，把双抽理解为二次之抽，单抽理解为一次之抽是不妥当的。抽分之外，另征舶税。舶税之征创于泉州，至元三年以后推行至其他市舶司。

四、明朝市舶制度的研究

明朝市舶司制度是唐宋元三朝市舶司制度发展变化而来。陈尚胜《论明代市舶司制度的演变》（《文史哲》1986 年 2 期）把明代市舶司制度分为前后两期，正德以前为前期，正德以后为后期。并论述了其特点：

排斥外国非朝贡商人来华贸易，排斥中国商人出海贸易。其进口货物，主要用做统治阶级上层的消费品。其消极影响是：一是海外贸易被官府垄断；二是私人航海活动遭禁止和扼杀；三是优惠的高价收买，增加了明王朝的财政支出。

正德初年，改革市舶司制度，这一时期与前期有许多不同的特点：第一，从原来单纯"怀柔远人"的政治目的转变为增加财政收入为主的经济目的。第二，由原来严格的官方贸易性质演变到一定的民间贸易性。其作用：一是海外贸易的发展，市舶司职能产生分解。市舶司机构保留了检验进出口船舶与征收关税的职能，奠定了清代海关制度的职能基础。二是由原来奢侈型进口结构变为以社会生活必需品为主的进口结构。三是从政治性向经济性转变，增加明王朝的财政收入。

关于太仓黄渡和交趾云屯市舶司问题。陈尚胜《明代设过多少市舶司机构？——〈明史〉标点本辨误》（《海交史研究》1985 年 1 期）指出，中华书局本《明史》载，洪武三年“罢太仓，黄渡市舶司”是错误的。太仓黄渡仅一市舶司。明初黄渡属太仓州，故云太仓黄渡市舶司。《明史》云：“设交趾云屯市舶提举司，接西南诸国朝贡者”。许多人认为是二市舶司，甚至说云屯为云南。其实云屯属交趾布政使司，故云交趾云屯市舶司，司设于永乐时期，云屯即今日越南广宁省锦普港，交趾市舶司之废，当在宣德二年。

关于广东市舶司是否迁移电白、澳门的问题。刘志伟《明代广东市舶司迁移电白、澳门说质疑》（《广东史志》1986 年 1 期）认为，说广东市舶司迁移电白、澳门是《明史》和《明实录》的错误记载。明代来广东贸易的外国船舶停泊的港口、岛屿主要分布在广州府属下的新宁至东莞一带沿海，其中正德、嘉靖年间，最重要的是香山县的浪白澳。电白县远离广州，交通极不方便，不可能成为互市的地点。而澳门是嘉靖三十二年葡萄牙人藉口水湿货物，借地晾晒，贿赂了海运副使汪柏之后，外国商船才获准进入澳门。《明史》系出自《明熹宗实录》，所谓“电白”，其实是“浪白”之误，修《明熹宗实录》的史官不知浪白为何地，就自作聪明将其改为电白，并加上高州。

关于浙江市舶司的裁革时间，陈尚胜《明代浙江市舶司兴废问题考辨》（《浙江学刊》1987 年 2 期）认为，嘉靖六年浙江市舶司暂时停罢，并没有裁革，根据日本方面的记载，嘉靖二十七、二十九年日本船只在宁波停留时，浙江市舶司曾多次发文，通知有关事宜。嘉靖时浙江市舶司时设时罢，到隆庆元年，最后裁革浙江市舶司。其原因并非因出现倭寇问题所致，而是统治阶级实行“海禁”政策的结果。

嘉靖年间闽浙市舶司废置时间问题。陈支平《嘉靖年间闽浙市舶司废置时间考》（《厦门大学学报》1981 年增刊）依据《明世宗实录》指出，

《明史》关于闽浙二市舶司罢于嘉靖元年的记载是错误的，嘉靖二年倭患起，罢市舶的记载是含混不清的。根据谈迁《国榷》卷五三“（嘉靖六年十月）壬子，裁浙江市舶司”的记载，认为闽浙市舶司皆罢废于嘉靖六年。陈尚胜《福建市舶司废于嘉靖六年吗?》（《厦门大学学报》1984年3期）不同意这一看法，认为嘉靖时期，福建市舶司主管琉球朝贡事务，中琉关系一直处于正常状态，福建市舶司是否因浙江市舶司出现倭患问题而罢废，颇值怀疑。又，成书于嘉靖三十四年，福建市舶提举司提举高岐所著《福建市舶提举司志》，在《官氏考》中录有嘉靖元年至三十三年历任提举名单。可见嘉靖六年没有罢废，根据时行《明会典》卷十五说“福建等处承宣布政使司，旧有市舶提举司，万历八年裁革”。明王应山《闽大记》、明喻政《福州府志》所载同，当不误。

明洪武间设市舶司于泉州，管理琉球贸易，后因福州在中琉海上交通的地理位置优于泉州，市舶司从泉州迁福州，其具体年代各家看法不同：萨士武依据清人林春溥《开卷偶得》载，道光二十五年冬，林春溥在乌山发现二碑，其中“华亭张汝弼送罗应魁调官福建市舶提举七律一首”云：“成化二年……修撰罗伦上疏劾贤，调福建市舶司副提举”，认为“由此碑记得知罗伦谪官为福建市舶副提举，确为成化二年，市舶司移于福州当然在于同时”。陈尚胜不同意这种看法。他在《明代福建市舶司与海外交通》（安海港学术讨论会论文）一文中认为，福建市舶司从泉州迁福州的时间是成化八年。朱振声《从福州的几处古迹看古代中琉关系》（《海交史研究》总1981年第3期）、王铁藩《福州明代福建市舶司衙署考》（《海交史研究》1986年2期）认为成化十年福建市舶司正式从泉州迁福州。

原载《中国史研究动态》，1988年第5期。

“中国与海上丝绸之路”泉州国际学术讨论会综述

联合国教科文组织海上丝绸之路综合考察是联合国世界文化发展十年中的一项重要活动。考察船“和平”号1990年10月23日从意大利威尼斯启程，经过亚得里亚海、地中海、爱琴海、苏伊士运河、红海、阿拉伯海、印度洋、马六甲海峡、南中国海、朝鲜半岛，最后到达日本大阪。沿途考察历史文物，举行一系列国际学术讨论会。

泉州国际学术讨论会主题为“中国与海上丝绸之路”，于1991年2月17—20日在华侨大学陈嘉庚纪念堂举行。参加会议的有海路考察队的各国专家学者以及由组委会邀请的专家学者共80多人，他们来自中国、日本、南朝鲜、印度、印尼、泰国、土耳其、巴基斯坦、斯里兰卡、文莱、法国、意大利、苏联、德国、希腊、瑞典、葡萄牙、美国、加拿大、玻利维亚、塞内加尔等28个国家。提交会议的论文共56篇（其中收入福建人民出版社出版的《中国与海上丝绸之路——联合国教科文组织海上丝绸之路综合考察泉州国际学术讨论会论文集》41篇，其余出版续集。）

这次会议具有广泛的国际性，论文是高水平的，大体反映了当前海上丝绸之路研究的趋势。有的论文是对某学科、某部门工作的系统总结；有的介绍文物考古的新发现；有的在研究的基础上对某些问题提出新的看法。这次会议体现了多学科综合研究的特色，提交的论文既有人文科学，也有自然科学，包括历史学、考古学、宗教学、民族学、军事学、航海学、造船学、医药学、音乐学等方面。现综述如下。

一、历史学方面

古代中西海上通道称海上丝绸之路，香港陈佳荣在《古代香瓷之路刍议》中认为不贴切，宜用“香瓷之路”或“丝瓷之路”，理由是从宋迄清，海路交通进出口商品以香料、陶瓷为大宗。

唐代丝绸之路的变化是唐中期以前陆上丝路超过海上丝路，唐中期以后陆上丝路衰落，海上丝路兴起。其原因何在？卢苇的《唐代丝路的变化和海上丝路的兴起》认为：一是“安史之乱”使唐代社会政治、经济发生重大的变化。“安史之乱”导致陆上丝路的中断和阻塞，北方社会经济遭到破坏，南方成为唐朝主要经济来源。二是大食帝国阿拔斯王朝代替倭马亚王朝，加强海上交通，迁都巴格达，这时丝绸之路西段由陆路转向海路为中心。

谢方《16—17 世纪的中国海盗与海上丝路略论》探讨中国海盗兴起的原因及其特点，着重研究海盗与海上丝绸之路的关系。认为海上丝路到 16 世纪以后发生了质的变化，西方葡萄牙冒险家和殖民者把印度洋的航路变为掠夺东方各国的海上通道，中国商人在海上丝路贸易的地位由主动变被动，最后成为西方殖民者经济掠夺的对象。16—17 世纪的海上丝路贸易主要是以海盗为动力和主力，才得以恢复和发展。

丝绸之路有陆上、海上、草原诸条，此外还有西南丝绸之路。张毅《南方丝绸之路与海上丝绸之路》研究了这条丝绸之路。西南丝绸之路是丝织品从四川运抵云南永昌郡，顺伊洛瓦底江而下，在下缅甸转船经孟加拉湾而运至南印度诸港，再转运至大秦国内。西南丝绸之路繁荣期为公元一至三世纪，四世纪开始衰微，五世纪中叶后逐渐停顿。其原因是东吴孙权大力提倡海运，南方海上交通发展，西亚、南亚的海船可直航南方各港口。滇西自东晋以来民族矛盾激化，统治阶级镇压，使其残破不堪，加之欧洲对丝织品需求的相对减少。

蔡渭洲、陈苍松《中国古代海关管理与丝绸之路的发展》研究中国海关对海上丝路进出境管理及其所起的作用。黄盛璋《元代海上丝绸之路与相关问题研究》研究了元代海上丝路的发展。

二、中外科技交流史方面

陈炎《论海上丝绸之路与中外文化交流》认为，海上丝绸之路分为形成、发展、极盛时期。各时期丝绸贸易有不同特点，唐以前中国丝绸外传，只限于统治阶级所需的奢侈品，以官方“朝贡贸易”为主；唐宋时海外丝绸贸易已作为国家的重要财政收入，元明清丝绸贸易已和政治、军事、文化、经济交织在一起。庄国土《论明季海外中国丝绸贸易》认为，中国丝绸的主要海外市场是日本、欧洲、美洲和东南亚，主要经营者是中国海商。中国丝绸外销使大量白银流入中国。陈尚胜《明清时期海上丝绸之路与世界市场》认为，新兴的世界市场直接促进了明清时期海上丝绸之路的繁荣，而物美价廉的中国商品又为世界市场的形成和发展提供了充实的物质基础。

中国陶瓷通过海上丝绸之路走向世界。李知宴《海上丝绸之路的开拓对中国陶瓷发展的贡献》认为，海上丝路的发展对中国陶瓷业的发展起了积极的作用，通过海路，中国优良的瓷器、陶瓷技艺传播到许多国家，同时通过文化艺术交流使陶瓷造型和装饰丰富多彩。加拿大丽莎·古伦贝克《14—15 世纪中伊贸易对伊朗制瓷业的影响》阐述了中伊贸易对伊朗制瓷业产生了深刻的影响，认为伊朗制瓷业自 15 世纪开始仿制中国景德镇青花瓷。日本青柳洋治《东南亚岛屿发掘的中国商业陶瓷》介绍了东南亚各国发掘的中国外销瓷。

闵宗殿《海上丝绸之路和海外农作物的传入》介绍了通过海路传入我国的农作物，认为这增加了我国农作物的种类，对我国农业生产产生了深远的影响。

林蔚文《先秦秦汉南中国海外玻璃的输入》一文，认为中国南方出土的先秦秦汉玻璃为数不少是海外输入的，它促进了我国国内商品的流通和商业贸易的发展。

三、华侨史方面

华侨是中外交往的友好使者，对海上丝绸之路做出了杰出的贡献。德国傅吾康在《中文碑铭所反映的1264—1800年中国与东南亚的海外交往》中，通过对残存在东南亚各国的中文碑铭资料，研究中国与东南亚的海外交往和华侨的活动。法国苏尔梦《18—19世纪东爪哇韩氏家族：企业家与政治家》一文，通过对印尼东爪哇韩氏家族兴起和发展历史的分析，研究华人对印尼发展的贡献。

侨乡族谱是华侨历史，也是海上丝绸之路研究的珍贵历史文献。郑山玉《华侨与海上丝绸之路——部分侨乡族谱中的海外移民资料分析》通过侨乡族谱的调查研究，认为华侨在海上丝绸之路从事商业贸易、开发创业、航路履险、文化教育等方面做出了杰出的贡献。

四、港口史方面

刺桐港是海上丝绸之路的重要港口。傅宗文《论刺桐港对海上丝绸之路的双向支撑》认为刺桐港源源不断输出丝绸、布匹、陶瓷、铜铁等，丰富了不同国家、地区或部落人民的生活，一定程度上促进了当地社会的发展。同时又创造良好的进出口及“住唐”的生活与经商环境，从外向和内向支撑海上丝绸之路。美国休·克拉克《泉州贸易和泉州市舶司的设立》通过对泉州海外贸易和市舶司的研究，认为泉州市舶司对泉州贸易模式的作用极小。庄为玑《泉州宋船为蒲家私船考》认为泉州古船为蒲寿庚私船，不同意傅宗文认为古船为南外宗正司所造的观点。意大利柯拉迪尼《元代泉州的意大利人》根据中外文献记载，介绍元代在泉州活动的意大利人。

朱江《扬州与“海上丝绸之路”》认为，扬州是中世纪海上丝绸之路的著名港口，唐代大宗商品陶瓷器是从扬州港输出的。

邓端本《论“广货”在海上丝绸之路的崛起》认为，国际新航路的开辟，欧人东来和世界市场进一步扩大是“广货”崛起的客观因素，而坚实的手工业基础和粤人对市场竞争的重视是它崛起的主观因素。“广货”崛起对资本主义的原始积累、世界文明的发展做出过重要的贡献，也显示了广州在海上丝绸之路的重要地位和作用。

新加坡邱新民《1819 年前海上丝绸之路的新加坡》对海上丝路的重要商港新加坡在历史上的不同名称一一进行考证。

日本高良仓吉《琉球在东洋海上贸易史上的历史地位》研究 14—16 世纪琉球与中国、朝鲜以及东南亚各国的贸易及其特点。

五、航海学方面

杨熺《中国古代航海技术的发展与海上丝绸之路》和孙光圻《中国航海技术的发展与“海上丝绸之路”的演进》系统总结中国航海技术发展的历史，认为中国航海技术的不断发展推动海上丝绸之路的发展，他们的关系是互为因果、彼此制约、相辅相成的。

金秋鹏《海事活动中的中外科技文化交流》认为，中外科技交流不是单向的，而是双向甚至多向进行的。在航海技术上指南针是中国人民的伟大发明，宋元时期在与阿拉伯人的海上交通中，阿拉伯人很快应用这一技术，后又传入欧洲。欧洲人加以改造，发明了固定支点旱罗盘，16 世纪传入中国。在天文导航上世界文明古国都做出了各自的贡献，如郑和下西洋应用的牵星术和牵星板是从阿拉伯航海者那里学来的，又融合有中国传统天文学中星辰观测知识和观测技术。

郑和下西洋是世界航海史上的伟大壮举，在船队的编队、航海图、航行定位方法、导航方法等方面做出了巨大的贡献。李万权、朱鉴秋的《〈郑和航海图〉的综合研究》是最近的研究成果，采用航海学、地图学、历史地理学等多学科相结合的方法进行研究，论述《郑和航海图》的基本特点、考释了地名，编制出版《新篇郑和航海图集》。

海上丝绸之路的航线，有经马六甲海峡和马来半岛的路线。横越地峡的路线，已经得到考古上的证实。韩振华《魏晋南北朝海上丝绸之路的航线研究——兼论横越泰国、马来半岛的路线》依据万震的《南州异物志》与《太清金液神丹经》，把横越马来半岛地峡及其东通扶南、交州，西通印度、大秦，远至阿拉伯的隐章所经过的地名一一作了考释。

六、造船学方面

中国古代船舶为开辟海上丝绸之路做出卓越的贡献。席龙飞《开辟海上丝绸之路的中国古船》一文系统总结中国古代造船历史，认为秦汉时期，造船技术的发展为开辟海上丝绸之路提供了技术保证。从泉州、宁波、蓬莱、朝鲜新安出土的古船论证了中国古代造船的技术成就以及对世界的贡献。

七、宗教学方面

对通过海上丝绸之路进行宗教文化交流的研究是这次会议的主要议题之一。杨钦章的《元代泉州与南印度关系新证》研究了近几年考古调查所获的印度教石刻、寺院构件，认为泉州印度教是从南印度经海路传入的，进而阐述泉州与南印度之间的友好往来。英国约翰·盖伊的《南印度的佛寺与泉州的教寺》就泉州和南印度的印度教寺院进行比较研究，也认为泉州的印度教滥源于南印度。

陈达生《中国东南沿海地区伊斯兰碑铭研究纲要》一文分析近五年来东南亚沿海地区伊斯兰碑铭的研究状况，认为应采取专题重点突破的研究方法，以点带面，研究伊斯兰教在这一地区传播的形式和特点。华涛《伊本·忽尔答兹贝关于中国海上丝绸之路的记载及其在阿拉伯—伊斯兰地理文献中的地位》，研究了伊斯兰地理学家伊本·忽尔答兹贝关于阿拉伯—中国海上丝绸之路的记载，认为他的著作朴实无华，强于其他伊斯兰地理学家。巴基斯坦法鲁克《海上丝绸之路上的阿拉伯移民》介绍阿拉伯人在海上丝绸之路沿途国家的移民情况及其所作的贡献。

瑞典翁拙瑞《“陆丝”与“海丝”之间的纽带——摩尼教》一文，通过多次对世界仅存的摩尼教遗址——泉州草庵摩尼教寺的考察研究，认为摩尼教从陆上丝绸之路传入中国，然后传入东南沿海，它是联系“陆丝”与“海丝”的纽带。

陈泗东《泉州海外交通与海神信仰》认为，泉州海外交通的发展，促进海神信仰的传播。李玉昆《略论海上丝绸之路的保护神》研究航海者的心理状态和宗教信仰，认为在海上丝绸之路航行，危险性大，经常发生海难，当时对自然现象无法完全掌握，又无法用科学方法解释，心理上产生畏惧，寻找海神、地方神和各种宗教神作为航海保护神。

八、民族学方面

许在全《唐宋时期泉州汉族与阿拉伯民族关系》认为，唐宋时期泉州汉族与阿拉伯民族的关系是和睦相处，平等相待，亲善往来，为共同繁荣泉州社会经济文化做出了重要贡献。

庄景辉《陈埭丁氏宗祠的建立及其祖先崇拜》通过对陈埭丁氏宗祠及其祖先崇拜的考察，研究陈埭回族的汉化问题。认为陈埭丁氏宗祠的肇建是受汉文化的影响，祖先崇拜是伊斯兰教所没有的观念和行为，同时指出在宗祠祭祀中保存了伊斯兰教之遗俗。美国杜垒《中国海上丝绸之路沿线的穆斯林后裔的当代特性》通过对陈埭丁氏穆斯林后裔的考察，认为中国现行的民族政策有利于穆斯林后裔，它促进了陈埭乡镇企业和农业生产的发展。

九、考古学方面

运用考古学方法进行研究的有吴玉贤、王振镛《史前中国东南沿海海上交通的考古学观察》，针对亚洲大陆东南沿海、南太平洋诸岛的史前考古发现，出土的水上交通工具、生活用具、遗址文化内涵进行对比研究，认为早在六七千年前中国东南沿海地区史前人类已能制作独木舟，并以木桨作推动工具，从事海上交通活动，传播文化。

何翠媚《从考古证据看1500年以前存在于南部泰国的华人》一文，从泰国南部发现的陶瓷和其他器物，研究南部泰国华人的历史，认为华人侨居泰国南部在16世纪以后，这之前华人船只到这里只是商业目的的季节性贸易。

杨钦章、青柳洋治、傅吾康、林蔚文等论文都运用了考古资料进行研究。

十、军事学方面

武定国《郑和下西洋在航海上的伟大成就》，从军事航海学角度研究郑和下西洋。认为郑和所率船队是一支特混舰队，是15世纪世界上最大、最完备的舰队，它的编队、航行、通讯、导航等方面对军事航海学做出了卓越的贡献。

金秋鹏研究火药和火药武器的交流等。

十一、医药学方面

蔡景峰《海上丝绸之路与古代医药交流》认为通过海上丝绸之路，我国医药秦汉时首先传到朝鲜和日本，南北朝国外香料药物已传入我国，宋元时期大量输入香料药物，但至鸦片战争后，交往的性质发生了变化。江润祥、宋岘、陈达生的《〈回回药方〉的考证》就元代阿拉伯医学著作《回回药方》进行研究。

十二、音乐方面

王耀华《中国音乐文化对日本冲绳（古琉球）音乐文化的影响及其特点》从乐器、乐谱、乐调、乐曲诸方面来概观日本冲绳（古琉球）音乐对中国音乐的吸收、变易及其特点、阶段，进而从地理、历史、政治等方面分析产生这些特点的原因。南朝鲜邝欧宋《西域音乐通过南中国海传入朝鲜概况》介绍西域音乐通过南中国海传入朝鲜的情况。

十三、其他方面

陈高华《元朝与高丽的海上交通》认为元朝与高丽海上交通频繁，中国海运粮食的终点延伸到朝鲜半岛。贸易品方面，高丽向中国出口纺织品，而中国将沉香转手输入高丽，彩缎、彩帛、书籍、瓷器是中国向朝鲜出口的传统产品。元代中国与朝鲜贸易的港口主要有浙江宁波、福建泉州、江苏太仓等。

刘迎胜《南印度南毗王国的研究》研究南毗国的历史、海外交通等，订正一些文献记载的错误。

日本斯波义信《宋元明时期的长江下游经济与东亚海上贸易网》就宋元明时期中国长江下游社会经济的发展以及它与东亚的日本、朝鲜的贸易进行研究。

王连茂《泉州海外交通史研究概况》就泉州海外交通史研究的成果进行总结，并展望今后的研究前景。

杨林、张威《中国水下考古学与海上丝绸之路的研究》就中国水下考古学的研究与今后设想进行介绍。

原载《中国史研究动态》，1991年6期。

中琉关系史研究述略

中琉友好往来历史悠久，自明洪武五年（1372）两国正式建立外交关系后，政治、经济、文化交流更加频繁，留下许多珍贵的历史文物。

中日两国学者都很重视中琉关系史的研究，特别是近十年来，不断进行学术交流。1985 年 7 月日本冲绳时报社代表团访闽，在福建师范大学与福建学者就中琉历史上的友好往来和文化交流，进行讨论。1988 年 9 月在日本浦添市举行浦添市泉州市友好都市缔结纪念学术文化讨论会，福建四名学者参加，研究课题更加深广，取得丰硕成果，并出版论文集。遗憾的是中国大陆方面尚不见有关中琉关系史研究方面的专著或论文集出版。下面就中国大陆学者近十年来对中琉关系史研究述略如下。

一、中琉友好往来的研究

刘蕙孙《中国与琉球交往的开始远在明代以前》（《福建师范大学学报》1987 年第 1 期）和《中国琉球往来史的探究》（《浦添市泉州市友好都市缔结纪念学术讨论会报告书》1988 年）认为：旧石器时代晚期，在中国东南新石器时期与秦汉魏晋南北朝隋唐及宋元明清，中国大陆与冲绳居民之间或多或少均有交往痕迹可寻。1372 年以后则进入经济文化交流的兴盛时期。他认为琉球群岛就是古代的坛洲，在秦汉时曾有大量大陆居民流寓其地，其后裔不时来福建贸易。冲绳土著居民有自己的文字，福建仙游发现的图像文字即琉球文字。冲绳的“门中”制度和中国魏晋以来门阀制度讲究谱学很相似，是受中国大陆中世纪门阀制度的思想影响。琉球贡使开始既非元朝，也不可能是唐朝，很可能是五代至两宋的南方割据政权闽国之时。

徐恭生《海神天后信仰与中琉友好往来》（《妈祖研究论文集》鹭江出版社 1989 年）、《从浦添碑刻看中琉文化交流》（《海交史研究》1989 年第 1 期）、《琉球国在华留学生》（《福建师范大学学报》1987 年第 4 期），从海神天后信仰、浦添碑刻及琉球在华留学生研究中琉友好关系。

海神天后信仰从福建传播到世界各地。琉球、福州、泉州、长乐等与琉球有关的天后宫建筑、匾额、楹联、碑刻，集中反映了古代中琉经济贸易、文化交流和海上交通。从中琉关系史角度研究天后问题，可增强中日两国人民相互之间的友好感情，共同促进经济和文化交流。

冲绳县浦添市保存的《势理客桥碑》《重修势理客桥碑记》《改修牧港桥碑记》是中琉友好关系的重要历史资料，是研究琉球建筑、交通和文化史的珍贵实物资料，也说明浦添市在中琉交流史上的重要位置以及留学生在传播中国文化方面所起的巨大作用。

琉球国来华留学生可分为三阶段：第一阶段洪武二十五年（1392）至成化十八年（1482）共 90 年派来官生约 10 次 25 人，都是王族和官吏子弟；第二阶段成化十八年（1482）至嘉庆七年（1802）共 320 年，派官生 10 次 40 人，全是久米村人；第三阶段嘉庆七年（1802），至同治八年（1869）共 67 年，派官生 4 次 16 人，久米村人和首里人各半。除了国子监读书的官生外，还有来闽“读书习礼”的唐荣自费留学生称为“勤学”，这些人进贡时派四名，接贡时派八名，均在福州琉球馆延师授业。琉球国政府不断派人来华学习各种专业知识和生产技术，学会即回国实践，这些留学生数量多，难以统计。琉球来华留学生求知欲强，勤奋好学，认真钻研，回国后对发展社会生产力和繁荣文化艺术做出重大贡献。

王耀华《中国音乐文化对日本冲绳（古琉球）音乐文化的影响及其特点——海上丝绸之路音乐一隅》（《中国与海上丝绸之路》，联合国教科文组织海上丝绸之路综合考察泉州国际学术讨论会论文集，福建人民出版社 1991 年）、《日本琉球“工工四”谱考源》（《福建师范大学学报》1986 年第 1 期）认为琉球音乐文化从乐器、乐谱、音阶、曲目四方面接受中国音乐文化的影响。琉球群岛处于日本、中国、东南亚诸岛的交汇点，在历史上既与中国建立册封关系，又向日本朝贡，在政治上相当长时期实行对日对华双向外交，这些因素使琉球音乐文化既留下原住民的音乐传统，又接受来自中国大陆、日本本土、东南亚诸岛民族音乐的影响，形成多种因素综合交融的特点，其次琉球音乐文化大致都经过吸收、变容、创新三个阶段。林伟功《造就日本冲绳刚柔派空手道宗师东恩纳宽量之中国师傅ルール—コ即福州技击名家——谢如如》（《福建史志》1989 年第 1 期）。日本冲绳刚柔派空手道宗师——东恩纳宽量（1853—1915）曾于 1877 年来福州学拳术，经三年学成后回国。他的师傅ル—ル—コ经调查是福州独创"鸣鹤拳"的近代宗师谢如如。

中琉两国政府和人民在长期交往中互相支援，互相帮助，留下了许多可歌可泣的历史佳话。刘洪石《琉球炉的来历》（《文物天地》1984 年第 3 期），记述连云港博物馆珍藏的琉球炉的来历：嘉庆二十一年（1816）一艘琉球船在海上遭台风袭击，漂至连云港，船上二十三人被渔民搭救，海州知州师亮采热情接待，决定护送他们至福建乘琉球国贡船返国。被搭救的人中有琉球国八品巡官毛朝玉。他将琉球炉馈赠海州人民。事后师亮采将这段佳话题铭刻于琉球炉上，画家薛飏村为二十三人一一画像，记其姓名。

徐恭生《"包恩"号华工起义及琉球国对它的支援》（《福建师范大学学报》1986 年第 3 期）论述 1852 年 3 月 30 日美国"罗伯特·包恩"号船上福建华工举行暴动，并在琉球国人民和政府的支援下获得胜利。这是中国人民反对西方殖民者掠卖华工斗争的重要事件，也是中琉友好的历史见证。

日本的甘薯是明万历三十五年（1607）琉球人野国总官从福建惠安县传入的。为了探索这段历史，1991 年 6 月日本国冲绳县嘉手纳町友好访中团到惠安县考察，并举行以"甘薯·野国总官"为主题的学术座谈会。

二、中琉贸易的研究

明代中琉贸易是以朝贡形式进行的，由福建市舶司主持。对明代中琉贸易及福建市舶司研究的论文有：林仁川《明代中琉贸易的特点与福建市舶司的衰亡》(《海交史研究》1988 年第 1 期)、谢必震《试论明代琉球中介贸易》(《南洋问题》1986 年第 1 期)、陈汉诚《明代福州市舶司的兴废与中琉朝贡贸易》(《中国水运史研究》1990 年第 1 期)、沈玉水《略论福建市舶司的迁司问题》(《海交史研究》1988 年第 1 期)、《略论福建市舶司的设迁问题》(《福建史志》1988 年第 1 期)、王铁藩《福州明代福建市舶司衙署考》(《海交史研究》1986 年第 2 期) 等。

(一) 林仁川认为中琉朝贡贸易的特点

一是政治上建立宗藩从属关系，接受中国皇帝敕封，奉表称臣；二是贸易以赏赐的方式进行，而非按市价支付贷款；三是在市舶司和会同馆的严格控制下进行。

中琉朝贡贸易的鼎盛期是永乐至宣德年间，到正统年间衰落下去，其原因是东南沿海商品经济高度繁荣，资本主义萌芽的出现，私人海上贸易得到飞速的发展。

中琉朝贡贸易衰落的表现：一是主持中琉贸易的福建市舶司全面破坏和瓦解，市舶官员和外国贡使直接参与私人贸易活动；二是贡期由明初一年一贡，甚至一年再贡、三贡，到成化十一年改两年一贡，人数不得超过 150 人，贡物除国王正贡外，其他正副使不得夹带私货前来买卖；三是贸易额不断下降，成化弘治年间琉球国王每年附搭货物，苏木五千至一万斤，胡椒一千至三千斤，番锡一千斤，到嘉靖年间，苏木不超过一千斤，胡椒五百至一千斤。中国册封舟附搭货物，嘉靖初陈侃出使时可获得一万金，至嘉靖晚期郭汝霖、李际春仅获利六千金，万历七年萧崇业、谢杰出使时，获利仅三千；四是封舟制造不能如期完工。

（二）谢必震研究了琉球中介贸易特点和作用

琉球中介贸易的原因：一是中琉关系的建立与发展是琉球中介贸易兴盛的首要原因；二是有利的地理位置与贫乏的自然资源推动了琉球开展中介贸易；三是追求丰厚的商业利润是琉球中介贸易兴起的重要因素。四、明朝政府与中国东南沿海人民对琉球开展中介贸易的促进作用。

琉球中介贸易的特点：一是琉球中介贸易与明代海禁是相互联系的，海禁严则兴，海禁宽则衰；二是在朝贡贸易的同时，积极进行走私贸易；三是闽人三十六姓是琉球中介贸易活动的主体。

琉球中介贸易的作用：一是沟通中国与东南亚各国，中国与日本、朝鲜之间的贸易往来；二是沟通“东洋”与“西洋”的相互往来；三是为由于海禁而丧失了谋生权的中国沿海居民提供出海谋生的机会。

明朝中琉朝贡贸易是由福建市舶司主持。福建市舶司在宋元时期是管理与各国的贸易，到明朝变为单管琉球的朝贡贸易，最后由泉州迁到福州，这是由多方面因素造成的：一是市舶司隶布政司，又设置提督市舶太监为市舶提举司的监督长官。琉球贡使随带贡物前来交易，须在布政司的主持与市舶太监的过问下进行。布政司和市舶太监均设在福州，为了加强管理和主管官员的方便，将市舶司迁往福州。二是琉球贡船从那霸开航到福州比泉州便捷。又布政司和税珰在福州，琉球贡船不愿舍近求远。三是琉球通事中大多数为福州人，希望贡船直接到福州，可就近探亲。

福建市舶司从泉州迁福州的时间：有成化二年、成化五年、成化八年、成化十年四说。成化二年说是不对的，成化五年是朝廷许可迁司，但未实行，成化八年福建市舶司正式从泉州迁福州，成化十年是市舶司迁福州后易址。

由于中琉朝贡贸易衰退，主持该项工作的福建市舶司呈现瘫痪，嘉靖后期，市舶司财政入不敷出，为节省开支，大量裁员。隆庆年间开放海禁，漳州月港设立督饷馆以后，设在福州的市舶司形同虚设，于是万历八年（1580）明政府撤销福建市舶司。

三、明代闽人移居琉球问题研究

明代闽人移居琉球，即史称“赐闽人三十六姓”，是中琉关系史上一件大事。对此问题进行研究的主要有：谢必震《略论明代闽人移居琉球的历史作用》（《海交史研究》1986 年第 2 期）、《论朱元璋的琉球移民政策及其作用》（《安徽史学》1988 年第 1 期）、《明赐琉球闽人三十六姓考述》（《华侨华人历史研究》1991 年第 1 期），方宝川《明代闽人移居琉球史实考辨》（《福建师范大学学报》1988 年第 3 期），庄景辉《明初“赐姓”琉球的蔡襄后裔》（《福建文博》1988 年第 1 期）。

关于明赐琉球闽人三十六姓的时间有五种说法：一、洪武二十五年说（郑晓《皇明四夷考》）；二、洪武二十九年说（王鸿绪《明史稿》、张廷玉《明史》）；三、洪武三十一年说（严从简《殊域周咨录》）；四、永乐中（罗日褧《咸宾录》）；五、万历间（周煌《琉球国志略》）。

谢必震从有关史料中辑录四十一个闽人姓氏，认为其中梁、郑、金、蔡、毛、陈、程、洪、阮、王、周、曾、孙、魏、林十五个姓氏为赐给琉球的姓氏，余下二十六姓，多担任长史大夫、通事、火长等职务，判别他们为闽人身份。

方宝川认为明朝没有一次赐闽人三十六姓或三十六户给琉球的事实与记载，赐琉球三十六姓之说很可能源于琉球，而非在中国。推测其原因有三：一是明代以前福建沿海有一部分会说琉球语的居民，明朝建国之初，朱元璋一方面严禁出海贸易，另一方面为炫耀大明武功，特许一部分福建沿海会说琉球语的船民下海，使往来中琉之间，以解决中琉赏赐与朝贡贸易中的海上交通困难，并兼翻译，他们逐渐定居琉球成为久米村人。二是因琉球国造船业十分落后，明政府赐给中山、南山王海船的同时，有少数闽中船工随海船前往琉球，即所谓“赐闽人三十六姓”。三是琉球土著居民是有名无姓，而久米村居住着一批来自明朝，冠以汉姓的中国人，其中闽人最多，所以统称为“闽人三十六姓”。

闽人移居琉球后，琉球航海贸易发生了巨大的变化，体现了闽人在琉球航海贸易等方面的重要作用。移居琉球的闽人在治理国家方面，传播中国文化、科技方面都做出很多贡献。

四、明清册封琉球的研究

明洪武五年（1372）明太祖派遣行人杨载出使琉球，通知即位建元。同年十二月琉球国中山王察度遣弟泰期奉表入贡。洪武二十八年（1395），中山王察度薨，永乐元年（1403）世子武宁遣侄三吾良亹讣告中国。永乐二年（1404）明成祖遣行人时中出使琉球，册封武宁为中山王，此为册封琉球之开始。至宣德年间，尚巴志首先向明朝政府提出册封的请求，自此，琉球“国王嗣立，皆请命册封”，终于成为一种固定的制度，在中琉之间建立起特殊的政治关系。琉球国一直得到明清两朝政府的隆重册封，及至光绪五年（1879）琉球为日本吞并后，才告结束。

册封使团一般由：官员、船员、从役、军士四类人组成，使团人数在300人至700人之间。

明清充当册封使的职官不同：明太祖、成祖、太宗、仁宗遣行人为使臣出使琉球。仁宗洪熙元年（1425）所遣册使柴山为中官（内官）。从英宗正统七年（1442）至崇祯（1643—1644）二百年间13次册使26人，正使一律为给事中出任，副使一律由行人担当。1654—1805年，清廷六次派遣册使，多由翰林院侍读、修撰、编修充正副使。

关于明朝册封琉球的次数，目前有不同的看法：谢必震《明清册封琉球论略》（《海交史研究》1991年第1期），赵建群、陈铿《明代使琉球“封舟”考述》（《福建师范大学学报》1987年第2期）、武尚清《琉球古代航运初探》（《太平洋》1987年第1期）认为明朝册封琉球15次，册使27人；郑国珍《明清两代册封琉球使中的闽籍正副使考》（《海交史研究》1986年第2期）、方宝川《明清册封使及其从客在中琉关系中的作用》（《福建师范大学学报》1989年第4期）则认为明朝册封琉球为14次，册使人数又看法不一，郑国珍认为27人，方宝川认为26人。清朝册封琉球8次，册封使16名，大家看法一致。刘蕙孙《中国琉球往来史的探究》认为：明永乐二年行人时中为第一次正式册使，至1866年共463年，计册封23次，派遣正副使各23名。

册封琉球使中国籍正副使多人。郑国珍研究了潘荣、谢杰、林麟焻、齐鲲、林鸿年、赵新的事迹，认为这对研究明清两代中国和古琉球国的政治、经济、文化等交往，进而促进今天的中日两国人民世代友好下去，都颇有意义。苏炳堃的《潘荣出使琉球若干问题的探讨》（《漳州历史与文化论集》）研究了漳州籍的册使潘荣，指出潘荣有敏锐的洞察力和政治远见，他出使琉球，密切了中琉关系，加强经济协作，促进文化交流，增进人民友好往来。曾意丹的《中琉友好交往史拾零》（《海交史研究》1986年第2期）研究了赵新使琉球的经过并介绍最新发现的赵新墓。

明清册使在启程前，要先了解有关知识，掌握背景材料，这是使录撰述的内在动因，许多册使撰写使录，保存了重要的中国海疆史地资料和琉球史地资料。对明清册封使录的研究主要有：武尚清《明清琉球使录述议》（《中国边疆史地研究导报》1988年第3期）和方宝川《明清册封使及其从客在中琉关系中的作用》（《福建师范大学学报》1989年第4期）。

册封琉球使者从嘉靖十三年陈侃高澄起始有使录。前期多冠以年号、干支而称“使录”“纪录”，后期渐过渡到“纪”“志”，使录在发展中不断提高，主要表现：一是参酌重视传闻和记载的同时，愈益重视亲身实地考察。二是为强化出使准备，常登访前贤求教。三是通过出使、撰著，实践、补充、订正前人著述。四是记述使事礼仪之外，也渐辑存航海造船等科技知识资料。五是从“使录”到“志略”是撰著体例上的一个重要发展。

对册封琉球使所乘封舟的研究主要有：赵建群、陈铿《明代使琉球“封舟”考述》（《福建师范大学学报》1987年第2期）、邓兴森《历代选择福建承造出使船的原因及其分析》（《集美航海专科学校学报》1988年第2期）、谢必震《从明代中琉关系的发展看福建造船业》（《福建史志》1988年第2期）、朱文《明清时期中琉往来与福州造船业》（《福州历史与文化》1981年第1期）。他们认为：封舟是福船型，建造规格十分考究，具备抗沉性、快速性、操纵性、稳定性等性能，载重量为五百吨。制造封舟的船场，成化前册封舟在泉州建造，成化后在福州南台闽江边。工场平时关门，由专人看守，遇上册封才“开厂监造”。工匠是临时从各地募调，领取一定量的募值，在铺夫、机兵或卫所的士兵监督下，从事劳作。造毕封舟，官方即将他们遣散，或回各处船场，或充当水手随册封使出使琉球。

选择福建承造封舟的原因：一是福建有悠久的造船历史和先进的造船技术；二是福建具有丰富的优良造船材料。福建不但承造封舟，明朝政府赐琉球船也由福建承办。赐舟满足不了琉球国航海贸易的需要，琉球国使臣出资在福建造舟买船。

册封琉球增进了中琉两国之间的友好关系，对传播中国文化，促进琉球文化的发展起了一定的作用。如册使李鼎元专门研究琉球文学，写了《球雅》，汪楫、林麟焻、徐葆光收集琉球民间诗歌，都著有《中山竹枝词》。随同册使前往的学者、高僧、书画家、诗人、琴师、医生及各色匠役，同琉球人民广泛接触，向他们传授先进的生产技术，传播中国文化、建筑、音乐等，对琉球社会的进步起了促进作用。

册封使团还将琉球的风俗人情、地理物产、语言文字向中国人民介绍，促进中琉两国人民的相互了解。在贸易方面，由于明清政府允许册封使团人员携带一定量的货物与琉球贸易，推动中琉经济关系的发展。

总之，册封使团对中国的造船、航海等方面做出了贡献。

五、中琉航路研究

对中琉之间航路的研究主要有：武尚清的《琉球古代航运初探》(《太平洋》1987 年第 1 期)、王文楚《明朝与琉球的海上航路》(《史林》1987 年第 1 期)、杨国桢《明代闽南通琉球航路史事钩沉》(《海交史研究》1991 年第 2 期。)

杨国桢认为：明成化以前，指定泉州为通琉球港口，设市舶司、来远驿，闽南通琉球航路是中琉官方封贡往来的通途。明抄本《顺风相送》记福建往琉球及琉球回福建针路甚详，即自泉州出发，从北太武（在浯州屿，即大金门岛）发舶放洋，回程抵福州闽江口外之定海千户所。这条航线的选定，并非官方随意指定，而是早有民间私通琉球航路之开辟打下了基础。成化以后，福建市舶司移福州，泉州通琉球的使命结束。但闽南与琉球的海上交往并没有就此完结，而是从官方贡道变为民间通日本的航路，福建官府也利用这条民间航路侦探倭情，其中又间接地与琉球发生关系。

武尚清等则主要研究册封琉球使封舟的航路。其航路自福州梅花所出洋（康熙五十八年改由五虎门开洋），航抵那霸进港，由琉球返大陆，自那霸起程，到定海或五虎门。在航海中，通过对自然现象的观察，逐渐认识规律，总结经验。主要经验有两条：一是出航琉球时，用针不宜过偏东北，以免错过主岛。再一条是结合月季，对潮候、风信、洋流的观察与认识不断提高，更加科学。

六、中琉民俗研究

琉球民俗文化中，受中国南方民俗文化的影响，其中有些事项及其表现，两地非常密切，而且有许多民俗观念是相通的。

张紫晨《日本冲绳与中国南方若干习俗的比较》（《民间文学论坛》1991 年第 4 期）对冲绳与我国南方的风水观念、饮食、干支观念、产育习俗等进行比较研究，认为冲绳有风水观念，并使用风水一词，是从福建传去的，冲绳的风水师大多是久米村人，最初从中国学习风水归国者，有周国俊、蔡温、毛文哲等，他们都是琉球王府中任职的人，他们都到福建学习风水。风水思想影响深刻，多次使村渡口移动。风水影响冲绳御拜所的确定和龟甲墓的建造。龟甲墓 16 世纪从华东传到琉球，它浸透风水思想和冲绳人回归母体的观念。冲绳原为风葬，传入龟甲墓后，门中墓多取而建，它适应洗骨葬后（死后三年洗骨）的殓骨瓮葬，中国华南龟甲墓为尸葬，这与琉球不同。

冲绳的饮食民俗与日本本土差别很大，与中国颇一致。冲绳饮食，除芋、甘蔗外，最突出则是猪肉（肉料理）。冲绳有腊月十七杀年猪的习惯、猪头、蹄膀、内脏均吃，这些均与中国相同。

冲绳的干支观念，祭天妃海神，供奉龙王的祭法均与中国同。产育习俗与中国相通。

陈泗东《福建民俗和琉球》（《浦添市泉州市友好都市缔结纪念学术讨论会报告书》1988年）论述福建与琉球的历史交往，大贸易时期的福建文化以及明清民俗。

日本鹿儿岛大学下野敏见教授在《福建学刊》1991年第1期发表《中国石敢当与日本琉球石敢当比较研究》，认为：在琉球有像驱魔石似的石神保护房屋，在日本本土有塞神、道祖神、阴阳石、避鬼符纸等守护着房屋、部落和旅行的人，16世纪以来从中国传来石敢当的民俗。日本石敢当建造的目的和中国一样，是为了丁字路交叉处的房基地免受恶魔和灾害的侵入，中国把狮子头像和八卦一起使用，增加其法力，而日本是复加以梵字和九字文等修验系统的除灾防魔的机能，冲绳把石敢当和狮子分别开来，陶制狮子在房顶上，保护房基地。

1984年10月28日，日本冲绳“文化交流友好访中团”与泉州海外交通史博物馆举行座谈，就泉州与琉球的民俗问题进行探讨。泉州与琉球有许多相同的民俗，如五月初五叫“端午节”，赛龙船，十二月二十四日送神、正月初四接神、七月十五祭祖宗。

七、泉州、福州与琉球友好关系研究

泉州自洪武初设置市舶司至成化八年（1472）迁福州的一百来年间，作为琉球朝贡“正道”在明琉交往中扮演了重要的角色，发挥过积极的作用。

王连茂《泉州与琉球》（《浦添市泉州市友好都市缔结纪念学术讨论会报告书》），通过调查所得口述材料、私家谱牒与乡土文献，对泉州与琉球关系史的一些问题提出新的看法。

东石有关于很早以前就有人移居琉球安里的传说，以及两地有关于灵石浮海而至，被奉为保护神的神话故事。东石人蔡永蒹《西山杂志》记载唐代就有东石人通航琉球及东南亚一带，这些提供了明以前就有泉州人移居琉球的迹象。

关于泉州人林易庵父子引琉球入贡一事，广为史学界引用，然均误以为林氏系久住琉球任通事，晚年才告老还乡。经考证，林易庵乃福建市舶司之“冠带土通事”，专司琉球入贡之翻译。

明姚旅《露书》关于闽子弟赴琉球演出中国戏剧的记载，历来众说纷纭，经对福建三个主要剧种的历史、传统剧目及所在地同琉球关系进行比较研究，认为并非关中“秦腔”或福州“闽剧”，而是泉州的梨园戏，也不排除“莆仙戏”的可能。他还考证了三十六姓中梁蔡二姓。

庄景辉《泉州在明琉交往中的地位和作用》（《中国社会经济史研究》1990 年第 1 期），傅金星《泉州人在琉球及其贡献》（《泉州学刊》1988 年第 1 期）认为琉球移民中有相当一部分祖籍泉州，他们为发展琉球的文化教育事业做出了巨大的贡献。不少泉州人在明琉交往中充当明廷通事，在引琉球入贡方面做出成绩。明廷赐琉球的“贡舟”多为泉州所建造，对琉球造船业的发展起了促进作用。琉球文化风俗与泉州移民关系密切。

福州是明清时期和琉球交通的重要港口之一，有琉球墓、柔远驿（琉球馆）、进贡厂、球商会馆、琉球蔡夫人庙等遗迹，是中琉友好关系的历史见证。对这些遗迹及福州与琉球关系研究的主要有：朱振声《从福州的几处古迹看古代中琉关系》（《海交史研究》总第三期，1981 年），徐恭生《琉球人墓群与中琉文化交流》（《浦添市泉州市友好都市缔结纪念学术讨论会报告书》1988 年），徐天贻、郑丽生《有关福州“琉球馆”的几则史实》（《福建文史》第 1 期，1990 年），徐恭生《福州与那霸关系史初探》（《福建论坛》1981 年 5 期，《中日关系史论集》第二辑，吉林人民出版社，1984 年），朱文《明清时期中琉往来与福州造船业》（《福州历史与文化》1981 年第 1 期），肖忠生《明代通往琉球的门户——福州河口》（《科学与文化》1992 年第 1 期）。

八、琉球墓的研究

中国琉球墓是由琉球使船的官伴水梢、漂风难民和留学生在中国内地病故或者在中国沿海船只触礁沉没所造成的。它是中琉友好关系的产物，它的碑文是珍贵的文物，为研究中琉关系史提供了有价值的原始资料，可补文献记载之不足。

琉球墓主要分布在琉球人生活和活动的地方，福州是琉球使臣、商人、留学生长期逗留的地方。琉球墓规模最大，福建沿海以及福州至北京的官道上都有琉球墓。目前所知我国的琉球墓有：福州仓山白泉庵、连江县定海、平潭县苏澳、浙江兰溪县、江苏淮阴、北京通州张家湾等地。

日本历史学家东恩纳宽淳，早在1933年来闽访问时就注意到琉球墓问题，并在《泰·缅甸·印度》一书中对福州琉球墓情况作了介绍。

1947年，福建省研究院社会科学所历史组傅衣凌先生等为开展福建对外贸易史的研究，对福州琉球通商史迹进行调查。调查福州河口琉球馆和仓山琉球墓，发现一方道光二十年（1840）保护琉球墓的石碑，并撰写了《福州琉球通商史迹调查记》（原载《福建对外贸易史研究》，收入《傅衣凌治史五十年文编》），为琉球墓的研究奠定了基础。

1963年，福建师范大学历史系教授刘蕙孙指导李茂忠和徐恭生，对福州仓山白泉庵琉球墓群进行调查，不仅收集到许多有价值的史料，而且对保护琉球墓起了很大的推动作用。最近琉球墓、碑又有新的发现：1985年，福州市文管会郑国珍在福建建筑学校内发现正议大夫屋宜亲云上郑国桢的墓；1988年12月，徐恭生根据蔡大鼎《闽山游草》的记载，在闽县塔仔村发现乾隆丁未（1787）十月二十九日葬的那霸府之内西村大唐舡定加子与那岭筑登之墓；1990年3月，谢必震与徐恭生在高盖山发现了二座新的琉球墓，一为嘉庆五年庚申（1800）四月十九日卒的间通事国柱孙公之墓，另一为嘉庆十六年辛未（1871）正月初五卒的存留内李国干知念筑登之喜长墓；1990年5月，郑国珍在白泉庵“琉球墓群”附近的农民家中收集一块康熙二十五年（1686）钦赐祭葬紫金大夫怀楚的墓碑。（徐恭生：

《中国琉球墓调查情况》,《福建文史》2 期,1991 年 7 月)。

对各地琉球墓进行研究的主要有:徐恭生《福州仓山区琉球墓初探》(《福建师范大学学报》1985 年第 3 期)和《琉球人墓群与中琉文化交流》(《浦添市泉州市友好都市缔结纪念学术讨论会报告书》),朱振声《从福州的几处古迹看古代中琉关系》(《海交史研究》总三期,1981 年),胡汝明、姜于风《兰溪琉球国使墓考略》(《浙江学刊》1985 年第 1 期),谢必震《兰溪琉球墓碑考释》(《福建论坛》1989 年第 2 期),牧英《淮阴王营的"琉球国使臣郑文英墓"》(《东南文化》1991 年 5 期),徐恭生《中国琉球墓调查情况》(《福建文史》第 2 期,1991 年 7 月)。

在琉球墓的研究中也有不同的看法,如对兰溪琉球墓碑文的考释。

兰溪琉球墓碑文云:"首里府舆力向氏岙滨亲云上之墓",胡汝明、姜于风认为:首里府,是墓主的籍贯,即首里府人。舆力向氏是墓主之名。岙滨是地名,亲云上是奉行官或监抚使的土名。碑文释为:琉球国首里府人,岙滨地方奉行官,名舆力向之坟墓。

谢必震不同意这种看法。他认为琉球墓常见的格式:地名、官职、唐名、家名、爵号、名乘。唐名是受中国文化影响产生的,家名即家号,来自领地名,没有领地的沿用祖先的家名。爵号,如亲方、亲云上、里之子亲云上、筑登之亲云、里之子、筑登之等。名乘是中古以后男子 20 岁服时新取的名字,二字组成,前一字犹如中国族姓氏中字辈的排列固定不变。兰溪墓碑文释为:首里府(地名)舆力(官职)向氏(唐名,缺名):岙滨(家名)亲云上(爵号)缺名乘。

原载《海交史研究》,1992 年第 1 期。

20 世纪蒲寿庚研究述评

关于蒲寿庚的研究，美国人罗志意发表《十四世纪中国与东方群岛及印度洋沿岸之关系及贸易》（《通报》1914 年）曾提到宋末提举泉州市舶司使蒲寿庚的事迹。日本人藤田丰八著《玉尔氏注马可孛罗游记补正二则》［《东洋学报》大正二年（1913）十一月］，在补述马可孛罗所见之刺桐城中，曾提到蒲寿庚，认为蒲寿庚为阿拉伯人。日本人桑原骘藏著《提举市舶西域人蒲寿庚之事迹》，日本东京帝国大学《史学杂志》1915—1918 年连载，1923 年上海东亚研究会全文刊行。1935 年东京岩波书店重印本省称《蒲寿庚之事迹》。1930 年冯攸译为中文，改书名为《唐宋元时代中西通商史》，由商务印书馆出版。台湾二版改名《中国阿拉伯海上交通史》。1929 年陈裕菁译成中文并补充考证，改名《蒲寿庚考》，由中华书局出版。该书分五章：第一章，蕃汉通商大势；第二章，蕃客侨居中国之状况；第三章，蒲寿庚之先世；第四章，蒲寿庚之仕宋与降元；第五章，蒲寿庚之仕元及其亲族。对该书的评论主要有：〔日〕那波利贞《评〈宋末提举市舶西域人蒲寿庚之事迹〉》（《史林》9 卷 3 期）、〔日〕小野胜年《评〈宋末提举市舶西域人蒲寿庚之事迹〉》（《史林》9 卷 3 期）、白寿彝《读桑原骘藏〈蒲寿庚考〉札记》（《文史杂志》4 卷 5 、6 期，1944 年 9 月）、佛陀那舍《介绍〈蒲寿庚考〉》（《史学杂志》2 卷 1 号，1930 年）等。

罗香林著《蒲寿庚传》（台北中华文化出版事业委员会 1955 年出版，1959 年扩充为《蒲寿庚研究》，香港中国学社出版）。全书分为导论、蒲寿庚先代之籍贯与行实、蒲寿庚之行实、蒲寿庚之子孙及其移居各地、蒲寿庚与提举泉州市舶司之关系、蒲寿庚家族与回族之关系、蒲寿庚家族之文学渊源、广州蒲氏源流考、海南岛蒲氏回教徒考、《聊斋志异》作者蒲松龄之家世、结论、附录。对该书的评论主要有：〔日〕石田干之助《罗香林先生有关蒲寿庚传之新研究》（《大陆杂志》25 卷 12 期，1962 年 12 月）、方豪《评罗香林著〈蒲寿庚传〉》（《学术季刊》4 卷 1 期，1955 年 9 月）等。

世界蒲姓宗亲总会常务监事蒲发轫著《蒲寿庚行谊与先世籍贯》，1988 年在台湾出版。该书分为：导论，蒲寿庚家族与回族之关系，蒲寿庚先世籍贯流派以及各种传说分析，蒲开宗（即寿庚之父）先世籍贯流派之辨正，蒲寿庚弃宋事元行为与寿宬无涉，蒲寿宬、蒲寿庚兄弟生平事迹与行谊诸章。福建省泉州海外交通史博物馆刘志成先生多年来致力于蒲寿庚家族历史的调查与研究。其调查报告收在《泉州海外交通史迹调查资料》第五辑《蒲寿庚家族专辑》（油印本）。其内容有：安海东石蒲姓调查记，东石蒲氏再调查，蒲厝山调查记，永春太平格头蒲氏调查，永春、德化蒲氏情况调查记，永春五里街蒲氏调查，十八格蒲氏调查记，关于永春东平、德化十八格蒲氏来源，德化蒲氏调查，永春、德化蒲姓和香料业问题的调查简报，厦门蒲寿庚后裔调查研究，诏安蒲姓调查，福州蒲氏调查，蒲寿庚后裔与台湾的关系，蒲寿庚后裔流寓江苏及再迁西北，蒲松龄是汉族，但他的祖上可能曾是回族。

下面就 20 世纪蒲寿庚研究作一简略评述。

一、蒲氏族谱的发现

谱牒所载姓氏来源、家族兴替、人口升降、民族迁徙、风俗习惯、社会变迁，以及族人的政治、军事、经济、文化活动等，具有不可忽视的史料价值，是研究历史人物的重要参考资料。有关蒲氏族谱，20 世纪陆续发现有：

1939 年 12 月，回族青年张玉光与金德宝阿訇在德化蒲振宗家借得《蒲氏家谱》即《蒲寿庚家谱》，在 1940 年《月华》杂志第 12 卷第 1~3 期合刊发表《报告发现蒲寿庚家谱经过》一文。《蒲寿庚家谱》，康熙间举人、蒲氏家族第 17 世蒲奇成纂修，21 世蒲德容抄录。

1949 年罗香林先生向蒲梓良借得《南海甘蕉蒲氏家谱》。该谱始修于明万历四十七年（1619），其后道光二十八年（1848）、咸丰五年（1855）、光绪七年（1881）、光绪三十三年（1908）续修。罗先生所见为光绪修的谱，署“十六传孙群昭、杰昭总修”，该谱现藏于广东省博物馆。1987 年天津古籍出版社出版《中国回族古籍丛书》，收入丁国勇标点本《南海甘蕉蒲氏家谱》。

罗香林先生得蒲振宗先生代为借得海南崖县《三亚港通村蒲氏简谱》，系 1922 年三亚村回教徒刘贤遵所摘抄。1978 年泉州海外交通史博物馆郭慕良先生从永春达埔蒲祺营处借得《龙溪蒲氏支谱》，1982 年刘志成先生又从永春五里街蒲良宫处借得《龙溪蒲氏支谱》。据吴文良先生《泉州宗教石刻》介绍，有明嘉靖抄本《泉州南门忠所蒲姓族谱》。据刘志成先生介绍，《蒲氏族谱》还有：雍正以前修的《古榕蒲氏族谱》（已佚）。乾隆五年（1740）蒲修敬、蒲立恭修《安平蒲氏世谱》（已佚），嘉庆二十五年（1820）蒲中男纂《蒲氏族谱》即《泉州蒲氏族谱》，同治八年（1869）德化十八格的《蒲氏家谱》，1945 年重修的《诏安蒲氏家谱》等。

二、蒲寿庚先世

桑原骘藏《蒲寿庚考》据明何乔远《闽书》卷 152，“蒲寿庚，其先西域人，总诸蕃互市，居广州，至寿庚父开宗，徙于泉”，及郑思肖《心史》“蒲受畊，祚南蕃人，富甲两广，据泉州叛”，认为蒲寿庚祖先为侨居占城、广州之阿拉伯人，至蒲寿庚之父从广州迁至泉州。

罗香林《蒲寿庚研究》认为：“寿庚先世虽为西域系统，而其居住泉州，则自四川迁至，而非自广州所迁至。”李东华先生在《泉州与我国中古的海上交通》（台湾学生书局出版，1986 年）也支持罗香林的观点，写道“寿庚以商贾之身，酷嗜书法，而《心泉学诗稿》所收其兄寿宬诗文，意境颇高，用辞典雅，充分显露其文学之修养，纯由《心泉学诗稿》来看，极难想象其出于华化不深之蕃商之手。罗香林且认为其颇受中唐以来‘诗无僧学格还卑’之影响，而深信其先世绝非来自广州之蒲姓番商，而系来自蒲氏家谱所载累世为官之四川蒲氏。如此，则《泉州府志》之蒲开宗应为蒲氏家谱中之蒲仕宾，罗说为是。”

蒲发轫《蒲寿庚行谊与先世籍贯》则认为，蒲寿庚先世自四川迁晋江。“晋江一带，在蒲寿庚幼年时，即有能讲波斯语之回教蒲姓人甚众。且与蒲寿庚家族杂居一地，致蒲寿庚及其先世受误解为西域人。”

张秀民《蒲寿庚为占城人非阿拉伯人说》（《兰州大学学报》1979年第1期）根据郑所南《心史》记蒲寿庚祖先为南蕃人，认为南蕃为占城别称，则寿庚先世为占城人。

关于蒲寿庚先世，《南海甘蕉蒲氏家谱》：“一世玛呿阿，号鲁尼氏；二世嗨哒啪，官名海达；三世嘭咣哾；四世喔咕啪；五世噱嗯吭，官名寿宬，次寿庚。”

罗香林先生根据泉州《蒲寿庚家谱》：一世蒲宗孟；二世蒲世彀；三世蒲尧仁；四世蒲绪；五世蒲国宝；六世蒲仕宾即蒲寿庚之父。

蒲发轫《蒲寿庚行谊与先世籍贯》：一世蒲远猷；二世蒲稷（又名孟宗）；三世蒲彀；四世蒲尧章；五世蒲开宗；六世蒲仕宾；七世蒲寿宬、蒲寿庚。

蒲寿庚之父，有蒲喔咕柏、蒲仕宾、蒲开宗诸说。陈自强先生《蒲氏兄弟之父——蒲开宗》（《泉州文史》第8期，1983年12月）认为，泉州《蒲氏族谱》所载蒲寿庚祖籍四川阆州，出身西蜀望族，世代书香，官家门第，明代时，因蒲寿庚“导元倾宋”，蒲氏家族曾受歧视与排斥，如明初“禁蒲姓者不得读书入仕”，这怎叫族谱的修撰者（明末清初的人）不心有余悸呢？于是，修撰者一方面编造了一世至六世的“光荣史”，一方面对七世的蒲寿庚来一个回避——留一张空白纸。族谱记载，蒲仕宾“以恩贡知泉州府晋江县”，但各种有关方志皆无只字记载，其真实性令人怀疑。

蒲开宗之名与事，除《闽书》外，真德秀《重建太守倪公祠记》谓，“其成实（绍定）六年十二月甲申，劝民使为之者郡学录黄龚，为之者承节郎蒲开宗。”乾隆《安溪县志》卷5《职官志》载：“安溪县主簿蒲开宗，嘉泰四年任。”乾隆《泉州府志》卷10《桥渡》载：“长溪桥，在四十一都，长二十六丈，宋绍兴间建。淳祐六年蒲开宗重建。”《福建通志·津梁志》载：“龙津桥，旧名濠溪桥……淳祐三年蒲开宗重修。”可见蒲开宗从广州迁至泉州后，嘉泰四年（1204）任安溪县主簿，绍定六年（1233）修泉州倪思太守祠时为承节郎，淳祐三年（1243）重修龙津桥，淳祐六年（1246）重建长溪桥。

关于蒲寿庚先世蒲宗闵问题。1972年德国汉学家傅吾康教授在文莱发现一座宋墓。墓文为“有宋泉州判院蒲公之墓，景定甲子，男应甲立”。傅吾康、陈铁凡《最近在文莱发现的一块公元1264年的中文墓碑的初步报告》（原文载《文莱博物馆学报》1973年第3卷第1号。中文译文载《泉州文史》第9期，1986年12月）认为：“这个蒲公原为阿拉伯人”，但已中国化，“他是来自泉州的一个官员”，“他可能是他们（蒲亚里和蒲卢歇）之中的一个人的后裔”，“他必定是一位在地方上很受尊敬的人，或者是一位派往某一其他地区而死于途中的中国使者，否则人们是不会为他准备那么大型的墓地的”。庄为玑《文莱国泉州宋墓考释》（《海交史研究》1990年第2期）、林少川《渤泥“有宋泉州判院蒲公之墓”新考》（《海交史研究》1991年第2期），根据《西山杂志》考定“蒲公之墓”为蒲寿庚的先世蒲宗闵之墓。陈铁凡、傅吾康《〈西山杂志〉节文质疑——据〈文莱国泉州宋墓考释〉征引之一节》，龚延明《文莱国宋墓“判院蒲公”索解》（《海交史研究》1991年第2期），谢方《也谈文莱〈蒲公碑〉与〈西山杂志·蒲厝〉的关系》（《海交史研究》1998年第1期）认为：《西山杂志》所云“司温燅道通判”官称，不合宋制。道始于唐，宋改为路，路之下，州、府、军皆有通判，而无道通判。“后升都察院”为明代始设之职官，明洪武十三年（1380）始易御史台为都察院，为中央监察机构，非地方监察官。庄为玑先生根据《西山杂志》得出“判院蒲公”为蒲寿庚的先世蒲宗闵的结论是不能令人信服的。关于《西山杂志》，李玉昆《谈〈西山杂志〉存在的问题》（《福建史志》1988年第4期）认为：“《西山杂志》手抄本中错误百出，有的纯属子虚乌有，甚至连起码的历史常识都搞错”，“似与一个能设馆授徒‘而又饱览藏书’的作者素养不相称。这一手抄本的来由，是存在疑问的”。

三、蒲寿庚事迹及评价

日本学者桑原骘藏在《蒲寿庚考》一书中，根据《宋史》“寿庚提举泉州市舶司，擅蕃舶利三十年”的记载，断定“蒲寿庚为提举市舶三十年”。陈自强《“蒲寿庚宋末提举市舶三十年”说考辨》（《中国史研究》1983 年第 1 期）认为是没有根据的。作者指出，蒲寿庚于景炎元年（1276）十二月降元，若确实任提举市舶三十年，那么任职的时间应始于淳祐七年（1247）左右。从现存的南安九日山几段属于淳祐七年以后的宋代祈风石刻和文献资料看，淳祐七年以后的泉州提举市舶有：赵师耕，淳祐七年；杨瑾，淳祐十二年；张理，淳祐十二年；孙梦观，宝祐初；方澄孙，宝祐六年；韩朴，景定间；赵孟传，景定三年；王茂悦，景定三年。蒲寿庚是一个商人，咸淳末年，海贼寇郡城，蒲寿庚兄弟平定海寇有功而得官。根据明嘉靖《清源金氏族谱》附录《丽史》和《闽书》的记载，蒲寿庚到了景炎初（1276）才以福建广东招抚使的身份“主市舶”，景炎元年十二月，蒲寿庚降元。蒲寿庚任提举市舶司前后仅七个月。《宋史》所云“寿庚提举泉州市舶司，擅蕃舶利三十年”的时间是“擅蕃舶利”的时间，而非“提举泉州市舶司”的时间。所谓“擅蕃舶利”是指“总诸蕃互市”而言。

关于蒲寿庚的降元，苏基朗先生《论蒲寿庚降元与泉州地方势力的关系》（《唐宋时代闽南泉州史地论稿》，台湾商务印书馆 1991 年）认为，蒲寿庚的降元背后确有一个强大的地方精英集团在支持他。他们对当地的政治和防卫事务，都有很大的左右力量，如世居泉州、三代武官左翼军统领夏璟，有调遣泉州军队之权的知州田真子，以援城功授永春县达鲁花赤的林纯子，“以全城功归诸故家”的颜伯录，蒲寿庚的党羽孙胜夫、尤永贤、王与、金泳等。所以他说：“蒲寿庚降元非一人一姓之事，更没有异族人在宋代楚材晋用，举足轻重的问题。这次事件，是泉州地方势力重组的转捩点，入元乃出现西域人与本地人结合的新权力结构。”关于蒲寿庚弃宋降元的时间，学者一般根据《闽书》卷 152 、《元史类编》卷 18，认为始于泉州“闭门不纳景炎帝赵昰”。吴幼雄《蒲寿庚家族事迹考评》（《泉州师专学报》1990 年第 3 期）指出，新近发现，宋黄仲元为夏璟撰写的《夏宣武将军墓志铭》披露了蒲寿庚的新史料。从蒲寿庚指挥夏璟“先后捷瑞安、捷温陵、捷三阳”看，蒲寿庚的弃宋降元不是始于泉州的“闭门不纳”赵昰。德祐二年（1276）五月，瑞安之役，蒲寿庚早已指挥夏璟的左翼军，挫败防守瑞安的陈宜中，破坏文天祥守瑞安计划。接着，蒲寿庚又在温陵配合夏璟逼景炎帝走潮州。随即，夏璟又“捷三阳”（广东的海阳、揭阳和潮阳），逼宋皇室“以至入海”，南宋败亡。

蒲寿庚弃宋降元的实力。太平在《蒲寿庚事迹》（《中国史研究》1987 年第 2 期）中，从嘉靖《藁城县志》的《董文炳神道碑》和《藁城令董文炳遗爱碑》等文献中，找到蒲寿庚弃宋降元时实力“以善贾往来海上，致产巨万，家僮数千”，并表示“愿与子男、家人保护东南一隅”，保证“必保无虞”。

关于蒲寿庚任平章政事。自强、幼雄《蒲寿庚是否任过平章政事》（《海交史研究》1987 年第 1 期）、吴幼雄《元代泉州八次设省与蒲寿庚任泉州行省平章政事考》（《福建论坛》1988 年第 2 期）认为，《八闽通志》载：“元以寿庚归附之功，授官平章，开平海省于泉州，富贵冠一时。”平海省设于大德元年（1297），蒲寿庚若于此时任平章政事，就年岁而言，令人疑问。桑原骘藏认为蒲寿庚任平章政事未必其实，“似不可信”。但南宋遗臣、咸淳末进士黄四如文集中刊撰于大德十年《夏宣武将军墓志铭》云：“宣武旧忠训郎殿前司左翼军统领，智足应变，勇足御军，功足决胜，海云蒲平章器爱之。”又泉州清源山至元四年《重建清源纯阳洞记》云：“宋季兹山悉毁，猱穴宅焉。我朝至元十有八载，四松僧法昙抚迹吁悼而谋兴复。适心泉蒲公同其弟海云平章协力捐财以资之，规制比于曩时，无虑十百一。”由此可见，蒲寿庚任平章政事当在至元十八年（1281）之前。据泉州《蒲氏族谱》，蒲寿庚长子蒲师文“大德元年以文功袭职官为福建平海行中书省”，《八闽通志》将蒲师文大德元年任平章政事误为蒲寿庚。

关于蒲寿庚杀南外宗子问题。王连茂《蒲寿庚屠杀南外宗子考》（《泉州文史》4 期，1980 年)，考证蒲寿庚屠杀南外宗子的时间、人数等问题。蒲寿庚屠杀南外宗子的时间，郑思肖《心史》、何乔远《闽书》、乾隆《泉州府志》、陈衍《福建通志》认为是发生在景炎二年（1277）七月宋将张世杰由广东回师围攻泉州城时，桑原骘藏《蒲寿庚考》亦主是说；《宋史》认为发生在景炎元年（1276）十一月宋端宗赵昰由福州抵泉州港时。王连茂依据《宋天源赵氏族谱》等资料，印证《宋史》的记载是正确的。蒲寿庚屠杀南外宗子的人数，《心史》说数万人，太过夸张，《泉州府志》说千余人，《宋天源赵氏族谱》则说三千余人。作者从南外宗子人口的增加到景炎元年已达 3 200 人，蒲寿庚屠杀南外宗子“备极惨毒”，认为三千余人说是可信的。

1974 年在泉州湾后渚港发掘一艘宋代海船，庄为玑先生认为这艘宋船为蒲家私船（《泉州宋船为蒲家私船考》，《中国与海上丝绸之路——联合国教科文组织海上丝绸之路综合考察泉州国际学术讨论会论文集》，福建人民出版社，1991 年)。具体从四方面论证：第一，船体：泉州宋船是中国南方的船型，具有泉州船型的地方特点；第二，货物：泉州宋船存留了大量南海出产的香料，蒲寿庚家族世代经营香料，至今蒲家后裔在泉州山区，还在经营香业；第三，货签中的曾干、林干、张干是蒲寿庚派到船上管理船舶的舶干。“哑哩”是回教徒人名，说明回教徒喜欢搭回人蒲寿庚的商船；四、日用品，宋船中有军持两件。军持是回教徒的专用物品，蒲寿宬《心泉学诗稿》中有“明月照我牖，独起携军持”的诗句，说明蒲家虽已汉化，仍然遵守阿拉伯的风俗习惯，这也是宋船可能是蒲船的助证。

傅宗文先生则认为，泉州宋船是以南外宗正司为船主，联合所属支房派集团经商的回舶。他在《后渚古船：宋季南外宗室海外经商的物证》（《海交史研究》1989 年第 2 期）中提出，“南家”牌签特多，证明该海船主要货物归南外宗正司所有。木牌签中安郡应是安定郡王房派的徽记；河郡是河东郡王房派的徽记；昶郡是咸安郡王房派的徽记；兆郡是京兆郡夫人的省称；朱库国记，朱姓监亲睦库官，南外宗委监管海舶，职司纲首；稠司，船上货品钱财账目攒造保管人；曾干、林干、张干，或即当时诸宗家与咸安郡王宅的干人。

对蒲寿庚的评价。陈自强《论宋代泉州南外宗正司》（《泉州文史》4期，1980年12月）认为："元朝统一中国，从当时来讲，是一种历史的必然。历史现象是复杂的，不能因为蒲寿庚叛宋仕元，导元倾宋，而视之为什么'反面人物'。蒲氏叛宋仕元，客观上使泉州港得以幸存，不因战祸而遭大创伤，这不能不说是一个贡献。元代泉州港能在元军占领泉州的第二年就开港，并继续南宋而极盛，这有蒲寿庚的一份功劳。"

邱树森在《元代回回人的商业活动》（《元史论丛》第六辑）和《妈祖信仰与伊斯兰教的中国化》（澳门海事博物馆、澳门文化研究会《澳门妈祖信俗历史文化研讨会论文集》，1998年）中认为，蒲寿庚在元代海外贸易制度和海外贸易的展开过程中起了很大作用，使唐宋以来中国蓬勃开展的外贸事业发展到元代出现了鼎盛的局面。蒲寿庚降元后，向元廷提出尽快恢复市舶制度，故张世杰围攻泉州退兵后不久，元政府下令"立市舶司一于泉州，令忙舠领之。立市舶司三于庆元、上海、澉浦，令福建安抚使杨发督之"。事实上蒲寿庚仍主泉州市舶司，他以南宋泉州市舶管理模式影响元代市舶管理制度。

蒲寿庚对元代海外贸易的另一贡献是促成元世祖忽必烈对妈祖的加封。至元十五年（1278）八月，元世祖"敕封泉州神女号护国明著灵惠协正善庆显济天妃"，这与元政府急于恢复海外贸易和元舟师击灭南宋残部有关，这是应蒲寿庚奏封而决定的。

四、蒲寿庚子孙

蒲寿庚长子蒲师文，至元十八年（1281）为正奉大夫宣慰使右都元帅兼福建道市舶提举，他奉诏封妈祖为护国明著天妃。据吴鉴《岛夷志略序》云，师文且晋升为工部尚书海外诸藩宣慰使，与其副孙胜夫、尤永贤等，通道外国，宣抚诸夷。

蒲寿庚子孙移居各地，罗香林据《蒲氏家谱》考出：蒲寿庚曾孙蒲太初，曾任山东东昌府平山卫军职，因官移居辽东铁岭卫；寿庚孙崇谟子太初，洪武八年（1375）移居晋江东石；寿庚长子师文孙之纪，永乐三年

（1405）钦取上北京，眷在回馆教司；寿庚孙崇谟子烈，子孙多住南京。蒲寿庚孙崇谟派十五世移居永春卓埔；十六世宗义住惠安，十六世住南安娘妈桥，十六世日兴迁福州，日美住金门，日颂、日亹移黄岩，日懋移嘉兴，日消移扬州；十七世思兴住扬州，思颙住镇江，奇文住镇江；十八世世祚住惠安，世顺住福州，世才住扬州，世寅住扬州、镇江，世受住安溪澳江；十九世在合寓永福，立碧寓漳浦兰家，主瑛住外省；二十一世德新住崇武；二十三世能时进赘泉州北门外埔任陈姓。

刘志成先生对蒲寿庚子孙移居各地的研究，比罗香林先生有更多的发现：根据《诏安蒲氏族谱》，诏安蒲氏，由泉州分派，居漳浦沙岗村，后移居诏安。《谱引》自称“河东”，泉州东鲁巷蒲氏后裔收藏的蒲氏古墓碑一方，有“河东蒲”。泉州《蒲氏族谱》标榜“吾蒲氏，河东角兽”，证明蒲寿庚家族以“河东”为族号。诏安蒲氏乃蒲寿庚后裔，他们后来有的再迁广东海丰县平山、潮安县浮阳。蒲氏十四世德懋迁厦门、德昭迁南京。十六世住扬州，罗香林作日消，刘志成作日淯；十七世住镇江，罗香林作思颙，刘志成作思颢；十七世住镇江，罗香林只收录奇文，刘志成补充奇德，并考出他们系从晋江东石榕树移镇江。刘志成还考证出多支蒲寿庚后裔移居台湾和海外：永春五里街蒲氏五世斯祐，“往台郡未归”；衍炳往台；六世德渐移台湾；七世衍软，往台湾，死后葬在当地。诏安蒲氏五世志，后裔往台湾诸罗县；七世灿、哮，俱往台湾。永春五里街蒲振宗往南洋，其侄泰山往马来西亚；世统，乾隆二年往暹罗，德化十八格蒲龙江住马来西亚等。

五、蒲寿庚兄弟

蒲寿庚之兄弟，罗香林《蒲寿庚研究》云：蒲寿庚兄弟三人。长寿晟，据《蒲寿庚家谱》，寿晟曾官蒲州知州，且有美政。蒲寿庚次兄寿宬，号心泉。陈自强《蒲寿宬史料考辨》（《泉州文史》第 6 、7 期，1982 年 6 月）认为：蒲寿庚兄弟两人，“寿宬”“寿晟”“寿宬”实为一人。他还认为，“蒲寿庚叛宋仕元系寿宬阴谋筹划”不足信。《蒲氏族谱》云：“（寿岌）迨元至元二十三年丙戌三月间，世祖遣御史程文海诏求江南人才，公赴试中第一甲第一名，赐状元及第”，纯属伪造。从蒲寿宬的《心泉学诗稿》可以看出，他是一个深受汉族文化熏陶的异族诗人。陈垣《元西域人华化考》将蒲寿宬列入“儒学篇”。吴幼雄《蒲寿庚家族事迹考评》（《泉州师专学报》1990 年第 3 期）、《蒲寿宬与青礁慈济宫轶事》（《泉州学刊》1992 年第 1 期）、马成化《蒲寿宬其人其诗》（《甘肃民族研究》1988 年第 2 期）、吴海鸿《宋末回族诗人蒲寿宬研究》（《西北第二民族学院学报》1996 年第 1 期）等，认为蒲寿宬擅长中国诗赋，是阿拉伯文化在中国受儒道释文化影响的典型。

关于蒲和日，有蒲寿宬次子说、蒲氏子孙说、蒲罗辛回族人之后裔说、时间代名词说。

庄景辉先生在《〈郑和行香碑〉考》（《郑和与福建》，福建教育出版社1988 年）中，根据《蒲氏家谱》“日和，字贵甫，寿宬公次子……永乐十三年，与太监郑和奉诏敕往西域寻玉玺有功，加封泉州卫镇抚，圣墓立碑犹存”。认为立碑者蒲和日领衔“镇抚”，而族谱中蒲日和“加封泉州卫镇抚”；蒲和日立于圣墓的郑和行香碑至今尚在，而家谱则云蒲日和之“圣墓立碑犹存”，两者应系一人。家谱记载的名字为“蒲日和”应是辗转传抄之误，其名当以碑记“蒲和日”为是。蒲和日是蒲寿宬之次子，列居蒲家第八世，永乐十五年（1417）随郑和下西洋之际，已是一百四十岁高龄。罗香林《蒲寿庚研究》云“蒲日和又名蒲和日，以其叔父寿庚曾任提举泉州市舶使，熟知海外情况，又热心奉行回教，故得于晚年随郑和同赴西洋，远达波斯湾等地，并曾于泉州灵山回教墓地立碑，记郑和亲临行香事。”

王洪涛先生《泉州灵山圣墓的“郑和行香碑”》（《晚蚕集》，华星出版社 1993 年）认为，“寿晟为宋末元初之人，和日为明初之人，其间相差一百多年，寿晟和和日断不可能为父子关系，故和日当为蒲氏之子孙。”

蒲发轫《蒲寿庚行谊与先世籍贯》认为蒲日和为蒲罗辛族回人之后裔。指出：“永乐十五年，灵山回教墓地为郑和立碑之蒲和日似另有其回教中人，其语言、习性、年龄均要适合，其时若仍在世，已年高一百二十七至一百三十七岁之间，试想日和何能存世耶？又何能随郑和远渡重洋耶？蒲和日及石刻记载之掌教蒲景荣等，应为蒲罗辛回族人之后裔也。”

陈泗东先生《泉州海外交通史迹史事考》（《泉州师专学报》1990年第3期）认为，“蒲和日”不是人名，应是时间的代词。“蒲”为蒲月，阴历五月，“和日”的“和”为吉祥之语，应作“吉日”解。其理由：郑和以钦差总兵太监之武官身份，来泉州拜谒圣墓，当然由泉州卫指挥使接待。其论事立碑之事，委托泉州卫的镇抚代办。碑文所称之镇抚，就是泉州卫的镇抚，充其量不过五六品武官，与郑和的一品钦差官职相差太大，必然不敢列上自己的名字，凌驾钦差总兵。前人认为蒲和日是人名，并从《蒲氏族谱》寻找出一个明代叫蒲日和的蒲寿庚的子孙以证实之。从明太祖订下不准蒲寿庚子孙入仕的法令来看，永乐十五年距明太祖在位不过数十年，明成祖是明太祖的儿子，史无记载明成祖取消其父的禁令。

综观20世纪蒲寿庚的研究，取得丰硕的成果，在新的世纪应继续对蒲寿庚家族的史迹进行调查研究，在前人研究成果的基础上，撰写出史料更丰富、水平更高的学术论著。

原载《中国史研究动态》，2001年第8期。

20世纪泉州海外交通史研究回顾

一

中国人很早就开始了海上活动，在很长的历史时期内，中国人的海外交通活动，处于世界的领先地位，为人类征服海洋做出了伟大的贡献。用近代科学的方法，开展海外交通史的研究，严格来说，是从20世纪20年代开始的。对20世纪中国海外交通史的研究，著名的历史学家、中国海外交通史研究会会长陈高华教授在《中国海外交通史研究的回顾与展望》（《历史研究》1996年第1期）中，已作了全面的总结。

泉州是中世纪著名的港口城市，海上丝绸之路的起点之一。泉州以海外交通发达著称于世。关于泉州海外交通史的研究，王连茂《泉州海外交通史研究概述》（《中国与海上丝绸之路——联合国教科文组织海上丝绸之路综合考察泉州国际学术讨论会论文集·续集》，福建人民出版社1994年）已作了回顾总结。

泉州是中世纪世界著名的贸易大港，长期以来吸引人们对它进行探讨。

早在19世纪欧洲史坛即有关于Zaitun（刺桐）地名问题的争论。20世纪初日本学者桑原骘藏《蒲寿庚考》（陈裕菁译，上海中华书局1929年），1920年张星烺著《泉州访古记》（《史学与地学》1928年第4期），将泉州古港保存下来的大量文物披露于世，考评阐微，结束了19世纪以来一直困惑欧洲史坛的Zaitun地名问题。

新中国成立以后，1959 年泉州海外交通史博物馆建立，进行泉州海外交通史迹的调查，搜集海外交通文物和史料，吴文良先生积 30 余年完成《泉州宗教石刻》（科学出版社 1957 年），收集泉州发现的伊斯兰教、基督教、婆罗门教和摩尼教及其他石刻 160 余方，是研究泉州中外交通史、宗教史、华侨史、艺术史的珍贵资料，学术界给予高度评价。泉州海外交通史博物馆、泉州市文管会于 1959 年至 1964 年编辑出版《泉州海外交通史资料汇编》，辑录有关泉州海外交通的文献资料和泉州海外交通史迹的调查，对研究泉州海外交通史有参考价值。1973 年文物出版社出版的《中国考古学文献目录》中，收录了大部分篇目，在学术界有一定的影响。

1974 年泉州湾宋代海船的发掘与研究，中国海外交通史研究会的成立，《海交史研究》杂志的刊行，对泉州海外交通史的研究，起了重要的推动作用，取得丰硕的成果。正如台湾学者李东华教授所指出："泉州湾出土宋代海船后，在大陆引发了研究泉州海外交通的热潮。除在泉州重建海外交通史博物馆外，并组织海外交通史、泉州历史等研究会……有关专书及论文集亦纷纷出版，研究成果十分惊人。"（《泉州与我国中古的海上交通》，台湾学生书局 1986 年）。出版论著 20 多部：泉州海外交通史博物馆编写组《泉州港与古代海外交通》（文物出版社 1982 年），庄为玑、庄景辉、王连茂《海上丝绸之路的著名港口——泉州》（海洋出版社 1989 年）、庄为玑《古刺桐港》（厦门大学出版社 1989 年），泉州古港史编委会编《泉州古港史》（人民交通出版社 1994 年），李东华《泉州与我国中古的海上交通》，李玉昆《泉州海外交通史略》（厦门大学出版社 1995 年），王连茂、陈丽华《中华海洋文化的缩影——泉州海外交通史博物馆》（中国大百科全书出版社 1999 年），泉州海外交通史博物馆编《泉州湾宋代海船发掘与研究》（海洋出版社 1987 年），《安海港史研究》编辑组编《安海港史研究》（福建教育出版社 1989 年），庄为玑《海上集》（厦门大学出版社 1996 年），王洪涛《晚蚕集》（香港华星出版社 1993 年）、苏基朗《唐宋时代闽南泉州史地论稿》（台湾商务印书馆 1991 年），庄景辉《海外交通史迹研究》（厦门大学出版社 1996 年），吴幼雄《泉州宗教文化》（鹭江出版社 1993 年），陈达生主撰《泉州伊斯兰教石刻》（宁夏、福建人民出版社 1984 年)、《泉州伊斯兰教史迹》(福建人民出版社 1985 年)、《百崎回族研究》(厦门大学出版社 1993 年)、《陈埭回族史研究》(中国社会科学出版社 1991 年),王寒枫、曾秀川《泉州开元寺奇观》(福建人民出版社 1986 年),王寒枫《泉州东西塔》(福建人民出版社 1992 年),泉州开元寺编委会编《泉州开元寺》(宗教文化出版社 1999 年)等,发表论文数百篇。现就泉州海外交通文物考古、泉州港兴衰的原因、海外贸易商品、商人、管理机构、海外交通航线、造船与航海技术、中外友好往来、科技文化交流等方面的研究作一回顾。总结取得的研究成果,介绍研究中的不同观点,以便于今后继续研究。

二

泉州海外交通的研究主要有:许泉《泉州海外交通史概说》(《海交史研究》第 1 期,1978 年),王连茂《泉州学与海交史研究刍议》(《海交史研究》1999 年第 2 期),陈泗东《泉州海外交通史迹史事考》(《泉州师专学报》1990 年第 3 期),李东华《宋元时代泉州海外交通的盛况》(《中国海洋发展史论文集》第 1 辑,1984 年)等。

(一)泉州港与广州港的比较研究

在研究宋元时期泉州海外交通的发达时,往往与广州港进行比较。周中坚《宋代泉州港地位的三次演变及其繁荣》(《泉州文史》第 6、7 期,1982 年),指出在古代泉州港的发展史上,两宋是一个承前启后的关键时期。在不到三百年的时间里,它经历了三次飞跃,连登了海港地位的三个阶梯:第一次发生在北宋中期,赶上并超过明州,仅次于广州;第二次发生于南宋初年,赶上广州,与广州并驾齐驱;第三次在南宋末年,超过广州,进入极盛时期。

泉州与广州并驾的时间:①南宋初年说,吴泰、陈高华《宋元时期的海外贸易和泉州港的兴衰》(《海交史研究》第 1 期,1978 年)及周中坚文；②南宋晚期说，张难生、叶显恩《海上丝绸之路与广州》（《广州与海上丝绸之路》，广东省社会科学院 1991 年）；③南宋说，曾昭璇、曾新、陈权英《广州：古代海上丝绸之路的起点城市》（《广州与海上丝绸之路》），桑原骘藏《蒲寿庚考》；④元代说，赵立人《宋元时期广州与泉州海外贸易比较》（《广州与海上丝绸之路》）。

泉州与广州并驾齐驱的标志是：绍兴十四年（1144）朝廷批准，福建市舶司，依广南市舶司体例，每年于遣发蕃舶之际，支官钱三百贯文，排办筵宴，犒设诸国蕃商等，说明泉州与广州地位相当。乾道元年（1165）因为“福建、广南皆有市舶，物货浩瀚，置官提举实宜，惟两浙冗蠹可罢”，泉州与广州并列。《岭外代答》记三佛齐、阇婆、大食诸国至中国航线“其欲至广者，入自屯门；欲至泉州者，入自甲子门”，说明泉州与广东一样是外商常到的港口。

泉州港超过广州的时间：①南宋中后期说，余思伟《广州市舶司的历史沿革及其在对外贸易中的作用和影响》（《海交史研究》第 5 期，1983 年）；②南宋末年说，周中坚；③宋元之交说，张难生，叶显恩，（日本）成田节男《宋元时期泉州的发达与广东的衰微》（《泉州文史》第 6、7 期，1982 年；第 8 期，1983 年），桑原骘藏《蒲寿庚考》，黄启臣《广州海上丝绸之路的兴起与发展》（《广州与海上丝绸之路》）；④元代说，吴泰、陈高华。

泉州赶上并超过广州的原因：①泉州没有受战争的破坏，海外贸易可以正常发展；②宋廷的南迁，使泉州改变北宋那种远离政治中心的情况；③南宋南、西外宗正司移入福建，统治阶级上层人物享受的海外香药宝货有更大销路。

（二）关于泉州港兴盛及衰落的时间和原因的研究

1. 泉州港兴盛的研究

吴泰、陈高华《宋元时期的海外贸易和泉州港的兴衰》认为，南宋泉州港的发展原因：一是泉州没有受战争的破坏，海外贸易可以正常发展；

二是宋廷的南迁，使泉州改变北宋时远离政治中心的情况，对泉州港海外贸易的发展尤为有利；三是南、西外宗正司移入福建，大批皇亲贵族定居福州、泉州，许多“士大夫避难入福建”。主要供统治阶级上层人物享受的海外香料宝货在福建地区有更大销路，吸引海外商人到泉州贸易；四、泉州是杭州海商转贩海外宝货的主要市场。周中坚《古代泉州港兴衰史浅探》（《天津师范学院学报》1981 年第 4 期）认为，宋代东南亚地区经济的空前繁荣，阿拉伯人海上贸易的兴盛，都提出需要一个巨大海港，三者在海港的位置要求上的矛盾恰好在泉州得到平衡和统一，因为泉州位置居中，并具有优越港口历史基础。南宋积极发展海外贸易的政策和对泉州港的苦心经营又给予直接的有力推动——这就是泉州港两宋之际异军崛起的历史前提。童家洲《试论宋元泉州港繁盛的原因》（《文史哲》1980 年第 4 期）认为宋元泉州港繁荣的原因：一是长期相对和平安定的社会环境，是泉州赖以兴起的良好土壤；二是泉州地区和福建路拥有提供外贸的丰富资源；三是宋廷南迁，加速了泉州港的崛起；四、元朝政府对外实行开放，鼓励海外贸易，使泉州海外交通臻于极盛；五、宋元泉州港的繁荣与当地造船业的发达是分不开的。林蔚文《试论宋元泉州港海外贸易发展的几个因素》（《福建文博》1984 年第 2 期）也认为：宋元时期，由于福建地区较为安定的政治局势；雄厚的经济基础；统治阶级采取了一系列适当的政策措施；国内外销售市场的广阔；泉州城市的商业化；造船技术和航海技术的发展，促使宋元泉州港海外贸易走向繁荣。

林汀水《略谈泉州港兴衰的主要原因》（《厦门大学学报》1984 年第 1 期）认为，宋元之际福建经济得到全面的发展，已经变成全国最先进的地区之一，这应是泉州成为“世界最大之港的根由”。庄炳章《泉州海交史上的人物》（《海交史研究》1985 年第 1 期）认为：离开了特定历史条件下的开拓者、组织者和指挥者，刺桐港就难于形成世界的大港。王四达《宋元泉州港繁荣原因新探》（《华侨大学学报》1989 年第 2 期）认为以上每一点都有一定道理，但仍有一些不足之处，即，他们只罗列了一些外在因素或表面现象，而忽略了繁荣的内在根源。其内在根源，就是宋元泉州的社会经济结构。从历史的角度看，泉州地区的自然条件具有不利于发展农业而有利于发展工商业的特点。从唐五代以来，在人口增长密度增大这一因素的压力下，在其他因素的综合影响下，到宋元时代终于形成一种以农业为辅助，以工商为主体，以外贸为核心的社会经济结构，这实际上是古代的港口经济，这是宋元泉州港繁荣最根本的内在原因。

2. 关于泉州港衰落的原因

沈玉水《明清泉州港海外交通贸易衰落原因初探》（《泉州文史》第4期，1980年12月）认为衰微原因有五：一是西方殖民主义的东侵，使东西方的海上通商出现了新的形势，影响了泉州港的发展；二是明清两代的海禁政策对泉州港的海外通商事业破坏极大；三是倭寇的侵扰劫掠，危害了泉州地区人民生命财产的安全，泉州港的海外交通贸易也深受影响；四是元末明初泉州地区发生了破坏性的连年战乱，对泉州港海外交通的破坏很严重；五是国内海道航运条件的变化，改变了泉州港在海外交通贸易方面的中转地位。李东华《泉州与我国中古的海上交通》认为："后渚位于晋江下游北岸最近海处，即为洛阳江与晋江交会入海处。洛阳江水击于北，晋江汇流于南，后渚必也逐渐变淤浅，到明初可能即不堪大船进出。后渚港既又淤塞，晋江沿江北岸再也找不到一处可堪停泊一二千料大船，泉州就是注定衰微的命运了。这是明代泉州港衰微的最主要原因；也是明中期海禁弛禁后，泉州亦无法恢复其对外交通贸易的最大原因"。李仲均《晋江海岸变迁与泉州港的衰落》（《海交史研究》1985年第1期）也认为"泉州港的衰落的主要原因是晋江本身泥沙沉积，地壳上升，江道变浅，不能驶进停泊大船所致。"沈玉水、李金明、林汀水等不同意这种意见，认为港口的淤浅只是海港衰落的次要原因，而起决定性作用的是政治、经济等社会原因。李金明《明初泉州港衰落原因新论》（《海交史研究》1996年第1期）认为明初泉州港的衰落主要原因一方面是福建市舶司的迁移，使之失去国际地位，一方面是明初厉行海禁，不准私人出海贸易，使泉州港不可能复兴而成为私人海外贸易港。庄为玑认为，14世纪发生的这场叛乱，使泉州港受到极其严重的打击，过去繁华再也无法恢复，历史上极盛时期已经一去不复还了。林汀水《略谈泉州港兴衰的主要原因》认为，决定城市兴衰和港口的转移，最主要的因素是农业和手工业发展变化。明末清初，特别是自清朝以来，福建和泉州原有的许多先进的手工业发展停滞不前，已经大大落后于江浙和广东地区，于是泉州港就走向衰落了。

3. 泉州港衰落的时间

庄为玑《元末外族叛乱与泉州港的衰落》（《泉州文史》第4期1980年12月）认为：元末外族叛乱造成的后果是严重的，促使泉州港的衰落；许在全《泉州港与“海上丝绸之路”》（《海交史研究》1991年第1期）认为：成化八年泉州市舶司迁往福州，便宣告了泉州港作为世界大港历史的无可挽回的终结；李东华《泉州与我国中古的海上交通》认为泉州港在明代已衰落；沈玉水《明代泉州港并不“衰微”——与李东华先生商榷》（《泉州文史》第10期，1989年12月）认为，明代泉州港并不衰落，只是发生了一些新的变化，泉州港的真正衰落是在清代。

对泉州港及其兴衰研究的还有：傅宗文《刺桐港史初探》（《海交史研究》1991年第1~2期）、《宋代泉州港的崛起与港口分布》（《厦门大学学报》1985年增刊）、《论刺桐港对海上丝绸之路的双向支撑》（《中国与海上丝绸之路》福建人民出版社1991年），王铭铭《唐宋时期人口的增长与泉州港的勃兴》（《福建人口》1987年第1期），庄景辉《略论元代泉州的繁盛及其原因》（《福建学刊》1989年第1期），李玉昆《海上丝绸之路的重要港口——泉州》、许宗音《泉州对海上丝绸之路的贡献》（《中国水运史研究》1991年第1期、第2期），黄天柱、廖渊泉《古代泉州阿拉伯穆斯林与泉州港的盛衰》（《东南亚》1984年第1期）。

泉州海外交通港口，最早为梁安港。印度僧人真谛于梁中大同元年（546）到达南海郡（今广东南部）。太清二年（548）八月到建康（今南京），陈永定二年（558）到达晋安郡（今福州），天嘉二年（561）从梁安郡“泛舶西引”“漂还广州”。汤用彤《汉魏两晋南北朝佛教史》（中华书局1983年），方拥《拘那罗陀与泉州》（《东南文化》1990年第5期），章巽《真谛传中之梁安郡》（《中国水运史研究》1987年第1期），廖大珂《梁安郡历史与王氏家族》（《海交史研究》1997年第2期），李玉昆《关于真谛到梁安郡翻译〈金刚经〉问题》（《福建佛教》1999年第1期）等研究真谛“泛舶西引”的梁安郡，它是泉州最早见诸文字的海外交通港口。

对泉州港支港的研究：安海港是泉州港的支港，1985 年召开“安海港史学术讨论会”，会后出版《安海港史研究》，研究安海港的历史、经济、文化、华侨、中外关系史、考古等问题。崇武港是海防要塞，主要任务是保护海上交通的畅通，1987 年为崇武古城创建六百周年，举行学术研讨会，出版《崇武研究》（中国社会科学出版社 1990 年），研究崇武的历史地位和作用、崇武的海上贸易与商业、惠台关系等。

庄为玑《清蚶江港》、林英乔《清代蚶江港的兴衰》（《石狮文史资料》第一辑）、叶恩典《獭窟港在泉州海外交通贸易史上的地位与作用》（《海交史研究》1999 年第 2 期）等研讨泉州支港。

三

（一）海外贸易研究

1. 海外贸易的商品

庄为玑《泉州三大外销商品——丝瓷茶》（《海交史研究》3 期，1981 年）认为，宋以后泉州的主要外销产品是丝、瓷、茶。研究泉州丝绸外销的有，黄天柱、陈鹏《泉州古代丝织业及其产品的外销》（《海交史研究》4 期，1982 年），李玉昆《泉州古代丝织业初探》（《丝绸史研究》1991 年第 4 期）。

研究泉州外销瓷的有：徐本章、叶文程《谈谈古泉州地区的外销陶瓷》（《厦门大学学报·史学专号》1981 年增刊），许清泉《宋元泉州陶瓷生产与外销》（《古陶瓷研究》1982 年第 1 辑），叶文程《晋江泉州古外销陶瓷初探》（《厦门大学学报》1979 年第 1 期），林文明《泉州陶瓷外销问题的探讨》（《海交史研究》1986 年第 1 期），许清泉《宋元泉州陶瓷的生产》（《海交史研究》1986 年第 1 期），李知宴、陈鹏《宋元时期泉州港的陶瓷输出》（《海交史研究》第 6 期，1984 年），叶文程《宋元时期中国东南沿海地区陶瓷的外销》（《海交史研究》第6期，1984年）等。

德化和晋江磁灶是泉州主要生产外销瓷的窑口。德化窑研究的专著有：福建省博物馆《德化窑》（文物出版社1990年），徐本章、叶文程《德化瓷史与德化窑》（华星出版社1993年），论文集有《德化瓷研究文集》（华星出版社1993年）。论文有：曾凡《关于德化窑的几个问题》（《中国古陶瓷论文集》，文物出版社1982年）、宋伯胤《谈德化窑》（《文物参考资料》1955年第4期）等。研究德化外销瓷器的有：叶文程、徐本章《畅销国际市场的古代德化外销瓷器》（《海交史研究》第2期，1980年），徐本章、叶文程《略谈德化窑的古外销瓷器》（《考古》1979年第2期），徐本章、徐艺星《蜚声中外的德化瓷器》（《福建史志》1991年第3期）。研究晋江窑及其外销瓷的有：黄世春《浅谈晋江古代陶瓷的外销》（《福建文博》1993年1、2期），泉州海交馆调查组《晋江县磁灶陶瓷史调查记》（《海交史研究》第2期，1980年），陈鹏、黄天柱、黄宝玲《福建晋江磁灶古窑址》（《考古》1982年第5期）、叶文程、苏垂昌、黄世春《晋江磁灶窑的发展及其外销》（《中国古代陶瓷的外销——一九八七年福建晋江年会论文集》，紫禁城出版社1988年）。其他如叶清琳《略述安溪纪年墓和带款式几件外销瓷器》（《福建文博》1993年1、2期），林德民《泉州东门窑产品及其外销》（《海交史研究》1999年第2期），天鹏、宝成《一处产品外销日本的窑址的年代探索》（《福建文博》1982年第1期），李知宴、黄宝玲《关于军持的几个问题》（《海交史研究》第4期，1982年），徐本章、叶文程《略谈德化窑的古外销“军持”》（《古陶瓷研究》1982年第1期），研究外销产品军持。李国清等《中世纪“陶瓷之路”上的德化瓷及其科技分析》（《海交史研究》1999年第2期）从科技史的角度研究德化外销瓷。

泉州海外贸易的进口商品以香料、珠宝为大宗。李玉昆《宋元时期泉州的香料贸易》（《海交史研究》1998年第1期）及《宋元时期泉州的珠宝贸易》（海峡两岸泉州学学术研讨会论文，1999年）对此进行研究。

皮尔逊《泉州及其海外贸易的考古学探索》（《海交史研究》1998年第1期）认为泉州经济的增长是由于转运香料、药物、珍珠和其他奢侈品，另一方面是外销陶瓷、铜币、高价值作物及其他产品，呼吁对泉州地区考古资源进行保护。

2. 海外贸易商人

宋元时期，泉州海商在海外频繁活动，外国商人到泉州经商，推动泉州社会经济和海外交通的发展。对此进行研究的有：〔日〕斯波义信著、庄景辉译《宋代福建商人的活动及其社会经济背景》（《中国社会经济史研究》1983年第1期），彭友良《宋代福建海商在海外各国的频繁活动》（《海交史研究》第6期，1984年），陈高华《北宋时期前往高丽贸易的泉州舶商》（《海交史研究》1980年第2期），宋岘《古代泉州与大食商人》（《海交史研究》1988年第1期），温岭《元代泉州舶商二例》（《中国史研究》1985年第1期）指出，元明之际，泉州舶商仍相当活跃。

明代安平商人从事海外贸易，同时积极从事国内贸易。对安平商人研究的有：傅衣凌《明代泉州安平商人论略》、林仁川《明代的安平海商》（《安海港史研究》，福建教育出版社1989年）。对郑氏海商集团研究的有：陈东有《试论郑氏集团在中国海洋社会经济发展史上的地位》，连心豪《郑氏海上商业活动的几个问题》、韩振华《一六五〇——一六六二年郑成功时代的海外贸易和海外贸易商的性质》（《郑成功研究论文选》，福建人民出版社1982年），聂德宁《明清之际郑氏集团海上贸易的组织与管理》（《南洋问题研究》1992年第1期），韩振华《再论郑成功与海外贸易的关系》（《中国社会经济史研究》1982年第3期），林仁川《试论著名海商郑氏的兴衰》（《郑成功研究论文选续集》1984年），《试论郑氏政权对海商的征税制度》（《郑成功研究国际学术会议论文集》1989年），徐恭生《试论郑氏与日本的贸易关系》（《福建师范大学学报》1983年第2期）。

对阿拉伯海商蒲寿庚家族的研究可参考拙文《20世纪蒲寿庚研究述评》（《中国史研究动态》2001第8期）。研究泉州海商的还有：庄景辉《明末清初的福建海商与陶瓷贸易》（氏著《海外交通史迹研究》），林仁川、陈杰中《试论明代漳泉海商资本主义发展缓慢的原因》（《中国社会经济史研究》1982年第1期）。

3. 海外贸易的管理机构——市舶司

市舶司是海外交通的管理机构。唐代泉州为我国对外贸易四大港口之一，许多外商到泉州来，出现了“船到城添外国人”的繁荣景象。唐朝在泉州“设参军事四，掌出使导赞”，加强对海外贸易的管理。五代时，割据福建的王审知等重视海外贸易，竭力“招徕海中蛮夷商贾”，并委派海路都指挥使，设置榷利院以管理海外贸易。北宋的建立，结束了五代分裂割据的局面，泉州的社会经济进一步发展，泉州海外交通更加繁荣，元祐二年（1087）在泉州设立舶司，其后时罢时设，直至明成化八年（1472）迁往福州。

对泉州市舶司的研究主要有：关于唐代首先在广州设立市舶司，而明州、扬州、泉州是否设立市舶司的问题，林萌《关于唐、五代市舶机构问题的探讨》（《海交史研究》4 期，1982 年）依据顾炎武《天下郡国利病书》，唐文宗大和八年上谕、民国版《同安县志》，认为唐朝泉州已设市舶司。王冠倬《唐代市舶司建地初探》（《海交史研究》第 4 期，1982 年）则认为顾炎武将《宋史》《宋会要》的材料作了某些更动而合并转引在《天下郡国利病书》中，把“绍兴十七年”错搞成“贞观十七年”，把时间一下子提前了五百年；又把“先是绍兴十四年……故有是诏”一段删去，从而使人弄不清十七年下诏的由来，民国版《同安县志》说唐泉州曾建司，系转抄《天下郡国利病书》，唐代泉州未设市舶司。宋元祐二年（1087）泉州始设市舶司，比广州、杭州、明州迟百年左右，其原因何在？傅宗文《宋代泉州市舶司设立问题探索》（《福建论坛》1983 年第 3 期）认为，北宋初至元祐二年的百余年间，因泉漳地区发生农民起义，朝廷实行严厉的禁榷法和舶货仓买制度，北宋政府和高丽关系冷淡，泉州至汴京陆路交通险阻。王安石变法派人物，市易司大臣吕嘉问反对在泉州设司，以及广、杭、明三州排斥泉州等原因，到哲宗元祐年间，泉州人口增长，工商业和海外贸易发展，王安石变法被废，“元祐更化”开始，所以泉州设司。陈高华《北宋时期前往高丽贸易的泉州舶商——兼论泉州市舶司的设置》认为，北宋泉州海商的贸易活动十分活跃，对于政府的市舶收入有很大的影响，新市舶法规定只存于广州市舶一处，船舶“往复必使东诣广”，不利于泉州海商的贸易活动，也直接影响政府的市舶收入，所以在泉州增设市舶司。日本学者土肥祐子《陈偁和泉州市舶司的设置》（《海交史研究》1988年第1期）认为，与其说设立泉州市舶司是为了优先考虑海上贸易，出于商人的得失而设置，倒不如说是在新旧两派政治上对立，官僚们相互对立抗争中的这种形势下而被设置。

元朝市舶司的一切活动均为最大限度地统制舶商，其作用表现在对海外贸易的日趋垄断和有利于官方海外贸易，但在一定程度上压制了私人贸易的发展。

明代市舶司是为了政治和外交的需要，作为国家财政重要来源税收机构在明代市舶司身上已消失，贸易机构性质还存在，但只限于为统治者奢侈生活做采买。明市舶司最突出的是接待朝贡使节的机构，它忠实执行明王朝怀远和禁海政策。

关于嘉靖年间闽浙市舶司废置的时间问题。陈支平《嘉靖年间闽、浙市舶司废置时间考》（《厦门大学学报》1981年增刊）依据《明世宗实录》，指出《明史》关于闽浙二市舶司置于嘉靖元年的记载是错误的，嘉靖二年倭患起，置市舶司的记载是含混不清的。根据谈迁《国榷》卷53“（嘉靖六年十月）壬子，裁浙江市舶司”的记载，认为闽浙市舶司皆罢废于嘉靖六年。陈尚胜《福建市舶司废于嘉靖六年吗?》（《厦门大学学报》1984年第3期）不同意这一看法，认为嘉靖时期，福建市舶司主管琉球朝贡事务，中琉关系一直处于正常状态，福建市舶司是否因浙江市舶司出现倭患问题而罢废颇值怀疑。又，成书于嘉靖三十四年，福建市舶提举高岐所著《福建市舶提举司志》，在《官氏考》中录有嘉靖元年至三十三年历年提举名单。可见嘉靖六年没有罢废，根据《明会典》卷15说“福建等处承宣布政司，旧有市舶提举司，万历八年裁革”。明王应山《闽大记》、明喻政《福州府志》所载同，当不误。

明洪武间设市舶司于泉州，管理琉球贸易，后迁往福州。沈玉水《略论福建市舶司的迁司问题》（《海交史研究》1988年第1期）认为主要原因：①官商海外贸易的衰落；②私商贸易港口的转移；③主管市舶的官员常住福州；④琉球贡使的申请和琉球通事的方便。

福建市舶司从泉州迁移福州的年代，萨士武《明成化、嘉靖间福建市舶司移置福州考》（《禹贡》第7卷1~3期），依据清人林春溥《开卷偶得》和林玭的《福建市舶提举司记》认为是成化二年。《开卷偶得》载，道光二十五年冬，林春溥在乌山发现二碑，其中“华亭张汝弼送罗应魁调管福建市舶提举七律一首”云：“成化二年……修撰罗伦上疏劾，调福建市舶司副提举。”认为由此碑记得知罗伦谪官为福建市舶副提举，确为成化二年，市舶司移于福州当然在于此时。陈尚胜《闭关与开放——中国封建晚期对外关系研究》（山东人民出版社1993年）根据明黄仲昭《八闽通志》卷80、明何乔远《闽书》卷39、清怀荫布乾隆《泉州府志》卷10、清顾炎武《天下郡国利病书》卷95等记载，认为福建市舶司成化八年从泉州迁福州。朱振星《从福州的几处古迹看古代中琉关系》（《海交史研究》3期，1981年），王铁藩《福州明代福建市舶司衙署考》（《海交史研究》1986年第2期），认为成化十年迁福州。沈玉水《略论福建市舶司的迁司问题》指出，有人依据高岐《福建市舶提举志·建置志》、王应山《闽都记》认为，成化五年福建市舶司从泉州迁福州，其实是批准迁司的年份，但没有实行，而成化十年，指的是市舶司官署在福州易址的时间，因此迁司的时间是成化八年。对清代泉州海关研究的有：厦门海关、泉州海关、泉州海交馆调查组《泉州海关史迹调查》，许毅明《泉州海关的设立及其历史演变》，杨钦章《从若干碑铭看清代中前期泉州的海关及贸易》（《海交史研究》1988年第1期）。

（二）海外交通航线

宋元时期，泉州海外贸易繁荣，是中外经济文化交流和人民友好往来的重要门户，海上交通航线日益增多，宋赵汝适《诸蕃志》，凡记载中国与东南亚诸国、印度、阿拉伯以及北非各国的航线距离、日数、方位，多以泉州为基准。对泉州海外交通航线研究的有：沈玉水《宋元泉州港海外航线》（《中国航海》1985年第2期），刘蕙孙《泉州湾宋船的航线与航向的进一步探讨》（《海交史研究》第1期，1978年），傅宗文

《宋元时期的闽台交往与东洋航线》（《厦门大学学报》1991 年第 3 期），杨国桢《明代闽南通琉球航路史事钩沉》（《海交史研究》1991 年第 2 期）。

（三）泉州湾古船

1974 年在泉州湾后渚发掘一艘南宋远洋货运海船，曾被誉为“世界航海史上的珍贵文物”。1974 年 3 月，在泉州召开“泉州湾宋代海船科学讨论会”以及其后发表的学术论文，泉州海外交通史博物馆编《泉州湾宋代海船发掘与研究》，就海船的年代、建造地点、航线、沉没原因、时间、古船的复原以及出土文物的鉴定、考释、保护等进行研究。

古船建造及沉没年代：《泉州湾宋代海船发掘与研究》从古船出土陶瓷器为宋代生产，出土的铜钱 504 枚，除 33 枚为唐钱，其余均为宋钱，最晚一枚为南宋咸淳七年，因此推断海船造成于南宋末年，沉没于咸淳七年（1271）以后的几年中。林禾杰《泉州湾宋代海船沉没环境的研究》（《海交史研究》第 4 期，1982 年）运用积沉学的方法对海船沉没环境进行考古学的研究，提出的结论也是沉没于 1277 年。

朱维幹《元代钞币与泉州古船》（《福建史稿》上册，福建人民出版社，1984 年），辛土成《试论泉州湾古船的沉没年代和性质》（厦门大学历史系等编《考古论文选》第一集，1980 年），陈碧笙《泉州湾古船沉没年代小议》等，认为古船沉没于蒙古灭宋之后，其理由是：①古船出土的宋钱不能证明它一定是宋船；②古船出土的竹尺的长度与宋尺相距甚远，而与元郭守敬制的元钦天监尺的长度接近；③木牌签“南家”为蒙古族对南方人的称呼。陈高华、吴泰《关于泉州湾出土海船的几个问题》（《文物》1978 年第 4 期）认为，海船建造年代约在南宋灭亡的前三年，沉没于元至元十四年，其理由是：①海船不是由于被飓风颠覆或船身触礁而沉没；②海船毁于宋末元初的兵火；③古船出土的“南家”木牌签是元代对南方汉人的称呼。

古船的载重量：陈高华、吴泰认为海船载重量应在 60 吨到 120 吨之间，庄为玑、庄景辉《泉州宋船结构的历史分析》（《厦门大学学报》1977年第4期）认为载重量200吨左右。

对古船结构和复原的研究：泉州湾宋船复原小组、泉州造船厂《泉州湾宋代海船复原初探》（《文物》1975年第10期），庄为玑、庄景辉《泉州宋船结构的历史分析》，杨槱《对泉州湾宋代海船复原的几点看法》（《海交史研究》第4期，1982年），席龙飞、何国卫《对泉州湾出土的宋代海船及其复原尺度的探讨》（《武汉水运工程学院学报》1982年第2期）。

海船航线的研究：刘蕙孙《泉州湾宋船的航线与航向的进一步探讨》，李复雪《泉州湾宋代海船上贝类的研究》（《海交史研究》第6期，1984年），从古船出土的大量香料药物和古船附着物贝类的研究，认为海船是从东南亚返航。

海船的主人：庄为玑《泉州宋船为蒲家私船考》认为是蒲家私船，从四方面论证。第一，宋船是中国南方的船型，具有泉州船型的地方特点；第二，宋船存留大量南海出产的香料，蒲寿庚家族世代经营香料；第三，货签中的曾干、林干、张干是蒲寿庚派到船上管理船舶的舶干，“哑哩”是回教徒人名，说明回教徒喜欢搭回人蒲寿庚的商船；第四，宋船中有军持，军持是回教徒的专用物品。傅宗文《后渚古船：宋季南外宗室海外经商的物证》（《海交史研究》1989年第2期）认为宋船是以南外宗正司为船主，联合所属支房集团经商的回舶。宋船出土“南家”牌签特多，证明该船主要货物归南外宗正司所有；而木牌签中安郡应是安定郡王房派的徽记；河郡是河东郡王房派的徽记；昶郡是咸安郡王房派的徽记；兆郡是京兆郡夫人的省称；朱库国记为朱姓监亲睦库官，南外宗委监管海舶职司纲首；稠司，船上货品钱财账目攒造保管；曾干、林干、张干，或即当是诸宗家与咸安郡王宅的干人。

泉州宋船的发现与发掘，为研究宋代先进的造船技术提供了宝贵的实物资料。王曾瑜《论宋代的造船业》（《文物》1975年第10期），叶文程《从泉州湾海船的发现看宋元时期我国造船业的发展》（《厦门大学学报》1977年第4期），沈玉水《从泉州湾宋船看宋代泉州造船技术》（《武汉水运工程学院学报》1984年第1期），〔日〕村山孚《泉州湾七百年前的沉船》（《人民中国》1982年第5期），〔澳大利亚〕杰罗米·格林《泉州宋代古船》（《海交史研究》1989年第2期），〔韩〕金在瑾《中国古船》（《海交史研究》1989年第2期），〔日〕松木哲《十三、十四世纪的贸易船——以泉州、新安船为要点》（《海交史研究》1986年第2期），沈玉水《试论南宋我国的造船技术》（《航海技术》1982年第3期）等，通过对古船的考察研究宋元时期中国的先进造船业和造船技术。杨钦章《宋代的海船与海员生活》（《文史知识》1983年第9期），沈玉水《从泉州湾宋船遗物看宋代海员的生活》（《航海》1983年第1期）从宋船遗物研究海员的航海生活。

李国清《泉州湾宋代海船的舱料使用》（《海交史研究》1986年第2期），陈振端《泉州湾出土宋代海船木材鉴定》（《海交史研究》1982年第4期），研究古船的木材和舱料。

中国科学院自然科学史研究所、泉州海交馆联合试掘组《泉州法石古船试掘简报和初步探讨》，陈鹏、杨钦章《泉州法石乡发现宋元碇石》（《自然科学史研究》1983年第2期），杨钦章、叶道义《船舶石制碇泊工具初考——从泉州湾新发现的三块石碇谈起》（《海交史研究》1989年第1期）就法石古船的试掘和泉州发现的石碇进行研究。

海船出土了大量文物，许多学者进行研究：陈泗东《泉州湾宋船沉没原因及其带有文字的出土物考证》（《泉州文史》第4期，1980年）考证木牌签、棋子和印刷品等。古船出土香料4 700多斤，主要有乳香、降真香、龙涎香、檀香、胡椒、玳瑁等。吴鸿州《泉州出土宋海船所载香料药物考》（《浙江中医学院学报》1981年第3期），庄为玑、庄景辉《泉州宋船香料与蒲家香业》（《厦门大学学报》1997年第4期），王慧芳《泉州湾出土宋代海船的进口药物在中国医药史上的价值》进行研究。对出土香料进行鉴定的有：赵正山《参加泉州古船出土香药鉴别记》（《海交史研究》第1期，1978年），章文贡《泉州湾宋代沉船中乳香的薄层色谱鉴定》（《海交史研究》第4期，1982年），南京医学院等《泉州湾出土宋代木造海船舱内降香的显微鉴定》（《海交史研究》第5期，1983年），上海卫生局药品检验所等《泉州湾出土宋代木造海船舱内降香的化学鉴定》（《海交史研究》第 5 期，1983 年），陈瑞华《泉州湾宋代沉船中降（真）香的鉴定及考证》（《上海中医杂志》1979 年第 5 期），陈允敦《“小黑子”原来是齐氏魟的结鳞》（《海交史研究》第 1 期，1978 年）等。

古船出土的木牌木签，为研究宋代海外贸易提供重要的实物依据，但研究者看法不同，如“南家”。陈高华、吴泰认为，“南家”是金、元两代北方人对南方汉人的鄙称，这艘船既然是蒲寿庚降元后出海贸易并返回泉州的，其时元统治者的民族压迫政策必然已在泉州地区试推行，把原泉州海商称为“南家”；庄为玑、庄景辉《泉州宋船木牌木签考释》（《厦门大学学报》1980 年第 1 期）认为，宋代海外贸易繁盛，从南海进口货物最多，这些从南洋进口的货物称为“南路货”或“南货”，贩卖南货的商家，往往被称为“南家”；傅宗文则认为，南外宗正司率所属宗子男女人口，奉命于高宗建炎三年（1129）十一月迁入泉州，自此直至南宋灭亡，不曾移驻。朝廷议事或行文时常省称之为“南外”。泉州居民或南外宗正司所属官吏，当然可以仿效“州家”、“县家”惯例，尊称其为“南家”。又宋船出土的小口陶瓶的用途有几种不同的看法：一是装火药或直接为武器的火罐；二是装蔷薇水用的瓶子；三是装水饮用的瓶子；四许清泉《宋船出土的小口陶瓶年代和用途的探讨》（《海交史研究》第 5 期，1983 年），认为是装酒的瓶子；五刘铭恕《泉州宋代沉船陶瓶用途之推测》（《海交史研究》1993 年第 2 期）认为是装猛火油用的。

王曾瑜《宋代的铜钱出口——兼谈泉州发掘的宋船铜钱》（《海交史研究》第 1 期，1978 年）认为这艘船原先当是满载铜钱、瓷器等物货，现所剩 504 枚，除船底夹缝 15 枚外，刚好在法定“夹带铜钱五百文随行”的限额之内。

林更生《泉州湾出土宋船中果品种子的研究》（《海交史研究》第 6 期，1984 年），黄天柱、林宗鸿《泉州湾宋船出土果核的考释》（《农业考古》1983 年第 1 期）研究宋船出土的果核，考证果品的种类，探讨海船的航向和沉没时间。

古船第 13 舱出土的竹尺，《发掘报告》认为是宋尺，韩振华《我国古代航海用的量天尺》（《文物集刊》第 2 辑，1980 年），《我国古代航海用的几种水时计》（《海交史研究》第 5 期，1983 年），认为是海师专用的量天尺。韩振华认为是沉碗型水时计，而华同旭《船用水时计及泉州出土椰壳等讨论》（《海交史研究》1987 年第 2 期）则认为不可能是沉碗型刻漏。古船出土的铜钱片，韩振华认为是莲花盂漏一类；残铜钩曲及蓝玻璃珠，系秤漏上的溜乌（虹吸管）及渴乌出水管口内的丸形阀；而水银，则可能是“马上奔驰”秤漏所用之“流珠”；铜勺，系换水时加水所用器具，华同旭则认为，这样的推论可能过于武断。一艘普通的民船上，同时存在有四五种不同类型的水计刻漏，似乎也是不可能的。

黄乐德《“泉州湾宋代海船出土文物分类保护方案”的初步分析》（《泉州师专学报》1983 年第 2 期）就宋船出土文物的分类保护进行分析研究。泉州海交馆文物保护实验室《泉州古船出土竹器的保护》（《海交史研究》第 1 期，1978 年），陈承德、李国清、曾丽民《泉州湾宋代海船木材与泉州地区现代木材室内平衡含水率的比较研究》（《海交史研究》第 6 期，1984 年），胡晓伟《新型杀菌防霉剂在古船保护上的应用》（《海交史研究》1999 年第 2 期）研究古船出土的竹器木材的保护。

（四）海外交通与造桥

桥梁是一个国家的文化标志之一。宋元时期，泉州海外交通空前繁荣，为了适应货物转运、商民往来的需要，公元 11 至 13 世纪，泉州出现修造石桥的热潮。研究泉州造桥与海外交通的有：王无逸《从宋建的泉州大桥管窥当时泉州社会经济文化的一斑》（《泉州海外交通史料汇编》第 5 辑 1960 年）、童家洲《宋代泉州石桥与海外交通》（《泉州文史》第 1 期，1979 年）、庄景辉《宋代泉州的石桥建筑与海外交通》（《海外交通史迹研究》），李意标、黄国汤《安平桥与海外交通的关系》（《安海港史研究》），程光裕《宋元时代泉州之桥梁研究》（台湾《史学汇刊》第 2 期，1969 年）。

对泉州古代桥梁调查研究的有：刘浩然《洛阳万安桥志》（香港华星

出版社，1993年)，茅以升《介绍五座古桥——珠浦桥、广济桥、洛阳桥、宝带桥及灞桥》(《文物》1973年第1期)，陈泗东《泉州洛阳桥》(《泉州文史》第1期，1979年)，燕鹭《我国古代名桥之花——洛阳桥》(《福建文博》1979年第1期)，王洪涛《洛阳桥与盘光桥》(《泉州海外交通史料汇编》第8辑)，福建省文管会《福建安海宋代安平桥调查记》(《文物参考资料》1958年第12期)，茅以升《重点文物保护单位中的桥》(《文物》1963年第9期)。

对泉州桥梁科学技术、文化研究的有：郑振飞《福建古代石梁桥的历史地位及其技术成就》(《福州大学学报》1980年第1期)，陈鹏《宋代泉州桥梁及其建造技术》(《泉州文史》第5期，1981年)，《洛阳桥的传说和戏文》(《福建乡土》1987年第1期)，李玉昆《泉州桥文化》(《华侨大学学报》1998年第2期)。

在宋代造桥活动中，僧侣是一支重要的力量，研究佛教与造桥的关系的有：李玉昆《僧侣在宋代泉州造桥活动中所起的作用》(《法音》1984年第2期)，林国平《宋代福建佛教的兴盛与桥梁建筑》(《福建宗教》1998年第1期)。

(五) 中外友好科技文化交流

泉州是中世纪著名的世界贸易港，世界各国的商人、旅行家、僧侣等汇集于此，共同为发展泉州的经济文化做出了贡献。同时，泉州人民也为世界经济文化的发展做出应有的贡献。泉州也是中世纪世界科技文化交流的重要门户，科技文化交流是双向或多向进行的，既促进了泉州社会经济的发展，也对世界文明做出贡献。

童家洲、王洪涛《宋元时期泉州与亚非国家的友好往来和经济文化交流》(《福建师范大学学报》1978年第1期)，李玉昆《古代泉州与世界的友好往来》(《泉州学刊》1993年第1期)，研究宋元时期泉州与世界各国的友好往来和经济文化交流。林春《中外人民传统友谊的历史见证》(《厦门大学学报》1977年第4期)，叶文程《宋元时期泉州港与阿拉伯的友好交往——从“香料之路”上新发现的海船谈起》（《厦门大学学报》1978年第1期）从泉州湾发掘的古船，研究中外友好往来。林文明《宋代中外人民友好往来的重要历史资料——南安九日山司马伋等祈风石刻浅注》（《海交史研究》第1期，1978年；第2期，1980年；第3期，1981年；第4期，1982年），从九日山祈风石刻研究中外友好往来。李玉昆、李秀梅《中斯友好与泉州的锡兰王裔》（《海交史研究》1999年第2期），通过泉州锡兰王裔研究中斯友好往来。陈鹏、石西《略论泉州法石出土的西班牙银币》（《海交史研究》第3期，1981年），庄为玑《福建南安出土外国银币的几个问题》（《考古》1975年第6期）通过泉州出土的外国银币，研究泉州与外国友好往来。李玉昆《泉州海外交通与中外科技文化交流》（《八闽科苑古来香》，厦门大学出版社1998年），研究泉州与中外科技文化交流。

泉州有世界宗教博物馆之誉，通过佛教、伊斯兰教、景教、摩尼教、印度教、犹太教等进行友好往来。可参考拙稿《20世纪泉州外来宗教文化研究回顾》。

对20世纪泉州海外交通史研究的回顾是件有意义的事，然而也是艰巨的工作，由于本人常识有限，囿于见闻，肯定会遗漏和错误，敬请学者指正和补充。

原载《泉州学刊》2002年第2期，又载《海上丝绸之路与中国南方港学术研讨会论文集》，《岭南文史》2002年增刊。

20 世纪泉州外来宗教文化研究回顾

泉州是中世纪著名的世界贸易港，商人、旅行家、传教士以及各行各业的人汇集于此，带来了伊斯兰教、基督教、印度教、佛教、摩尼教和犹太教文化，遗留下这些宗教的珍贵文物，故泉州有世界宗教博物馆之誉。20 世纪泉州外来宗教文化研究取得丰硕成果，专著有：吴文良《泉州宗教石刻》（科学出版社 1957 年），吴幼雄《泉州宗教文化》（鹭江出版社 1993 年），陈达生主撰《泉州伊斯兰教石刻》（宁夏、福建人民出版社 1985 年），泉州历史研究会、泉州海交馆合编《泉州伊斯兰教研究论文选》（福建人民出版社 1983 年），《泉州伊斯兰教史迹》（福建人民出版社 1985 年），《百崎回族研究》（厦门大学出版社 1993 年），《陈埭回族史研究》（中国社会科学出版社 1991 年），王寒枫、曾秀川《泉州开元寺奇观》（福建人民出版社 1986 年），泉州开元寺编委会编《泉州开元寺》（宗教文化出版社 1999 年），王寒枫《泉州东西塔》（福建人民出版社 1992 年），泉州南少林研究会编《泉州南少林研究》（香港华星出版社 1993 年）等，发表论文 200 多篇，现按宗教分类，对研究情况做一回顾，对不同看法也作介绍，以供研究参考。

一、伊斯兰教

泉州是伊斯兰教最早传入我国的地区之一。20 世纪对泉州灵山圣墓、清净寺、伊斯兰教碑刻、亦思巴奚、蕃坊、泉州回族，特别是陈埭、百崎回族等方面的研究取得可喜的成果，但看法不尽相同。

泉州灵山伊斯兰教圣墓的年代。有唐武德说，杨鸿勋《试论泉州圣墓的建造年代兼及传说的真实性问题》（《文物》1986 年第 3 期）从建筑史学的角度，以墓廊的柱式作为断代的依据，认为圣墓廊庑前檐的10根石柱为梭柱。“这种梭柱是南北朝至初唐所流行的柱式，大约自盛唐以后渐少使用。”圣墓应即穆罕默德当年的门徒，被中国尊称为“三贤”“四贤”的陵墓。持唐代说的还有童家洲《印僧拘那罗陀来泉及唐武德间来泉“三、四贤”问题》、蒋颖贤《泉州灵山圣墓及其有关问题的探讨》（《福建师大学报》1983年第1期、第3期）。唐永徽说，庄为玑《泉州清净寺的历史问题》（《厦门大学学报》1963年第4期）认为何乔远《闽书》关于圣墓为唐武德间三贤四贤墓，为时太早，应为永徽中之误。唐中叶至北宋说，日本学者桑原骘藏《伊本所记中国贸易港》（《唐宋贸易港研究》台湾商务印书馆1963年）。唐末宋初以后说，张星烺《泉州访古记》（《史学与地学》第4期，1928年10月），林翠茹、庄景辉《泉州伊斯兰教圣墓年代及其墓主人身份的考证》（《海交史研究》2000年第1期）认为，从穆罕默德创立伊斯兰教的历史过程和阿拉伯半岛的实际情况看，伊斯兰教在唐武德年间不具备向中国传教的条件，由泉州的建置沿革、史地变迁、交通发展状况考察，泉州在武德年间不具备接受伊斯兰教传播的因素，中国与阿拉伯交往的历史潮流，唐中叶以前以陆路为主，唐中叶以后，以海路为主。泉州港是随着“海上丝绸之路”的兴起而发展起来的，大批外国人来泉经商正是在这一时期，并于晚唐至宋初开始定居泉州，伊斯兰教也伴随穆斯林商人的到来传入泉州，灵山圣墓可能是这时留下的遗迹。上限为公元9世纪说，陈达生《泉州灵山圣墓年代初探》（《世界宗教研究》1982年第4期）认为，以法厄福尔作为中国皇帝的专称不早于公元九世纪中叶，灵山圣墓与苏菲派麦耳鲁夫陵墓的墓旁祈祷是一致的，苏菲派产生于公元八九世纪，11世纪广泛传播。宋代说，吴文良《泉州宗教石刻》认为阿拉伯文碑谓墓主在“发克富”时代来泉州，而“发克富”又必指宋朝，所以圣墓也应为宋墓。白寿彝《泉州清净寺创建年代和创建人》（《月华杂志》第10卷8、9、10期）、韩振华《宋元时代传入泉州的外国宗教古迹》（《海交史研究》1995年第1期）认为灵山圣墓创自南宋绍兴三十二年（1162），完工于隆兴元年（1163），主其事者，三佛齐富商试那围与番人蒲霞辛。元代以前但必后于武德说，白参《泉州清净寺阿拉伯文碑记》

（法国《通报》1911 年第 12 卷，王云翔译载《历史建筑》第 1 期）。元代说，苏基朗《灵山圣墓年代考辨》（《唐宋时代闽南泉州史地论稿》，台湾商务印书馆 1991 年）认为，《闽书》所载三贤四贤武德初传教泉州的传说，只是明末才流行于泉州伊斯兰教徒间的一种附会之谈，《闽书抄》也只是对何乔远这个传说的更详细记录，两份材料既不能证明此说为真，灵山圣墓为唐墓说难以成立，墓旁有元代重修灵山圣墓的阿拉伯文碑记，圣墓墓主极可能为元或宋侨居泉州的穆斯林富商善长。

灵山圣墓墓主身份。一般认为伊斯兰教的三贤四贤，为传教士。而苏基朗、林翠茹、庄景辉认为是穆斯林富商善长。

元末在泉州发生“亦思巴奚”之乱，历时十年，不仅给泉州地区的社会经济造成严重破坏，并且祸及福州、仙游、莆田等地，关于这场战争的性质以及“亦思巴奚”的词源、词义及性质各家看法颇有纷歧。

关于“亦思巴奚”的词源、词义。张星烺《中西交通史料汇编》（第三册，中华书局 1977 年）认为，亦思巴奚为波斯语 Isbahah 的译音，伊朗一古城之名，又译作亦思法罕，朱维干《元末蹂躏兴泉的亦思法杭兵乱》（《泉州文史》第 1 期，1976 年），庄为玑《元末外族叛乱与泉州港的衰落》（《泉州文史》第 4 期，1980 年）亦持此说。日本学者前岛信次《元末泉州的回教徒》（英译本载《东洋文库研究部纪要》卷 32，1974 年）认为，亦思巴奚源自波斯语文 lspan，意即军队、士兵，陈达生《亦思巴奚》（《伊斯兰教在中国》，宁夏人民出版社 1982 年）赞同这一看法。廖大珂《“亦思巴奚”初探》（《海交史研究》1997 年第 1 期）则认为元代“亦思巴奚”与唐代“伊习宾”为同名异译，是从波斯语 shahbahar 转译过来，现多译作“沙班达尔”，为蕃长之意，其职责是：代表政府行使对外商的管辖权；协助官府管理对外贸易；作为官府与海外商人之间的中介人、负责招徕海商；协助办理外交事务，沟通中外双方政府之间的联系。

关于“亦思巴奚”战乱的性质。吴文良《泉州宗教石刻》认为是反元起义。而朱维干、庄为玑认为是“省宪构兵”“外族叛乱”、波斯人企图在泉州建立伊斯法罕王国。陈达生《泉州伊斯兰教派与元末亦思巴奚战乱性质试探》（《海交史研究》第 4 期，1982 年）认为是伊斯兰教什叶派与逊尼派两大教派的战争。吴幼雄《泉州宗教文化》（鹭江出版社 1993 年）则认为泉州亦思巴奚兵乱为伊斯兰教派斗争说是臆测出来，应是元廷两大派争夺帝位在泉州地区的反映。

宋元时期泉州海外贸易非常繁荣，中外商人云集，许多外国商人在泉州定居下来。泉州是否有“蕃坊”？洪少禄《泉州是否有“蕃坊”》、庄为玑《论泉州港的历史研究》（《泉州海外交通史料汇编》第 6 辑），以史籍记载泉州“蕃汉杂居”和尚未发现有“蕃坊”的记载而否定泉州有蕃坊。

持泉州有蕃坊观点的有：日本学者桑原骘藏《蒲寿庚考》（中华书局，1954 年）、向达《中外交通小史》（商务印书馆 1947 年）、吴文良《泉州宋元时代“蕃坊”遗址调查》、《再谈泉州“蕃坊”问题》（《泉州海外交通史料汇编》第 3 辑、第 8 辑）、陈达生《论蕃坊》（《海交史研究》1988 年第 2 期）、廖大珂《谈泉州“蕃坊”及其有关问题》（《海交史研究》1987 年第 2 期），他们指出，宋人祝穆《方舆胜览》所记：泉州“土产蕃货，诸蕃有黑白二种，皆居泉州，号蕃人巷。每岁以大舶浮海往来，致象犀、玳瑁、珠玑、玻璃、玛瑙、异香、胡椒之属”。元代到过泉州的阿拉伯人伊本白图泰所说：“泉州有一条街道是伊斯兰教徒的街区”，这些都说明宋元时期泉州与广州一样有蕃坊，唐泉州有蕃长之设。陈达生认为元代的谢赫·伊斯兰（摄思廉）就是蕃长。廖大珂认为，宋代泉州蕃人巷由政府直接治理，未设蕃长，认为“蕃坊是一种政教合一的社会组织形式”是没有根据的。他说蕃坊是在中国政府主权管辖下，根本不存在治外法权或领事裁判权问题。

宋元时期泉州伊斯兰教寺的数量。元朝吴鉴《清净寺记》云：“今泉造礼拜寺增为六七。”据庄为玑、陈达生《泉州清真寺史迹新考》（《世界宗教研究》1981 年第 3 集）：北宋通淮街圣友寺建于北宋（1009），修于元朝；南宋南门清真寺，为波斯人撒那威创建，毁于元末；宋涂门外津头埔也门教寺，也门人奈纳·奥姆尔建，毁于元末；东门外东头乡元纳希重修寺，至治二年（1322）年重修；南门之元代穆罕默德寺，属于 14 世纪初叶，毁于元末；无名大寺，元代。但吴幼雄《泉州宗教文化》认为，这是对元代泉州的数座清净寺作简单的证据不足的、粗糙的臆测推断。

通淮街清净寺俗称麒麟寺。韩振华《泉州涂门街清真寺与通淮街清净寺》（《海交史研究》1996年第1期）说，新中国成立前，该寺所写的大灯，还写着麒麟寺，一般称清净寺。也根据寺中阿拉伯文碑记称圣友寺，陈达生《泉州伊斯兰教石刻》称艾苏哈卜寺。

关于通淮街清净寺的建造年代。庄为玑《泉州清净寺的历史问题》（《厦门大学学报》1963年第4期）认为，应以阿拉伯文碑为凭，建于回历400年（1009年）。白寿彝《泉州清净寺的创建年代及创建人》（《月华》10卷8、9、10期1938年）说，该寺创建绍兴元年说，是可信的。藤田丰八《宋代市舶司及市舶条例》（何建民译《中国南海古代交通丛考》商务印书馆1936年），也持有同样观点，说：言清净寺之创建在绍兴年间则可，而曰绍兴元年则不可也。桑原骘藏《蒲寿庚考》则认为阿拉伯文碑说创建于绍兴元年或绍兴年间也未可偏废。吴文良《泉州宗教石刻》，庄为玑、陈达生《泉州清真寺史迹新考》认为阿拉伯文碑记所载的创建年代与中文碑志所载的创建年代是指两座不同的伊斯兰教寺。

关于清净寺的建筑形式。西班牙人阿奈兹认为是仿大马色克城大礼拜寺的建筑（张星烺《泉州访古记》，《史学与地学》第4期，1928年10月）。白参《泉州清净寺阿拉伯文碑记》（《历史建筑》第1期）指出它与14世纪建造的哈桑苏丹玛德拉萨寺、法拉日苏丹修道院的建筑相仿；吴文良《再论泉州清净寺的始建时期和建筑形式》（《厦门大学学报》1964年第1期）认为，总的来看，它是一座外国式的建筑物。但若从建筑的个别细部看，它确实混什有浓厚的中国建筑艺术色彩。1987年对清净寺奉天坛地基进行发掘，有福建省博物馆等《泉州清净寺奉天坛基址发掘报告》（《考古学报》1991年第3期）、黄天柱《福建泉州清净寺建筑形式考察记》（《考古》1992年第1期）认为，现存奉天坛为明代遗物，是大屋架飞檐翘脊的中国古建筑形式的楼台结构，屋盖是木构重檐鸡笼式藻井的建筑，指出认为奉天坛是伊斯兰教式石砌大圆顶是错误的。

泉州伊斯兰碑刻的研究。陆峻岭、何高济《泉州杜安沙碑》（《考古》1980年第5期）考证杜安沙是元代有名的穆斯林官宦圣裔，其父赛典赤乌马儿，大德年间系官福建行省平章政事和浙江省平章政事。杜安沙卒于回历 702 年（大德六年，1302），其时乌马儿任福建省平章政事，家居泉州。

1965 年泉州发现阿拉伯文侯赛因碑，据林文明《关于泉州出土阿拉伯文侯赛因墓碑石年代问题的争论》（《世界宗教研究》1981 年第 4 期）介绍，关于侯赛因的卒年经七次翻译出现五种记年：①回历 29 年，公元 649 年 11 至 12 月，唐贞观二十三年 10 月至 11 月；②回历 67 年 3 月 19 日，公元 686 年，唐垂拱二年 9 月 21 日；③回历 529 年 3 月，公元 1134 年 12 月至 1135 年 1 月。南宋绍兴四年 12 月至 5 年 1 月；④回历 567 年 4 月，公元 1171 年 12 月，南宋乾道七年 11 月至 12 月；⑤回历 709 年 3 月，公元 1309 年 8 月至 9 月，元至大二年 7 月至 8 月。持唐朝说的有：闵桐《友好往来的见证》（《光明日报》1973 年 9 月 6 日），黄秋润《浅谈伊斯兰教传入泉州》（《海交史研究》第 2 期，1980 年），方思一《伊斯兰教史话》（新疆人民出版社 1978 年），叶文程《我国与阿拉伯友好往来的历史见证》（《光明日报》1978 年 10 月 18 日）等。主要论点是：①泉州港在南朝已有与海外交通的记载，唐初泉州海外交通更加发展，当时有阿拉伯人来泉州经商可能也有伊斯兰教徒；②泉州灵山圣墓为唐武德年间穆罕默德门徒三贤四贤墓；③泉州出土的大量阿拉伯人的墓碑石，凡白花岗岩的为早期遗物，辉绿岩为较晚期，侯赛因墓碑石为白花岗岩。陈达生《泉州“回历 29 年”墓碑辨》（《阿拉伯世界》1982 年第 1 期）认为是回历 567 年 4 月，主要论点：①碑文不是采用七世纪以前阿拉伯“库法体”的古体书法，而是用八世纪以后阿拉伯才使用的“纳斯赫体”；②回历伊斯兰教纪年是由第二任哈里发欧默尔·本·哈脱卜（634—644）在位时确定的，侯赛因墓碑采用回历纪年有怀疑；③在翻译上漏掉百位数的部分，所以墓碑石刻是南宋时期的遗物；④泉州灵山圣墓武德说不可靠。

努尔《泉州艾哈玛德墓碑兼“宰桐”名称小考》（《福建师大学报》1982 年第 3 期）指出，碑文“艾哈玛德家族母亲的城市——宰桐城”，说明艾哈玛德的先辈娶宰桐（泉州）人为妻，他们在泉州居住数世，艾哈玛德之子阿含抹谙练中文，运用中文撰写墓碑。碑中的文法、书法和历法的换算法都采用中国民间传统的方式。关于“宰桐”城的地点，外国学者争论不休，有漳州月港、海澄、杭州、扬州诸说，张星烺《泉州访古记》、桑原骘藏《提举市舶西域人蒲寿庚之事迹》论证“宰桐”为泉州始成定论。艾哈玛德碑的发现为此说提供了实物证据。

泉州是我国回族的主要发祥地之一。林松《泉州——我国伊斯兰教和回回民族的主要发祥地》（《海交史研究》1988年第2期）指出，“回族的族源，有多种成分。漫长的历史发展过程中，约形成于元代，到明代更为明显”，“分布于泉州和惠安等地的郭姓家族，就是元代外籍穆斯林与本国人通婚而形成的回族人。”蒋炳钊《试论泉州回族的来源与形成》（《陈埭回族史研究》，中国社会科学出版社1991年）也认为“元代是泉州回族开始形成的重要时期”。邱树森《中国回族史》（宁夏人民出版社1996年）认为“在明代中后期，回回民族共同体最终形成了回回人作为一个真正意义上的民族，从此正式登上中国的历史舞台。”陈国强《泉州回族与伊斯兰教·阿拉伯人》（《海交史研究》1988年第2期），也认为“元末时，在泉州与我国西北等地的阿拉伯人，有与汉族及其他少数民族通婚者，经过几代‘土著’‘蕃客’的融合，到明初形成回族，成为我国统一多民族大家庭的成员。”对泉州回族研究的还有：张玉光《回教入华与泉州回教概况》（《月华》第9卷第1期，1937年），希哈伦丁《泉州回教徒之今昔观》（《月华》第3卷第15期，1931年），黄天柱、廖渊泉《福建泉州回族的形成及其特点谈薮》（《中央民族学院学报》1987年第6期），庄景辉《陈埭丁氏回族汉化的研究》（《海交史研究》1993年第2期）等。

黄秋润《浅谈泉州回族风俗》（《泉州伊斯兰教研究论文选》），介绍泉州回族的婚姻、丧葬、生育、节庆、饮食、服饰等习俗。陈达生《宋元时期泉州穆斯林祈风祭海之踪迹》（《海交史研究》1986年第1期）认为：宋元时期泉州穆斯林在清净寺祈祷真主护佑航海者，在泉州灵山圣墓、东坂蕃商公墓和蒲寿庚的望云楼举行仪式保佑航海者平安。黄天柱、吴幼雄《伊斯兰文化对泉州的影响》（《宁夏社会科学》1986年5期）认为，伊斯兰文化在泉州留下深刻的影响。

陈埭和白崎是泉州两支主要回族。1989年12月在陈埭召开“陈埭回族历史学术讨论会”，会后出版《陈埭回族史研究》（中国社会科学出版社

1991年)，内容涉及陈埭回族的源流、历史、经济文化、宗教习俗等方面。百崎也出版《百崎回族研究》(厦门大学出版社1993年)主要研究百崎回族的历史、族源、文化教育、语言文艺、经济、宗教习俗、历史人物。

二、景教

20世纪对泉州景教的研究主要是基督教两派在泉州的兴衰、传教方式、教职制度、教会人物、教堂遗址、墓碑等的研究。

景教传入泉州的路线分别从陆路和海上丝绸之路。陆路从北京沿运河南下，海路沿海上丝绸之路东来。景教传入泉州的时间有不同看法：日本学者佐伯好郎《福建泉州的景教遗迹》(《中国基督教研究》，日本春秋社松柏馆昭和十九年)认为：唐代景教徒自波斯经陆路进入长安后，有一直远涉重洋到泉州；江上波夫《汪古部的景教系统及其墓石》(《东洋文化研究所纪要》2，1951年)在比较扬州、北京房山、泉州的景教遗物后，认为泉州景教遗物的年代或许可以上溯到北宋时期。杨钦章《泉州景教石刻初探》(《世界宗教研究》1984年第4期)，利用考古学的证据和碑刻的比较研究，认为景教传入泉州在元初。林英乔《一方泉州女信徒的古基督教墓碑考析》(《泉州文博》2期，1996年元月)利用最近发现元至元丁丑年(南宋景炎二年，元至元十四年，1277年)正月，“戴舍王氏十二小娘”为其“故妣二亲，郭氏十太孺、陈氏十太孺”合葬刻立的汉字墓碑，认为南宋末年泉州已有基督教的传播，并有汉人信奉方济各会。

关于景教传入泉州的路线。杨钦章《元代南中国沿海的景教会和景教徒》(《中国史研究》1992年第3期)认为泉州是景教传播的重要通道，东来西往的传教士曾经由陆上或海上丝绸之路，汇聚于古刺桐港。对此观点，牛汝极在《从出土碑铭看泉州和扬州的景教来源》(《世界宗教研究》2003年第2期)指出泉州景教经南印度由海路来自波斯的根据不充分，泉州出土的叙利亚文和回鹘碑铭的语言文字与新疆、内蒙古出土大量回鹘语文保持一致性，泉州叙利亚文和回鹘文景教墓碑主人应为畏吾儿人。

泉州的景教石刻被称为刺桐十字架。明万历四十七年(1619)泉郡南邑西山古圣架碑出土，崇祯十一年（1638）在泉州仁风门外东禅寺附近发现古十字石，同年在泉州水陆寺又发现十字架石，1906 年西班牙天主教士塞拉菲莫雅在泉州奏魁宫发现一胸前有十字架的石刻。20 世纪三四十年代，在拆除泉州城墙时，出土许多景教碑刻，加之近年的发现，泉州古基督教石刻 30 多方，其中属于景教的 20 多方。

泉州景教墓碑，质地优良，形式多样，有圆拱、尖拱、弧形、长方形四种。雕刻图案富于变化，十字架下，有时雕刻莲花柱脚，呈束莲座、变体莲花、西番莲、莲台等；有时雕刻有云气纹；带翅膀的天使或伸手、或双手捧圣物、圣像；在十字架的臂端和中间常饰有宝珠；雕刻有叙利亚文、回鹘文、拉丁文、八思巴文、汉文的经文或祈祷文句；墓碑边缘有花纹图案装饰。

对泉州景教碑刻的研究。1644 年耶稣会士阳玛诺在《唐景教碑颂正诠》（武林天主堂梓），刊载了泉州出土的三个十字架石摹本。传教士安东尼乌斯，1633—1669 年在中国传教，他在《中国教派志》中提到泉州另一方二腕尺大的神圣的十字架。清初意大利传教士马尔蒂尼（卫匡国）在《中国新地志》中说，他在泉州看到城墙上不少石刻有教士十字架的标志。1906 年西班牙传教士塞拉菲莫雅在奏魁宫发现刻有天使的十字架，其照片被法国学者伯希和刊布在《通报》1914 年 12 月号上。西班牙的阿奈兹在《通报》上发表《泉州穆斯林古迹》，谈到此石对考证泉州历史的意义。阿·克·穆尔《1550 年前的中国基督教史》，日本学者佐伯好郎的《中国基督教研究》（日本春秋社昭和 24 年），江上波夫《汪古部的景教系统及其墓石》，（《东洋文化研究所纪要》2，1951 年），村山七郎《中国的景教文献和遗物》，英国的约翰·福斯特的《刺桐城墙的十字架》（《英国皇家亚洲学会杂志》1954 年）等。

中国学者研究的主要有：吴文良《泉州宗教石刻》（中国科学出版社 1957 年），王治心《中国基督教史纲》（青年协会书局上海 1940 年），朱谦之《中国景教》（东方出版社 1993 年），夏鼐《两种文字合璧的泉州也里可温（景教）墓碑》（《考古》1981 年第 1 期），吴幼雄《福建泉州发现的也里可温（景教）碑》（《考古》1988 年第 11 期），杨钦章《泉州景教石刻初探》(《世界宗教研究》1984年第4期)、《南中国“刺桐十字架”的新发现)(《世界宗教研究》1988年第4期)、《元代南中国沿海的景教会和景教徒》(《中国史研究》1992年第3期),照那斯图《元代景教徒墓志碑八思巴字考释》(《海交史研究》1994年第2期),牛汝极《泉州出土回鹘文也里可温(景教)墓碑研究》(《学术集林》卷5,上海远东出版社1995年12月)等。

20世纪泉州古基督教石刻的重要发现:1954年吴文良先生在津头埔发现的皇庆二年(1313)“管领江南诸路明教、秦教等,也里可温马里失里门阿思必古八马里哈昔牙”墓碑,1984年华侨大学叶道义先生在津头埔发现的大德十年(1306)“管领泉州路也可里温掌教官、兼住持兴明寺,吴咹哆呢嗯”墓碑,1988年杨钦章在后茂村发现的带翅膀天使的刺桐十字架等。

关于安德鲁·佩鲁贾主教的研究。安德鲁·佩鲁贾是泉州的第三位主教。关于安德鲁是否病死在泉州,吴文良《泉州宗教石刻》、徐宗泽《中国天主教传教史概论》指出,安德鲁1326年病死在泉州,死后没有人继承他的职位。张星烺《中西交通史料汇编》、方豪《中西交通史》认为,安德鲁不习惯中国生活,年迈思乡,不能专心传教,于1336年随蒙古大使由陆路西归故里。1946年吴文良先生在通淮街发现的拉丁文碑刻,英国学者福斯特·福地斯读出为:“此处安葬安德鲁·佩鲁贾圣方济各会士”,据福斯特推测安德鲁死于1332年。何高济、杨钦章《元代泉州方济各会遗物考》(《泉州文史》第8期,1983年)从西文材料中寻找证据,指出当时入华的有两个安德鲁:死于泉州的是安德鲁·佩鲁贾,返回故乡的为安德鲁·法兰克。

三、印度教

20世纪以来,泉州出土和发现印度教石刻300多方,引起世界学术界的极大关注。对泉州印度教石刻的最初研究为20世纪30年代在厦门大学任教的德国学者艾克和戴密微,在他们所著的《刺桐双塔》中首先指出开元寺大殿的石柱和台基的人面狮身石刻并非佛教内容，并将石刻照片及绘画寄给印度学者库玛拉要弥，库氏作记刊登德国《东亚美术季刊》1933 年 1~2 期合刊本，刘致平先生译题为《泉州印度式雕刻》，载 1934 年《中国营造学社汇刊》第 5 卷第 2 期。此后，吴文良、庄为玑、韩振华、蒋颖贤、杨钦章等先生都有专文研究泉州印度教。

关于印度教传入泉州的年代。庄为玑《泉州印度教史迹及其宗教艺术》（《世界宗教研究》1982 年第 2 期）认为，泉州石笋很可能是唐代印度教的遗迹。蒋颖贤《印度的婆罗门教及其传入泉州》（《海交史研究》第 2 期，1980 年）说，作为中古时期东方大港的泉州，婆罗门教的传入是在宋初之前。杨钦章《泉州印度教毗湿奴神像石刻》（《世界宗教研究》1988 年第 1 期）则认为，印度教传入泉州当在北宋之后。

印度教传入泉州的路线。韩振华《宋元时期传入泉州的外国宗教古迹》（《海交史研究》1995 年第 1 期）认为，印度教传入泉州，年代较后，故非传自南洋，而是来自印度本土。而庄为玑认为传入路线很可能自占城入广州，而传入泉州。杨钦章《泉州印度教雕刻渊源考》（《世界宗教研究》1982 年第 2 期）则认为，泉州的印度教是间接传入的，即经由爪哇，再由爪哇向泉州发展。

泉州印度教遗址遗物有番佛寺、石笋及印度教石刻。关于石笋，傅金星《山川民俗话石笋》（《泉山采璞》，华星出版社 1992 年）指出，它是堪舆家为振乾罡而建的阳物；陈泗东《俞大猷、高惠连、李卓吾、许邦光父子事迹考》（《泉州文史》第 10 期，1989 年）也指出石笋像男性生殖器，意味着人丁兴旺，经济发达。而庄为玑、蒋颖贤、杨钦章则认为石笋是印度教生殖器崇拜的遗物。番佛寺，从 1956 年在泉州发现的泰米尔文石刻可以看出，它是至元十八年（1281）印度泰米尔纳杜（马八儿国）人圣班达·贝鲁玛蒙元廷恩准建立的印度教寺院，毁于元末的战乱中，现泉州发现和发掘的印度教石刻绝大部分为该寺构件。韩振华《宋元时代传入泉州的外国宗教古迹》也认为番佛寺为泉州印度教寺院。但在《元末泉州伊斯兰的“番佛寺”》（《海交史研究》1998 年第 1 期）则认为它是伊斯兰教寺院，努尔《那兀纳与番佛寺》（《中国穆斯林》

1982 年第 1 期）也有同样看法。据韩振华先生介绍还有人认为番佛寺为景教寺院。

对泉州印度教研究的还有：张驭寰《关于泉州开元寺印度式石柱的几个问题》（《建筑理论及历史资料汇编》1964 年）从建筑学的角度研究，吴文良《漫谈元代婆罗门教寺》《从泉州婆罗门教石刻的发现谈到中印关系》（《泉州海外交通史料汇编》第 7 辑、第 9 辑），杨钦章《元代泉州与南印度关系新证》（《中国与海上丝绸之路》，福建人民出版社，1991 年），从泉州印度教遗物研究元代泉州与印度友好关系。印度教主要神祇，如湿婆、毗湿奴、黑天（克里希那）、拉克希米、哈奴曼、迩娄吒等形象在泉州均有发现。杨钦章《对泉州印度教湿婆雕像的探讨》（《南亚研究》1984 年第 1 期）《泉州印度教毗湿奴神形象石刻》（《世界宗教研究》1988 年第 1 期），陈履生《元代泉州的印度教雕刻艺术》（《美术史论》1986 年第 4 期），对印度教湿婆与毗湿奴雕像进行研究，考证其在泉州出土的原因、艺术形式，并对它们与印度、东南亚印度教雕刻艺术进行了比较研究。

四、佛教

泉州佛教兴盛，唐宋以来素有“泉南佛国”之誉。李玉昆《佛教在泉州的传播》（《福建佛教》1998 年第 2 期）介绍佛教传入泉州，佛教在泉州的发展，各宗派在泉州的传播以及佛教在泉州的影响。李玉昆《泉南佛国与中外文化交流》（《法音》2000 年第 1 期）介绍泉州的佛典译传与佛教友好往来和佛教文化艺术交流。沈玉水《泉州与日本间佛学界的友好往来和文化交流》（《海交史研究》第 2 期，1980 年），李天锡《观音信仰在东南亚华侨华人中传播的原因及其作用》（《佛学研究》第 9 期，2000 年）与郑焕章《泉州古陶瓷与亚洲地区宗教信仰文化》（《泉南文化》1991 年第 1 期），介绍了泉州与日本佛教友好往来与文化交流，和从泉州古陶瓷看泉州与亚洲佛教及其他宗教的文化交流。

泉州开元寺是泉州三大丛林之一。陈泗东《泉州开元寺》（《泉州文史》2、3期，1980年），王寒枫《泉州开元寺兴衰初探》（《泉州文史》8期，1983年），方拥《泉州开元寺大雄宝殿考》（《福建建筑》1991年第1期），郑焕章《漫说泉州开元寺的“天王殿”》（《福建宗教》2000年第2期），文澜《佛国名传久，桑莲独擅声——记泉州开元寺》（《法音》2000年第1期），王寒枫《泉州开元寺奇观》（福建人民出版社1986年）等介绍开元寺的发展历史和文物史迹。开元寺东西塔的研究，1925—1927年瑞士人戴密微、德国人艾克在厦门大学任哲学教授，相率来泉州拍摄东西塔，后合著《刺桐双塔》，1935年美国哈佛大学出版社出版。他们对东西塔的建筑和雕刻做了研究，可惜至今未见该书的中译本。只有吴文良《泉州镇国塔佛传图石刻浮雕》（《泉州海外交通史料汇编》第4辑，1959年）节译了有关章节。王寒枫《泉州东西塔》（福建人民出版社1992年）对泉州东西塔的建筑结构，佛教义理和浮雕艺术进行了研究。对泉州开元寺东西塔研究的还有：林钊《泉州开元寺石塔》（《文物》1958年第1期），吴堃《泉州东西塔》（《泉州海外交通史料汇编》第4期），庄为玑《泉州东西双塔的历史研究》（《泉州文史资料》第7辑），林宗鸿《泉州开元寺发现五代石经幢等重要文物》（《泉州文史》第9期，1986年12月）。李玉昆《泉州开元寺“天竺讲僧”天锡并非天竺籍》（《法音》1988年第1期）考证出完成镇国塔第五层和合尖工程的天竺讲僧既不是天竺僧人，也不是浙江杭州天竺寺的僧人，而是泉州开元寺天竺院僧人，晋江人天锡，俗姓尤。

对泉州佛教文物研究的有：张保胜《梵文石刻在泉州》（《泉州文史》第9期，1986年12月），方拥《闽南小型石构佛塔与经幢》（《泉南文化》1991年第2期），吴文良《关于石湖塔建筑的年代及形制问题》（《泉州海外交通史料汇编》第5辑），李玉昆《泉州佛顶尊胜陀罗尼经幢及其史料价值》（《佛学研究》第9期，2000年），《亦黑迷失与〈一百大寺看经碑〉》（《少林文化研究论文集》，宗教文化出版社，2001年）等研究泉州佛教碑刻与建筑。郑丽生《泉州开元寺所见福州北宋刊本〈大藏〉考略》（《泉州文史》2、3期，1980年）、李玉昆《〈崇宁藏〉和〈毗卢藏〉题记研究》（《福建佛教》1998年第1期）对开元寺藏经进行研究。李秉乾《略谈〈温陵开元寺志〉及其作者释元贤》(《泉州文史》第8期，1983年)研究《开元寺志》，周书荣点校《温陵开元寺志》(《福建佛教》1999年第2、3、4期)为研究泉州佛教史提供方便。

方拥《拘那罗陀与泉州》(《东南文化》1990年第1期)，李玉昆《关于真谛到梁安郡翻译〈金刚经〉问题》(《福建佛教》1999年第1期)，廖渊泉《乾坤有泪关诗史——清初泉州爱国诗僧如幻及其〈瘦松集〉》(《泉州文史》第10期，1989年)，李玉昆《敦煌遗书〈泉州千佛新著诸祖师颂〉研究》(《敦煌学辑刊》1995年第1期)、《泉州僧人著作略述》(《福建图书馆学刊》1997年第2期)、《禅宗现存最早的灯史——五代泉州招庆寺僧编的〈祖堂集〉》(《泉州学刊》1994年第2期)、《僧侣在宋代泉州造桥活动中所起的作用》(《法音》1984年第2期)等研究泉州僧人、僧人著作、僧人活动等。

中华武术源远流长，少林功夫最负盛名，有“天下功夫出少林”之说。《泉州南少林研究》以考古、文物、历史文献，论证南少林在泉州，泉州是南派少林拳的发源地。

五、摩尼教

摩尼教传入泉州的路线，陈垣《摩尼教入中国考》(《国学季刊》第1卷第2号，1923年4月)中首次引用何乔远《闽书》有关草庵摩尼教的记载，并论证福建摩尼教是唐会昌年间呼禄法师由陆路从中原传入的，随后法国学者伯希和的《福建摩尼教遗迹》(《西域南海史地考证译丛九编》，中华书局1958年)加以解释和补充。林文明《摩尼教和草庵遗迹》(《海交史研究》第1期，1978年)，庄为玑《泉州摩尼教初探》(《世界宗教研究》1983年第3期)认为，唐代泉州海上交通中心在南港，即安海港，摩尼教遗迹亦出现在安海附近，可能正是由于其由海路传入，而非来自陆路。李玉昆《福建晋江草庵摩尼教遗迹探索》(《世界宗教研究》1986年第2期)认为，在没有新史料发现以前，陈垣认为摩尼教之传布由北而南，复由南而北的论断是不可推翻的。

草庵摩尼教寺是现存重要的摩尼教遗址，1928年厦门大学张星烺、陈万里和艾克到泉州访古时，拟前往考察，“惟城外通地土匪”，故未去成（张星烺《泉州访古记》，《史学与地学》1927年第4期）。泉州中学历史教师、宗教石刻考古学家吴文良才找到草庵摩尼教寺，并在1957年出版的《泉州宗教石刻》一书中将这一重要发现公布于世，引起世界学术界的极大关注。英国刘南强《华南沿海的景教徒和摩尼教徒》（林悟殊译，《海交史研究》1987年第2期）一文，引用吴文良的考古成果，并进一步加以说明。林悟殊《宋元时代中国东南沿海的寺院式摩尼教》（《世界宗教研究》1985年第3期）则考证草庵是一座佛化的摩尼教寺院。林文明、庄为玑、李玉昆都对草庵摩尼教遗址进行探索研究。

1986年、1988年瑞典隆德大学宗教学博士翁拙瑞两次到草庵考察，发表《我对晋江摩尼教草庵的考察》（《海交史研究》1989年第2期）。1991年联合国教科文组织“海上丝绸之路”综合考察队到泉州考察时，到草庵摩尼教遗址参观考察。

草庵摩崖上原刻有明正统十年刻的“劝念清净光明大力智慧，无上至真摩尼光佛”石刻，其内容与《宁万经》相同。林悟殊《摩尼教及其东渐》（中华书局1988年）认为，这几个字代表清净光明、威力、智慧四位一体的概念。

黄世春《福建晋江草庵发现“明教会”黑釉碗》（《海交史研究》1985年第1期）介绍晋江市文管会在草庵发掘出土的“明教会”瓷碗以及经他们三年努力，在磁灶大树威窑发现与其釉色、字体、字模一样的“明”字黑釉碗残片，断定草庵“明教会”黑釉碗系宋代磁灶大树威窑所烧制。

福建省泉州海外交通史博物馆收藏二方摩尼教墓碑石，林悟殊《泉州“摩尼教墓碑石”为景教碑石辨》（《文物》1988年第8期）认为系景教墓碑石。林悟殊研究泉州摩尼教的论文还有：《20世纪的泉州摩尼教考古》（《文物》2003年第7期）、《泉州草庵摩尼雕像与吐鲁番摩尼画像的比较》（《考古与文物》2003年第2期）、《元代泉州摩尼教偶像崇拜探源》（《海交史研究》2003年第1期）、《泉州摩尼教渊源考》（《华夏文明与西方世界》，香港博士苑出版社2003年）。

怀华《福建晋江华表山摩尼教遗址》（《文物参考资料》1958年第4期）首次公布《畲店（谢店）陈氏族谱》记载陈真泽“修建草庵石佛，不吝资财”的事迹。李玉昆《20世纪福建摩尼教的新发现及其研究》（《福建宗教》1999年第1期）披露在晋江市图书馆收藏的《庄氏族谱》中有元朝庄惠龙由儒而佛而摩尼教的记载。

六、犹太教

犹太教传入中国的时间众说纷纭，有人认为周朝已传入，有人认为汉代传入。不过，唐代广州有犹太人，元代北京、杭州、宁波、扬州、苏州、南京、宁夏有犹太人都是有史可稽可查的。1326年泉州方济各会主教安德鲁给罗马教皇的报告中说“我们可以自由和安全地讲道，但是犹太人和萨拉森人中没有一个改信基督教。”据此，美国老佛尔根据泉州宋元交通的趋势，论证泉州有犹太教的存在（陈增辉《犹太人入华年代考》，《福建文化》第3卷第3~4期）。潘光旦《关于中国境内犹太人的若干历史问题》（《中国社会科学》1980年第3期）认为那时在泉州也有犹太人，庄为玑《泉州犹太教史迹试探》（《海上集》，厦门大学出版社1996年）认为1958年吴文良送给厦门大学人类博物馆的一方刻有1个月亮、9个大星、12个小星的墓垛石刻是中世纪犹太教石刻。月亮代表女墓主，9个大星，代表耶和华上帝，12个小星代表犹太选民。杨志玖《〈光明之城〉三题》（《海交史研究》2001年第1期）也认为，南宋末年当时中国最发达的对外贸易港口泉州拥有的犹太教徒当不在少数。

有关泉州犹太教的文字记载非常少，因此给泉州犹太教研究带来很大的困难，迄今未见实质性的研究成果。

原载蔡耀平等主编《学术泉州》，中央文献出版社，2003年。

伊本·胡尔达兹比赫《道里邦国志》所记唐第三贸易港（Djanfou）研究综述

伊本·胡尔达兹比赫，本名艾卜·嘎西姆（约820—912），波斯血统的黑衣大食地理学家。曾担任过阿拔斯王朝杰贝勒省的邮政、情报长官，是哈里发穆耳台米德的挚友。他博才多学，著述宏富，伊本·奈迪姆的《百科索引》列出他撰写的九部著作，仅《道里邦国志》（又作《省道记》《道程与郡国志》）一书传世。

据德·胡耶教授1889年介绍，《道里志》首次写成于公元846年左右，后又作了增补。现存三个阿拉伯文写本：牛津大学图书馆写本，1865年巴尔比耶·德·梅纳尔将此写本刊布于巴黎的《亚洲学报》上，并附有法译文；法国皇家文库写本，1885年卡尔罗博士在东方发现并购得，赠予法国皇家文库；1889年，德·胡耶将此写本校订、刊布在荷兰莱顿出版的《阿拉伯舆地丛书》第六卷上，并附有法译文。波德利图书馆写本，因质量差，一直没有刊布。

《道里邦国志》详细记述亚、非、欧三大洲西起法兰西、西班牙，东至中国、新罗、倭国、麻逸，北及罗斯（古俄罗斯），南达印度洋诸岛国的民间风俗、宗教文化、历史遗迹、经济特产及各国之间的路程，描绘出9世纪的国际贸易路线图。它详细介绍了犹太商人、罗斯商人及伊斯兰帝国的穆斯林商人在国际贸易中的积极作用，尤其是对中国的诸港口、河流、物产以及海上航程的记述，为研究唐代中外贸易史提供珍贵的资料。

张广达先生在为宋岘译注的《道里邦国志》所写的前言中指出："伊本·胡尔达兹比赫可以说是古典阿拉伯地理学的鼻祖，他奠定了用阿拉伯语撰写地理学文献，特别是伊拉克学派的地理著作的风格和模式。"该书为研究中西交通、中亚史及中世纪国际贸易史提供了重要资料。

该书对当时的中国港口是这样描述："从栓府至中国的第一个港口鲁金（Loukîn），陆路、海路皆为 100 法尔萨赫（1 法尔赫约等于 6.24 千米）。在鲁金，有中国石头、中国丝绸、中国的优质陶瓷，那里出产稻米。从鲁金至汉府（Khanfou），海路为 4 日程，陆路为 20 日程，汉府是中国最大的港口。汉府有各种水果，并有蔬菜、小麦、大麦、稻米、甘蔗。从汉府至汉久（Djanfou）为 8 日程。汉久的物产与汉府同。从汉久至刚突（Kantou）为 20 日程。刚突的物产与汉府、汉久相同。中国的这几个港口，各临一条大河，海船能在这大河中航行。这些河均有潮汐现象。"自从 1865 年梅纳尔发表了《道里邦国志》的法译本，各国学者努力考订四处港口的确切位置。经过一个多世纪的研究，多数取得比较一致的看法：鲁金是交州，汉府是广州，汉久通常认为是泉州，刚突是江都（扬州）。其中除汉久一港有争议外，其他已成定论。

汉久究系中国哪一个港口？有建州、杭州、扬州、泉州、福州、福建某地、明州等说。

建州说。梅纳尔最早揣测 Djanfou 是建州府。沈福伟《论唐代对外贸易的四大海港》（《海交史研究》1986 年第 2 期）认为，建州府州治在福建北部的建瓯，不属海港，此说不能成立。

杭州说。史不里格的《东方驿路及进程》拟作杭州。江淳、郭应德《中阿关系史》（经济日报出版社 2001 年）也说："伊本·胡尔达兹贝的《道程及郡国志》记中阿水陆交通路线较详。该书还谈到中国有鲁艮（注：即龙编，在今越南河内一带）、广州、杭州、江都（注：即扬州）。"宋岘译注《道里邦国志》认为，汉久从对音看应指杭州。杭州湾有潮汐现象也易说明这一点。但是，杭州在唐代并未出现。从航行日程看，从广州至杭州仅用 8 天是不相符的。沈福伟也指出：杭州的开港在宋代，唐代不见称作杭府，因杭州从未设置都督府。张星烺《中西交通史料汇编》第二册（中华书局1978年）也说，康府非杭州，因杭州不产甘蔗。因此，杭州说颇难成立。

扬州说。亨利玉尔《契丹及往其国之路》以为扬州。日本学者石桥五郎《关于唐宋时代之中国沿海贸易与贸易港》（《史学杂志》明治34年11月），藤田丰八《关于伊本柯达氏之Kantu》（《东西交涉史之研究·南海篇》，何健民中译本改名《中国南海古代交通丛考》）支持此说。张星烺认为，由广州至扬州，8日断不能到达。又扬州出产，不能与广州相同，故蒋府断非扬州，而是泉州。

明州说。沈福伟《论唐代对外贸易的四大海港》说：伊本·郭大贝的Djanfou是越府即明州。其理由是：①广州和泉州间的航程是420海里，根本无需费时8日之久。广州到福州也仅580海里，同样无需8日之久。因此，只有在比福建更远的浙江去寻求。②明州和越州都是丝绸、青瓷的著名产地，为出口货提供大宗商品，在海外出土甚多。③文献上有日本遣唐使抵达明州及明州商人到日本的记载。此说发表后尚不见有支持意见，如《宁波港史》（人民交通出版社1989年）、《浙江航运史》（人民交通出版社1993年）、林士民《海上丝绸之路的著名海港——明州》（海洋出版社1990年）均无提及。但是有批评的意见，如苏基朗《伊本的Djanfou非泉州辨》（《食货月刊》复刊第十一卷第七期，1981年10月）。《唐宋时代闽南泉州史地论稿》（台湾商务印书馆1991年），改为《九世纪阿拉伯文献年载Djanfou地望考辨》认为：明州、越州在唐代为著名的丝、瓷生产中心。明州为唐代中日文化、贸易、使节往来的主要港口，但明州在唐代是否属阿拉伯商人常莅或熟闻之处，则仍难加以证实。从距离推算，明州说不比福州说强，Khanfou（广州）至Djanfou需8日，而福广间只需6日，相差2日。但Djanfou到Kantou也需6日，而由明州到扬州仅需3日，相差3日。

泉州说。自1913年哈特曼《伊斯兰百科事汇》提出泉州说之后，日本学者桑原骘藏《伊本所记中国贸易港》（《史学杂志》26编，大正九年，1920年10月，见《唐宋贸易港研究》）以地理、物产、历史和语言论证：

①泉州附近物产包括果树、蔬菜、大小麦、稻米和甘蔗与《道里邦国志》记载的第三港物产一致。②汉久距广州8日航程，距扬州6日，地理上说，很可能在泉州。③泉州面临晋江，与汉久面临大河的记录相符。④唐文宗大和八年（834）《病愈德音》诏书提到三处海外贸易中心岭南包括交州、广州即 Loukîn、Khanfou，扬州即 Kantou，Djanfou 必在福建。福建诸港中，当以泉州拟 Djanfou。⑤明何乔远《闽书》卷7《方域志》记载："……门徒有大贤四人，唐武德中（618—626）来朝，遂传教中国。一贤传教广州、二贤传教扬州、三贤、四贤传教泉州。卒葬此山（灵山），然则二人，唐时人也。"说明泉州在九世纪中叶"已成为蕃客通商之埠头"。又说，泉州城内有宋代清净寺，城外有灵山二贤圣墓，而广州有怀圣寺与一贤墓"二者对吾辈 Djanfou 泉州说之成立，当有相当之贡献（帮助）也"。⑥Djanfou 即"泉府"的译音，从古音韵学的角度译为扬州是不对的。⑦泉府为泉州府的简称，因唐代有州刺史简称府。

支持桑原观点的有：方豪《中西交通史》上册（岳麓书社 1987 年）云："《道路与省区记》即《道程邦国志》记各站地名及相距里数，附有详注。中国部分，则龙编、广府、泉府、江都，即今河内、广州、泉州、扬州。"张星烺《中西交通史料汇编》第二册（中华书局 1978 年）"余意蒋府即泉府之讹音，泉府即泉州府也。"章巽《我国古代的海上交通》（商务印书馆 1986 年）说："阿拉伯地理学者伊本·胡尔达兹比赫对于唐代海上交通情况，唐代南方主要贸易海港，有交州、广州、泉州、扬州四处。其中的泉州，并且是唐代对流求（台湾）的主要交通港口。"朱维幹《福建史稿》（福建教育出版社 1985 年）认为：大食地理学家考尔大贝记中国商港，Djanfou 为泉州的直接证据，包何《送李使君赴泉州》诗中"市井十洲人"，就是说泉州有来自海外各地的外侨，"执玉来朝远，还珠入贡频"，就是说在泉州登陆的还有外国使节。唐文基主编《福建古代经济史》（福建教育出版社 1995 年）说"伊本柯达贝氏所介绍的唐代四个贸易港，他们分别是交州（今河内）、广府（广州）、泉府（泉州）、江都（扬州）。"汶江《古代中国与亚非地区的海上交通》（四川省社会科学院出版社 1989 年）说："阿拉伯作家伊本·霍达伯的《道程及郡国志》中，泉州已被列名为中国的四大海港之一。”邓端本《广州港史（古代部分）》（海洋出版社 1986 年）指出：“蒋府即泉州，康图即江都（扬州）。”陈佳荣《中外交通史》（学津书店出版社 1987 年）也说：“由此行 8 日到达 Djanfou（泉州）。”庄为玑《古刺桐港》（厦门大学出版社 1989 年）说：“公元 9 世纪时，阿拉伯史家称中国有四大港口：交州、广州、泉州、扬州。”戴显群《唐代福建海外交通贸易史述论》（《海交史研究》2000 年第 2 期）“Djanfou 的读音恰恰与闽南话‘泉府’相符，再从大量的文献材料论证以及用发展的眼光看待宋元时期泉州港之兴旺发达，均说明 Djanfou 泉州说当确信无疑。”此外还有林开明主编的《福建航运史》（人民交通出版社 1994 年），朱江《海上丝绸之路的著名港口——扬州》（海洋出版社 1986 年），李金明、廖大珂《中国古代海外贸易史》（广西人民出版社 1995 年）等。

有的学者虽无直接引用《道里邦国志》有关当时中国四大港口，但对唐代中国的四大港口提出自己的看法。陈高华、吴泰《宋元时期的海外贸易》（天津人民出版社 1981 年）说：“唐代后期，政府在一份诏令中要地方官对‘岭南、福建、扬州蕃客’‘常加存问’。岭南的贸易港是广州，福建的贸易港是泉州。广、泉、扬三州，是外国蕃客聚居的地方。”彭德清主编的《中国航海史（古代航海史）》（人民交通出版社 1988 年）指出：“随着航海技术的提高和国内政治局势的变迁，港口逐步从北向南推移，终于形成广州、泉州、明州、扬州四大海港并存的格局。”宋岘《中国阿拉伯文化交流史话》（中国大百科全书出版社 2000 年）也说“阿拉伯人除了知道长安城外，还知道广州、泉州、江都（扬州）。”杜瑜《海上丝绸之路史话》（中国大百科全书出版社 2000 年）“到唐代后期已初步形成广州、泉州、明州、扬州四大名港，同时有交州、福州、登州等辅助港口。”他们都肯定泉州为唐代著名港口。

也有的学者对泉州说提出质疑。岑仲勉《中外史地考证》（中华书局 1962 年）说“唐懿宗之先，泉州并未设过都督府，何来‘泉府’之名？桑原以 Djanfou 为‘泉府’译音，殊背事实。”沈福伟也说，论证泉州在唐代已成为全国重要海港的主要依据是文宗大和八年（834）发布的“病愈德音”，将岭南、福建、扬州并列为三处外商汇集的地方，通常以为分指广州、泉州、扬州，事实并非如此。岭南，因岭南五府经略使治所在广州得名。福建，由福建观察使治理，治所在福州，管福、建、泉、汀、漳州。扬州是淮南节度使治所，又是扬州大都督府所在。大和上谕的福建是福州而非泉州。又说，宋元时期，构成泉州三大外销商品的丝、瓷、茶，在唐代还未占重要地位。

福州说。韩振华《伊本柯达贝所记唐代第三贸易港之 Djanfou 考》（《福建文化》第一期，1947 年）收入 2002 年香港大学亚洲研究中心出版的《韩振华选集之三：航海交通贸易研究》）对桑原骘藏 Djanfou 泉州说进行批驳，认为唐文宗大和八年（834）诏书所说当时贸易港，福建除泉州而外，固然复有福州、漳州，纵令确属于福建，亦难直认 Djanfou 即泉州。对何乔远《闽书》所说唐武德年间（618—626）伊斯兰教徒于广州、泉州、扬州三处传教，此处泉州指今福州而言，因泉州始置于景云二年（711）。又认为以 Djanfou 为泉府之对音，于音训上无多舛误，但泉州并无建都督府或节度使府与经略使府，所以史实上并无“泉府”称谓。Djanfou 为福州说的根据：①唐代的福州，确为一重要海港；②福州之物产与 Djanfou 同；③福州的地形与 Djanfou 同；④福州与各港距离所需之航程与 Djanfou 同；⑤Djanfou 与福州长乐同。

赞同福州说的还有苏基朗、廖大珂等。苏基朗《九世纪阿拉伯文献所载 Djanfou 地望考辨》（《唐宋时代闽南泉州史地论稿》台湾商务印书馆 1991 年）同意韩振华先生 Djanfou 为福州说，但对 Djanfou 为长乐的对音，提出不同的看法，认为 Djanfou 确为“泉府”的对音，可能是福州的别称，或者 Djan 为 Man 或 Min 的讹写，而 lbn Knordadhbeh 原来的译音应是 Manfou 或 Minfou，即“闽府”。福州由 711—725 年一度称闽州，其州治在闽县，与 lbn Knordadbeh 书以扬州治江都 Kanfou 称扬州如出一辙。

廖大珂《福建海外交通史》（福建人民出版社 2002 年）也认为，汉久（Djanfou）正是“建安郡”的译音，指的是福州港。

福建说。宋岘译注《道里邦国志》认为，汉久从对音看应指杭州。杭州湾有潮汐现象也易说明这一点。但是，杭州在唐代并未出现。从航行日程看，从广州到杭州仅用 8 天是不相符的。因此，汉久应是今福建省一带的城市名。究为何地，待详考。

伊本·胡尔达兹比赫《道里邦国志》所记唐第三贸易港（Djanfou）究系何地？尚需学者们深入研究，以期取得较为一致的看法。

原载《泉州学林》，2004年第1期。

关于《光明之城》的讨论

南宋咸淳七年（1271）八月二十五日，意大利东部沿海城市安科拉的犹太人雅各，来到当时世界最繁荣的港口城市——剌桐（泉州）。他在剌桐度过了充满传奇色彩的半年时间，并用古意大利文写下了《光明之城》手稿。

1990年12月，英国著名的学者大卫·塞尔本在意大利乌尔比诺见到手稿。1991年9月，塞尔本获准在手稿收藏者家中研译写本。1991年9月至1996年6月塞尔本研读手稿，后经收藏者同意译本印行。1997年秋，美国一家出版社原拟出版这本译作，但由于有的学者持不同的看法而取消出版计划。同年，英国李脱·布朗公司出版英文本《光明之城》。1997年底，英国李约瑟研究所的研究人员黄滔滔博士从英国带着这本刚出版的书到泉州，并口译该书的内容。由泉州海外交通史博物馆馆长王连茂和丁毓玲整理，以《一个犹太人在剌桐的见闻录》在《泉州晚报·海外版》1998年3至5月连载刊出。1998年，李学勤教授在《中华读书报》发表《介绍〈光明之城〉》的文章，并推荐清华大学人文社会科学院杨民等先生翻译该书。

1999年2月27日，泉州海外交通史博物馆举行“《光明之城》手稿的发现及其研究”座谈会。出席会议的有：《光明之城》手稿的发现者、英文翻译者大卫·塞尔本，《光明之城》中文的第一翻译者杨民教授，《文汇报》学林版主编施宣圆先生，北京大学人类学系王铭铭教授和当地学者。大卫教授介绍《光明之城》手稿的发现经过和收藏者不愿公开手稿原件的原因，并就西方学者对手稿的批评动机和观点进行批驳和解释。

同年，在《海交史研究》1999 年第 1 期发表了大卫·塞尔本的《我和〈光明之城〉》和王连茂的《〈光明之城〉与南宋刺桐史实杂谈》。

对马可波罗研究做出卓越贡献、德高望重的杨志玖教授，读了《光明之城》摘要后，写了《我对〈光明之城〉的初步观感》，在《文汇报》1999 年 2 月 13 日和《泉州晚报·海外版》1999 的 3 月 2 、6 、9 日发表。

1999 年 11 月，《光明之城》中文版由上海人民出版社出版。2000 年 2 月 19 日即元宵节，《光明之城》中文版首发式在泉州举行。同时在泉州海外交通史博物馆举行"《光明之城》学术座谈会"。同年 12 月 8 日，泉州师范学院泉州学研究所也举行"《光明之城》座谈会"。举行《光明之城》座谈会的还有上海历史学会、上海人民出版社、中山大学历史系中外关系史研究室等。

《历史研究》《海交史研究》《国际汉学》《华侨大学学报》《世纪书窗》《泉州学刊》《闽台文化》《文汇报》《文汇读书周报》《中华读书报》《今晚报》《泉州晚报》《泉州晚报·海外版》等报刊都发表了有关《光明之城》的文章。

学术界对《光明之城》有不同的看法：

西方学者对《光明之城》的怀疑。塞尔本归纳为 11 方面：①书中描述的李芬利（其父为意大利人）是否可能 1247 年出生在泉州？②1271 年泉州存在火葬吗？③当时泉州或这个地区是否有陶瓷器制造业？④当时泉州是否有黑糖？⑤当时泉州是否有"不许踢门槛"的习俗？⑥泉州附近有一座佛寺，在 1271 年时人们并不常去，只有老人才去祭拜，这是否事实？⑦当时泉州以及中国是否有番红花？⑧当时泉州底层人民吸食鸦片，是否属实？⑨雅各说刺桐从某种意义来说是一个"自由港"，这是否伪造和错误？⑨雅各所描述的人名未能见于泉州地方载录，但假如它是事实，那么它意味着什么呢？⑪雅各所描写的刺桐辩论，当时是否可能发生？

中国学者对《光明之城》大致有三种意见：一是此书属伪作。姑不论其内容是否符合史实，英译者塞尔本对原稿的影印件连一页都没有，人们怀疑，究竟是否存在犹太人雅各的手稿。二是具有参考价值，手稿记录了不少南宋末年有关泉州的重要史实。三是有真有假。其书一部分或是原作者所记，另一部分显然是后人所增补。

有学者认为，《光明之城》对泉州社会风气的大段大段过分的描述以及不可能存在的社会辩论，其内容都带有明显的宗教和道德说教的色彩，且充满愤世嫉俗的语气，这些方面的内容反映了欧洲而不是泉州某个时期的历史状况（吴松弟：《我看〈光明之城〉》，《世纪之窗》2000 年第 2 期）。有人认为，鉴于中世纪的欧洲被称为"黑暗时代"，而泉州却被称为"光明之城"，怀疑是在资本主义初期，有人形象地表述新兴的种种意识形态与传统观念的冲突而借用乌托邦的泉州来作为论坛。（芮传明、见闻辛《〈光明之城〉真乎？伪乎？》，《文汇报》2000 年 2 月 12 日）。还有人认为，读了《光明之城》，似有一种担心被假托的 13 世纪犹太商人雅各作弊的感觉。说是雅各在中国"发现历史"，证明中国不仅早在南宋就有资本主义（何止是萌芽），而且还有许许多多言之确凿、惊世骇俗的商人思想、商人理论，反传统，具有"现代性"的文化，堪与西欧早期资本主义伦比。（王家范、见闻辛《〈光明之城〉真乎？伪乎？》，《文汇报》2002 年 2 月 12 日）。

黄时鉴教授在《〈光明之城〉伪书考》（《历史研究》2001 年第 3 期）中，通过对十个"年代错误"问题的详细考证，论断《光明之城》是一部后人编造出来的伪书。这十个关键问题是：①度宗和世祖；②阿罗菲诺/阿罗本；③也里可温；④回回；⑤色目；⑥蛮子；⑦维奥尼/维奥利尼；⑧中国；⑨吸食鸦片；⑩银箍、硫黄圈、脐膏。

龚方震教授在《论〈光明之城〉一书的真伪》（《国际汉学》第九辑，大象出版社 2003 年）一文中说："我并不认为这是一部彻头彻尾的伪书或是无用之书，本书在某些方面还是有一定的参考价值的""我不认为本书是编译者塞尔本的伪作，他是国际著名学者，没有必要来造假自毁名声，特别是在该书最后一章'雅各的语言'中，有近十页篇幅来考证原稿上意大利文异体字及不同的语法，实在不必为了造假来花这样大的力气""因此仅就塞尔本的前言来看，原稿也不是一个人所写，有真有假。所谓'假'的就是后人补写的，时间可晚至 17、18 世纪"。他提出存疑的 8 个问题：①Sinim 指中国；②阿罗菲诺；③开封犹太会堂；④蛮子；⑤黄巢在广东杀犹太人；⑥Mabaicin 为中国；⑦cataio 又指北方的契丹人，又指南宋活动地区；⑧关于犹太教伦理与我国相同。

泉州的许多学者认为，《光明之城》污蔑、丑化泉州的先民，把 13 世纪的泉州描绘成黑暗之城，如社会无秩序、人民无理性；多数年轻女人婚前已不是处女，婚后作妓女，喜欢嫁给外商作小妾；男人则为小偷、流氓、无赖、酗酒、赌博、斗殴；士绅自成社团商讨降元变节者，对坚持民族气节者拳脚相加；为官者贪污受贿，卖官敛财、贪生怕死……说整个泉州城市不讲卫生，垃圾乱倒，随地小便等。作为泉州先民的后代，应该拒绝《光明之城》。

吴幼雄先生《评〈光明之城〉——咸淳间的刺桐港是"自由贸易区"吗?》（《泉州师范学院学报》2000 年第 5 期）从咸淳年间泉州的史料，否定《光明之城》所描写的刺桐港是"自由贸易区"，是"国际化的繁荣城市"，是政治上的"自治区"，因此培养出"一批为数众多、自信心十足的精英人物"。他们是" 势力强大而又思想自由的商人们，介入了与朝廷官员争夺（刺桐港）统治权的斗争之中"。吴幼雄的《再评〈光明之城〉》（《泉州师范学院学报》2002 年第 1 期）认为，《光明之城》一书里的"免税""城与船""自由思想商人"等三个重要历史问题皆非史实。又揭示书中的"色目人""犹太教"和"也里可温"等提法皆违背历史常识，故论证该书是伪书。王四达先生的《〈光明之城〉的真伪问题刍议》（《华侨大学学报》2000 年第 2 期），对《光明之城》中的若干问题逐一考证，认为它们存在着明显的错误和偏差，把《光明之城》看作"伪书"是比较慎重的。

有的学者认为《光明之城》不是伪书。杨志玖教授在《我对〈光明之城〉的初步观感》（《泉州晚报·海外版》1999 年 3 月 2 、6 、9 日；《文汇报》1999 年月 2 月 13 日）一文中，从九个方面论证《光明之城》不是伪书。①雅各说 1271 年是羊年，这年是辛未年，确是羊年。②雅各从印度带来许多胡椒、檀香、杉木、蔷薇水、宝石、珍珠、布料等，这些东西是中国非常欢迎的外国货。③刺桐织造丝绸水平是世界最高的，缎子也很漂亮，这是符合实际的。④雅各关于泉州风俗的记载，如钱放在袖子里、散步时手拿扇子、以拱手作揖为礼、饮茶、妇女以缠足为美等，都是事实。⑤大富商孙英寿生活奢侈，佣人不少于50个，吃饭时菜很多，还要佣人喂，《鄂多立克东游录》也有类似的记载。⑥刺桐有瓦舍，主要街道门楼上有钟，还有打更人，这种制度宋以前就有，延续至清朝。⑦有关老子清静无为，孔子主张“和为贵”“中庸之道”“天人合一”，这些都是宋儒所强调的，对外国宗教聂斯脱里派、犹太教等的记载也是事实。⑧外国人与当地人通婚，生下混血儿，都能找到记载。后来，杨志玖教授又在《〈光明之城〉真伪问题——与龚方震先生商榷》（《文汇报》2000年6月17日）、《〈光明之城〉三题》（《海交史研究》2001年第1期）中回答了龚方震先生对《光明之城》的三点质疑（见闻辛《〈光明之城〉真乎？伪乎？》，《文汇报》2002年2月12日）。

张小夫先生《〈光明之城伪书考〉存疑——兼与黄时鉴教授商榷》（《海交史研究》2003年1期）认为，黄时鉴教授说Sinim作为一个希伯来语词指中国是1650年后的事是缺少充分证明的：其一，黄的考论不能充分证明Sinim即希伯来语词sewe ne h之英文翻译语词；其二，每一文化及其文化载体——语言均是一个开放的体系，其文化的累成需要两个方面的因素，即过去文化的传承与其他文化的交汇融合，我们不能断定希伯莱语及其文化一点不受到其他文化或语言的影响；其三，以某一词语的始见于某一文献记载来判断鉴定另一个更早文献的真伪的方法，是一种并不可靠的证伪方法。他认为度宗（Toutson）是“咸淳皇帝”的误译误写。他还认为，《光明之城》所描绘的银托、琉璃圈及肚脐处涂抹一层油膏之类的东西为性生活前戏，是不能作为雅各的手稿或塞尔本译文的破绽，进而作为是书伪托的铁证之一。宋代医书中记载的男女壮阳方剂即有多种。至于淫具，两宋时代的出土文物中即有陶瓷制作的男性生殖器。

王连茂先生的《〈光明之城〉与南宋刺桐史实》（《海交史研究》1999年第1期）、《〈光明之城〉是一本伪书吗？——浅议〈光明之城〉的真实性及其研究价值》（《世纪书窗》2000年第2期），李玉昆的《〈光明之城〉与南宋泉州社会》（《国际汉学》第9辑，大象出版社2003年版）等，从泉州文献资料、考古资料和民俗资料等方面来回答对《光明之城》的质疑，主要考证火葬、马车、陶瓷、黑糖、茶、折扇、踏门槛、缠足、素食、瓦舍等在南宋泉州确实存在。

傅宗文教授的《宋代江山犹有一枝俏——〈光明之城〉所展示的世界大贸易港刺桐图卷》（《海交史研究》2001 年第 2 期）认为，《光明之城》一书提供的那些信而有征的见闻记录，不仅仅是补苴罅漏，简直是吉光片羽，弥足珍贵。它展示刺桐港口壮阔、市场繁盛、作坊发达、人口众多、城厢恢宏。郊区郭乡又是草市、镇市、村庄星罗棋布，环绕和烘托着世界东方的这颗商业明珠。指出原稿的系统化或重要的一次誊录整理，当发生于公元 1297 年（元大德元年）之后的邻近岁月。《光明之城》大约四处谈到刺桐是中国地方政权建制“省”行政机构所在地。史书记载，大德元年（1297），准福建平章政事高兴的奏请，改福建行省为福建平海等处行中书省，治所由福州南移泉州。大德二年（1298）春季撤销。这样，书中蛮子、色目人、回人、也里可温等专称的时间差问题便迎刃而解。

金秋鹏《从科技史的视角看〈光明之城〉——中国古代的造船能力及航海术》（《海交史研究》2001 年第 1 期），通过对中国历史上造船能力的考察，说明《光明之城》记载泉州“江面上至少有 15 000 艘船”这个数字是可能的，它反映了历史上刺桐港繁荣的一个侧面。《光明之城》关于航海技术方面的记述，如航海图、指南针导航、天文导航，这些都可以在北宋的中国文献中找到记载。陈延杭《中世纪欧亚繁荣的海上商贸通道——读雅各〈光明之城〉有关航路的叙述》（《海交史研究》2000 年第 2 期）认为雅各记录 13 世纪欧亚繁荣的商贸海上通道、商港和船舶等，是符合当时实际的。

徐小虎教授《关于 13—14 世纪刺桐的外文资料——对方济各会修士信函的初步看法》（《海交史研究》2001 年第 1 期）认为，对《光明之城》持否定观点的学者主要是因为没有机会研究原文（中世纪掺杂着希伯来文和拉丁文的意大利文）。她找到了考察及证实刺桐历史实情的各种叙述，尤其是外文材料，如 1314 年鄂多立克在中国南方城市包括刺桐的旅行见闻，1318 年帕莱格林的书信，1326 年刺桐主教安德肋的信札，从中可以看出，雅各和方济各会修士在内心、语言风格上显然是相同的。他们都发现刺桐是个令人赞美、不可思议的抑或是令人惊讶的地方。

杨丽凡《〈光明之城〉真伪考》(《海交史研究》2001 年第 1 期)，对《光明之城》所描述刺桐的商业、行会、作坊、商人、民俗等诸多问题，考证其真实存在。陆芸《我对〈光明之城〉中几个问题的看法》(《海交史研究》2001 年第 2 期)，对《光明之城》中有关交子、会子、折扇、鸦片等的真实性进行考证。陈丽华《〈光明之城〉若干译文浅析》(《海交史研究》2001 年第 1 期) 认为，《光明之城》英文本和中文本翻译中存在许多疑问，有的是历史常识的问题，如：南宋末年刺桐人服用鸦片的方法不是"吸食""年事已高"应是指雅各而非度宗皇帝，雅各在刺桐的住所是房子不是船舱等。

陈高华教授在《光明之城》中译本序一中指出，"这一写本的整理出版，为我们重新检讨宋元海外交通和古代泉州港的面貌，提供了很好的机会。"李学勤教授在《〈光明之城〉导读》中也指出，"《光明之城》的出现，无疑会导致一系列的争论。"在百花齐放、百家争鸣的原则指导下，学界已经对《光明之城》展开了热烈的争论，并取得了一定的成果，有些争论还是应该继续深入下去，以期取得更加丰硕的成果。

原载《中国史研究动态》，2007 年第 2 期。

荷兰莱顿大学亚洲研究中心举行“宋元时期的泉州海外贸易”国际学术讨论会

泉州是12—14世纪著名的世界贸易大港，它曾以“刺桐城”闻名于世。明朝以后，随着泉州海外交通的衰落，刺桐城日渐被人遗忘。19世纪的西方学者由于对中国原始资料不够熟悉，对刺桐城的解释众说纷纭，到20世纪初，“刺桐城就是泉州”才被学术界所公认。此后，泉州成为学术界最关注的地方之一，泉州历史与文化研究领域出现一批颇有成就的学者，如中国的张星烺、陈万里、黄仲琴、吴文良、庄为玑，日本的桑原骘藏，德国的艾克和瑞士的戴密微等。直至现在，学者们仍然以极大的热情研究泉州的历史与文化。1997年9月26至27日，在荷兰莱顿大学亚洲研究中心举行“宋元时期的泉州海外贸易”国际学术讨论会，这是国外召开的有关泉州历史的专题讨论会。

来自美国、英国、加拿大、德国、法国、荷兰、中国和香港地区的研究机构的20多名学者参加会议。在会上宣读论文的有11位学者：美国日吸那苏大学休·克拉克教授的《宋代泉州海外贸易和社会变革》、美国纽约州立大学宾汉顿校区历史系主任贾志扬博士的《宋朝宗室对泉州海外贸易的影响》、香港中文大学苏基朗博士的《泉州商人与十二世纪东南亚海外贸易的形式》、英国维多利亚艺术博物馆约翰盖伊博士的《泰米尔行会与泉州海外贸易》、荷兰莱顿大学亚洲研究中心萧婷博士的《金属制品在宋元泉州海外贸易中的作用》、加拿大哥伦比亚大学皮尔逊教授的《从考古发现看泉州港口城市、经济腹地和海外贸易》、英国剑桥大学珍妮斯教授的《从考古发现看泉州与泰国南部的贸易》、德国慕尼黑大学罗德里克·普塔克教授的《关于十四世纪泉州与苏禄群岛及东印度尼西亚关系的一些问题》、美国芝加哥自然历史博物馆何翠媚博士的《宋元时期闽南陶瓷业的发展》、中国泉州市文物管理委员会陈鹏副研究员的《泉州陶瓷生产与产品对外输出的意义》和中国泉州海外交通史博物馆李玉昆副研究员的《宋元时期泉州的香料贸易》。

会上英国学者披露了新近发现的一本有关13世纪一位意大利犹太商人到泉州后写的游记。这位作者于公元1272年搭乘一艘四桅帆船到达中国，比马可波罗早4年到中国。游记详细记录了当时泉州的社会风貌：街上马车川流不息，犹太人、回教徒、非洲人、欧洲人集聚于此，活版印刷发达，火药火炮、纸币已经问世流通，喝茶风气盛行，社会开放等。游记也记录了当时中国的社会弊病。该书已引起学术界的极大关注，美国一家出版社将在1997年11月发行这部游记的英译本。译者为英国牛津大学的大卫·塞尔邦教授。由于手稿的出处至今还讳莫如深，有些人对他的真实性表示怀疑。该书的出版，将在世界上再次掀起研究泉州的热潮。

原载《中国史研究动态》，1998年第1期。

20世纪泉州最重要的考古发现

——纪念泉州湾宋代海船发掘40周年

1973年，在泉州湾后渚港发现一艘古船，1974年进行考古发掘。当时“文化大革命”尚未结束，这一重大考古发掘震惊了国内外学术界。英国著名科技史研究专家李约瑟认为，泉州湾后渚古船的发现“是中国自然科学史上最重要的发现之一”。泉州湾宋代海船被誉为“世界航海史上的珍贵文物”。

我1980年从河南省洛阳龙门文物保管所调到泉州海外交通史博物馆（以下简称泉州海交馆），虽然没有参加古船的发掘和古船科学讨论会，但在洛阳时经常关注家乡的文物考古工作，得知泉州湾宋代古船的发掘，十分高兴。泉州海交馆和文管会的同志把《泉州文物》和《泉州湾古船发掘动态》寄赠我，使我对古船的发掘情况有所了解。调到泉州海交馆后更加关注古船的保护和研究，并参与《海交史研究》和《泉州湾宋代海船发掘与研究》的编辑出版。现据有关资料和个人的部分亲历，撰写此文，作为对泉州湾古船发掘40周年的纪念。

一、泉州湾古船的发现与发掘

关于泉州湾古船的发现，泉州海交馆编的《泉州湾宋代海船发掘与研究》（海洋出版社1987年）“引言”说：“1973年8月，福建省晋江地区负责人兼晋江地区文物管理委员会主任张立，偕同厦门大学教授庄为玑、福建省博物馆许清泉、晋江地区文化组林文明及泉州市文管会和泉州海外交通史博物馆的考古人员十余人，到泉州湾后渚港考察海外交通史迹。在与当地搬运工人和社员座谈时，后渚搬运站负责人陈山道反映该港的海滩上发现了一艘埋在泥层的木船。当即由陈向导实地勘察。根据暴露出来的船体局部观察，初步判断它是一艘规模不小的古代木船。后经多次复查，并进行了局部试掘，这个判断进一步得到证实。"《福建省泉州海外交通史博物馆三十周年记事（1959年—1989年）》（《海交史研究》1989年第2期）说："1973年8月，在泉州湾后渚港调查发现一艘深埋于海滩的古代帆船"，均没有说明古船的发现者为庄为玑教授。

庄为玑在《海上集》（厦门大学出版社1996年版）中的《庄为玑教授学术年表》："1973年8月18日下午，发现泉州湾宋代海船。"庄景辉、侯真平《编后记》也说："1973年，发现泉州湾宋代海船，次年参加发掘，并发表自撰和合撰论文6篇。"庄为玑在《泉州宋船发现发掘始末记——兼评〈泉州湾宋代海船的发掘与研究〉》（《集美航海专科学校学报》1988年第2期）一文中的"二、泉州宋船的发现经过——难忘的8月18日"说："我建议，与乡人开座谈会作调查。会上有工人陈山道同志，讲到拆旧港时，有块十六个工人抬不起的大石板……我就向会场主持人请假，请那工人陈山道同志带我去察看大石板……在渡头边找到三块宋瓷作为助证……我见古渡已经证实，就问他附近还有古渡否？他说三里路外还有一个……他告诉我，前年邻乡人来这里挖了一百多担木柴去蒸糕，因烧不着，就没有再来掘。我就朝着他指的方向走去，看见水沟边有木条长约二十多米，伸向沟中。这就是我们在意外中找到宋船的线索。古船最初发现的情况就是这样……由于时间近午，不便继续调查，我们就回到会场，这时会已开完。我向晋江地区文管会张立主任报告了当天发现古码头和古船的经过，还带他去看了遗迹。他当即通知当地部队妥善保护现场，还安排工人把滩土挖走。"

庄为玑先生撰《泉州古船研究》一书寄《考古学报》编辑部黄展岳先生，其答书曰："大作已拜读，深感先生为宋船奔波劳顿，披心沥血，是发现宋船的第一功臣，又是宋船研究之至深至博者，但在发现问题上，以及发掘整理过程中，先生受到不公正待遇，先生本人及一切善良的知情者，都以此感到忿愤，这也是很自然的。"（《海上集》第228页）

关于古船发现的文件，地区文管会林祖良写初稿，林祖良、黄炳元、王洪涛、陈泗东讨论修改，由陈泗东执笔定稿，并复写三份交海交馆、晋江地区和厦大，各存一份。原文如下："查8月18日，本地区文管会主任张立，偕同厦门大学历史系教授庄为玑，省馆干部许清泉同志等10余人，至泉州湾后渚港进行全面考察，并在当地进行考古调查，于是日下午，由庄同志发现古渡头一处，据传为通东京大路，又由古渡头附近搬运组长陈山道同志的指引，发现大木船一只。"（《海上集》第228页）

泉州湾后渚古船发现至今已40多年，当年参加古船发掘者大多已作古。从庄为玑先生对8月18日发现古船的记述，有关后渚古渡码头和古船发现的原始文件，中国社会科学院考古研究所著名考古学家黄展岳先生说：庄为玑先生"是宋船发现的第一功臣"，以及杨恩璞先生《访泉州古船的发现者庄为玑教授》（《航海》1982年第4期）等材料看，泉州湾后渚古船的发现者应为庄为玑先生。

古船的考古发掘从1974年6月9日至8月26日，历时77天，发掘土方1 814立方。

1973年9月，福建省文物管理委员会批示，泉州海交馆会同福建省博物馆、晋江地区、泉州市文管办的专业人员，对后渚古船进行局部试掘。11月20日，成立泉州湾古船发掘领导小组，由晋江地区负责人兼文管办主任张立任组长，晋江地区文化组林文明任副组长，成员有杨厚生、许清泉、吴治开、潘达生、陈汉泽，并派专业人员前往沿海发现过古船的省市调查学习，制定《泉州湾古船发掘保护方案》。

1974年5月27日，国家文物局、福建省革委会批准泉州湾后渚古船发掘。6月27日，古船发掘工作人员进驻后渚工地。6月9日，正式动土发掘。田野发掘工作由福建省博物馆、厦门大学历史系、厦门郑成功纪念馆和泉州中学万史科校际教研组等派出业务人员支持，参加或部分参加发掘的有（按姓氏笔画为序）：王世战、叶文程、庄为玑、刘衍坤、李再铭、许清泉、李登俊、林祖良、苏垂昌、陈泗东、郑焕章、唐杏煌、郭慕良、张克奏，参加宣传接待工作的有周海宇、柯孙瑶、黄炳元。

7月6日，中央新闻纪录电影制片厂和福建电影制片厂进驻发掘现场，拍摄古船发掘实况。7 月 11 日至 8 月 20 日，假后渚小学举办古船出土文物临时展览。8 月 26 日，田野发掘基本完成。

在古船发掘中，给予业务指导和人力、物力支持的单位有中国社会科学院考古研究所，江西木材研究所，武汉水运工程学院造船系，上海交通大学造船系，交通部上海船舶运输科学研究所，南京博物院，福建省科委，厦门大学南洋研究所，福建省图书馆，福建师大历史系、地理系、图书馆，福建医科大学，中国人民解放军后渚海军部队，马尾造船厂，厦门造船厂，漳州造船厂，崇武造船厂，泉州造船厂，晋江地区卫生局、交通局、药检所、干部招待所，泉州市科委，泉州医药公司，泉州海运公司，泉州市政协，泉州香料厂，泉州织布厂，泉州港务局，后渚搬运站，后渚派出所等。承担出土文物鉴定工作的有福建药物检验所，中国科学院物质结构研究所，福建省医药公司，福建师大生物系、物理系、化学系高分子研究室，福州计量所，厦门大学生物系、海洋系，福建农林大学林业系，福建省森林科学研究所，南京药物学院，南京林业学院，上海市卫生局药检所，中国科学院兰州地质研究所，厦门水产学院造船系，泉州二中农基室以及金珍君、陈允敦、黄乐德、王秀围等。

为配合古船的发掘和研究，泉州湾古船发掘领导小组于 1974 年 10 月编印《古船资料辑录》第一辑，1976 年 2 月编印《古船资料辑录》第二辑，为古船的研究提供了参考资料。

古船是在“文化大革命”期间发掘的，震惊国内外，学术界更加关注。1975 年 3 月 31 日，《人民日报》发表《泉州湾发掘出一艘宋代木造海船》；1975 年 3 月 31 日，《光明日报》发表《福建省文物考古工作者在泉州湾发掘出一艘宋代木造海船》；1975 年 3 月 30 日，《福建日报》发表《泉州湾发现一艘宋代木造海船》；1975 年 8 月，《人民画报》刊载一组泉州湾宋船出土部分文物照片；1975 年《文物》第 10 期发表《泉州湾宋代海船发掘简报》等 3 篇文章。1975 年 3 月 29 日，新华社播发了泉州出土宋代海船的消息，菲律宾、泰国、日本和香港的一些报刊相继做了报道或发表专文。

1976 年 2 月，文物出版社通过福建省文化局约泉州海交馆撰写《泉州港与古代海外交通》一书。编写组由福建省博物馆、福建师范大学历史系、晋江地区文管会、泉州市文管会和泉州海交馆等单位的有关同志组成。由许清泉、童家洲、蒋颖贤、潘达生、许谷芬、陈泗东、曾金铮、王洪涛、沈玉水等同志分别执笔。参加调查访问、搜集资料和摄影的还有辛土成、陈鹏鹏、陈达生、薛超颖、黄东曦、郭慕良、李登俊、杨湘贤等同志。编写组成员到泉州各县市进行海外交通史迹调查，并到广州、汕头、扬州、上海、南京、宁波等地进行调查访问。期间，得到厦门大学历史系、福建师大图书馆、浙江省博物馆、宁波市文管会、宁波市天一阁、上海博物馆、南京博物院、扬州市博物馆、广州中山大学历史系和图书馆、广东省博物馆、广州市博物馆、广州市文管会、汕头市文化局和晋江地区各县市有关单位的大力支持。该书简要叙述了泉州港与古代海外交通的发展历史。

二、泉州湾古船陈列馆的建设

1974 年 8 月 26 日，古船田野发掘基本完成，9 月 14 日，古船安装复原工作完成。1974 年 12 月，在开元寺举办“泉州湾古船出土文物陈列”（小样）。1975 年 2 月，成立泉州湾古船复原领导小组。1976 年 8 月 23 日，古船发掘领导小组邀请地、市有关领导、学术界人士 20 多人讨论古船陈列馆基建问题，确定泉州湾宋代古船陈列馆建于开元寺东旷地。1977 年 5 月 14 日，泉州湾古船陈列馆破土动工。1979 年 9 月 29 日，泉州海交馆“泉州湾古船陈列馆”“泉州外销瓷陈列馆”和“泉州宗教石刻陈列馆”正式对外开放。

泉州湾古船陈列馆是根据出土海船的特点设计的，我国著名的考古学家郭沫若先生为该馆题写“泉州湾古船陈列馆”横匾。古船陈列在象征海洋的水池上，进门有停靠海船的“码头”，旁立一青石碑，上刻著名书法家林散之先生书写的宋诗人谢履《泉南歌》中“州南有海浩无穷，每岁造舟通异域”之句。船厅北墙有著名画家李硕卿先生和青年画家吴惠宝合作的《涨海声中万国商》巨幅国画，表现宋元泉州海外交通发达，中外人民友好往来的繁荣景象。

为庆祝泉州海外交通史博物馆三个陈列馆的开放，许多领导和学者作诗祝贺。

欣闻泉州海交馆即将对外开放书此祝贺

张立

昔时古港刺桐开，无数远舶重译来。

朋友迩今遍天下，海交兴旺倍喜怀。

一九七九年九月三十日于福州

祝海交馆三馆开放

房仲甫

欣闻海交馆古船、石刻、外销瓷三个陈列馆正式对外开放，心驰神往，翘首不已，夜不成寝，今古盛况，宛然在目。

春拈一枝探古舟，秋闻三友话泉州。

名港最是淡妆意，又泛盛情天际流。

祝诗一首

陈泗东

涨海声中万国商，先秋传统再赓扬。

宋元盛概当年事，四化光芒照远洋。

参加省泉州海交馆三个专题馆开幕典礼有感

周海宇

古船陈列馆

设计堂皇具匠心，舱中文物费搜寻。

古为今用千年事，面向亚非意义深。

留题泉州湾宋代古船陈列馆的还有：

留题泉州湾宋代古船

虞愚

宋季犹存万斛舟，沉江铁锁仗谁收。
亚非文物堪追证，航史东方占上头。

次虞愚教授《鲤城新咏》绝句诸题

后渚古船

陈泗东

一苇沉沙形未销，天涯帆影海程遥。
载将南国殷勤谊，后渚归舟认宋朝。

1978 年 1 月，陈泗东先生写的《泉州湾古船行》吟诵泉州古代海外交通繁荣，后渚古船的发掘，古船出土情况、沉没年代和原因，古船的传统工艺，刺桐港的光辉历史，古船发掘的意义等，因诗文太长，现摘录有关诗句如下：

沉舟侧畔千帆过，古港温陵声远播。……昔人一苇凌烟波，异域炎方载宝货。……宋元帆影浩无穷，频与亚非联谊娅。……毕集名流到后渚，工农开会同切磋……跋汐涉潮八十天，酷暑滩头席地卧。船长八丈三丈宽，船桅不见留桅座。船板三层接榫成，船舱隔作十三个。船钉缝隙塞麻灰，船底尖深耐波颠。船柁已失余柁洞，船碇无存疑似柁。船身平面椭圆形，船稳如山任负驮。船材樟木及杉松，船附蛎房经坎坷。船篷编竹船篙断，船缆篾绳质软懦。半舱香木与胡椒，蛟餮鱼饕未腐化。檀乳沉香杂降真，龙涎馥馥气犹麝。胡椒万斛如珠圆，叠包成捆以装卸。药物珍奇玳瑁穹，藤盔尚染槟榔唾。犬羊余骨掷厨边，龄贝盈筐随处泻。象棋残子落船头，舟师以此消闲暇。瓷皿陶瓶无一完，虽经粘合痕仍罅。一叶断章宋版书，寻字似词文蕴藉。荔李椰桃橄榄核，结实之时春已谢。木质货牌或货签，舶商水手名未磨。朸郡安郡地难详，含义迷模叹无奈。细思墨字应多意，判断时间堪鉴借。"曾干水记"木方牌，官称干办莫疑讶。干官仅有宋朝设，沉没不迟宋以下。铜钱堆里见咸淳，上限甚明难转嫁。……问君船造于何年？此船应属南宋做。此船何去因何沉，考古开门究的靶。或言航线历南洋，南风送客泊归驾。忽逢鼙鼓动地来，舟人惊走乏巡逻。飓风卷雨洪涛急，骇浪吞沉景可怕。……伴月七星保寿孔，传统存于龙骨架。只今实物呈当前，历史光辉耀华夏。……此船海底历千秋，一朝出土连城价。海船发掘探源流，海港升沉测川坝。海外交通史话新，海湾考古途更跨。

三、古船科学讨论会与中国海外交通史研究会的成立

1979年3月26日到4月4日，"泉州湾宋代海船科学讨论会"在泉州召开，与会代表来自北京、上海、天津、山东、湖北、江苏、安徽、浙江、广东、江西、福建等11个省市150多人，提交会议论文65篇、参考资料5篇，内容包括中外交通、中国古代造船史、航海史、海外贸易史、医药史、泉州海外交通史等，涉及历史学、考古学、地质学、地理学、海洋生物学、医学、药物学和化学等领域，这是社会科学工作者和自然科学工作者相结合的学术盛会。

会议重点讨论后渚古船的结构特点、建造年代和地点，航行路线，沉没年代和原因，古船出土香料的鉴定，香料产地及用途的研究，木牌木签的考证，古船及其出土文物的科学保护，泉州湾后渚港的地理变迁及其历史地位等等。

会议期间，由中国社会科学院历史研究所宋辽金元史研究室、中山大学东南亚历史研究所、暨南大学历史系、复旦大学历史地理研究室、杭州大学宋史研究室、厦门大学历史系、福建师范大学历史系和泉州海交馆发起成立中国海外交通史研究会。暨南大学历史系朱杰勤教授任会长、复旦

大学历史系田汝康教授任副会长、泉州海外交通史博物馆馆长林文明任秘书长。理事有王大同（福建师大）、田汝康、朱杰勤、庄为玑（厦门大学）、林文明、林家劲（中山大学）、陈高华（中国社会科学院历史研究所）、许清泉（泉州海交馆）、徐规（杭州大学）、韩振华（厦门大学南洋研究所）。会址和秘书处设在泉州海外交通史博物馆。

中国海外交通史研究会的成立推动了中国海外交通史的研究，取得了丰硕的成果。

四、泉州湾宋代海船科学保护座谈会

为了总结古船及其出土文物的保护经验，继续探讨古船的保护，泉州海交馆于1982年2月23至26日举行“泉州湾宋代海船科学保护座谈会”，来自北京、安徽、浙江和福建等地的科研人员参加，提交会议论文11篇，其中有《泉州湾古船亚麻油防护试验》《泉州湾古船涂料保护试验》《泉州湾古船自然阴干过程介绍》《泉州湾古船船木脱盐不脱盐含水率变化比较》《泉州湾古船出土竹器的保护》和《浙江省河姆渡木质文物保护试验情况》等，并介绍国外保护古船或其他木质文物的情况。内容涉及文物保护学、化学、物理学、生物学、物理化学等多种学科。他们用现代化科学知识“会诊”古船，是一次多学科综合的文物保护会议，为古船的保护做出了一定的贡献。

五、古船研究与《泉州湾宋代海船发掘与研究》的出版

泉州湾后渚古船出土后，引起学术界的高度关注，社会科学工作者和自然科学工作者就古船的建造年代、建造地点、航线、沉没原因、时间、古船的复原，以及出土文物的鉴定、考释、保护等进行研究。

古船的建造年代及沉没年代：《泉州湾宋代海船发掘简报》（《文物》1975年第10期）从古船出土陶瓷器为宋代生产，以及出土的铜钱504枚，除33枚为唐钱，其余均为宋钱，最晚一枚为南宋咸淳七年，因此推断海船

造成于南宋末年。林禾杰《泉州湾宋代海船沉没环境的研究》(《海交史研究》第4期，1982年) 运用沉积学的方法对海船沉没环境进行考古学的研究，认为古船沉没于1277年。朱维幹《元代钞币与泉州古船》(《福建史稿》上册，福建人民出版社1984年)，辛土成《试论泉州湾古船的沉没年代和性质》(厦门大学历史系编《考古学论文集》第一集，1980年)，陈碧笙《泉州湾古船沉没年代小议》等，认为古船沉没于蒙古灭宋之后。陈高华、吴泰《关于泉州湾出土海船的几个问题》(《文物》1987年第4期) 认为，海船建造年代约在南宋灭亡的前三年，沉没于元至元十四年。

古船的载重量：陈高华、吴泰认为古船的载重量应在60~120吨之间。庄为玑、庄景辉《泉州宋船结构的历史分析》(《厦门大学学报》1977年第4期) 认为载重量200吨左右。

古船航线的研究：刘蕙孙《泉州湾宋船的航线与航向的进一步探讨》(《海交史研究》第1期，1978年)，李复雪《泉州湾宋代海船贝类的研究》(《海交史研究》第6期，1984年)，从古船出土的大量香料药物和古船附着物贝类的研究，认为古船是从东南亚返航。

对古船结构和复原的研究：泉州湾宋船复原小组、泉州造船厂《泉州湾宋代海船复原探讨》(《文物》1975年第10期)，庄为玑、庄景辉《泉州宋船结构的历史分析》，杨槱《对泉州湾宋代海船复原的几点看法》(《海交史研究》第4期，1982年)，席龙飞、何国卫《对泉州湾出土的宋代海船及其复原尺度的探讨》(《武汉水运工程学院学报》1978年第2期)。

海船的主人研究：庄为玑《泉州宋船为蒲家私船考》认为是蒲家私船。傅宗文《后渚古船——宋季南外宗室海外经商的物证》(《海交史研究》1989年第2期) 认为宋船是以南外宗正司为船主，联合所属支房集团经商的回舶。

古船木材和舱料研究：李国清《泉州湾宋代海船的舱料使用》(《海交史研究》1986年第2期)、陈振端《泉州湾出土宋代海船木材鉴定》(《海交史研究》1982年第4期)。

对古船出土文物的研究：黄乐德《〈泉州湾宋代海船出土文物分类保

护方案〉的初步分析》(《泉州师范专科学院学报》1983年第2期)就古船出土文物的分类保护进行分析研究。泉州海交馆文物保护实验室《泉州古船出土竹器的保护》(《海交史研究》第1期,1978年),陈承德、李国清、曾丽民《泉州湾宋代海船三种船体木材和泉州地区十四种现代木材的平衡含水量的研究》(《福建林学院学报》1984年第1期),胡晓伟《新型杀菌防霉剂在古船保护上的应用》(《海交史研究》1999年第2期)研究古船出土的竹器、木材等的保护。

陈泗东《泉州湾宋船沉没原因及带有文字的出土物考证》(《泉州文史》第4期,1980年)考证木牌签、棋子和印刷品等。吴鸿洲《泉州出土宋海船所载香料药物考》(《浙江中医学院学报》1981年第3期),庄为玑、庄景辉《泉州宋船香料与蒲家香业》(《厦门大学学报》1978年第2-3期),王慧芳《泉州湾出土宋代海船的进口药物在中国医药史上的价值》(《海交史研究》第4期,1982年)就古船出土的香料进行研究。对出土香料进行鉴定研究的有:赵正山《参加泉州古船出土香药鉴别记》(《海交史研究》第1期,1978年),章文贡《泉州湾宋代沉船中乳香的薄层色谱鉴定》(《海交史研究》第4期,1982年),南京药学院等《泉州湾出土宋代木造海船舱内降香的显微鉴定》(《海交史研究》第5期,1983年),上海卫生局药品检验所等《泉州湾出土宋代木造船舱内降香的化学鉴定》(《海交史研究》第5期,1983年),陈瑞华《泉州湾宋代沉船中降真香的鉴定及其考证》(《上海中医药杂志》1979年第5期),陈允敦《"小黑子"原来是齐氏魟的结鳞——泉州古船出土物鉴定中的一个疑难问题》(《海交史研究》第1期,1978年)等。

木牌木签研究:庄为玑、庄景辉:《泉州宋船木牌木签考释》(《厦门大学学报》哲学社会科学版1980年第1期)。出土小口瓶研究:许清泉《宋船出土的小口陶瓶年代和用途的探讨》(《海交史研究》第5期,1983年)认为是装酒的瓶子,刘铭恕《泉州宋代沉船陶瓶用途之推测》(《海交史研究》1993年第2期)认为是装猛火油用的。

林更生《泉州湾出土宋船中果品种子的研究》(《海交史研究》第6期,1984年),黄天柱、林宗鸿《泉州湾宋船出土果核的考释》(《农业考古》1983 年第 1 期），考证果品的种类，探讨海船的航向和沉没时间。

古船第 13 舱出土的竹尺，韩振华《我国古代航海用的量天尺》（《文物集刊》第 2 期，1980 年），《我国古代航海用的几种水时计》（《海交史研究》第 5 期，1983 年），认为是舟师专用的量天尺。古船出土的椰子壳，韩振华认为是沉碗型水时计，而华同旭《船用水时计及泉州出土椰壳等讨论》（《海交史研究》1987 年第 2 期）不同意韩振华先生的意见。

泉州宋船的发现与发掘，为研究宋代先进的造船技术提供了宝贵的实物资料。王曾瑜《论宋代的造船业》（《文物》1975 年第 10 期），叶文程《从泉州湾海船的发现看宋元时期我国造船业的发展》（《厦门大学学报》1977 年第 4 期），沈玉水《从泉州湾宋船看宋代泉州造船技术》（《武汉水运工程学院学报》1984 年第 1 期），〔日〕村山孚《泉州湾七百年前的沉船》（《人民中国》1982 年第 5 期），〔澳大利亚〕杰罗米·格林《泉州宋代古船》（《海交史研究》1989 年第 2 期），〔韩〕金在瑾《中国古船》（《海交史研究》1989 年第 2 期），〔日〕松木哲《十三、十四世纪的贸易船——以泉州、新安船为要点》（《海交史研究》1986 年第 2 期），席龙飞《中国造船技术的世界贡献：泉州湾出土的宋代海船及其成就》（《海交史研究》2001 年第 2 期），沈玉水《试论南宋我国的造船技术》（《航海技术》1982 年第 3 期）等。通过对古船的考察研究宋元时期中国的先进造船业和造船技术。杨钦章《宋代的海船与海员生活》（《文史知识》1983 年第 9 期），沈玉水《从泉州湾宋船遗物看宋代海员的生活》（《航海》1983 年第 1 期），从宋船的遗物研究海员的航海生活。

《泉州湾宋代海船的发掘与研究》的出版代表了古船研究的最高成果。

国家文物局局长王冶秋先生对古船发掘很重视，指示要组织力量编写古船发掘报告。

1974 年 9 月 9 日，泉州湾古船发掘报告编写组成立。成员有王洪涛、叶文程、许清泉、许谷芬、李登俊、李再铭、苏垂昌、陈泗东、郭慕良、张克奏。后来参加修改工作的有沈玉水、李祖涌。

《泉州湾宋代海船发掘报告》写出初稿后搁置多年，到 1983 年 6 月，决定整理《发掘报告》出版。7 月将《发掘报告》寄文物出版社。8 月 22 日，文物出版社孙关根同志来函，文物出版社将《发掘报告》交他处理。孙关根同志系我的大学同学，他学的是考古专业，我学的是中国古代史专业。1983年9月，海交馆委派郭慕良先生和我到北京联系《发掘报告》的出版问题。9月13日，到海洋出版社，由负责社科书籍出版的周培兴、王仙民同志接待我们，经商谈，他们同意将《发掘报告》列入明年的出版计划。9月15日，到文物出版社拜访孙关根同志。孙关根坦诚相告，《发掘报告》的编写存在很多问题，如要文物出版社出版，要请专家进行修改，时间可能要长一点。经协商，《发掘报告》由我们取回，交海洋出版社出版。

1983年10月4日，郭慕良先生和我向海交馆代馆长庄炳章先生汇报《发掘报告》的出版问题，决定《发掘报告》分两部分，发掘报告部分由郭慕良先生负责，研究论文部分由我负责。至10月13日，研究论文部分大体整理完成约15万字。

同年10月21日，海洋出版社刘义杰先生来馆谈《泉州湾宋代海船发掘与研究》有关问题。刘义杰先生系厦门大学历史系毕业，为该书的责任编辑。10月29日，收海洋出版社王仙民先生信，谈该书的出版问题。

12月7日，郭慕良、李国清和我再次研究该书插图、图版问题。12月10日，《泉州湾宋代海船发掘与研究》书稿寄海洋出版社。直至1987年11月，海洋出版社出版该书，前后历时5年。

《泉州湾宋代海船发掘与研究》分上下两编。上编为“发掘报告”，对沉船的地理地貌、历史背景、发掘情况、出土文物等进行科学的记录和论述，并对古船的复原，宋代的造船业、航线与宋代海外贸易进行了研究。下编是“研究论文选”。涉及古船各方面研究，代表了古船研究的最高成果。书后附“论文索引”。

1989年6月21日，《泉州湾宋代海船发掘与研究》荣获福建省文物考古优秀成果一等奖。

泉州湾古船陈列馆吸引许多观众慕名前来参观，还有许多国内外政要和专家学者前来参观考察。

国家主席李先念，国务院总理赵紫阳，全国人大常委会副委员长胡厥文、周谷城，全国人大委员楚图南，全国政协副主席胡子昂、杨静仁，中顾委委员、中国航海学会理事长、原交通部部长彭德清，文化部部长朱穆之，交通部副部长林祖乙等来视察，有的题词或赠送文物、资料。

柬埔寨西哈努克亲王夫妇、苏丹驻华大使易卜拉欣·哈姆迪·索哈比及70余国驻华大使、45国驻华文化官员等来馆参观。

著名科技史研究专家李约瑟参观古船馆后题词“参观了一个很好的博物馆，这是中国自然科学史最重要的发现之一”。美国艺术及科学院院士何炳棣来访，认为“泉州遗留的文化古迹很多，很有价值，研究中国古文化，除了西安，就数泉州了。”以堀元美为团长的“日本海洋国际问题研究会”访华团来参观座谈，认为“泉州宋代海船是世界航海史上的珍贵文物”。韩国木浦市文物保护所所长崔光南来馆考察，归国后在《无等日报》发表《新安沉船的故乡——泉州》，澳大利亚博物馆海洋考古部主任杰罗米·格林来馆考察并作《澳大利亚航海考古和世界各地沉船见闻》的学术报告。日本神户商船大学松木哲教授率“中国古船访华团”、日本长崎历史帆船协会理事长立野诚、德国著名汉学家傅吾康、澳大利亚人文科学院院长王赓武、台湾“中央研究院”院士李亦园、日本东京大学名誉教授三上次男、美国哈佛大学教授张光直、法国国家科学院研究中心主任研究员洛蒂娜·苏尔梦、法国高等科学研究院研究员龙巴尔夫妇，美国芝加哥历史博物馆馆长班臣博士及夫人何翠媚等来馆参观。

泉州湾宋代海船是古代泉州人民伟大的创造和智慧的结晶。它对古代海上丝绸之路做出了重大的贡献，也是泉州人民的骄傲。保护古船不仅是泉州海交馆的头等任务，也是泉州人民的期望。

古船发掘至今已40年，期间泉州海交馆投入巨大的人力物力进行保护。但是对古船保护的关键是采取全封闭、恒温、恒湿，复原古船出土前的生态环境。但时至今天，古船仍然没有全封闭、恒温、恒湿，这对古船的保护非常不利，加速古船的风化。老祖宗留下的文物不能毁于我们手中，应举全市之力，对泉州古船进行保护，为建设海上丝绸之路做贡献。

原载《丰泽文史资料》2014年，原标题为《“文化大革命”期间伟大的考古发现——纪念泉州湾宋代海船发掘40周年》。

李亦园与泉州海外交通史研究

李亦园先生是我国著名的人类学家、民族学家、文化评论家。他出生于泉州，长期以来一直关注家乡的学术研究，特别是对“泉州学”的学科构建贡献了自己的力量。

1990年10月，在泉州师专（今泉州师范学院）主办的“海峡两岸‘泉州学’学术研讨会”上，李亦园先生做了《“泉州学”的新视野》主题演讲，精辟地阐释了“泉州学”的性质、特点、研究内容和方法等。他认为“泉州学”是一种以泉州地区的历史文化、人文活动、生态环境为研究对象的科际综合学问。“泉州学”的基本立场是从事研究，以研究为最终目的，其基本精神是辨明泉州文化的特色，研究内容包括大传统文化、小传统文化，小传统文化的研究更显重要。“泉州学”研究的内容包括文学、宗教、海外交通、家庭与宗族、教育史、方言、戏曲等领域，还要拓展对民间风俗、族群与性格、医药疾病史、少林与武馆、综合艺术史的研究等。“泉州学”的研究方法，既要收集文字记载的资料，也要收集非文字的资料，包括考古发掘与人类学的调查访问，为我们指明了“泉州学”研究的理论框架和研究方法。

李亦园先生十分关注泉州海外交通史的研究。他说“海外交通这一领域可以说是‘泉州学’的显学，资料丰富，学者投入心血最多，且时有震惊学界的新文物资料出现，是‘泉州学’研究的重要领域，值得大家的重视。此外，因为海外交通问题而产生的移民现象，也就是一般所说的华侨，也应是‘泉州学’研究的副领域。”

李亦园先生不仅强调泉州海外交通研究的重要性，而且对泉州海外交通发达的原因、泉州海洋文化的特质、泉州海商的海外贸易活动等进行了深刻的研究。

泉州以海外交通发达著称于世，是海上丝绸之路的起点之一。泉州以“海上丝绸之路：泉州史迹”申报世界文化遗产。李亦园先生十分关注泉州的申报工作，为2002年9月由中国航海学会、泉州市人民政府主办的“泉州港与海上丝绸之路”国际研讨会撰写了《释论“海上丝绸之路：泉州史迹”申报“世界文化遗产”之内在文化意涵》，认为泉州保存了极为丰富的文化遗产，包括九日山、天后宫、清净寺、伊斯兰圣墓、开元寺、草庵、洛阳桥、府文庙、老君岩，以及陈埭丁氏祠堂、六胜塔、姑嫂塔等文物古迹，再加上现代建设的海外交通史博物馆，宋代古船馆、华侨历史博物馆等，文化积淀深厚，是文化遗产的物证。

泉州作为“海上丝绸之路”的起点，海外交通发达，对其原因，许多人从地理因素加以论述。李亦园先生进行了科学的探索，认为泉州海外交通发达“并非完全是由于当年港湾深阔曲折有利于航行，以及地处季风区域的地缘等地理因素所致，而是自古以来泉州及闽南一带居民有许多特殊的海洋文化背景，再与有利的地理因素配合所共同促成”。海洋文化是泉州海外交通发达的主要原因，加之有利的地理因素促进了泉州海外交通的发展。

李亦园先生对泉州海洋文化做了开拓性的研究，认为泉州海洋文化的特质是海洋文化与海洋心胸，就是心怀四海，乐于接触远方的事物，喜欢与不同文化的人交往，以平等互惠的心态结交朋友，绝不具政治企图与殖民心态。

泉州人海洋性格的另一特质是兼容并纳，“各美其美”。泉州人在长久接触海外不同文化经验中，不但视他们为“伙伴”“朋友”，以平等友谊的态度对待之，同时能接受不同的文化习俗，欣赏、吸收别人文化之美的特性，这种兼容并纳而又能“美人之美”的文化特质，表现在泉州的各种有形无形的文化上。

泉州文化遗产中对不同宗教信仰的宽容而不歧视的态度，对于当前世界上不同宗教的仇视与冲突，是一种不可多得的学习对象，是追求全人类和睦相处，宽容并存的典范。

2001 年，第二届闽南文化研讨会在泉州举行，李亦园先生撰写《从“海滨邹鲁”到“海滨中原”——闽南文化的再出发》，进一步从动态的方式论述闽南“海洋经验与海洋性格”。

李亦园先生从动态的方式研究泉州海洋文化，深刻提示泉州文化的海洋性格是静态存在，没有发生动态的积极的宣扬，未能形成一种有意识有组织的形式来影响海外其他民族，因此常发生误会，引起敌视与仇恨，甚至发生许多惨案，如 17 世纪马尼拉闽南华商大规模被屠杀，18 世纪巴达维亚闽南人受到大屠杀等。

泉州文化的另一特质是宽容、不歧视不同宗教信仰的精神，对异教包容兼纳的宽广心胸。这种特质只能说是消极被动地存在，甚至可以说只能在古迹中体会到，很少有意识地被提升到世界不同宗教间和睦相处的典范加以宣传。

闽南文化的海洋性格的另一特点是勇于冒险，其表现一方面是漂洋过海，无远弗届；另一方面是敢于经营牟利，从事商业交易，掌握了海上贸易的主导达九百年，即使在明清的海禁时期，闽南人仍冒险出海，继续掌握东南沿海与东南亚的商品交易网络。清末至民国时代，在东南亚华侨多姿多彩的商业活动中，闽南人仍居举足轻重的地位。回顾千年来闽南人从事的海外商业活动，大多数较短期牟利的事业，注重眼前短暂的利益，缺乏长远成就与建树的理念，更无现代经营的企业精神。

原载李少园、林少川主编：《李亦园与泉州学》，九州出版社，2012 年。

吴文良先生：泉州海外交通史研究的开拓者

吴文良先生出生于泉州一个贫苦手工业者家庭，就读厦门大学生物系，毕业后成为一名中学教师。在艰苦的经济条件下，从 1928 年到 1969 年，坚持泉州海外交通史资料的搜集和研究，做出了卓越的贡献。

一、泉州海外交通史博物馆的奠基人

吴文良先生把收集到的文物无私地捐献给国家。1954 年捐献宗教石刻 154 方，得到中央文化部门的表彰。中央文化部副部长郑振铎亲自撰“褒奖状”云：“吴文良先生爱护祖国文化遗产，以 30 年心力搜集的有关中外交通史料泉州石刻 154 方捐献国家，特予表扬。”

吴文良先生捐献文物后，郑振铎先生在福州对南京博物院尹焕章、宋伯胤先生说：“吴文良先生收藏的宗教石刻要和地方上商量保管，也可以给福州、北京几块，最好能筹建一座博物馆，专门调查、保管并展出泉州市舶司、宗教碑石、古窑址和郑和出使西洋的材料。”[①] 1958 年，国家文物局局长王冶秋来泉州视察也倡议建立泉州海外交通史博物馆。

1959 年 7 月 15 日，在吴文良先生捐献文物的基础上，在郑振铎、王冶秋等领导的倡导和关怀下，创建泉州海外交通史博物馆，“泉州海外交通史陈列馆”在泉州开元寺大殿展出，展品共 497 件。

① 宋伯胤：《交通、理解、比较研究》，载《海交史研究》，1989 年第 2 期。

1959年，吴文良先生再次捐献给国家20多方宗教石刻。1972年，吴文良先生遗孀刘婉如又捐献数方宗教石刻。

从1953至1956年，吴文良先生捐献数十方宗教石刻给厦门大学，成就了厦门大学人类博物馆碑廊的陈列。

对吴文良先生在创建泉州海外交通史博物馆的贡献，曾任晋江地区行政公署专员的张立先生在庆祝泉州海交馆30周年贺诗《祝泉州海交馆鹏程万里》云：

吴君文良首乐此，披荆斩棘历辛酸。
老业未竟罹灾难，长令侗侪泪泫然。

吴文良先生捐赠海交馆的宗教石刻成为陈列的重要文物和国内外学者研究的重要文物。

吴文良先生捐献给泉州海外交通史博物馆的景教石刻是研究泉州景教的重要文物，为研究景教在泉州的兴衰、传教方式、教职制度、教会人物、教堂遗址、墓碑图像等提供了重要资料，引起国内外学者的极大关注。

1954年吴文良先生发现的景教墓碑，"管领江南诸路明教秦教等也里可温马里失里门阿必思古八马里哈昔牙。皇庆二年岁在癸丑八月十五日帖迷答扫马等泣血谨志。"1963年，日本顺天堂大学村山七郎进行释读研究。1981年，中国社会科学院考古研究所夏鼐所长在《考古》1981年第1期发表《两种文字合璧的泉州也里可温（景教）墓碑》，通过考释，认为该碑的发现表示公元14世纪初泉州一带江南各地有过许多景教徒，以致需要设置一位管理明教、秦教（景教）等的教长。"这块碑的发现表现当时这种文字不仅流行于中亚七河地区和蒙古旧汪古部地区，并且还被远宦泉州的汪古部人带到江南的一些地方来。"

2002年和2004年，澳大利亚研究团到海交馆研究刺桐基督教碑铭，这些碑铭主要是吴文良先生捐献的。研究团得到澳大利亚研究委员会和蒋经国基金会共同资助，其成员有来自麦考瑞大学的兰斯·埃克尔斯博士

(东亚语)、澳大利亚科延科技大学人文学科副校长马耶拉·弗兰茨曼教授(宗教研究、叙利亚语研究专家)、澳大利亚悉尼大学宗教研究系主任伊恩·加德纳教授(宗教研究)、麦考瑞大学刘南强教授(古代历史)、麦考瑞大学肯·帕里博士(宗教研究)。通过对刺桐基督教碑铭中的惯用语、纪年等方面的研究，并与中亚、中国扬州等地出土的碑铭进行比较，也参考了牛汝极教授等人的研究成果，对泉州基督教碑铭进行解读与译释。①同时对刺桐基督教石刻十字架、飞天等图像进行考察，并与中亚、南印度等地出土的文物进行比较研究，认为刺桐基督教团体不是简单地适应当地文化，而是选择周边文化的某些元素，并使它们与基督教的教旨与释义相适应，创造了一种糅合基督教、佛教和蒙古元素的特殊图像。②

二、泉州海外交通史研究的开拓者

20世纪五六十年代，吴文良先生、庄为玑先生、王洪涛先生等是泉州海外通史研究的开拓者。他们进行大量泉州海外交通史迹的调查和研究，获得第一手资料，进行拓荒性的研究，为后来泉州海外交通史的研究打下坚实的基础，直到今天，许多研究泉州海外交通史的学者还经常引用他们的调查和研究成果。

泉州海外交通史博物馆建馆初期，工作人员少，办公条件差，主要业务人员有吴文良、王洪涛等先生，他们刻苦耐劳，不畏艰辛，进行卓有成效的工作。1959年至1964年，泉州海外交通史博物馆和泉州市文物管理委员会编辑出版《泉州海外交通史料汇编》9辑（油印本），辑录有关泉州海外交通史的文献资料和泉州海外交通史迹的调查报告，主要内容有泉州港历史的研究；法石、后渚、东石、安海、丰州海外交通史迹的调查；外销瓷器、纺织、冶炼遗址、窑址的调查；蕃坊、市舶司的调查研究；佛

① ［澳大利亚］刘南强撰，李静蓉译：《刺桐基督教及摩尼教遗迹概述》，载《海交史研究》，2010年第2期。

② ［澳大利亚］肯帕里撰，李静蓉译：《刺桐基督教石刻图像研究》，载《海交史研究》，2010年第2期。

教、伊斯兰教、印度教、景教、摩尼教等宗教的考察研究等，对研究泉州海外交通史有参考价值。1973年文物出版社出版的《中国考古学文献目录》收录了大部分篇目，在学术界有一定影响。

吴文良先生积极参加泉州海外交通史迹的调查和研究。当时的调查多以泉州海外交通史调查组署名，少数在文后署名，如泉州海外交通史博物馆、泉州市文物管理委员会调查组：《最近泉州各基建工地出土文物综合报告》（第5辑），署名吴文良执笔。吴文良先生在《泉州海外交通史料汇编》发表的论文有：《泉州宋元时代“蕃坊”遗址调查》（第3辑）、《有关泉州伊斯兰教寺建筑时间及形式问题》（第4辑）、《泉州镇国塔佛传图石刻浮雕》（第4辑）、《关于石湖塔建筑的年代及形制问题》（第5辑）、《漫谈元代婆罗门教寺》（第7辑）、《再谈泉州“蕃坊”问题》（第8辑）、《从古泉州婆罗门教石刻的发现谈到中印关系》（第9辑）、《古泉州华侨出国原因初探》（第9辑）。吴文良先生在刊物上发表的论文有：《泉州发现的五代砖墓》（《考古》1958年第1期）、《泉州开元寺发现的日本大铜镜》（《考古通讯》1958年第7期）、《泉州市防洪堤工地上发现隋代砖墓》（《文物》1960年第2期）、《泉州九日山摩崖石刻》（《文物》1962年第11期）、《再论泉州清净寺的始建时期和建筑形式——与庄为玑先生商榷》（《厦门大学学报》1964年第1期）、《泉州新发现的两方阿拉伯字墓碑》（《考古》1965年第2期）、《南安英都发现宋代铁钟》（《文物》1965年第11期）等，内容涉及泉州伊斯兰教石刻，泉州清净寺的始建时间及建筑形式，泉州婆罗门教（印度教）寺及中印友好关系，开元寺镇国塔石刻浮雕、开元寺发现的日本大铜镜，石湖塔的建筑年代及形制，泉州“蕃坊”问题，古代泉州华侨出国的原因以及泉州发现的文物等。

他对九日山摩崖石刻的研究，填补了泉州海外交通史研究的空白。

吴文良先生在20世纪50年代到九日山抄录、校对、考证九日山摩崖石刻。九日山祈风石刻是全国惟一保存的祈风石刻，是研究宋代祈风制度的珍贵资料。《文物》1962年第11期发表吴文良先生的《泉州九日山摩崖石刻》，1964年又写成《九日山摩崖石刻考证》一书（油印本）。中国社会科学院副院长、考古研究所所长夏鼐先生认为吴文良先生有关九日山摩崖石刻的研究成果，填补了泉州海外交通史的空白，也是对中国海外交通史研究和“海上丝绸之路”研究的一大贡献。[①]

他首次公布泉州草庵摩尼教寺。

福建摩尼教是唐会昌年间（841—846）由呼禄法师从中原传入的。《闽书》载：“会昌中汰僧，明教在汰中。有呼禄法师者，来入福唐，授侣三山，游方泉郡，卒葬郡北山下。”“泉州府晋江县华表山，与灵源相连，两峰角立如华表。山背之麓有草庵。元时物也，祀摩尼佛。”[②] 这是有关草庵摩尼教寺的最早记载。

1923年陈垣先生在《摩尼教入中国考》[③] 中首次引用这条资料，并论证福建摩尼教是唐会昌年间呼禄法师由陆路从中原传入的。随后伯希和撰《福建摩尼教遗迹》[④] 加以解释和补充。

1928年，厦门大学张星烺教授、陈万里教授到泉州访古时，根据何乔远《闽书》的记载，拟前往考察，云“该处若往查访，于摩尼教（Manichaeism）历史或能有新的发现焉。惟城外遍地土匪，即东门外回教古墓泉人尚且畏往，况在四十余里之外乎。”[⑤] 故未去成。直到1950年代，吴文良先生才找到草庵摩尼教寺，并在《泉州宗教石刻》中将这一重要发现公诸于世，引起世界学术界的极大关注，许多学者到草庵进行学术考察。

他首次论证泉州有“蕃坊”。

泉州是否有“蕃坊”，洪少禄先生、庄为玑先生持否认的态度。洪少禄《泉州是否有“番坊”》（《泉州海外交通史料汇编》第6辑）说：“宋代外国人来居泉州的，多聚居于泉州城南一带，同时也杂居其他地方的，但没有如广州的特设蕃坊，这显示了泉州人对当时来泉州的外国人是和平友爱团结的，并不因其异族而歧视。”庄为玑《论泉州港的历史研究》（《泉州海外交通史料汇编》第6辑）云“历史上尚未发现泉州有过‘蕃

---

① 马丁尼：《“海上丝绸之路”研究与吴文良》，载《福建论坛》，1991年第1期。

② （明）何乔远：《闽书》卷7，《方域志》。

③ 陈垣：《摩尼教入中国考》，《陈垣学术论文集》第一集，北京：中华书局1980年。

④ ［法］伯希和：《福建摩尼教遗迹》，《西域南海史地考证译丛九编》，北京：中华书局1958年。

⑤ 张星烺：《泉州访古记》，载《史学与地学》，1928年第4期。

坊’的记载，更不能因为外国人集中，便说就是‘蕃坊’的存在。”庄为玑（《泉州清净寺的历史问题——泉州港古迹研究之一》（《厦门大学学报》1963年第4期）列出否认泉州有“蕃坊”的理由有三：一是除广州记载有“蕃坊”之外，其他海港如杭州、明州、扬州这些阿拉伯人居住过的城市，宋时都没有“蕃坊”的记载。二是泉州确有外国侨民和商人集中居住的泉南。泉南不等于“蕃坊”。如果泉南等于“蕃坊”，那么杂居地要叫什么名称？三是吴文良先生引元朝《伊本巴都他游记》的资料来证明宋朝泉州有“蕃坊”，方法上有问题的。

吴文良先生首次肯定泉州存在蕃坊。他在《泉州宋元时代“蕃坊”遗址调查》（《泉州海外交通史料汇编》第3辑）中说：宋元时期，成千上万的外国商人为了风俗习惯和经商的便利，大都集居泉州城南，这地方叫“蕃坊”。当时政府对外国人的居住地加以保护，准予他们按照本国的风俗习惯活动。认为宋元时期泉州的“蕃坊”范围在今天南门城附近，东起青龙聚宝、经东桥市，西至富美与风炉埕，北从横巷起，南抵聚宝街以南的宝海庵。吴文良先生在《再谈泉州“蕃坊”问题》（《泉州海外交通史料汇编》第8辑）说，朱彧《萍洲可谈》记载：“广州蕃坊，海外诸国人聚居，置蕃长一人，管勾蕃坊公事。”泉州虽无像广州有明确“蕃坊”的文献记载，但是在《伊本巴都他游记》中记载，泉州“伊斯兰教徒则另居在城的一隅，和他人隔开，”广州“有伊斯兰教徒的街道”，字句虽不同，而其同为外国人集居的“蕃坊”则同。而且两者在外国人集居地区同样有教长（教长常兼任蕃长职务）、理讼师。宋元时期，泉州确实存在“蕃坊”。后来研究泉州海外交通史的学者都赞同吴文良先生泉州存在“蕃坊”的看法，廖大珂、陈达生撰文进行论述。①

三、《泉州宗教石刻》是世界了解泉州的桥梁

《泉州宗教石刻》是吴文良先生积30年搜集研究泉州海外交通史成果

① 廖大珂：《谈泉州“蕃坊”及其有关问题》，载《海交史研究》，1987年第2期；陈达生：《论蕃坊》，载《海交史研究》，1988年第2期。

的结晶。

吴文良先生从1928年开始搜集和研究泉州海外交通史，1944年辑录《泉州古代石刻集》一书，1949年撰写《泉州古代石刻集前言》并附30多幅照片。1956年，应邀到北京中国科学院考古研究所编撰《泉州宗教石刻》，得到夏鼐、陈梦家、黄展岳等先生的帮助，完稿后由郑振铎先生审阅并题字。

陈梦家先生对吴文良先生出版《泉州宗教石刻》感到钦佩。一是吴文良先生“以一人一手之力，孜孜不息地作此寂寞之学”；二是吴先生“对于考古，他虽非专业，然而以钻研专业的精神，刻苦自学，愈久愈勤，而谦虚下怀，不以不知为知，肯于请教学人”，这种精神和毅力是极可贵的。黄展岳先生也说：“文良先生热爱乡土，情系古代宗教文化，深知外来宗教石刻遗物对于研究中外文化交流及海外交通史的重要价值，从1928年起，就以一介中学教师身份关心调查搜集和研究遗留在泉州的各类宗教石刻。”《泉州宗教石刻》“以大量实物资料进一步证明中世纪名噪一时的古刺桐港确是今泉州港，赢得海内外学者的认同”①。

在资讯不发达的20世纪五六十年代，《泉州宗教石刻》是世界了解泉州的桥梁。

1958年，苏联科学院要出版《世界通史》，要求中国提供100幅图片，“特别请求中国科学院郭沫若院长转告吴先生，提供泉州宗教石刻照片十五幅”。1963年，日本顺天堂大学教育大学语言学教授村山七郎致信郭沫若院长，称《泉州宗教石刻》是“极为重要的文献”。并祈求郭沫若院长转请吴文良先生赠送景教碑拓片一张。日本历史学家榎木一雄教授说：《泉州宗教石刻》“是有关外国人遗物最有系统、最全面的集成。”② 1962年，陈毅副总理在出访非洲之前，偕夫人张茜到泉州视察，对《泉州宗教石刻》一书表示赞赏，吴先生赠送陈毅副总理8本《泉州宗教石刻》。③

《泉州宗教石刻》以大量实物证明刺桐港即今泉州。

① 陈梦家、黄展岳：《泉州宗教石刻·序》，科学出版社，2005年。
② 马丁尼：《“海上丝绸之路”研究与吴文良》，载《福建论坛》，1991年第1期。
③ 许集美：《纪念为中国海外交通史填补空白的吴文良先生》，载《福建论坛》，1991年第1期。

19 世纪，欧洲史坛有关 Zaitun（刺桐）地名的争论，有泉州、漳州、漳州月港、杭州、扬州诸说。汪毅夫先生认为，“从《刺桐双塔》的资讯看，1911 年已形成共识，形成宋元时期的刺桐即泉州的论断在几乎被普遍接受的状况。”① 20 世纪初，西班牙人阿耐士到泉州实地考察，并于 1911 年著文认为刺桐港即泉州。② 德国汉学家夏德《赵汝适》（1911 年出版），也认定刺桐即泉州。后来，日本学者桑原骘藏《蒲寿庚考》（陈裕菁译，上海中华书局，1929）也说“宋末及有元一代，沿海商港，无一能及泉州，则 Zaitun 非泉州而何，漳州于宋时尚非商港，在元代亦不能与泉州比盛。……漳州说不能成立，（月港、海澄）两说益不足论矣。”戴密微、艾锷风《刺桐双塔》（哈佛大学出版社 1935 年）指出：“J. Kuwabara 在重新审查刺桐难题上的五个不同理论后断定，刺桐必然是泉州。Fr. Hirth 说：宋元时期的刺桐即泉州的论断现在几乎被普遍接受。A. C. Moule 说：刺桐即泉州，现在已无可置疑。”③

厦门大学教授张星烺等到泉州实地考察泉州古迹后认为“才通（Zaytun）之为泉州，更如日月之明，尚复何疑哉。”④

吴文良先生《泉州宗教石刻》从泉州出土伊斯兰教、基督教、婆罗门教（印度教）、摩尼教、佛教等碑刻，进一步证明刺桐港即泉州港。

原载林振礼、吴鸿丽主编：《泉州多元文化和谐共处探微》，厦门大学出版社 2017 年。

① 汪毅夫：《厦门大学国学研究院与泉州历史文化研究》，载《海交史研究》，2002 年第 2 期。
② 马丁尼：《“海上丝绸之路”研究与吴文良》，载《福建论坛》，1991 年第 1 期。
③ 汪毅夫：《厦门大学国学研究院与泉州历史文化研究》，载《海交史研究》，2002 年第 2 期。
④ 张星烺：《泉州访古记》，载《史学与地学》，1928 年第 4 期。